U0944010

谨以此书，
致敬正在创建奇迹的中国铁路建设者。

N
成都
德阳
绵阳
双流国际机场
绵阳机场
什邡西
绵竹南
安县
高川
茂县
龙塘
太平
镇江关
鸭子河双线特大桥
L-2644m DK23+000
新市105省道双线特大桥
L-2576m DK41+478
德茂路双线特大桥
L-2973m DK48+518
跃龙门隧道
L-19981m
柿子园隧道
L-14069m
杨家坪隧道
L-12822m
榴桐寨隧道
L-16271m
平安隧道
L-28427m
岷江村岷江双线特大桥
L-507m DK213+129
金瓶岩隧道
L-12765m
DK20
DK40
DK60
DK80
DK100
DK120
DK140
DK160
DK180
什邡
绵竹
广汉
新都
彭州
郫县
温江
双流
崇州
大邑
邛崃
新津
都江堰
青城山
汶川
北川
安县
江油
中江
金堂
简阳
龙泉驿
青白江
德阳北
西外环线
东外环线
成雅城际
成昆铁路
成渝客专
成渝铁路
达成铁路
宝成铁路
德天铁路
广木铁路
在建成绵乐城际
拟建西成客专
白水河国家级自然保护区
龙门山国家级风景名胜区
九顶山省级自然保护区
云湖国家级森林公园清水河景区
云湖国家级森林公园云湖景区
千佛山省级自然保护区
宝顶沟省级自然保护区
小寨子沟省级自然保护区
片口省级自然保护区
青城山-都江堰国家级风景名胜区风景区

弓杠岭隧道
L-16310m
斯纳隆德隧道
L-8162m
亚隆双线大桥
L-347m
DK333-704
九寨隧道
L-17094m
多诺黑河双线特大桥
L-774m
D1K368+696
云屯堡隧道
L-22923m
玉瓦寨隧道
L-13771m
岷山隧道
L-25063m
洛大隧道
L-16655m
上涪隧道
L-14982m
黄土梁隧道
L-10071m
白龙江特大桥
L-518m
DK417+863.5
松潘
川主寺
黄胜关
大录
九寨沟
多儿
腊子口
DK240
DK260
D2K280
DK300
D2K320
DK340
DK360
DK380
DK400
DK420
DK440
西成铁路
兰渝铁路
黄龙国家级风景名胜区
外围保护范围
九黄机场
黄龙国家级风景名胜区
弓杠岭生态保护区
九寨沟国家森林公园
甘海子景区
雪宝顶国家级自然保护区
九寨沟国家级自然保护区
九寨沟风景名胜区
世界遗产
勿角省级自然保护区
白河级自然保护区
王朗国家级自然保护区
松潘龙滴水县级自然保护区
多儿省级自然保护区
腊子口国家森林公园
双燕省级自然保护区
大峡沟国家
森林公园
博峪省级自然保护区
茶岗梁省级
自然保护区
舟曲
宕昌
岷县
陇南
G213
G21

Innovation and Practice of Key Construction Technology for Chengdu-Lanzhou Railway Tunnel in Unfavorable Geology

成兰铁路不良地质隧道建造关键技术创新与实践

典型案例剖析篇

鲜国　等◎编著

人民交通出版社股份有限公司
北　京

内 容 提 要

本书系成兰铁路不良地质隧道建造关键技术创新与实践丛书之典型案例剖析篇，在“典型案例汇编篇”的基础上，对隧道修建过程中不良地质问题整治所采取的技术方法、工艺措施进行详细阐述。主要内容包括全断面开挖机械化配套施工技术、高地应力隧道软岩大变形长短锚杆结合控制技术、隧道破碎围岩大断面控制技术、活动断裂带建造技术、微三台阶上部核心土法施工技术、TIP隧道探水技术以及高地应力薄层陡斜地层小间距隧道大变形整治技术。

本书对从事隧道工程勘察设计、施工、建设管理的工程技术人员具有指导与启发作用，亦可供隧道工程及相关领域的从业人员与高校师生参考。

图书在版编目(CIP)数据

成兰铁路不良地质隧道建造关键技术创新与实践. 典型案例剖析篇 / 鲜国等编著. — 北京 ：人民交通出版社股份有限公司, 2020.10

ISBN 978-7-114-16635-8

Ⅰ. ①成… Ⅱ. ①鲜… Ⅲ. ①铁路隧道—隧道施工—案例—汇编—中国 Ⅳ. ①U459.1

中国版本图书馆CIP数据核字(2020)第099510号

Chenglan Tielu Buliang Dizhi Suidao Jianzao Guanjian Jishu Chuangxin yu Shijian
Dianxing Anli Pouxi Pian

书　　名：成兰铁路不良地质隧道建造关键技术创新与实践　典型案例剖析篇
著 作 者：鲜　国　等
责任编辑：王　霞　张　晓
责任校对：赵媛媛
责任印制：刘高彤
出版发行：人民交通出版社股份有限公司
地　　址：(100011)北京市朝阳区安定门外外馆斜街3号
网　　址：http://www.ccpcl.com.cn
销售电话：(010)59757973
总 经 销：人民交通出版社股份有限公司发行部
经　　销：各地新华书店
印　　刷：北京交通印务有限公司
开　　本：787×1092　1/16
印　　张：23.5
字　　数：494千
版　　次：2020年10月　第1版
印　　次：2022年3月　第3次印刷
书　　号：ISBN 978-7-114-16635-8
定　　价：158.00元

编委会

序

成兰铁路起于成都，经茂县、九寨沟，向北延伸连接兰渝铁路的哈达铺站，一条铁路横穿两个地震活动带（龙门山、西秦岭地震活动构造区），通过三大构造体系（龙门山褶皱断裂带、松潘甘孜褶皱构造带、西秦岭褶皱构造带），途经四大地貌地质单元（成都平原区、岷江白龙江高山峡谷区、松潘高原丘陵区、西秦岭黄土边缘区）。铁路沿线崇山峻岭，山势巍峨，河谷深切，地形地势险峻，工程建设以长大深埋隧道群为主，隧道平均长度达 10km，穿越区域 70% 岩体为极其破碎的千枚岩、板岩、炭质板岩，地应力高达 15 ~ 33MPa；线路经过龙门山、岷江、西秦岭等多条地震带，地震烈度普遍为 8 度及以上，自 20 世纪以来，项目区域内先后发生 4 次 7.0 级以上大地震，分别是 1933 年叠溪大地震、1976 年松潘大地震、2008 年汶川大地震和 2017 年九寨沟大地震。受地震及次生地质灾害影响，地质风险进一步叠加，不良地质问题进一步恶化，工程建设难度较大。

鉴于工程建设的复杂性，按照国家发改委关于铁路建设项目安全评估的要求，原铁道部选定成都至川主寺段作为工程试验段先行开工建设，由成兰铁路有限责任公司（简称“成兰铁路公司”）组织实施。试验段的建设以 16 项工程试验专题为核心，以动态设计、单价承包、专家支撑为主要举措，以机械化、信息化管理为手段逐步展开。自 2013 年 10 月开工以来，现场隧道施工遭遇了软岩大变形、活动断裂、断层破碎带、岩爆、突水突泥、洪灾、泥石流、瓦斯、硫化氢有害气体等不良地质工况 100 余处，成兰铁路公司组织参建单位以工程试验专题推进为主线，通过采取一系列适应性技术的集成运用，各项风险已基本得到卡控。

目前，成兰铁路工程建设有序推进，工程试验专题已进入成果整理阶段，其中“隧道全断面（含仰拱）机械化开挖工法”“隧道激发极化（TIP）超前探水法”“桥梁桩基全回转分级钢套管跟进施工工法”“高地应力软岩隧道大变形控制技术”四项技术成果已在全路推广应用。值此之际,“成兰铁路不良地质隧道建造关键技术创新与实践——典型案例汇编篇、典型案例剖析篇、建设项目管理篇”书系的成功出版实属成兰铁路建设取得的又一技术成果。本书系对成兰铁路不良地质工程整治实践进行了整理、总结并汇编成册,对我国艰险困难山区铁路建设具有指导意义。在此,对本书编著和出版做出贡献的成兰铁路公司、成兰铁路建设指挥部及相关参建单位、个人表示诚挚的谢意,并乐之为序。

王明年

2019.5.12

编者的话

本书为《成兰铁路不良地质隧道建造关键技术创新与实践》第Ⅱ篇，承接第Ⅰ篇《典型案例汇编篇》，旨在对第Ⅰ篇中描述的不良地质整治所采取的工法、工序、工艺技术进行剖析，诠释“为什么要这么干”。科学的过程是从理论到实践，再从实践回归理论的循环之路。风镐如笔，围岩是纸，掘进似书在编辑。在实践过程中，力求做到集思广益，悉心甄选，从传统技术到当今的前沿理论，集成运用到成兰铁路隧道掌子面进行适应性分析，按揭示的围岩产状分布，收集数据分析研判，以效用为准绳，寻求更加科学合理的工法、工序、工艺来应对不良地质问题，重在绩效，通则功成。因此，我们精心创作本书，以飨读者。

本书共分7章。第1章介绍了平安隧道围岩全断面（含仰拱）开挖法机械化配套施工技术，第一次从实践和理论上系统推出了隧道施工含仰拱的全断面全环法开挖工法；本章由李传富、印建文、蒲小平、张伦、李世君、王翔等参与编辑整理。第2章选取杨家坪隧道，通过对软岩大变形机理进行剖析，首次提出了软岩大变形控制的新理念——长短锚杆结合控制技术；本章由罗宁宁、周跃峰、宋贵明、王丙堤、刘丰、袁传宝、姜波等参与编辑整理。第3章以柿子园隧道为例，主要介绍了破碎围岩大断面控制技术，内容涵盖隧道地质揭示，大跨大断面隧道修建新技术模型设计及效果分析；本章由钟新、王俊涛、周宝春、周跃峰、王丙堤、张伦、周俊成等参与编辑整理。第4章针对成兰铁路隧道穿越活动断裂带的情况，统计分析了彭县（现彭州市）—灌县断裂，北川—映秀断裂，茂汶—汶川断裂及岷江断裂四条断裂带的地质概况，提出了隧道穿越活动断裂带的创新性建造抗震技术和监测方法；本章由周跃峰、王俊涛、印建文、肖辉、赵栋、晏小英等参与编辑整理。第5章以红桥关隧道为例，首次提出并实践了不良地质体、大断面隧道的微三台阶上部核心土法施工技术，内容涵盖原因分析、支护参数调整和技术改进、FLAC3D数值模拟理论分析及成果总结；本章由李传富、万炳宏、姚培儒、刘丰、刘长义、张建慈、印建文等参与编辑整理。第6章针对跃龙门隧道高压大体量突涌水探测难题，从原理、技术及装备方面，创新集成了“隧道 TIP”探水技术；本章由李传富、石少帅、卜林、郭伟东、王俊涛、郑昌明、秦文生等参与编辑整理。第 7 章介绍了杨家坪高地应力薄层陡倾地层小间距隧道大变形整治，包括成因分析、二次衬砌开裂段加固补强技术、先行洞开挖段整治技术及未开挖段方案调整，并分析总结了各方案的优缺点；本章由周跃峰、罗宁宁、姜波、张伦、印建文、王生涛等参与编辑整理。

在编撰过程中，我们依据实事求是的原则，遵循逻辑认知规律，将国内外已有的经典处治方法与成兰铁路实践中集成的新思路、新技术及新方法相结合。通过对成兰铁路隧道施工过程控制真实典型案例的剖析与讨论，意在启发不良地质多角度整治思路，因地制宜，精准施策。筑砖石之功，为进一步提高我国复杂地质环境下艰险山区的铁路、公路隧道建设现代化水平夯实基础。

由于时间匆忙，水平有限，本书存在问题及不足之处恳请广大读者给予批评指正。

编　者

2020 年 4 月

Editor's Note

This book is the second part of the book series "Innovation and Practice of Key Construction Technology for Chengdu-Lanzhou Railway Tunnel in Unfavorable Geology", and it carries on the first part "Typical Case Collection". It aims to analyze the process technology of construction method adopted in the treatment of unfavorable geology described in the first part, and explain "why to do this". The process of science is a circuitous road from theory to practice, and then from practice to theory. The airpick is like a pen, the surrounding rock is like paper, and the tunnelling is like a book in editing. In the process of compilation, we strive to achieve brainstorming and careful selection, from the traditional technology to the new cutting-edge theory, then integrate and apply them to the tunnel face of Chengdu-Lanzhou Railway for adaptability analysis. According to the revealed occurrence distribution of surrounding rock, we collect data for analysis and judgment, take the effectiveness as the criterion, and seek more scientific and reasonable working process technology to control all kinds of adverse geological phenomena. Focus on performance, tunnel through is regarded as success. We respectfully publishing this book, offer to readers.

This book is divided into 7 chapters. Chapter 1 introduces the mechanized construction technology of full section excavation method of surrounding rock (including inverted arch) of Ping'an tunnel, and systematically introduces the full section full ring excavation method of tunnel construction including inverted arch from practice and theory for the first time. Li Chuanfu, Yin Jianwen, Pu Xiaoping, Zhang Lun, Li Shijun, Wang Xiang, and others edited this chapter. In Chapter 2, Yangjiaping tunnel is selected to analyze the mechanism of large deformation of soft rock, the new concept and idea about large deformation control of soft rock——long and short bolt combined control technology was proposed and analyzed its application for the first time. Luo Ningning, Zhou Yuefeng, Song Guiming, Wang Bingdi, Liu Feng, Yuan Chuanbao, Jiang Bo, and others edited this chapter. In Chapter 3, taking Shiziyuan tunnel as an example, it mainly introduces the large section control technology of broken surrounding rock, and the tunnel geological disclosure, new technology model design and effect analysis of long-span and large section tunnel construction. Zhong Xin, Wang Juntao, Zhou Baochun, Zhou Yuefeng, Wang Bingdi, Zhang Lun, Zhou Juncheng, and others edited this chapter. In Chapter 4, according to the situation of Chengdu-Lanzhou railway tunnel crossing active fault zone, the geological situation of Pengxian-Guanxian fault, Beichuan-Yingxiu fault, Maowen-Wenchuan fault and Minjiang fault are statistically analyzed, the aseismic technology and monitoring method of tunnel crossing active fault zone are innovated. Zhou Yuefeng, Wang Juntao, Yin Jianwen, Xiao Hui, Zhao Dong, Yan Xiaoying, and others edited this chapter. In Chapter 5, taking Hongqiaoguan tunnel as an example, the micro-three-step upper core soil method construction technology of adverse geological body and large section tunnel is proposed in detail and practiced for the first time, which covers cause analysis, adjustment of supporting parameters and technical improvement, theoretical analysis by FLAC3D numerical simulation and summary of results. Li Chuanfu, Wan Binghong, Yao Peiru, Liu Feng, Liu Changyi, Zhang Jianci, Yin Jianwen, and others edited this chapter. In Chapter 6, focusing on the problem of water inrush detection with high pressure and large volume in Yuelongmen tunnel, the "Tunnel Induced Polarization (TIP)" water exploration technology has been innovated and integrated from principle, technology and equipment. Li Chuanfu, Shi Shaoshuai, Bu Lin, Guo Weidong, Wang Juntao, Zheng Changming, Qin Wensheng, and others edited this chapter. Chapter 7 introduces the treatment of large deformation of small spacing tunnel in Yangjiaping with high ground stress thin layer and steep dip stratum, including the cause analysis, the reinforcement technology of the second lining cracking section, the treatment technology of the excavated section of the first tunnel and the adjustment of the scheme of the unexcavated section, and analysis and summary about the advantages and disadvantages of each scheme. Zhou Yuefeng, Luo Ningning, Jiang Bo, Zhang Lun, Yin Jianwen, Wang Shengtao, and others edited this chapter.

In the compilation process, we followed the principle of seeking truth from facts and the cognitive rules, combining the existing classical disposal methods at home and abroad with the new ideas, new technologies and new methods integrated in the practice of Chengdu-Lanzhour ailway. Through the analysis and discussion of typical cases, we intend to inspire the multi-angle remediation idea of unfavorable geology, according to local conditions, and make precise measures. We would like to lay a solid foundation, which like the contribution of building bricks and stones, for further improving the modernization level of railway and highway tunnel construction in the difficult and dangerous mountainous areas under the complex geological environment in China.

Due to the lack of time and the limited level, the problems and shortcomings of this book appeal to the readers for criticism and correction.

Editor

April, 2020

目录

平安隧道
L—28427m
榴桐寨隧道
L—16271m
跃龙门隧道
L—19981m
杨家坪隧道
L—12822m
金瓶岩隧道
L—12765m
云屯堡隧
L—22923
三星堆
什邡西
绵竹南
安县
高川
茂县
龙塘
太平
镇江关

第1章

平安隧道Ⅳ级围岩全断面（含仰拱）开挖法机械化配套施工技术剖析

1.1 当前国内外前沿技术背景

隧道施工中,能否正确选择隧道开挖方法,是影响隧道结构稳定及施工安全的重要因素。软弱围岩在开挖过程中,不同的开挖方法及施工步骤会产生不同的围岩松动圈,引起围岩应力重新分布,从而影响围岩自身的整体稳定,对施工组织也会产生一定的影响。

国内隧道施工中,针对软岩隧道的开挖支护以台阶法为主,将上台阶、下台阶、仰拱分别作为独立的施工工序。近年来,随着我国铁路隧道建设的快速发展和人工费用的不断升高,施工机械化已成为铁路隧道建设的必然发展趋势,但是由于受分部开挖工序衔接多、作业空间限制等因素制约,不能使用大型机械施工,工效不高。国外隧道施工中,工艺流程与国内同类工艺基本相同,重点强调隧道的支护强度与结构安全,基本上都是将隧道上台阶、下台阶、仰拱分别作为独立的施工工序。而隧道全断面(含仰拱)开挖法机械化配套施工技术就支护结构安全性而言,对初期支护钢架的安装整体质量更容易控制,同时采用机械化配套施工,加快施工进度、节省人力资源投入,降低施工事故的发生概率。相关技术成果在国际上还鲜有报道,在国际隧道施工领域也具有一定的先进性,但出于安全性及围岩稳定性评价的复杂性考虑,在软岩隧道施工中全断面开挖法(全环法)往往不被采用。

成兰铁路“软弱围岩隧道”特征

成兰铁路茂县至松潘段与岷江断裂带走向基本平行,线路大部分以隧道的形式通过。隧道埋深50~1700m,以Ⅳ、Ⅴ级围岩为主。该段围岩以砂岩夹千枚岩、灰岩、砾岩为主,围岩节理发育,较破碎~破碎,呈灰色、灰黑色,属软岩或较软岩。平安隧道是全线重要的控制性隧道之一,有很强的代表性。它位于茂县境内,最低高程1690m,最高高程4200m,相对高差2510m,自然坡度30°~75°,局部为陡壁,植被茂盛,山高谷深,岭谷相间。隧道横穿龙塘沟、石大关等多条山间溪流,大致沿岷江上行,为傍山隧道;主要穿越泥盆系危关群上组(DWg_2)炭质千枚岩、砂质千枚岩、石英岩,泥盆系危关群下组(DWg_1)炭质千枚岩、绢云石英千枚岩夹石英岩、灰岩,石炭系、二叠系灰岩夹炭质千枚岩、炭质页岩(C+P),三叠系下新统菠茨沟组石英砂岩、炭质千枚岩夹灰岩(T_1b),以及三叠系中统杂谷脑组千枚岩、砂岩、灰岩(T_2z)。围岩总体稳定性差,节理较发育。

1.2.1 地质构造

平安隧道总体穿越石大关断层和以大店子倒转向斜、水沟子弧形倒转背斜、洗澡堂弧形倒转向斜、团结反“S”形同斜倒转背斜、平桥沟“S”形倒转背斜等褶皱组成的复式褶皱构造,以石大关断层为界,分为两大构造带——石大关弧形构造带、较场山字形构造带。

1.2.2 地层岩性

平安隧道上覆第四系全新统坡崩积碎石土,下伏基岩为泥盆系炭质千枚岩、砂质千枚岩、石英岩;隧道深埋段上覆全新统泥石流堆积碎石土,下伏基岩为石炭系、二叠系灰岩夹炭质千枚岩、炭质页岩。

此外,在地质构造成岩历史上,平安隧道所属测区在海西—印支期强烈活动的拗陷带以及复背斜的隆起,在槽地中发育了巨厚层的地槽型沉积建造,主要以复理岩建造为主,经过长时间构造应力挤压作用,即形成施工阶段所见复理岩。

1.2.3 水文地质

测区内地表水,主要为山间溪水及岷江水,均属岷江水系。隧道洞身有7条与线路相交的沟谷(分布位于 D8K156 + 700、D8K164 + 000、D8K167 + 250、D8K71 + 050、D8K173 + 525、D8K174 + 280、D9K175 + 950)向左侧的岷江排泄,大部分大气降水会很快通过地表径流汇入岷江。本段隧道轨面线高于岷江,洞身段的地下水径流受岷江的影响不大,总体为傍山隧道。

地下水以孔隙水和基岩裂隙水、构造裂隙水为主,可溶岩段落含有少量岩溶水。

1.2.4 地震烈度参数

有史料记载以来,岷江断裂南段发生过多次地震,较大地震为 1713 年叠溪 7 级地震和 1933 年叠溪 7.5 级地震。从较场附近全新世坡积物中发育的两个古地震楔可以辨认出至少发生两次古地震事件,表明断裂具有长期的强震活动历史。

根据附录 A:《中国地震动参数区划图》(GB 18306—2001)❶,以及“5·12”四川汶川地震后,《中国地震动参数区划图》(GB 18306—2001),国家标准第 1 号修改单增加的《中国地震动参数区划图四川、甘肃、陕西部分地区地震动峰值加速度区划图》,测区地震动峰值加速度为 0.30g,地震动反应谱特征周期为 0.35s,基本烈度为Ⅷ度,相关工程应按规范要求设防。

❶ 现已被《中国地震动参数区划图》(GB 18306—2015)代替。

现场遇到的主要问题

1.3.1 地质条件复杂，施工难度大

平安隧道全段处于地震频发区，隧道围岩主要为千枚岩以及夹千枚岩的砂岩、灰岩、砾岩。隧道正线和辅助坑道设计Ⅳ级、Ⅴ级围岩长度达到43350m，占隧道总长度的85.4%。其中平安隧道正线设计大变形段长度总计11280m，占隧道总长的27.5%。隧道埋深较大，区域应力场较高，软质岩地段可能发生软岩大变形，硬质岩地段可能会发生岩爆。另外还存在着危岩落石、岩堆、岩溶、高地温、瓦斯、放射性和有害气体等。施工期间开挖揭示地质情况基本与设计吻合，施工初期不同程度地出现了大变形、岩爆、涌水等不良地质，现场实测水平主应力高达31.52MPa，垂直应力15.17MPa。如何降低施工风险，有效控制隧道软岩段施工和大变形、岩爆为平安隧道施工的重点和难点，对整个工程的成败起关键作用。

1.3.2 工期紧张，项目组织要求高

平安隧道全长28.4km，为成兰铁路全线的重难点工程。本隧道开工后受征拆、环评、地震次生灾害等影响，隧道一开工就处于工期紧张状态。根据指导性施工组织设计要求，总工期为55个月，隧道主体工程工期为52个月，其中施工准备2～3个月，附属工程2个月。对软弱围岩施工进度指标的要求非常高，经分析Ⅳ级围岩进度指标要求平均达到110m，Ⅴ级围岩进度指标要求平均达到55m，软岩大变形段进度指标要求平均达到35m。施组指标与《铁路工程施工组织设计指南》（铁建设〔2009〕226号）指标相比，提高了很多。因此隧道软弱围岩和大变形段的快速施工为本隧道的重点和难点，对项目组织要求非常高。

1.4 现场收集数据与建模

面对复杂的地质条件及紧张的工期要求，研发新的施工技术势在必行。为此，建设单位成兰铁路公司组织中铁隧道局集团有限公司、西南交通大学、中铁西南科学研究院有限公司、中铁二院工程集团有限公司等单位共同参与，成立了课题组，以平安隧道为依托，启动了隧道Ⅳ级围岩全断面开挖施工技术的研究，从围岩稳定性评价、开挖进尺选择、工艺流程及工序管理等方面进行了研究。经过理论分析和现场试验，建立了一套隧道洞室内快速简易的试验测试方法。试验包括了岩石单轴抗压强度的快速测定、围岩地应力估算、结构面黏聚力和内摩擦角的快速测定以及结构面几何参数的快速测定，为隧道开挖进尺的选择、工艺及工序管理等方面提供了理论基础。

1.4.1 现场数据采集

1.4.1.1 隧道施工掌子面现场调查

根据课题的需求对平安隧道1、2号横洞工区隧道正线共8个掌子面进行调查、测绘、取样等工作，并完成相应野外及室内试验，如图1-1、图1-2所示。

图1-1 1号横洞隧道正线(无水)

图1-2 2号横洞隧道正线(有水)

掌子面位置里程及埋深岩性见表1-1。

掌子面信息表 表 1-1

序号	位置	里程	埋深(m)	初定岩性名称
1	1 号左线大里程	D8K152 +343	436	千枚岩
2	1 号左线小里程	D8K152 +45	205	千枚岩
3	1 号右线大里程	YD8K152 +463.6	515	千枚岩
4	1 号右线小里程	YD8K151 +923	136	千枚岩
5	2 号左线大里程	D8K157 +635	535	片岩、千枚岩
6	2 号左线小里程	D8K156 +755.6	115	片岩、千枚岩、灰岩
7	2 号右线大里程	YD8K157 +520	495	片岩、千枚岩、灰岩
8	2 号右线小里程	YD8K156 +855.2	175	片岩、千枚岩

1 号横洞隧道正线共 4 个掌子面岩性初步定名为千枚岩,无水。其中小里程方向两个掌子面可见黄铁矿及粒状结晶体,大里程方向两个掌子面有方解石脉出露。4 个掌子面中,右线大里程掌子面节理虽然只有一组,但是间距多为 3 ~5cm,岩层多有揉皱弯曲现象,岩体结构最差;右线小里程有 2 组节理,节理间距最大 50cm,最小 20cm;左线大里程有 1 组节理,节理间距最大 25cm,最小约 10cm;左线小里程掌子面节理组数较多,有 5 组,节理间距变化较大,最大可以超过 50cm,最小约 15cm,岩体结构相对破碎。4 个掌子面现场情况如图 1-3 ~图 1-6 所示。

a)

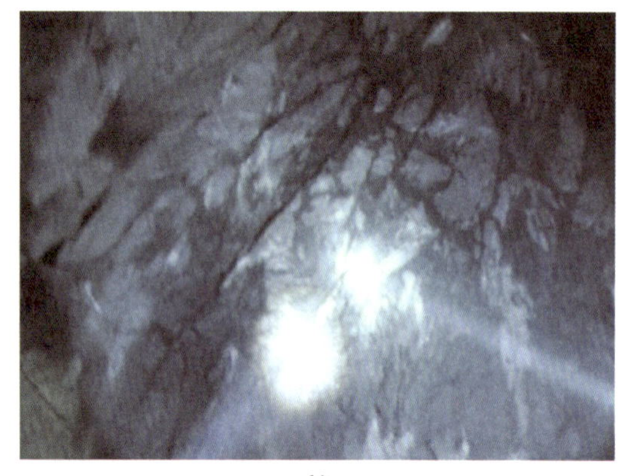

b)

图 1-3 1 号左线大里程兰州端 D8K152 +343 掌子面

a)

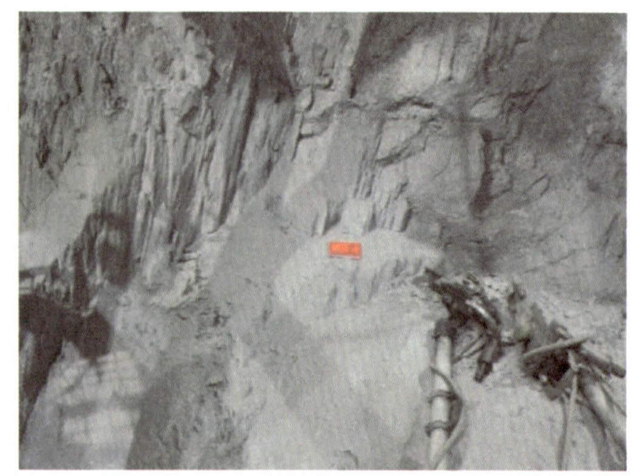

b)

图 1-4 1 号左线小里程成都端 D8K152 +45 掌子面

a)

b)

图 1-5　1 号右线大里程兰州端 YD8K152 +463.6 掌子面

a)

b)

图 1-6　1 号右线小里程成都端 YD8K151 +923 掌子面

2 号横洞隧道正线共 4 个掌子面岩性初步定为千枚岩、灰岩及片岩,变质作用加深,千枚岩明显减少,开挖时水较大,采取措施后控制在要求范围内。其中左线小里程和右线大里程 3 种岩性都有出现,岩体结构相对于其他两个掌子面较差,岩块强度在后续试验中也证明相对于其他两个掌子面较低,如图 1-7 ~ 图 1-10 所示。左线小里程有 3 组节理,节理间距最大 50cm,最小约 5cm;左线大里程共 3 组节理,节理间距变化较大,最大达到 1m,最小只有 7cm;右线小里程有 3 组节理,节理间距最大 50cm,最小为 5cm;右线大里程也有 3 组节理,节理间距最大 50cm,最小 5cm,详见表 1-2。

平安隧道掌子面岩体调查信息表　　表 1-2

<table>
<tr><th>编号</th><th>掌子面位置里程</th><th>节理组数</th><th>节理间距(cm)</th><th>节理组号</th><th>产状(°)</th><th colspan="6">回　弹　值</th></tr>
<tr><td rowspan="4">1</td><td rowspan="4">1 号左线大里程
D8K152 +343</td><td rowspan="4">1</td><td rowspan="4">15 ~ 25</td><td rowspan="4">①</td><td>203∠67</td><td>33</td><td>37</td><td>34</td><td>38</td><td>33</td><td>36</td></tr>
<tr><td>228∠80</td><td>28</td><td>29</td><td>26</td><td>25</td><td>21</td><td>30</td></tr>
<tr><td>190∠82</td><td>41</td><td>40</td><td>38</td><td>42</td><td>40</td><td>41</td></tr>
<tr><td>198∠81</td><td>54</td><td>48</td><td>44</td><td>37</td><td>48</td><td>49</td></tr>
</table>

续上表

编号	掌子面位置里程	节理组数	节理间距（cm）	节理组号	产状（°）	回弹值					
2	1 号左线小里程 D8K152 +45	5	15 ~ 40	①	204∠87	60	62	57	63	64	60
			40 ~ 50	②	22∠71	54	50	44	40	42	40
					18∠65	—	—	—	—	—	—
			15 ~ 20	③	342∠34	42	38	36	40	34	34
			30 ~ 50	④	186∠44	随机节理					
			>50	⑤	111∠68	46	48	46	44	50	45
3	1 号右线大里程 YD8K152 +463.6	1	3 ~ 5	①	174∠82	25	24	23	23	20	24
					210∠84	41	40	39	40	42	42
4	1 号右线小里程 YD8K151 +923	2	20 ~ 30	①	4∠87	36	34	38	36	36	34
			40 ~ 50	②	156∠19	30	30	30	32	30	33
5	2 号左线大里程 D8K157 +635	3	7 ~ 10	①	185∠64	52	53	53	56	54	51
					170∠58	45	44	37	42	44	35
					175∠55	—	—	—	—	—	—
			20 ~ 30	②	124∠67	35	39	38	36	37	40
			10 ~ 100	③	—	随机节理					
6	2 号左线小里程 D8K156 +755.6	3	30 ~ 50	①	170∠74	46	38	42	40	41	42
			20 ~ 40	②	24∠79	51	48	54	54	49	52
			5	③	210∠64	56	55	51	54	52	56
7	2 号右线大里程 YD8K157 +520	3	5 ~ 20	①	165∠59	58	56	54	50	56	51
			40 ~ 50	②	161∠74	50	49	52	51	48	48
			10 ~ 20	③	115∠34	—	—	—	—	—	—
8	2 号右线小里程 Y8K156 +855.2	3	5 ~ 20	①	175∠69	50	48	51	52	54	53
					144∠52	62	56	67	58	60	58
					160∠79	49	44	47	48	44	46
			40 ~ 50	②	35∠75	49	54	50	49	47	47
					30∠63	—	—	—	—	—	—
			30 ~ 40	③	73∠39	48	50	60	52	57	54
					82∠47	50	57	59	54	56	55

1.4.1.2 工程洞室内岩体物理力学参数快速测定

工程岩体的物理力学参数是工程洞室设计和施工的指导性指标，如岩石单轴抗压强度、结构面的产状和几何参数、结构面的抗剪强度指标 c 和 φ 值、估算围岩地应力、岩体单轴抗压强度、岩体抗拉强度和岩体变形模量等。这些参数大多数都能够通过现场调查和测量等勘察手段获得,但是部分参数的获取过程烦琐、耗时较长。

a)

b)

图 1-7　2 号左线大里程兰州端 D8K157 + 635 掌子面

a)

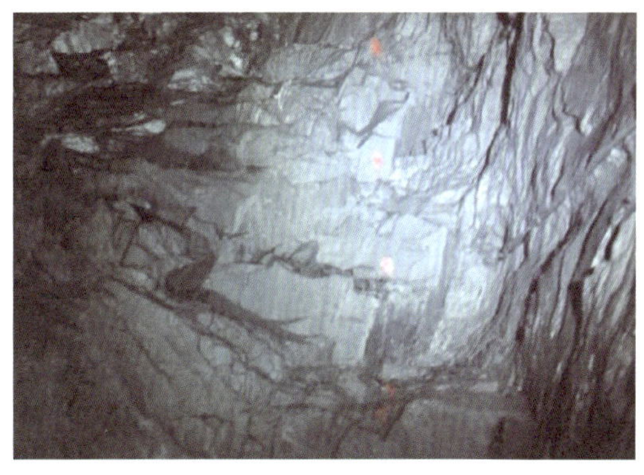
b)

图 1-8　2 号左线小里程成都端 D8K156 + 755.6 掌子面

a)

b)

图 1-9　2 号右线大里程兰州端 YD8K157 + 520 掌子面

a)

b)

图 1-10　2 号右线小里程成都端 YD8K156 +855.2 掌子面

为了在施工阶段快速获取判定标准所需的各项参数，课题组根据岩体力学试验及岩体力学参数反演，建立了一套隧道洞室内快速简易的试验测试方法。试验包括了岩石单轴抗压强度的快速测定、围岩地应力估算、结构面黏聚力和内摩擦角的快速测定和结构面几何参数的快速测定。

课题组对平安隧道 1 号横洞和 2 号横洞工区的 8 个掌子面进行调查和测量，其中 1 号横洞未见地下水，但是岩体性质相对较差；2 号横洞掌子面出现涌水，但岩体性质较好。

1）单轴抗压强度快速测定

常规情况下，获取岩石的单轴抗压强度是利用岩芯进行岩石单轴抗压试验，但是用常规的试验方法测定抗压强度值，在取样、加工、试验测定方面，需花费较长的时间、较多的人力和费用。对于部分软岩和微结构面发育的板岩、千枚岩以及风化强烈的岩石，其完整岩芯的制备十分困难，使得部分岩石的强度测试较为困难。

根据实际情况，选择点荷载对软弱岩石强度进行测定，把一定尺寸和形状系数的岩石放置于点荷载仪的上、下两个加载锥之间，通过加压装置向岩石施加集中荷载，随着荷载增加，岩石最终破坏。根据岩样的破坏荷载、加载点间距和岩石的尺寸和形状系数计算岩石的强度指数。

2）结构面抗剪强度测定

基于巴顿（Barton）模型，对其进行简单的等效处理，得到其等效的莫尔—库仑准则，最终得到等效参数黏聚力 c 和内摩擦角 φ。

在岩体工程设计中，当工程岩体中结构面的法向应力为某一确定数值时，可以用巴顿模型在这一特定应力时的切线方程的参数作为它的等效莫尔—库仑准则抗剪强度参数，即等效内摩擦角 φ_i 和等效黏聚力 c_i，如图 1-11 所示。

岩体结构面面壁单轴抗压强度的测定方法如下：

步骤 1：清除结构面面壁上的杂物。在结构面面壁上均匀布置多个测点（若结构面范围大,应分为若干测区,每一测区布置多个测点)。测点应避开空洞、剥落和边缘部位。若结构面上、下盘都暴露,可在其两个面壁上分别测试8点。

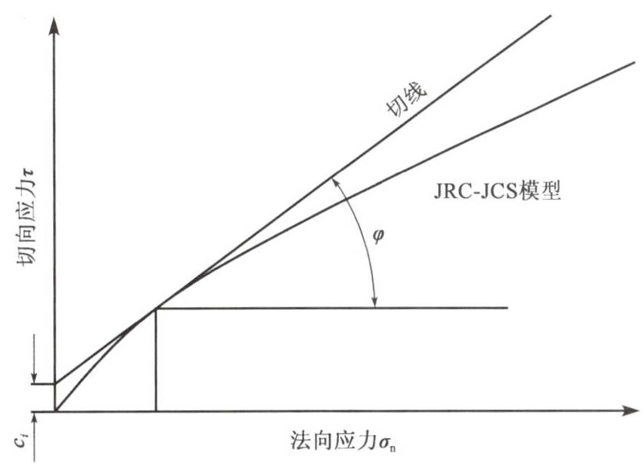

图1-11 巴顿模型的等效处理方法

步骤2:测试回弹值时,应使回弹仪轴线垂直于结构面面壁,回弹值读数精确至1。

步骤3:用测得的多个回弹值按下列公式计算测区平均回弹值。根据回弹仪测定的R_e,使用巴顿推荐的米勒经验关系公式求裂隙表面的单轴抗压强度JCS。

$$\lg(\mathrm{JCS}) = 0.00088\,\gamma\,R_e + 1.01 \tag{1-1}$$

式中:JCS——裂隙表面的单轴抗压强度(MPa);

γ——岩石的干重度(kN/m^3)。

3)安息角及摩擦板试验

自然状态下,散体岩块堆积为坡时的边坡稳定临界角度即为自然安息角。自然安息角是采矿工程中不可缺少的物理力学参数,无论在布置合理的采矿工程方面,还是在设计放矿设备等方面,都是极其重要的设计依据之一,而将其推广至工程地质学科也是合理可行的。由于自然安息角与内摩擦角之间有一定的关系,所以自然安息角的测定可以用于验证计算内摩擦角。

本次项目自然安息角的测定主要分为两部分:弃渣场边坡安息角及摩擦板试验。弃渣场作为隧道爆破开挖岩块的堆积场所,可以较为真实地反映自然状态下千枚岩的堆积情况。弃渣场的边坡高度达到20m以上,主要形态如图1-12、图1-13所示。

现场摩擦板试验是将岩块一面(结构面)贴住木板表面,在保持木板底座水平的情况下,缓慢抬起一边,在岩块开始滑动的瞬间记录下当时的角度,作为其摩擦板试验结果。虽然不能真实反映岩块与岩块间的接触与滑移,但是得到的数据对于内摩擦角等参数的确定仍然有一定的参考价值,如图1-14所示。

通过测量及试验可以发现,1号横洞弃渣场边坡自然安息角为36°,隧道内岩块摩擦板试验最大值为36°、最小值为30°,不同掌子面的摩擦板试验值大致相同,只有左线大里程兰州端掌子面岩块的摩擦板安息角试验值较大,平均为34°。2号横洞弃渣场边坡自然安息角为37°,隧道内岩块摩擦板试验最大值为37°、最小值为30°。

a)

b)

图1-12　1号横洞弃渣场自稳高边坡

a)

b)

图1-13　2号横洞弃渣场自稳高边坡

a)

b)

图1-14　现场摩擦板试验图

总体上讲,2 号横洞不论是弃渣场安息角还是隧道内岩块摩擦板试验平均值普遍大于 1 号横洞。说明 2 号横洞正线隧道开挖岩体比 1 号横洞的更好,这与野外调查和室内岩石点荷载试验得出的结论相符。另外可以发现,由于接触介质和关系不同,木板面较为平坦和光滑,并不能模拟真实的岩体结构面,横洞弃渣场边坡自然安息角普遍大于隧道内岩石的摩擦板安息角。表 1-3 汇总了弃渣场安息角及摩擦板试验数据。

弃渣场安息角及摩擦板试验数据汇总表　　表 1-3

序号	位 置 里 程	试验值(°)						平均值(°)
1	1 号右线小里程成都端 YD8K151 +923	32	32	30	34	31	33	32
2	1 号右线大里程兰州端 YD8K152 +463.6	31	33	32	31	30	30	31.17
3	1 号左线小里程成都端 D8K152 +45	32	32	32	32	—	—	32
4	1 号左线大里程兰州端 D8K152 +343	36	34	32	34	—	—	34
5	1 号横洞弃渣场	—						36
6	2 号右线小里程成都端 YD8K156 +855.2	31	31	30	32	—	—	31
7	2 号右线大里程兰州端 YD8K157 +520	34	32	37	35	—	—	34.75
8	2 号左线小里程成都端 D8K156 +755.6	31	30	34	33	—	—	32
9	2 号左线大里程兰州端 D8K157 +635	34	33	33	34	—	—	33.5
10	2 号横洞弃渣场	—						37

4)岩体物理力学参数测定

在岩质工程中,岩体的非均质、各向异性和不连续性使得其强度既不是岩块的强度,也不是结构面的强度,岩体的强度是岩块强度和结构面强度的复杂组合。在工程中我们关心的是岩体的强度,但是实际勘察和试验中,工作人员只能够获取结构面的相关参数和岩块的力学参数。

霍克(Hoek)和布朗(Brown)提出了基于岩体质量评价的应用经验公式确定岩体综合抗剪强度的方法。近期他们又提出了基于地质强度指标(GSI)的评分指标体系。得到 GSI 值后,按照 Hoek 和 Brown 提出的岩体强度准则,估计岩体强度和其力学参数。

(1)平安隧道岩体力学参数估计

根据霍克-布朗(Hoek-Brown)准则,当确定了 GSI 和扰动系数 D 后,就能够获得 Hoek-Brown 准则的常数 m_b、S 和 a,结合岩石的单轴抗压强度 σ_{ci} 和隧道埋深 H_t,就能够估计出围岩的强度参数。

表 1-4 给出了 1 号横洞 4 个掌子面的单轴抗压强度、掌子面埋深、岩石的重度和对应的 GSI 均值。对于扰动系数,这里设定岩体未扰动,$D=0$。

1 号横洞基本参数表 表 1-4

掌子面位置里程	单轴抗压强度 σ_{ci}	埋深 H_t (m)	重度 (kN/m^3)	地质强度指标 GSI
左线 D8K152 +45	19.61	205	26.5	45
左线 D8K152 +343	19.17	435.8	26.5	55
右线 YD8K151 +923	17.68	135.9	26.5	50
右线 YD8K152 +463.6	10.02	514.8	26.5	45

依据表 1-4 的相关参数,利用 Hoek-Brown 准则的相关公式,对 1 号横洞掌子面的围岩强度参数进行预估。参数包括了 Hoek-Brown 准则常数、岩体单轴抗压强度 σ_c、岩体单轴抗拉强度 σ_{tm}、岩体在掌子面埋深围岩应力下的抗压强度 σ_{cm}、岩体抗剪强度指标 c 和 φ 以及岩体的变形模量 E_m。

从表 1-5 中可以看出,左线大里程(D8K152 +343)岩体的强度相对较高,岩体单轴抗压强度 σ_c 达到了 1.57MPa,单轴抗拉强度 σ_{tm} 为 64kPa,变形模量 E_m 为 5.84MPa,抗剪强度指标 c 为1.14MPa,内摩擦角 φ 为 31.5°;右线大里程(YD8K152 +463)岩体强度最低,各个参数指标都低于其他掌子面的参数;单轴抗压强度 δ_c 为 0.62,单轴抗拉强度 σ_{tm} 为 23kPa,抗剪强度指标 c 为 0.81MPa,内摩擦角 φ 为 24°,变形模量 E_m 为 3.17GPa。

1 号横洞围岩强度参数估算值 表 1-5

掌子面位置里程	m_b	S	a	σ_{cm} (MPa)	σ_c (MPa)	σ_{tm} (kPa)	σ_{3max} (MPa)	c (MPa)	φ (°)	E_m (GPa)
左线小里程 D8K152 +45	1.40	0.0022	0.5	3.78	0.92	-31	3.09	1.29	34.8	3.32
左线大里程 D8K152 +343	2.00	0.0067	0.5	3.16	1.57	-64	6.28	1.14	31.5	5.84
右线小里程 YD8K151 +923	1.40	0.0022	0.5	2.85	0.83	-27	2.10	1.41	37.2	3.15
右线大里程 YD8K152 +463	1.68	0.0039	0.5	1.78	0.62	-23	7.33	0.81	24.0	3.17

左线小里程(D8K152 +45)和右线小里程(YD8K151 +923)掌子面岩体强度参数较为接近,单轴抗压强度 σ_c 为 0.92MPa,抗剪强度指标 c 为 1.29MPa、φ 值为 37.2°比左线小里程 34.8°略大。但是对应的隧道埋深下,右线小里程的抗压强度比左线小里程小。左线小里程岩体变形模量 E_m 为 3.32GPa,右线小里程掌子面岩体变形模量 E_m 为 3.15GPa。

(2)平安隧道围岩应力计算

隧道围岩应力的估算不仅对隧道围岩分级有很大的影响,而且对隧道设计施工也有指导性的意义。最大主应力估算结果与埋深、岩体单轴抗压强度关系较明显,埋深越深、岩体单轴抗压强度越高,则得到的最大主应力估算结果也越大。估算结果表明,左线大里程的最大主应力值高于其他 3 个掌子面,为 19.13MPa;右线小里程的最大主应力在 4 个掌子面中最小,为 8.16MPa,如表 1-6 所示。

隧道围岩应力估算表　　表 1-6

序号	掌子面位置里程	埋深(m)	岩块单轴抗压强度(MPa)	岩体单轴抗拉强度(MPa)	最大主应力估算值(MPa)
1	左线小里程 D8K152 +45	205	19.61	3.16	10.77
2	左线大里程 D8K152 +343	435.8	19.17	3.79	19.13
3	右线小里程 YD8K151 +923	135.9	17.68	2.85	8.16
4	右线大里程 YD8K152 +463	514.8	10.02	1.79	15.46

1.4.1.3 平安隧道全断面开挖适用判定标准分级

综合现场岩体物理力学参数快速测定以及室内数值模拟模型试验结果,将全断面开挖适用标准总结如下,如表 1-7 所示。

平安隧道全断面开挖适用判定标准　　表 1-7

判定参数	判定标准
平行单轴抗压强度	>2.5MPa
垂直单轴抗压强度	>10.0MPa
地下水	局部裂隙、结构面渗水对全断面开挖影响较小,但应避免在线状流水区域使用全断面开挖
结构面内摩擦角	>35°
结构面黏聚力	>0.31MPa
岩体安息角	>31°

1.4.2 模型建立与数值分析

1.4.2.1 全断面开挖隧道围岩应力分析

通过对隧道场地工程地质条件、岩体结构等问题的综合分析,在获得了隧道围岩基本物理力学参数的基本认识上,建立隧道断面岩体的“地质模型”,和由此演建的“数学模型”,采用有限单元法,分别对隧道围岩岩体的应力、变形和强度进行数值分析,从而对隧道围岩的稳定性作出评价。

1)左线 D8K152 +45 断面

数值分析采用计算模型来源于隧道地质模型,地质模型依据 1:1000 平面图(图 1-15)、断面图(图 1-16)以及相关勘察设计资料截取。

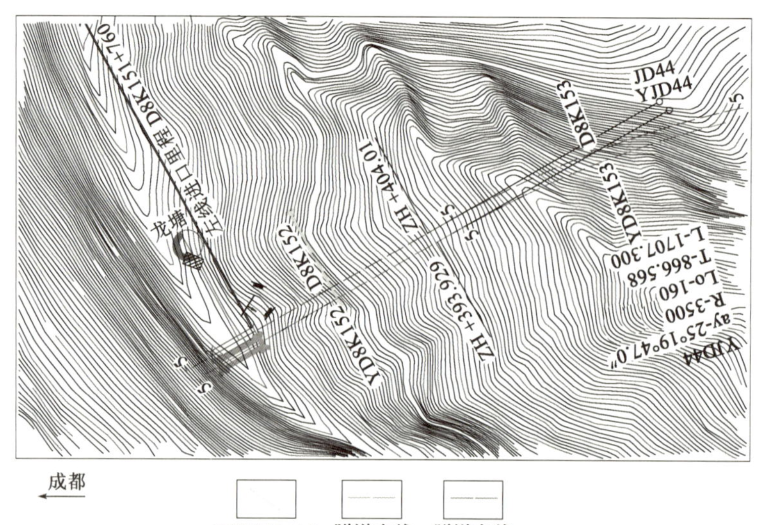

图 1-15　1 号左线小里程 D8K152 +45 平面示意图

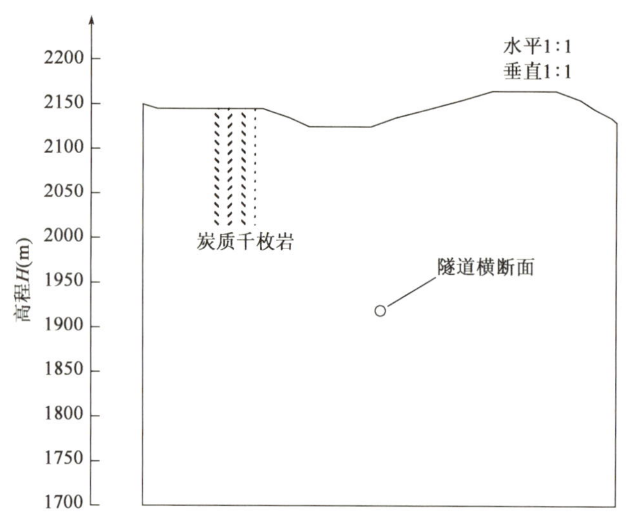

图 1-16　1 号左线小里程 D8K152 +45 横断面示意图

岩石物理力学参数结合西南交通大学课题组野外调查资料、室内外试验以及《工程地质手册(第四版)》(中国建筑工业出版社出版)有关岩石物理力学参数取值范围标准,得出本区域模型物理力学参数见表 1-8。

左线 D8K152 +45 横断面岩土参数取值表　　表 1-8

岩　土　体	密度 (g/cm^3)	弹性模量 (GPa)	泊　松　比	黏聚力 (MPa)	内摩擦角 (°)
炭质千枚岩	2.15	3.33	0.325	1.293	32.88

模型计算结果分析如下:

开挖状态下的数值计算模型如图1-17所示,变形、应力、强度计算分析如图1-18~图1-22所示。

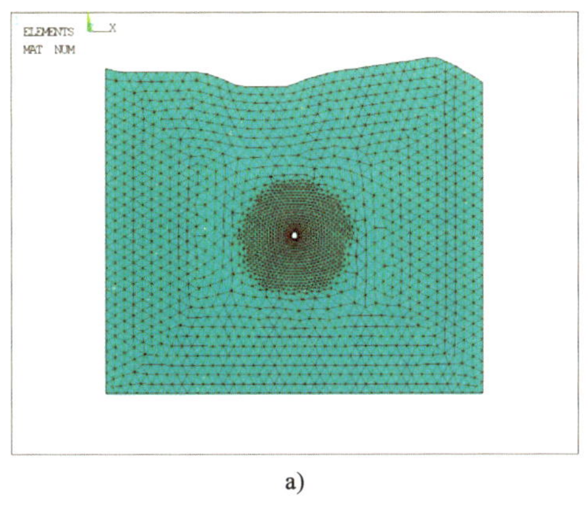

a)

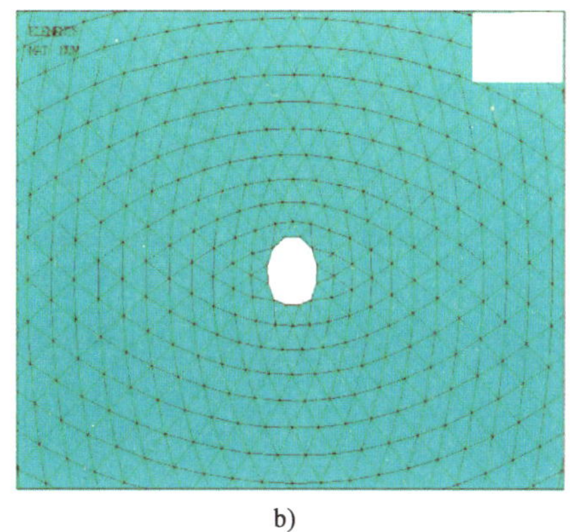

b)

图1-17 数值模型图及隧道细部模型图

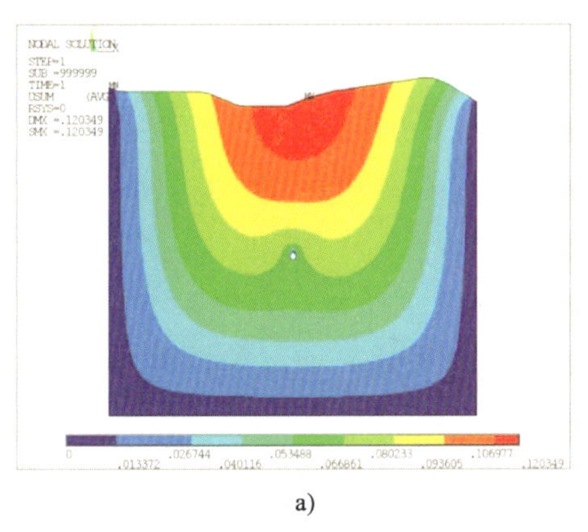

a)

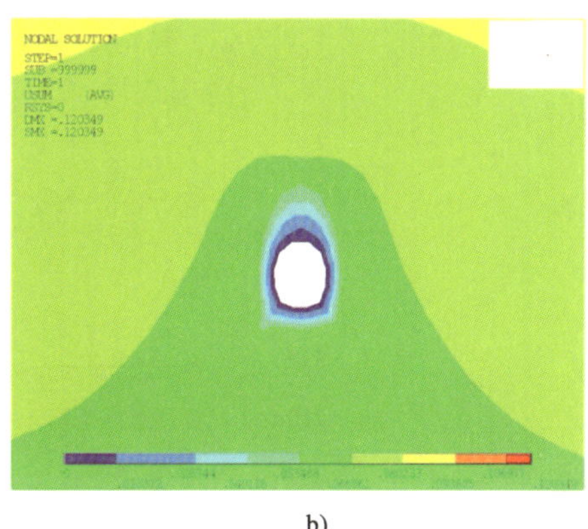

b)

图1-18 总位移云图及细部图

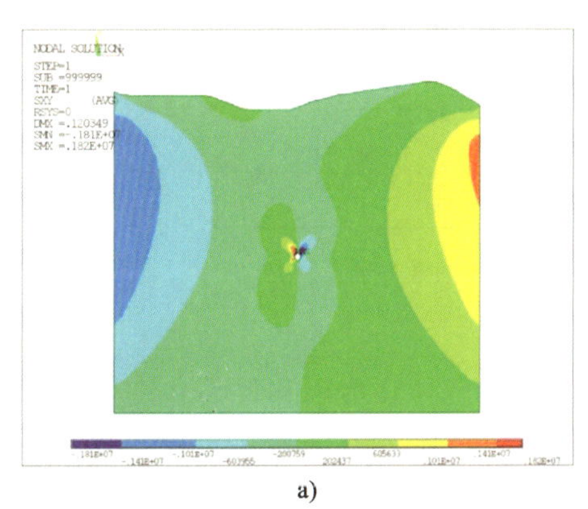

a)

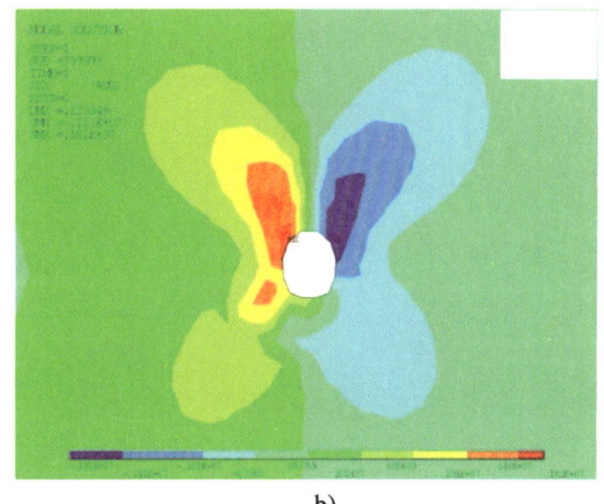

b)

图1-19 剪应力云图及细部图

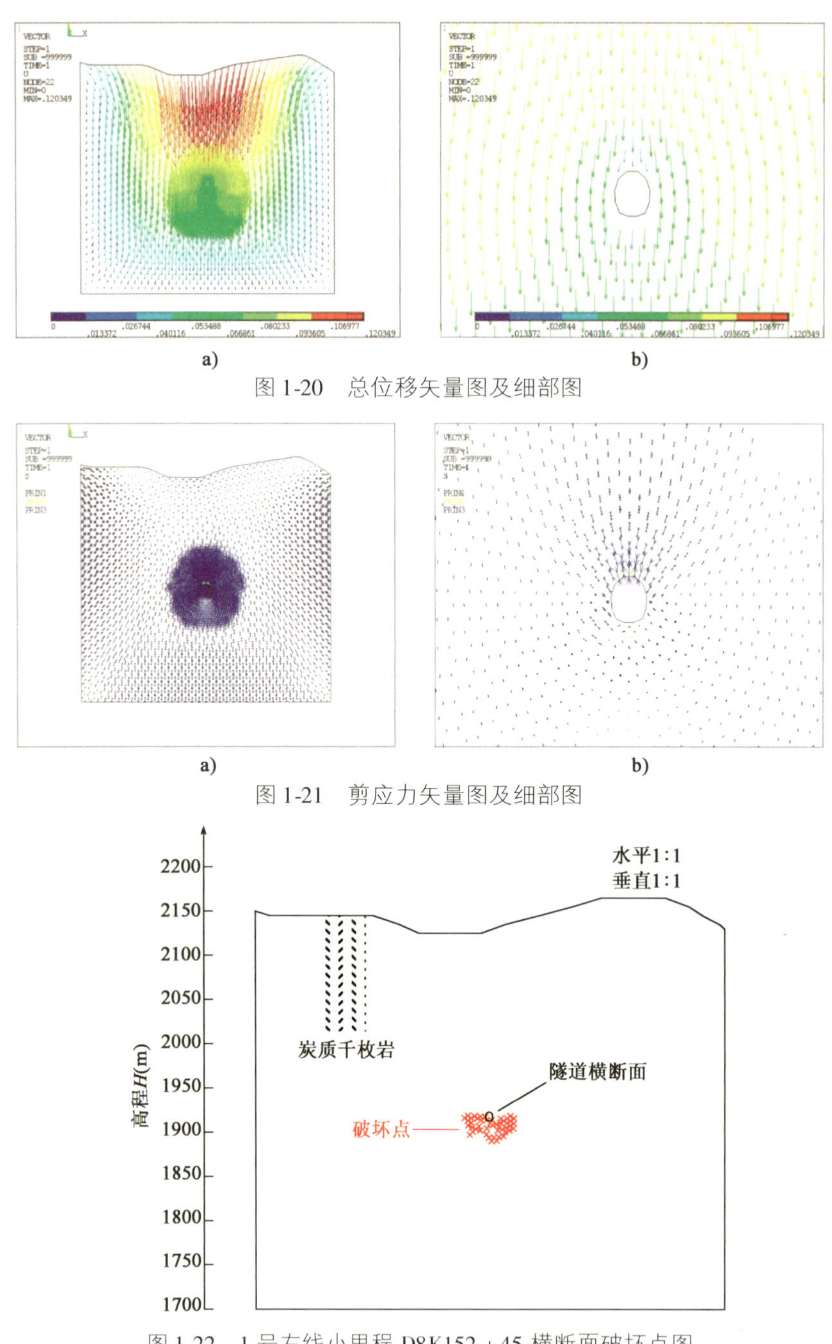

图 1-20　总位移矢量图及细部图

图 1-21　剪应力矢量图及细部图

图 1-22　1 号左线小里程 D8K152 + 45 横断面破坏点图

(1)应力位移分析

平安隧道软岩(千枚岩)采用全断面法开挖并支护后，位移最大和最小并没有出现在洞体周围，而是出现在隧道埋置山体表面，隧道四周位移在合理范围内。隧道岩体爆破开挖改变了隧道周围岩体的原始应力，造成应力的释放与重新分配，可以发现剪应力主要集中在隧道洞壁及曲率变化处，洞顶由于埋深关系应力也较大，X、Y 方向应力分布及剪应力分布均呈现对称形状,不存在偏压问题。

(2)强度分析

采用莫尔—库仑强度理论准则对隧道开挖后围岩潜在破坏区域进行分析,取强度因子 $\sigma_t=0.03\text{MPa}$,$c=1.3\text{MPa}$,$\varphi=33°$。经计算发现隧道底部及两壁出现了对称的潜在破坏区,未出现偏压破坏现象,潜在破坏区范围在3倍洞径范围内。

2)左线 D8K152+343 断面

数值分析采用计算模型来源于隧道地质模型,地质模型依据中铁隧道局集团有限公司提供的1:1000平面图(图1-23)、断面图(图1-24)以及相关勘察设计资料截取。

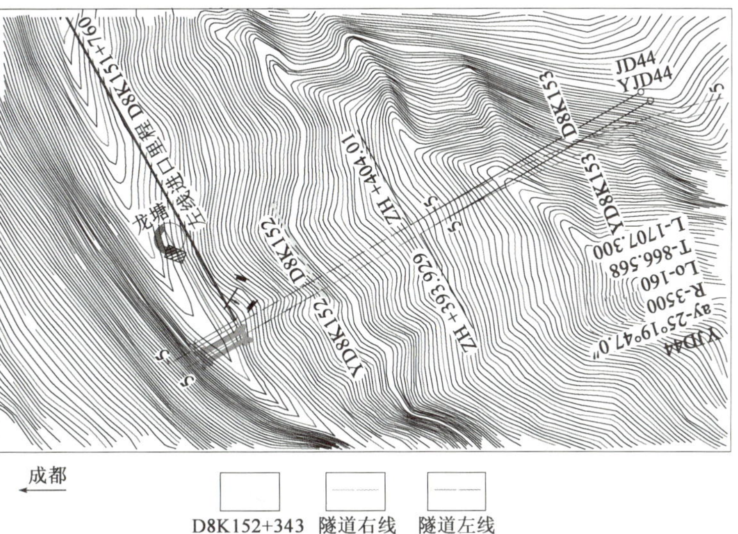

图1-23　1号左线大里程 D8K152+343 平面示意图

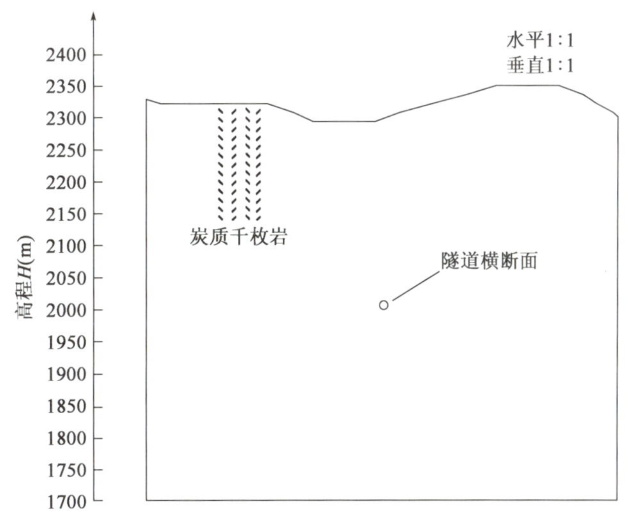

图1-24　1号左线大里程 D8K152+343 横断面示意图

岩石物理力学参数结合西南交通大学课题组野外调查资料、室内外试验以及《工程地质手册(第四版)》(中国建筑工业出版社出版)有关岩石物理力学参数取值范围标准,得出本区域模型物理力学参数见表1-9。

左线D8K152+343横断面岩土参数取值表 表1-9

岩土体	重度 (kN/m^3)	弹性模量 (GPa)	泊松比	黏聚力 (MPa)	内摩擦角 (°)
炭质千枚岩	21.5	5.84	0.325	1.143	29.75

模型计算结果分析如下:

开挖状态下的数值计算模型如图1-25所示,变形、应力、强度计算分析如图1-26~图1-30所示。

(1)应力位移分析

平安隧道软岩(千枚岩)采用全断面法挖掘并支护后,位移最大和最小并没有出现在洞体周围,而是出现在隧道埋置山体表面,隧道四周位移在合理范围内。隧道岩体爆破开挖改变了隧道周围岩体的原始应力,造成应力的释放与重新分配,可以发现剪应力主要集中在隧道洞壁及曲率变化处,洞顶由于埋深关系应力也较大,X、Y方向应力分布及剪应力分布均呈现对称形状,不存在偏压问题。

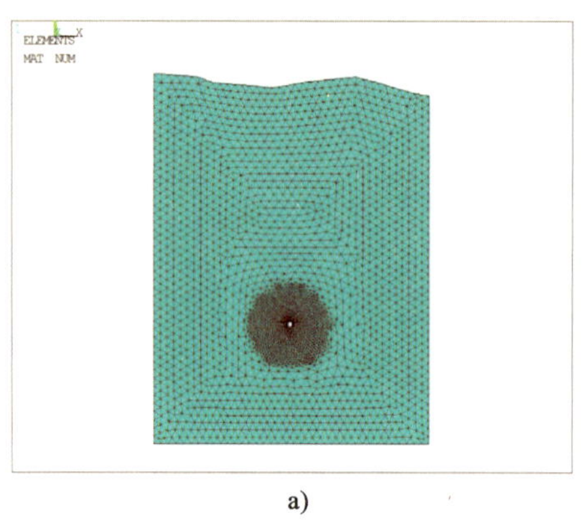

a)

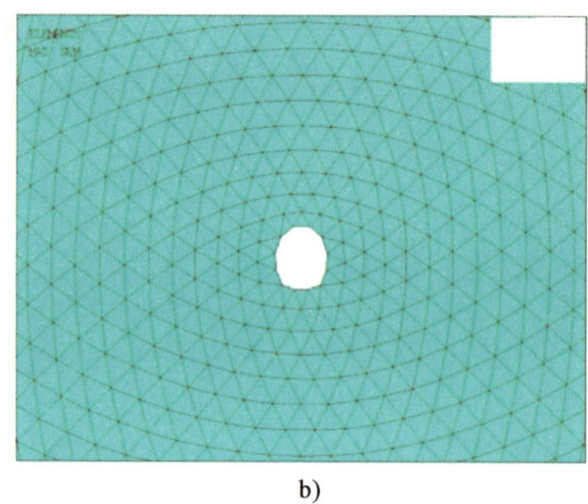

b)

图1-25 数值模型图及隧道细部模型图

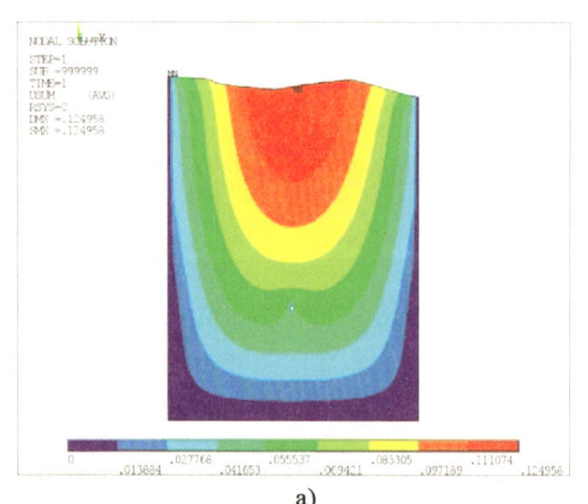

a)

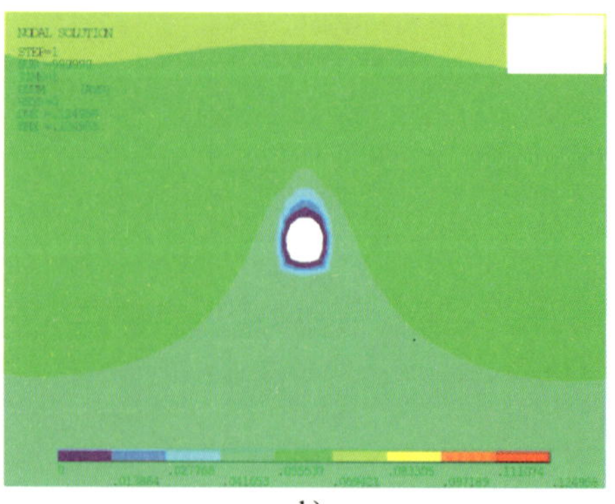

b)

图1-26 总位移云图及细部图

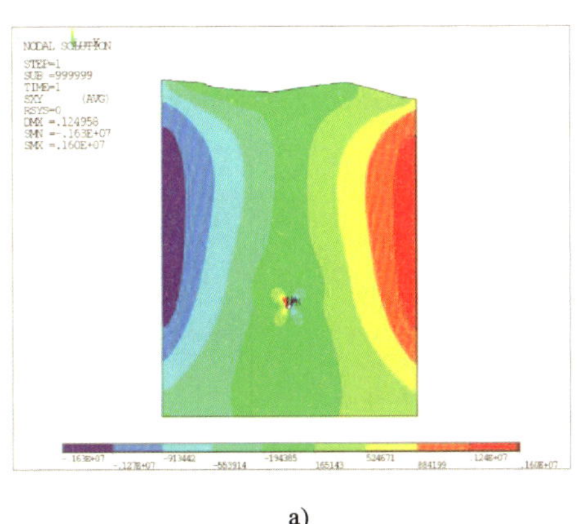

a)

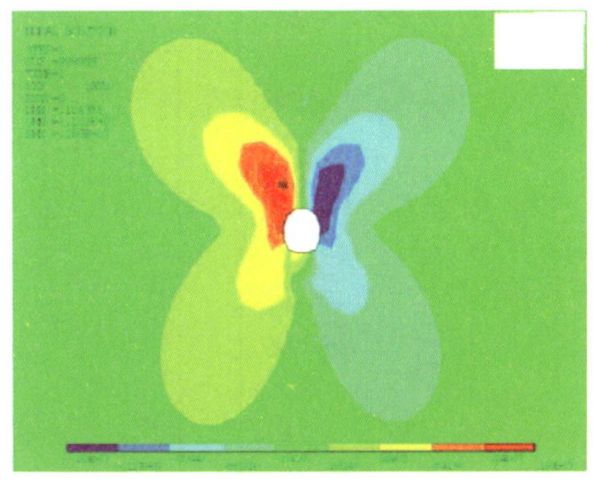

b)

图 1-27　剪应力云图及细部图

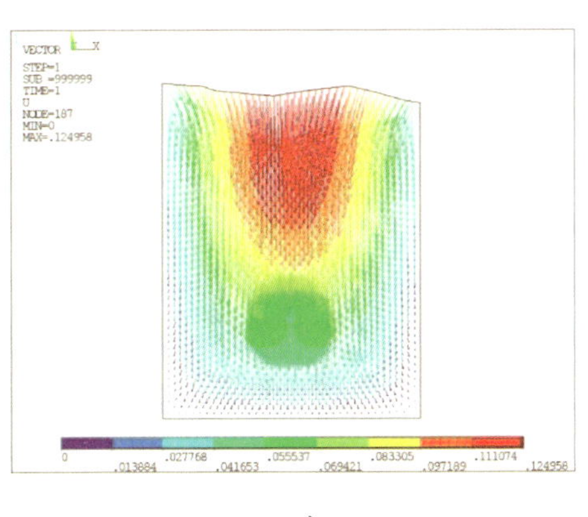

a)

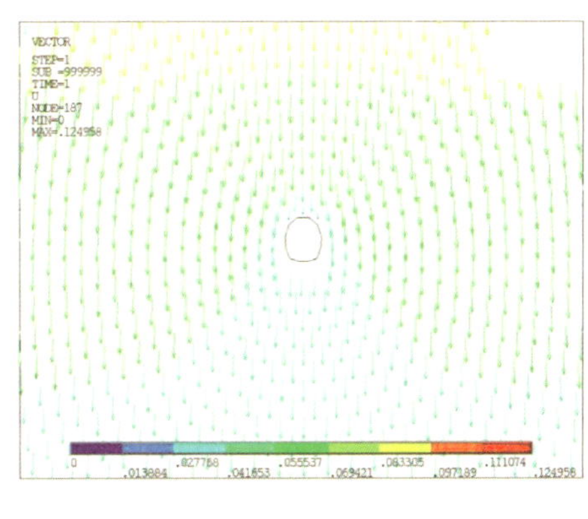

b)

图 1-28　总位移矢量图及细部图

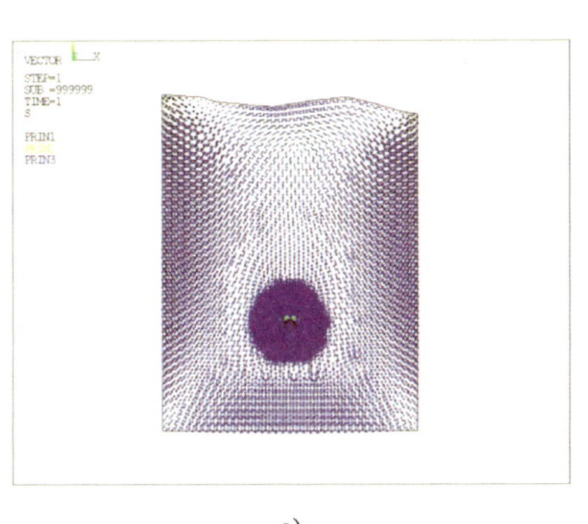

a)

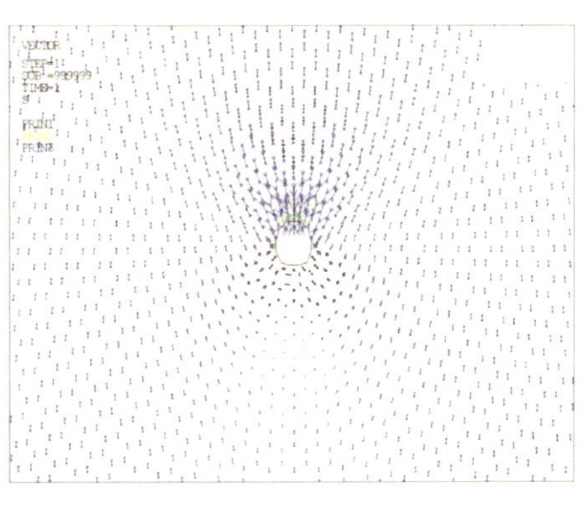

b)

图 1-29　剪应力矢量图及细部图

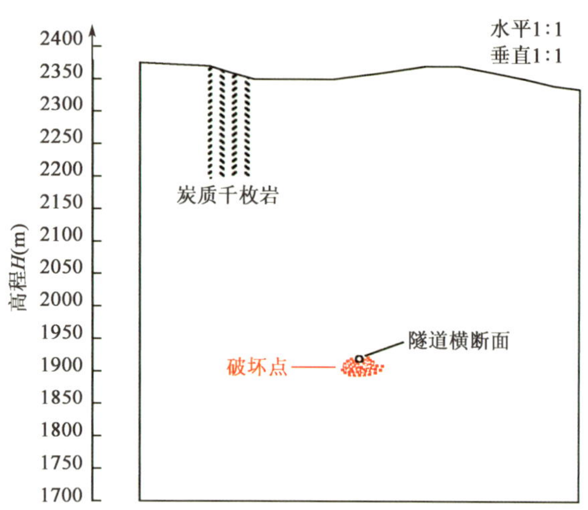

图 1-30　1 号左线大里程 D18K152 +343 横断面破坏点图

(2)强度分析

采用莫尔—库仑强度理论准则对隧道开挖后围岩潜在破坏区域进行分析,取强度因子 $\sigma_t=0.06\text{MPa}$、$c=1.2\text{MPa}$、$\varphi=30°$,经计算发现隧道底部及两壁出现了对称的潜在破坏区,未出现偏压破坏现象,潜在破坏区范围在 3 倍洞径范围内。

3)左线 D8K152 +45 横断面双洞

工程地质计算模型如图 1-31 所示,数值计算模型如图 1-32 所示。

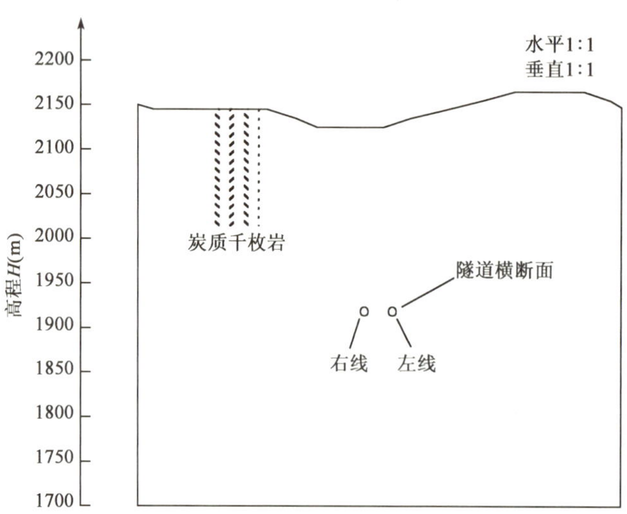

图 1-31　1 号左线小里程 D8K152 +45 双线隧道横断面工程地质计算模型

模型计算结果分析如下:

经计算得到的结果如图 1-33 ~ 图 1-36 所示,计算得到的潜在破坏区分布如图 1-37 所示。

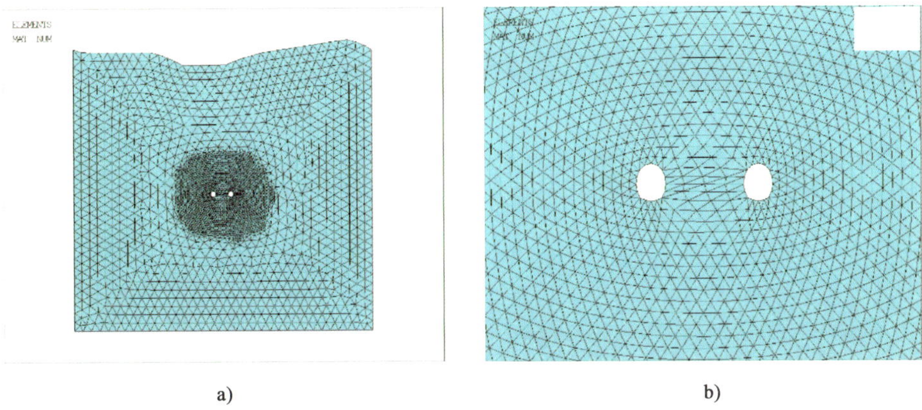

a) b)

图 1-32 隧道双线数值计算模型及细部图

a) b)

图 1-33 总位移云图

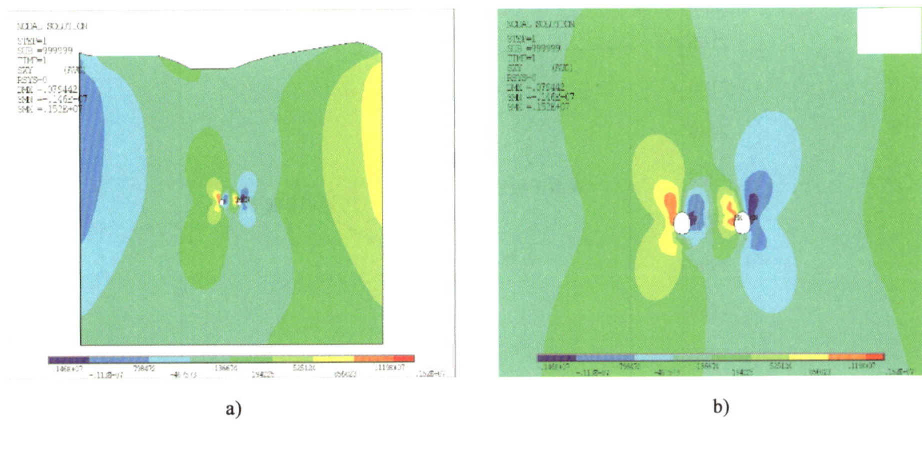

a) b)

图 1-34 剪应力云图

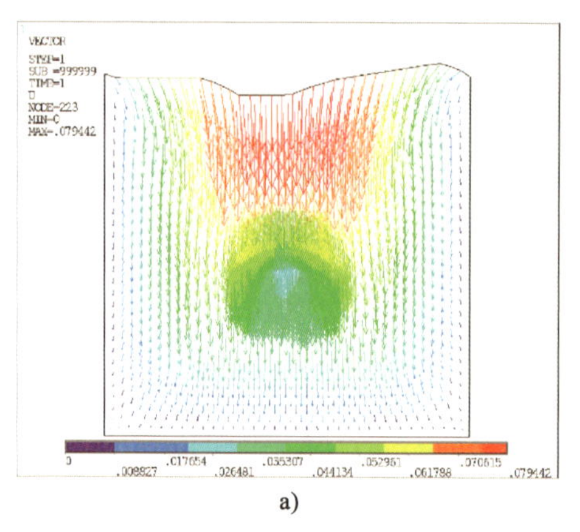

a)

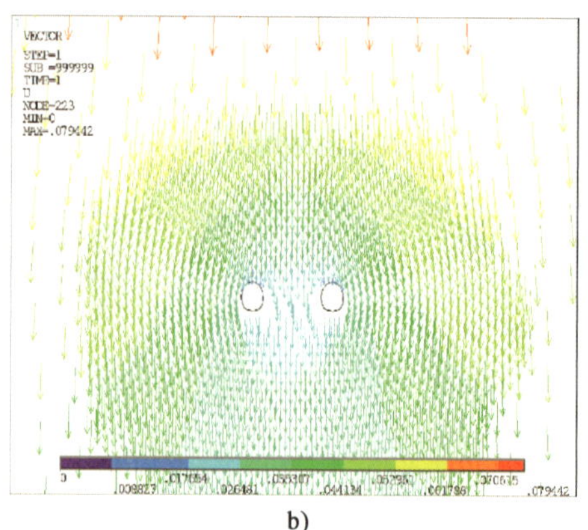

b)

图 1-35　位移矢量图

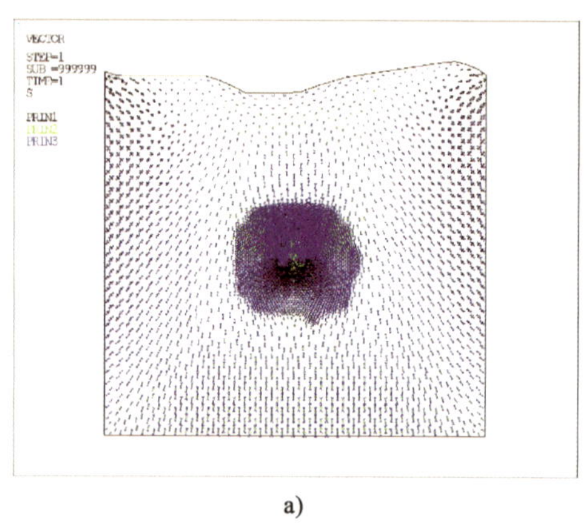

a)

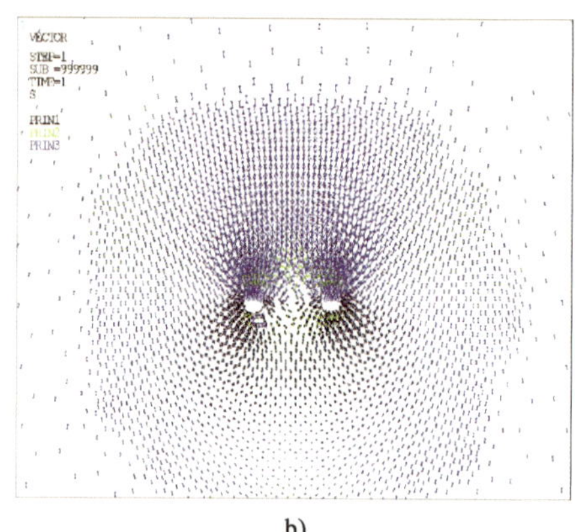

b)

图 1-36　应力矢量图

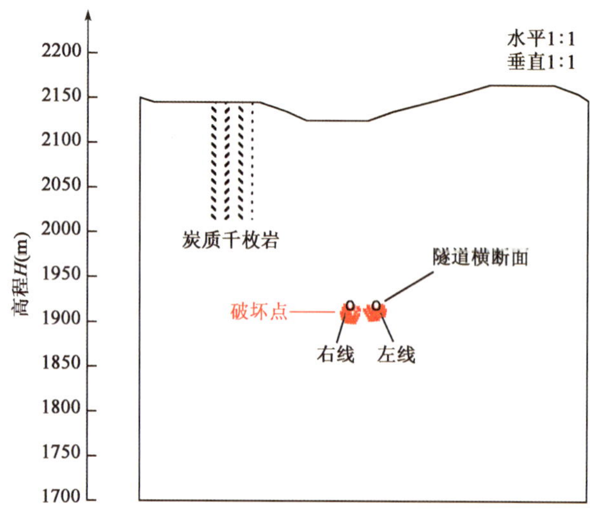

图 1-37　1 号左线小里程 D8K152 +45 横断面破坏点示意图

(1)应力位移分析

平安隧道软岩(千枚岩)双线隧道采用全断面法挖掘并支护后,位移最大和最小并没有出现在洞体周围,而是出现在隧道埋置山体表面,双线隧道四周位移在合理范围内,左右双洞的最大位移均出现在靠近另外一线的洞侧壁,可见旁侧隧道的开挖使靠近开挖侧的洞壁位移增大。隧道岩体爆破开挖改变了隧道周围岩体的原始应力,造成应力的释放与重新分配,可以发现剪应力主要集中在隧道洞壁及曲率变化处,由于左右两洞的开挖扰动岩体并互相影响,致使两隧道靠近另外一线的洞侧区域的剪应力较大。X、Y 方向应力分布及剪应力分布均呈现对称形状,不存在偏压问题。

(2)强度分析

采用莫尔—库仑强度理论准则对隧道开挖后围岩潜在破坏区域进行分析,取强度因子 $\sigma_t=0.03\text{MPa}$、$c=1.3\text{MPa}$、$\varphi=33°$,经计算发现隧道底部及侧壁出现了对称的潜在破坏区,由于开挖的互相影响,两隧道中间区域也产生了破坏点,但相对较少,总体潜在破坏区在隧道 3 倍洞径范围内。未出现偏压破坏现象。

4)左线 D8K152+343 横断面双洞

工程地质计算模型如图 1-38 所示,数值计算模型如图 1-39 所示。

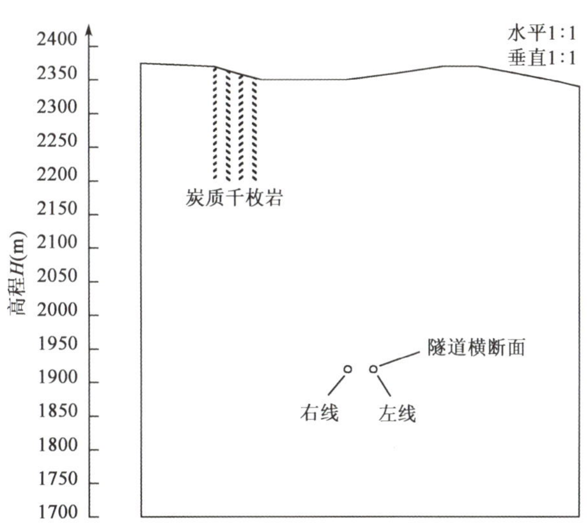

图 1-38　1 号左线大里程 D8K152+343 双线隧道横断面工程地质计算模型

模型计算结果分析如下:

经计算得到的结果如图 1-40 ~ 图 1-43 所示,计算得到的潜在破坏区分布如图 1-44 所示。

(1)应力位移分析

平安隧道软岩(千枚岩)双线隧道采用全断面法开挖并支护后,位移最大和最小并没有出现在洞体周围,而是出现在隧道埋置山体表面,双线隧道四周位移在合理范围内,左右双洞的最大位移均出现在靠近另外一线的洞侧壁,可见旁侧隧道的开挖使靠近开挖侧的洞壁位移增大。隧道岩体爆破开挖改变了隧道周围岩体的原始应力,造成应力的释放与重新分配,可以发现剪应力主要集中在隧道洞壁及曲率变化处,由于左右两洞的开挖扰动岩体并互相影响,致使两隧道靠近另外一线的洞侧区域的剪应力较大。X、Y 方向应力分布及剪应力分布均呈现对称形状,不存在偏压问题。

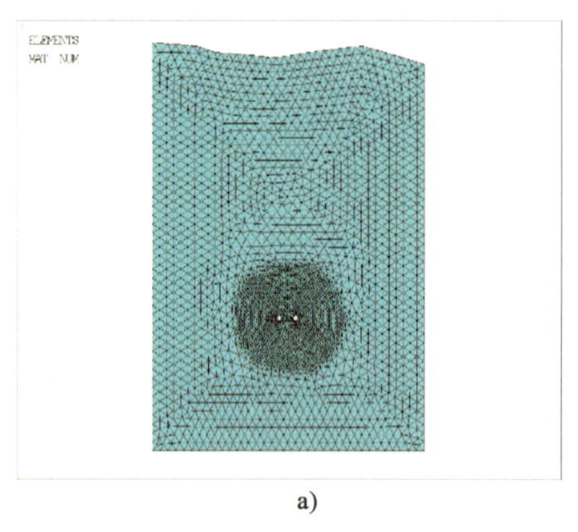

a)

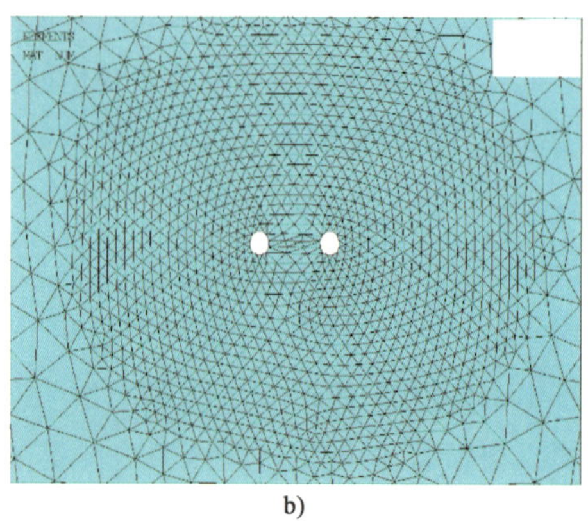

b)

图 1-39　隧道双线数值计算模型及细部图

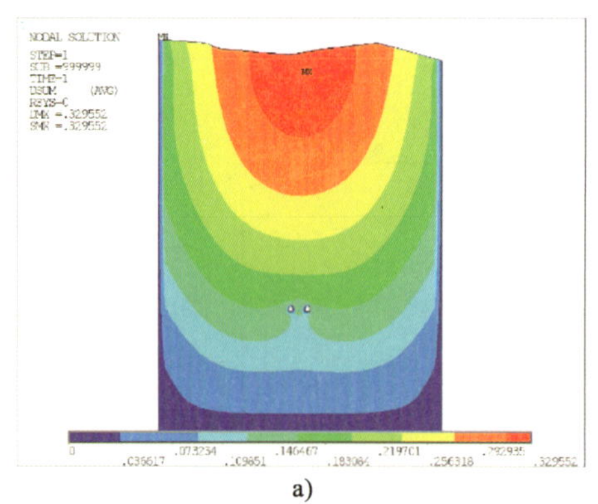

a)

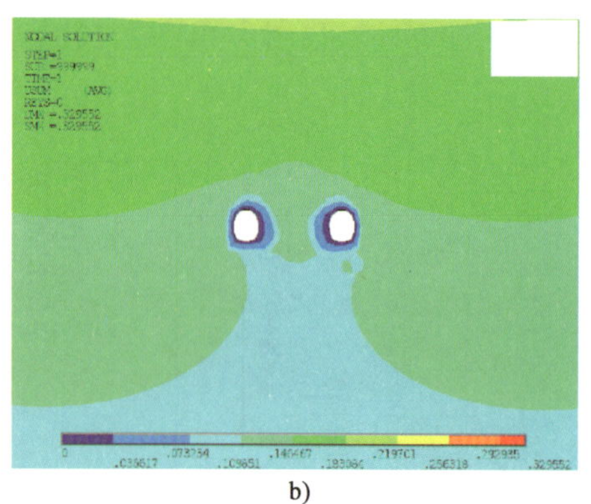

b)

图 1-40　总位移云图

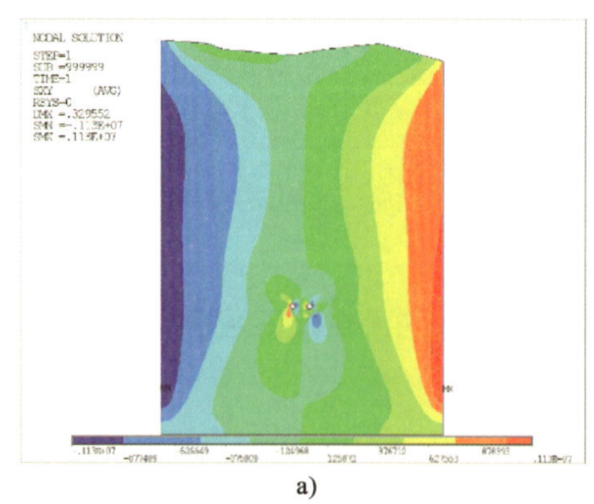

a)

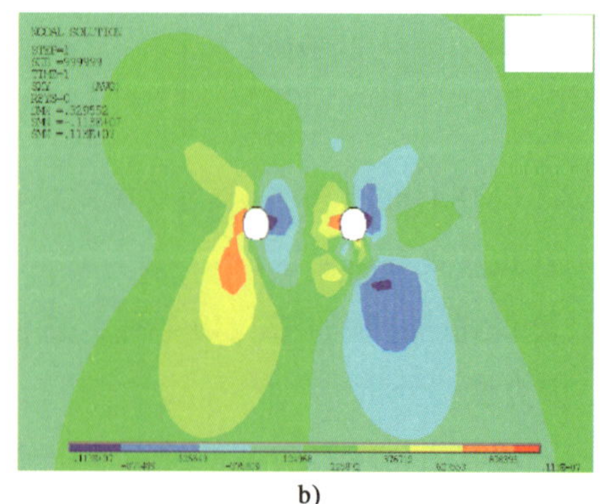

b)

图 1-41　剪应力云图

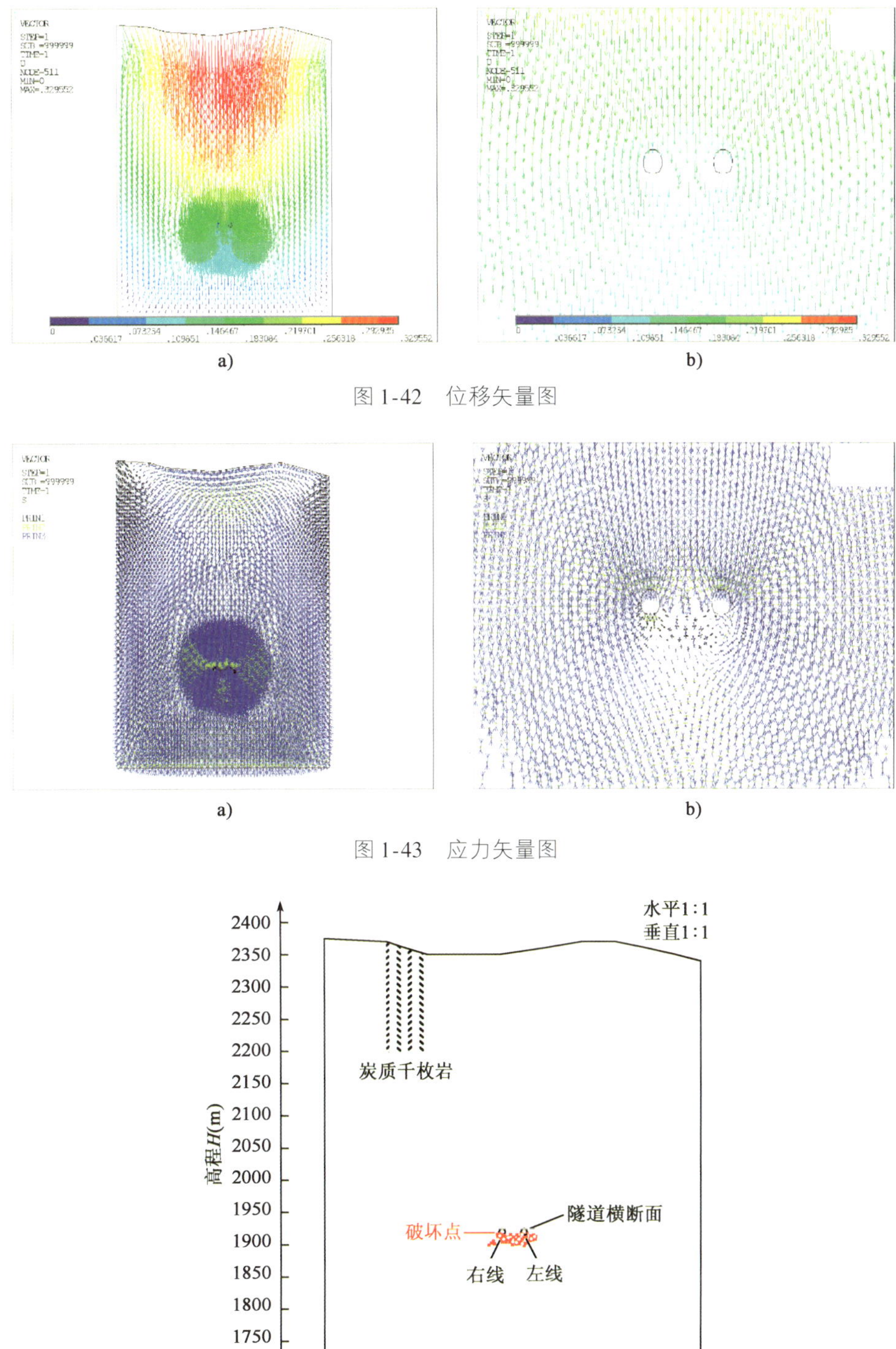

图 1-42　位移矢量图

图 1-43　应力矢量图

图 1-44　1 号左线大里程 D8K152 + 343 横断面破坏点示意图

(2)强度分析

采用莫尔—库仑强度理论准则对隧道开挖后围岩潜在破坏区域进行分析,取强度因子

$\sigma_t=0.06\text{MPa}$、$c=1.2\text{MPa}$、$\varphi=30°$，经计算发现隧道底部及侧壁出现了对称的潜在破坏区，由于开挖的互相影响，两隧道中间区域也产生了破坏点，但相对较少，总体潜在破坏区在隧道2~3倍洞径范围内。未出现偏压破坏现象。

1.4.2.2 全断面开挖隧道自稳性分析

目前围岩结构支护承载力的研究主要集中在围岩自稳能力研究上，评价围岩自稳能力主要还是基于围岩质量分级以及不同跨度区间隧道进行自稳时间及可能失稳的预计。但是此类方法并没有提供确切的定量参数来表述开挖围岩的自稳能力，而是依赖研究人员的经验来进行定性描述。

采用 Hoek-Brown 准则和 GSI 围岩分级理论，确定隧道开挖断面的岩体抗剪强度参数；应用有限差分（FLAC3D）和强度折减法，计算隧道开挖后的自稳系数。以此作为隧道围岩自稳能力的评价标准。

1）单洞全断面开挖隧道自稳能力计算

隧道自稳能力计算理论基于 Hoek-Brown 准则和 GSI 岩体分级指标，确定计算断面岩体的抗剪强度参数，应用有限差分法和强度折减法，计算未支护隧道的安全系数，将其定义自稳系数，作为隧道围岩的自稳能力评价指标。

综合选取断面岩土体力学参数，如表 1-10 所示。按照开挖力学模拟分析原理，计算模型范围选取隧道底部以及左、右两侧 100m 跨度范围，上部边界为地面地表。模型左右两侧边界采用水平方向约束，底部边界采用竖直向约束，地表面采用自由边界，如图 1-45 ~ 图 1-48 所示。

隧道计算断面基本物理力学参数　　表 1-10

计算断面	变形模量 E(GPa)	黏聚力 c(MPa)	内摩擦角 φ(°)	泊松比 μ	密度 ρ(g/cm³)
左线 D8K152+45	3.23	1.293	32.88	0.16	2.7
左线 D8K152+343	5.84	1.143	29.75	0.16	2.7
右线 YD8K151+923	3.16	0.814	22.13	0.16	2.7
右线 YD8K152+463	3.17	1.415	35.27	0.16	2.7

现阶段在数值模拟过程中，关于岩土体工程的失稳判据主要有以下三种：一是采用数值计算，在规定的迭代次数中不收敛作为失稳标志；二是广义的塑性应变或者广义的剪应变发生整体的贯穿破坏；三是特征点发生突然的位移突变。在隧道开挖施工过程中，由于隧道拱顶的下沉是隧道监测的必需项目，是评定隧道围岩稳定性的关键，所以采用第三种失稳判据作为隧道发生破坏的判据，在数值模拟过程中通过监测隧洞拱顶的沉降，从而判定隧道是否失稳，如

图1-49所示。

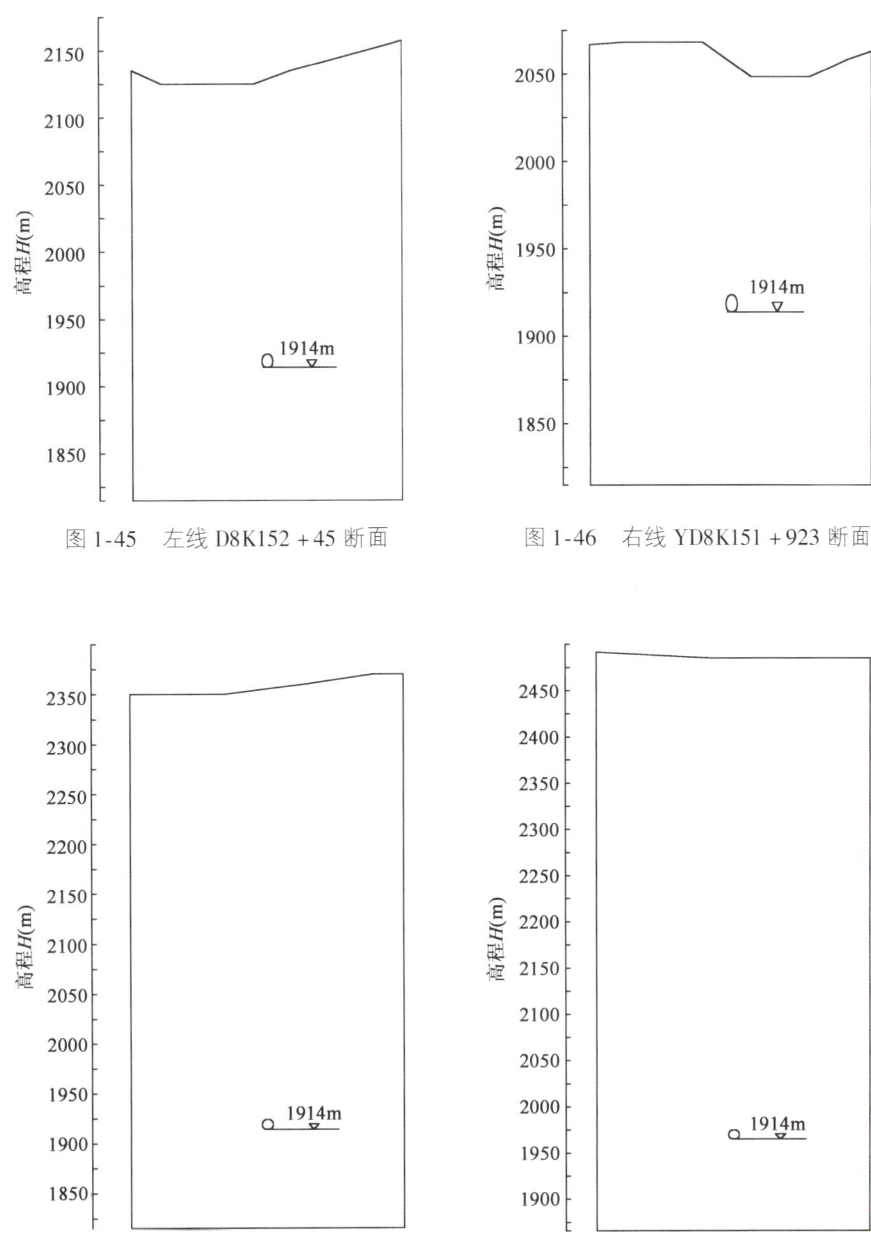

图1-45　左线D8K152+45断面

图1-46　右线YD8K151+923断面

图1-47　左线D8K152+343断面

图1-48　右线YD8K152+463断面

(1)左线D8K152+45断面自稳系数计算

计算过程首先在自重作用下形成初始应力场,通过Initial命令将节点的速度矢量和位移矢量"归零"。然后将隧道内部单元设置为空单元来实现隧道开挖。在大应变模式下,隧道开挖模型具有更强的收敛能力,此时采用拱顶下沉位移突变判据能较准确地确定隧道围岩的安全系数。

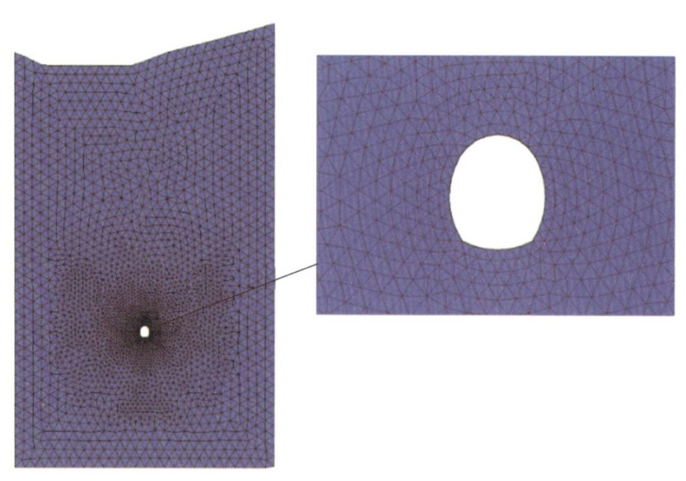

图 1-49　左线 D8K152 +45 断面数值计算模型

通过计算发现,当折减系数为 1.0 时,围岩的最大剪切应变为 11.74mm;当折减系数为 2.0 时,围岩的最大剪切应变增量为 33.89mm;当折减系数为 3.0 时,围岩的最大剪切应变增量为 168.9mm;当折减系数为 4.0 时,围岩的最大剪切应变增量为 1129mm;如图 1-50 所示。

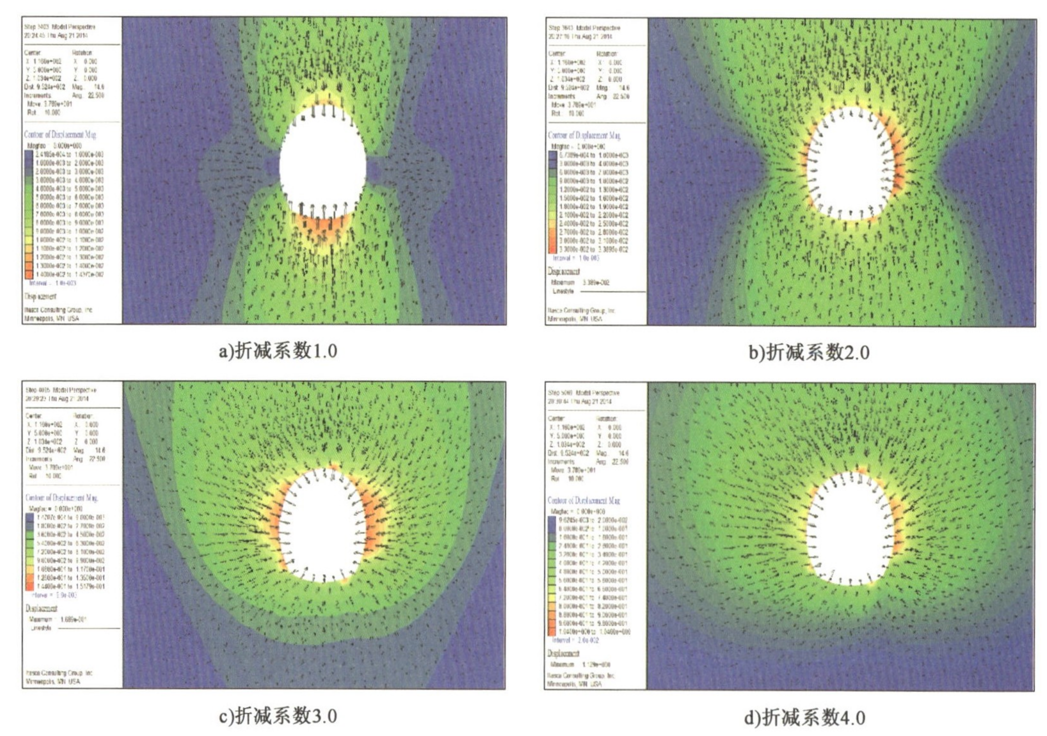

a)折减系数1.0　b)折减系数2.0　c)折减系数3.0　d)折减系数4.0

图 1-50　剪切应变增量及位移矢量图

以折减系数为横坐标轴,特征点拱顶下沉变形为纵坐标轴,表述折减系数与拱顶下沉的关系如图 1-51 所示。折减系数从 1.0 开始逐渐增大，在达到 3.2 前，拱顶下沉变形随折减系数增大而缓慢增加，二者基本呈线性比例关系，表明在此阶段围岩属于弹塑性变形，整体上是稳定的，能够继续承受荷载；当折减系数大于 4.2 后，拱顶下沉变形几乎与表征变形位移的纵轴平行，表明临空面近处围岩出现刚性位移开始脱离母体而出现松动塌落。将折减系数小于 3.2 和折减系数大于 4.2 区间的监测点分别拟合直线，直线的交汇点即为位移突变点，经计算可求得隧道的自稳系数为 4.091。

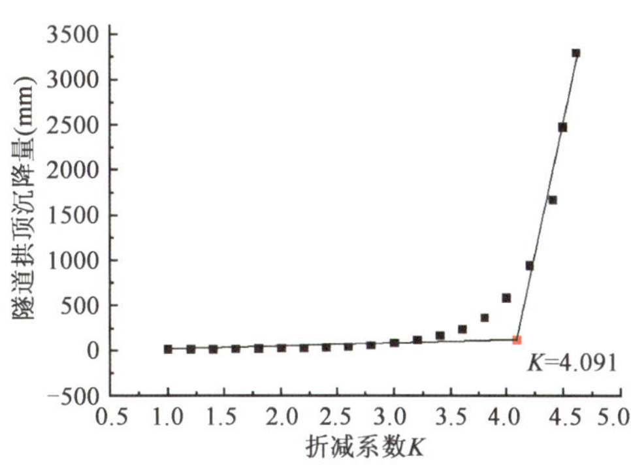

图 1-51　左线 D8K152 + 45 断面自稳系数

(2)左线 D8K152 + 343 断面自稳系数计算

数值计算模型如图 1-52 所示。

计算过程首先在自重作用下形成初始应力场，通过 Initial 命令将节点的速度矢量和位移矢量“归零”。然后将隧道内部单元设置为空单元来实现隧道开挖。在大应变模式下，隧道开挖模型具有更强的收敛能力，此时采用拱顶下沉位移突变判据能较准确地确定隧道围岩的安全系数。

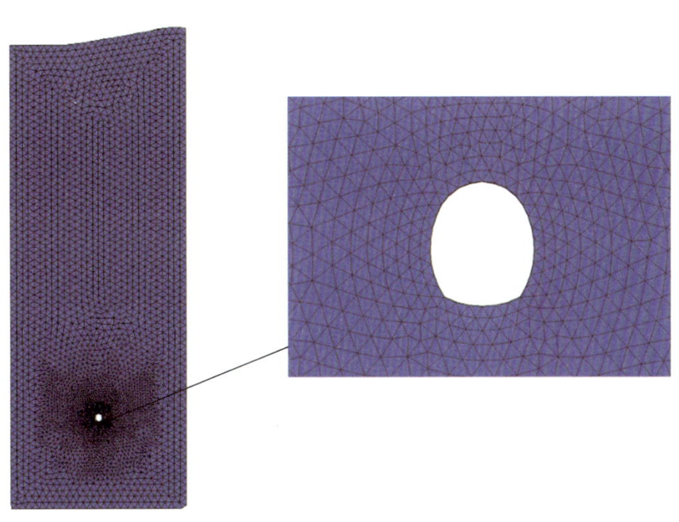

图 1-52　左线 D8K152 + 343 断面数值计算模型

通过计算发现，当折减系数为 1.0 时，围岩的最大剪切应变增量为 26.49mm；当折减系数为 1.5 时，围岩的最大剪切应变增量为 76.29mm；当折减系数为 2.0 时，围岩的最大剪切应变增量为 178mm；当折减系数为 3.0 时，围岩的最大剪切应变增量为 3360mm。在折减系数到达 1.5 之前，隧道围岩变形破坏主要是以隧道拱顶的竖直向位移为主，而随着折减系数的增加，隧道围岩破坏逐渐扩展到隧道四周岩体内部，最后造成塑性变形破坏，如图 1-53 所示。

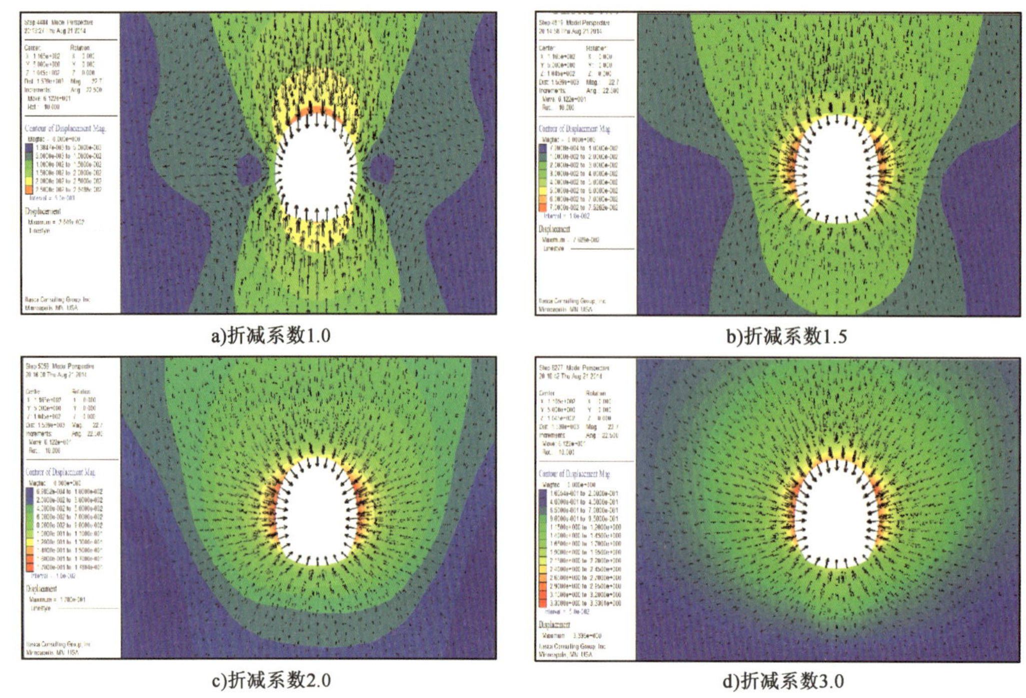

a)折减系数1.0　b)折减系数1.5

c)折减系数2.0　d)折减系数3.0

图 1-53　剪切应变增量及位移矢量图

以折减系数为横坐标轴,特征点拱顶下沉变形为纵坐标轴,表述折减系数与拱顶下沉的关系如图 1-54 所示。折减系数从 1.0 开始逐渐增大,在达到 2.0 前,拱顶下沉变形随折减系数增大而缓慢增加,二者基本呈线性比例关系,表明在此阶段围岩属于弹塑性变形,整体上是稳定的,能够继续承受荷载;当折减系数大于 2.6 后,拱顶下沉变形量发生剧烈增长,表明临空面近处围岩出现刚性位移开始脱离母体而出现松动塌落。将折减系数小于 2.0 和折减系数大于 2.6 区间的监测点分别拟合直线,直线的交汇点即为位移突变点,经计算可求得隧道的自稳系数为 2.667。

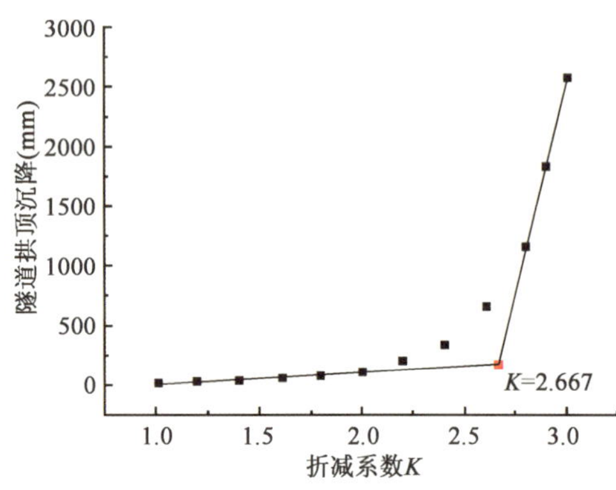

图 1-54　左线 D8K152 + 343 断面自稳系数

(3)右线 YD8K151 + 923 断面自稳系数计算

数值计算模型如图 1-55 所示。

计算过程首先在自重作用下形成初始应力场,通过 Initial 命令将节点的速度矢量和位移矢量“归零”。然后将隧道内部单元设置为空单元来实现隧道开挖。在大应变模式下,隧道开挖模型具有更强的收敛能力,此时采用拱顶下沉位移突变判据能较准确地确定隧道围岩的安全系数。

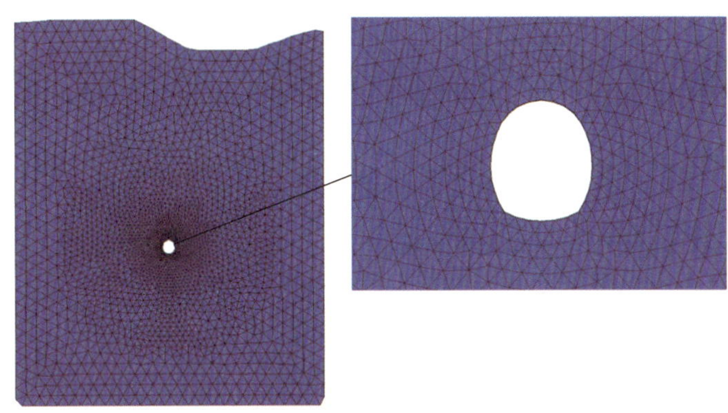

图 1-55 左线 D8K152 + 343 断面数值计算模型

通过计算发现,当折减系数为 1.0 时,围岩的最大剪切应变增量为 9.936mm;当折减系数为 1.8 时,围岩的最大剪切应变增量为 34.98mm;当折减系数为 2.6 时,围岩的最大剪切应变增量为 158.6mm。当折减系数为 3.2 时,围岩的最大剪切应变增量为 402.2mm。围岩的最大剪切位移在折减系数 2.6 ~3.2 区间发生剧烈增长,推导隧道围岩在该折减系数附近区间发生破坏,如图 1-56 所示。

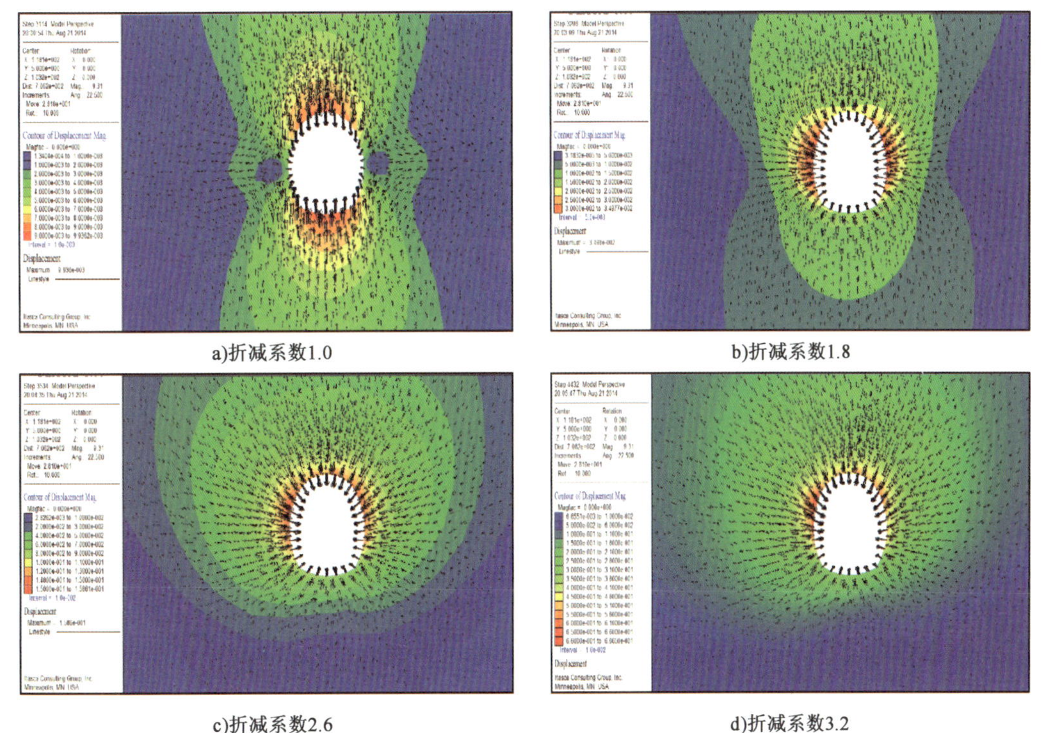

a)折减系数1.0　b)折减系数1.8

c)折减系数2.6　d)折减系数3.2

图 1-56 剪切应变增量及位移矢量图

以折减系数为横坐标轴,特征点拱顶下沉变形为纵坐标轴,表述折减系数与拱顶下沉的关

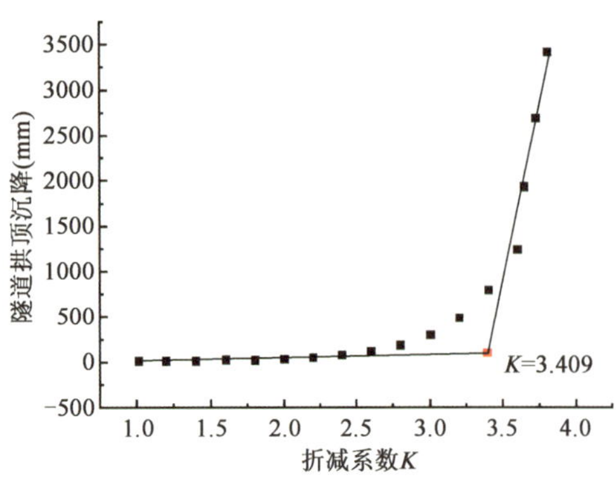

图 1-57　右线 YD8K151 +923 断面自稳系数

系如图 1-57 所示。折减系数从 1.0 开始逐渐增大，在达到 2.6 前，拱顶下沉变形随折减系数增大而缓慢增加，二者基本呈线性比例关系，表明在此阶段围岩属于弹塑性变形，整体上是稳定的，能够继续承受荷载。当折减系数大于 3.0 以后，拱顶下沉变形量发生剧烈增长，尤其是在 3.0 ~ 3.6 折减系数区间发生非线性增长趋势，这表明临空面近处围岩出现刚性位移开始脱离母体而出现松动塌落。将折减系数小于 2.6 和折减系数大于 3.6 区间的监测点分别拟合直线，直线的交汇点即为位移突变点，经计算可求得隧道的自稳系数为 3.409。

(4) 右线 YD8K152 +463 断面自稳系数计算

数值计算模型如图 1-58 所示。

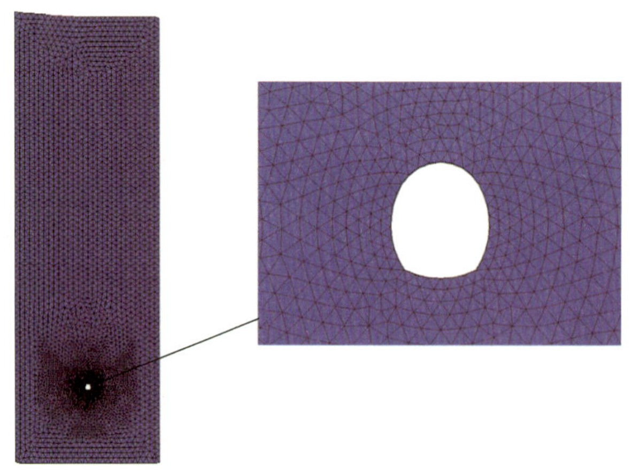

图 1-58　右线 YD8K152 +463 断面数值计算模型

计算过程首先在自重作用下形成初始应力场，通过 Initial 命令将节点的速度矢量和位移矢量"归零"。然后将隧道内部单元设置为空单元来实现隧道开挖。在大应变模式下，隧道开挖模型具有更强的收敛能力，此时采用拱顶下沉位移突变判据能较准确地确定隧道围岩的安全系数。

通过计算发现，当折减系数为 1.0 时，围岩的最大剪切应变增量为 56.83mm；当折减系数为 1.5 时，围岩的最大剪切应变增量为 114.5mm；当折减系数为 2.0 时，围岩的最大剪切应变增量为 239.4mm；当折减系数为 3.0 时，围岩的最大剪切应变增量为 1157mm；在折减系数为 1.0 ~ 2.0 区间内，围岩最大剪切位移是随着折减系数的增加而线性增加的，当折减系数到达 2.0 区间以后，围岩的最大剪切位移发生剧烈增长，推导隧道围岩在折减系数达到 2.0 以后发生了较大破坏，如图 1-59 所示。

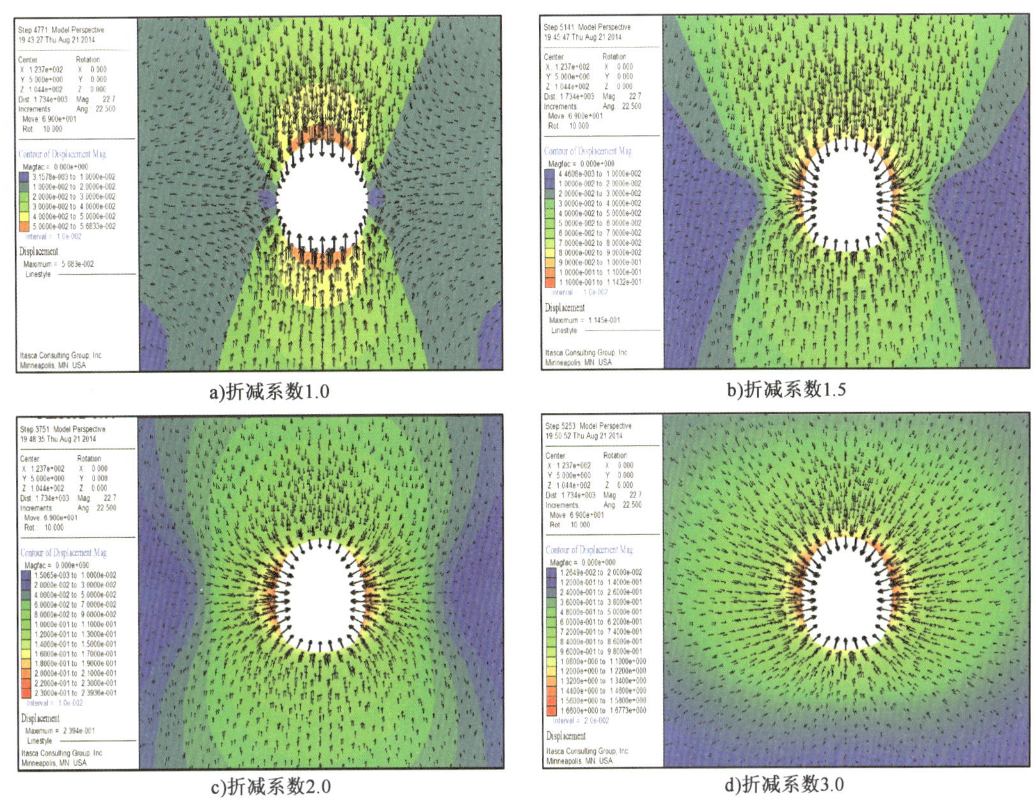

图 1-59　剪切应变增量及位移矢量图

以折减系数为横坐标轴,特征点拱顶下沉变形为纵坐标轴,表述折减系数与拱顶下沉的关系如图 1-60 所示。折减系数从 1.0 开始逐渐增大,在达到 2.0 前,拱顶下沉变形随折减系数增大而缓慢增加,两者基本呈线性比例关系,表明在此阶段围岩属于弹塑性变形,整体上是稳定的,能够继续承受荷载。当折减系数大于 3.0 以后,拱顶沉降变形量发生剧烈增长,尤其是在 2.0 ~ 3.0 折减系数区间发生非线性增长趋势,这表明临空面近处围岩出现刚性位移开始脱离母体而出现松动塌落。将折减系数小于 2.0 和折减系数大于 3.0 区间的监测点分别拟合直线,直线的交汇点即为位移突变点,经计算可求得隧道的自稳系数为 2.869。

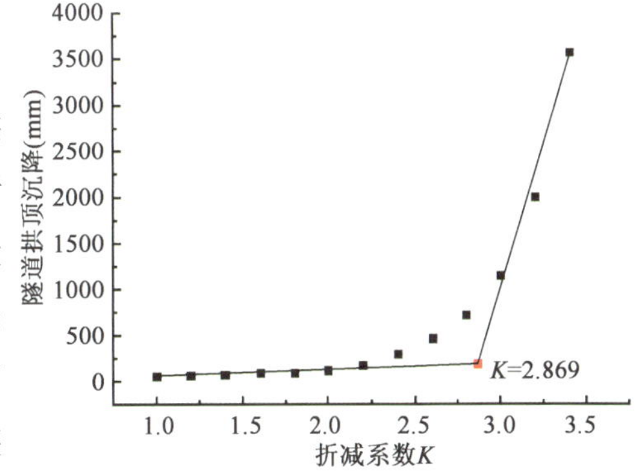

图 1-60　右线 YD8K152 + 463 断面自稳系数

(5)全断面开挖隧道自稳性能力评价

计算了平安隧道左线和右线 4 个计算断面,通过断面自稳系数与标准安全系数对比如表 1-11所示。由表 1-11 可知,本次计算的 4 个开挖断面其围岩的自稳系数均大于围岩的标准安全系数,这表明在正常施工状况下,围岩能够满足自稳要求。但是对于左线 D8K152 + 343

断面和右线 YD8K152 +463 断面，自稳系数尽管比标准安全系数大，但是其数值上的差值较小，所以在施工过程中应该使用必要的支护手段对开挖围岩进行支护。

各断面围岩的自稳能力比较 表 1-11

计算断面	围岩情况	自稳系数	标准安全系数
左线 D8K152 +45	较为破碎	4.091	3.072
左线 D8K152 +343		2.667	2.324
右线 YD8K151 +923		3.409	2.844
右线 YD8K152 +463		2.869	2.789

2）双洞开挖隧道自稳能力计算

平安隧道在施工过程中，左右线按照不同时间进行开挖施工建设，其中，左线的开挖晚于右线的开挖，所以在左线的施工过程中，需要面对双洞开挖自稳能力的分析。为此，本次试验计算将进一步分析在右线已经开挖完成的情况下，左线隧洞开挖后的自稳能力分析。

岩体力学参数及隧道支护相关参数与上述所使用的参数相同，具体分析如下，如图 1-61、图 1-62 所示。

通过对左线 D8K152 +45 断面在自然开挖的计算结果分析（图 1-63），当折减系数为 1.0 时，隧道围岩的最大位移为 25.12mm，最大位移发生在隧道拱顶和拱底；当折减系数为 1.6 时，隧道围岩最大位移为 84.20mm，靠近隧道右线侧边墙位移较大；当折减系数为 2.2 时，隧道围岩最大位移为 260.1mm，最大位移发生在隧道边墙侧；当折减系数为 2.8 时，隧道围岩最大位移为 404.3mm，最大位移发生在拱顶处。将隧道拱顶最大位移与折减系数拟合曲线，计算出左线 D8K152 +343 断面自稳系数为 2.481。

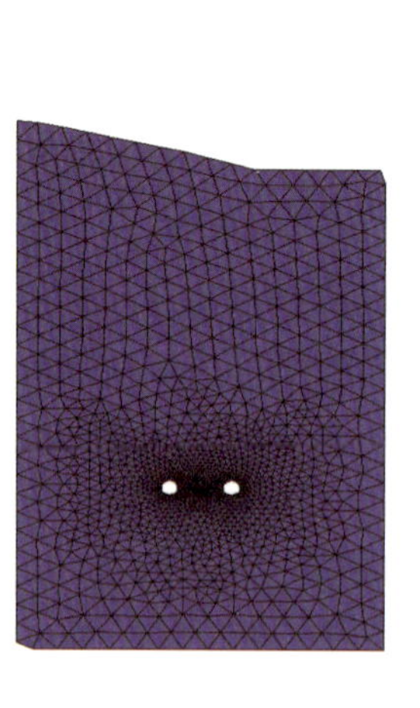

a)左线D8K152+45断面

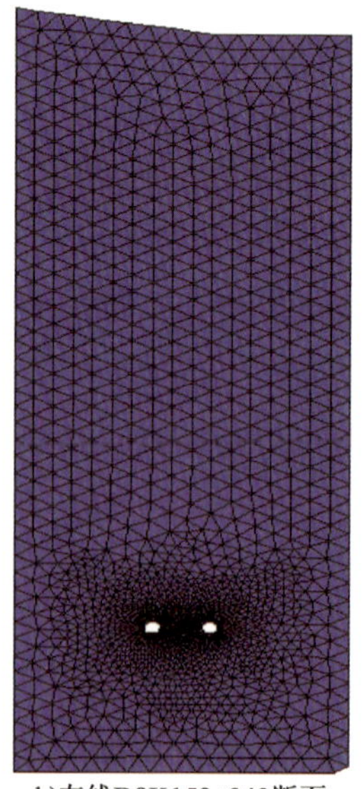

b)左线D8K152+343断面

图 1-61 数值计算模型

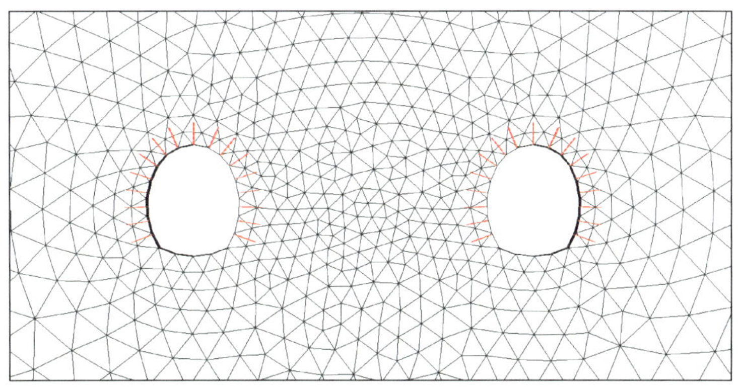

图 1-62　双洞开挖隧道较为破碎围岩基本支护锚杆示意图

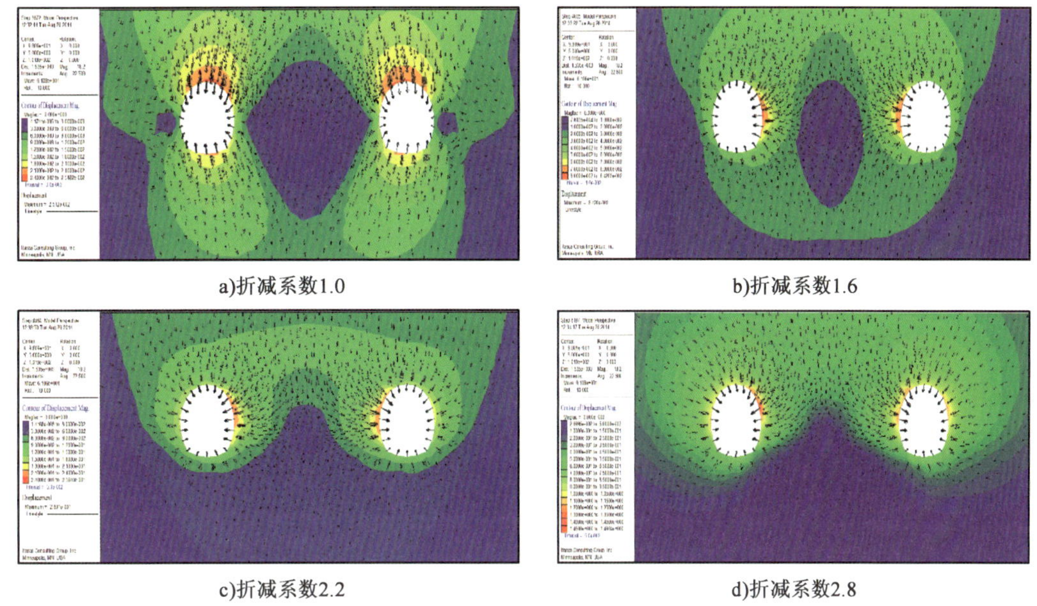

a)折减系数1.0　b)折减系数1.6

c)折减系数2.2　d)折减系数2.8

图 1-63　左线 D8K152 + 343 断面开挖最大位移云图及位移矢量

对隧道左线 D8K152 + 343 断面进行较为破碎围岩下基本支护,进行计算结果分析(图 1-64),当折减系数为 1.0 时,隧道围岩的最大位移为 26.72mm,最大位移发生在隧道拱顶和拱底;当折减系数为 1.5 时,隧道围岩最大位移为 91.38mm,发生在隧道拱底面;当折减系数为 2.0 时,隧道围岩最大位移为 588.2mm,最大位移发生在隧道拱底面;当折减系数为 2.5 时,隧道围岩最大位移为 3430mm,最大位移发生在拱底面。通过最大位移云图分析,随着折减系数的增加,隧道的最大位移逐渐由隧道的拱顶及边墙向拱底转移,虽然当折减系数为 2.5 时隧道的最大位移达到了 588.2mm,但是其最大值位于隧道拱底部位。由于隧道开挖完成后及时采取了基本支护,所以隧道拱顶及边墙位移得到了有效控制。将隧道拱顶最大位移与折减系数拟合曲线,计算出左线 D8K152 +343 断面在较为破碎围岩情况下的标准安全系数为 2.194。

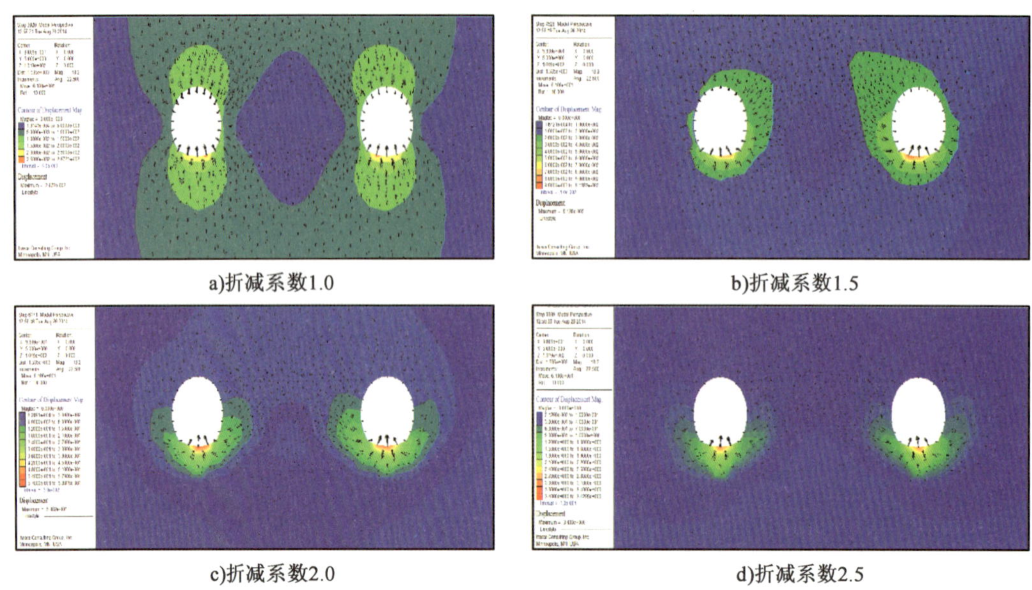

a)折减系数1.0

b)折减系数1.5

c)折减系数2.0

d)折减系数2.5

图 1-64　左线 D8K152 + 45 断面围岩支护最大位移云图及位移矢量

通过对左线 D8K152 + 343 断面的自稳系数与较为破碎围岩标准安全系数对比，自稳系数 2.481 大于标准安全系数 2.194。证明隧道左线断面采用全断面开挖是能够满足隧道围岩自稳，全断面施工工法符合该隧道施工要求，如图 1-65、图 1-66 所示。

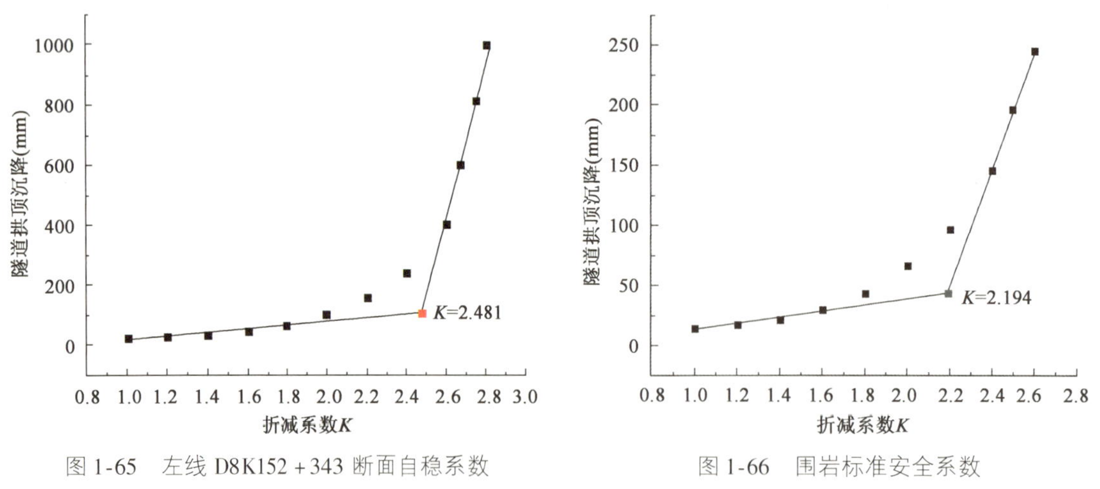

图 1-65　左线 D8K152 + 343 断面自稳系数

图 1-66　围岩标准安全系数

1.4.3 小结

本节通过对隧道场地工程地质条件、岩体结构等问题的综合分析，采用数值模拟方法分别对隧道围岩岩体的应力、变形和强度进行分析，发现平安隧道软岩(千枚岩)双线隧道采用全断面法开挖并支护后，位移最大和最小并没有出现在洞体周围，而是出现在隧道埋置山体表面,双线隧道四周位移在合理范围内,左右双洞的最大位移均出现在靠近另外一线的洞侧壁,可见旁侧隧道的开挖使靠近开挖侧的洞壁位移增大。隧道岩体爆破开挖改变了隧道周围岩体的原始应力,造成应力的释放与重新分配,可以发现剪应力主要集中在隧道洞壁及曲率变化处,由于左右两洞的开挖扰动岩体并互相影响,致使两隧道靠近另外一线的洞侧区域的剪应力较大。X、Y 方向应力分布及剪应力分布均呈现对称形状,不存在偏压问题。采用莫尔—库仑强度理论准则对隧道开挖后围岩潜在破坏区域进行分析,取强度因子计算发现隧道底部及侧壁出现了对称的潜在破坏区,由于开挖的互相影响,双线隧道两洞中间区域也产生了破坏点,但相对较少,总体潜在破坏区在隧道 2 ~ 3 倍洞径范围内,未出现偏压破坏现象。

现场运用效果及存在的问题

通过现场基础数据采集、理论分析计算、建模等试验手段，对全断面快速施工力学行为特征进行分析，平安隧道软岩（千枚岩）单线、双线隧道采用全断面法挖掘并支护后围岩自稳系数、标准安全系数等均在安全范围值以内，不存在在偏压等破坏现象，现场选取 YD8K152 + 413 ~ YD8K152 + 483 和 D8K156 + 630 ~ D8K156 + 739 段为试验段，这两段的围岩均为千枚岩，其支护结构分别为Ⅳ级复合加强和Ⅴ级复合加强。支护参数见表 1-12。

试验段支护参数 表 1-12

项目		参数	
		Ⅳ级复合加强	Ⅴ级复合加强
预留变形量（cm）		6 ~ 8	8 ~ 10
初期支护	喷射混凝土	拱墙设置 C30 喷射混凝土，厚 23cm	C30 喷射混凝土，拱墙厚 25cm，仰拱厚 25cm
	钢筋网	拱墙设置 ϕ6mm 钢筋网，网格间距 20cm × 20cm	拱墙设置 ϕ8mm 钢筋网，网格间距 20cm × 20cm
	锚杆	拱墙设置 3m 锚杆，间距 1.2m × 1.2m（环 × 纵）	拱墙设置 3m 锚杆，间距 1.2m × 1.0m（环 × 纵）
	拱架	拱墙设置格栅拱架，纵向间距 1.2m	全环设置 I18 型钢钢架，纵向间距 0.8m
二次衬砌	钢筋混凝土	拱墙及仰拱设置 C35 钢筋混凝土，厚 40cm	拱墙及仰拱设置 C35 钢筋混凝土，厚 45cm
	仰拱填充	C35 钢筋混凝土	C20 混凝土

为了反映软岩隧道含仰拱全断面施工过程中的力学特征对试验段隧道洞周位移、围岩压力、初期支护喷射混凝土应力、拱架应力、锚杆轴力、初期支护二次衬砌接触应力、二次衬砌混凝土应力、二次衬砌钢筋受力等进行监测。试验段内隧道变形沿隧道轴向每 5m 或 10m 埋设一个断面；每个试验段内支护结构受力测试埋设 1 个断面，具体设置里程及监测项目见表 1-13。

试验段监测项目 表 1-13

项目	测点位置	测点里程	测试仪器/元器件	测点数量
隧道洞周位移	初期支护与二次衬砌结构	内力埋设位置里程	全站仪	根据需要决定

续上表

项　目	测点位置	测点里程	测试仪器/元器件	测点数量
围岩压力	初期支护结构	YD8K152 +465；D8K156 +730	压力盒	7个
拱架应力			钢筋计	7个
喷射混凝土应力			混凝土应变计	7个
初期支护与二次衬砌接触压力	二次衬砌	YD8K152 +465；D8K156 +730	压力盒	7个
钢筋应力			钢筋计	7个
混凝土应力			混凝土应变计	7个

1.5.1 试验段内洞周位移的整体变化特征

1.5.1.1 洞周位移整体变化特征

为了反映试验段内洞周位移的整体变形情况和变形的特征，根据现场施工及监测情况，收集平安隧道右线兰州方向 YD8K152 +412 ~ YD8K152 +482 之间的 8 个监测断面的监控量测资料，并提取最终沉降、收敛值、最大沉降速率、收敛速率，统计结果见表 1-14。

YD8K152 +412 ~ YD8K152 +482 洞周位移变化统计结果　　表 1-14

断　面	项　目	拱顶沉降			水平收敛		
		沉降(mm)	距掌子面距离(m)	所需时间(d)	收敛(mm)	距掌子面距离(m)	所需时间(d)
YD8K152 +412	监测终值	-25.4	85	50	17.4	70	50
	最大速率	2.6	5	2	2.4	5	2
YD8K152 +422	监测终值	28.6	75	46	23.4	60	46
	最大速率	2.2	4	2	0.5	7	3
YD8K152 +432	监测终值	-34.7	81	37	-29.6	81	37
	最大速率	-5.7	1	1	-4.3	1	1
YD8K152 +442	监测终值	-35.9	86	41	-34.4	71	37
	最大速率	-3.8	3	5	-4.5	3	1
YD8K152 +452	监测终值	-13	84	25	-15.9	87	24
	最大速率	-1.2	5	1	-1.2	2	5
YD8K152 +465	监测终值	-13.8	77	24	-13.6	77	24
	最大速率	-1.1	2	1	-1.2	2	1
YD8K152 +472	监测终值	-12.9	67	22	-14.1	67	22
	最大速率	-1.2	2	1	-1.1	2	1
YD8K152 +482	监测终值	-10.8	57	19	-12	57	19
	最大速率	-1.1	1	5	-1.2	1	1

注：“-”表示位移变化方向为隧道净空方向。

从表中数据可以看出，YD8K152 +412 ~ YD8K152 +442，该段的最终沉降和水平收敛均在36mm以内，截止到二次衬砌施作，拱顶下沉和水平收敛才达终值，最大沉降和收敛速率均发生在隧道1倍洞经以内，最大收敛和沉降速率均在5mm/d左右，发生在初期支护施作后3d内。YD8K152 +452 ~ YD8K152 +482最终沉降和水平收敛均在14mm以内，最大沉降和收敛速率在2mm/d以内，发生在距掌子面3m以内。

在当前地质条件下，可得出如下结论：

(1)隧道拱顶沉降和水平收敛大小均在设计预留变形量以内，最大沉降和收敛速率均在6mm以内，且发生在隧道1倍洞径以内，一般发生在初支完成后4d内。

(2)采用全断面开挖，隧道的开挖对掌子面后方3.5倍洞径以外的洞周位移影响较小。

(3)通过洞周位移时空效应建立的方程能够反映隧道开挖过程中洞周位移的变化规律。

1.5.1.2 围岩压力量测结果分析

围岩压力的量测，是为了了解施工过程中施加于初期支护结构上的围岩松动荷载大小或围岩初始地应力作用于隧道初期支护结构上分力的大小，分析评估在此力作用下初期支护的安全度。

YD8K152 +465围岩压力量测结果如图1-67所示，测点编号以拱顶中线测点开始、起拱线测点、拱腰测点、拱脚测点逆时针编号。

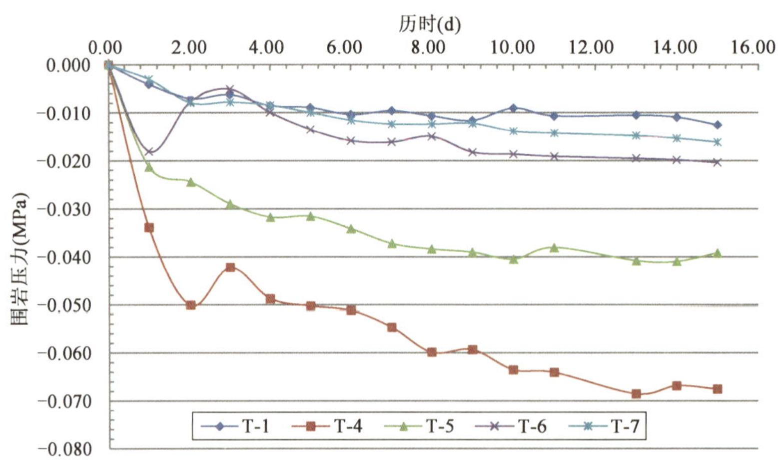

图1-67 YD8K152 +465围岩压力历时曲线

从整体监测结果来看，监测断面的围岩压力在 -0.013 ~ -0.068MPa之间，初期支护结构承受的松动荷载较小。

1.5.1.3 初期支护喷射混凝土量测结果分析

初期支护混凝土应力量测是为了解初期支护喷射混凝土在施工过程中所受应力应变状态。

YD8K152+465 初期支护喷射混凝土量测结果如图 1-68 所示,测点编号以拱顶中线测点开始、起拱线测点、拱腰测点、拱脚测点逆时针编号。

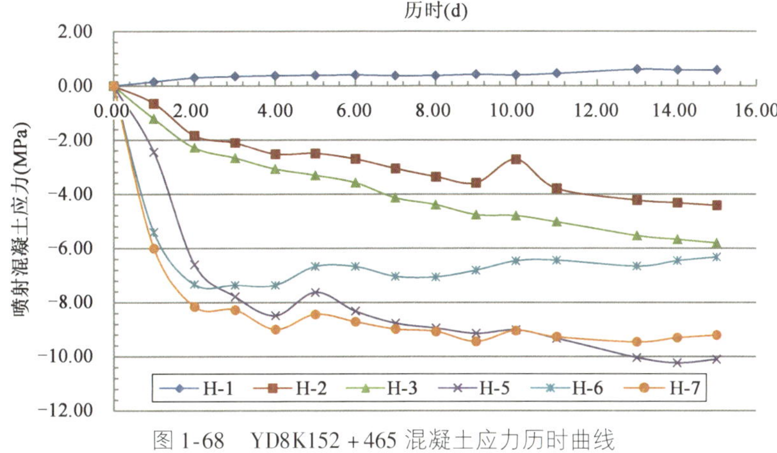

图 1-68 YD8K152+465 混凝土应力历时曲线

从整体量测结果来看,初期支护喷射混凝土承受的最大拉应力为 0.58MPa,发生在拱顶部位(均为面向掌子面来划分左右,下文相同)。最大压应力为 10.1MPa,发生在右侧拱腰部位。均在 C30 喷射混凝土的容许强度范围之内。

1.5.1.4 初期支护拱架受力量测结果分析

初期支护拱架受力量测是为了了解初期支护型钢在施工过程中所受应力状态,并对比型钢的极限承载,评估初期支护的安全性及稳定性。

YD8K152+465 初期支护拱架受力量测结果如图 1-69 所示。测点编号以拱顶中线测点开始、起拱线测点、拱腰测点、拱脚测点逆时针编号。

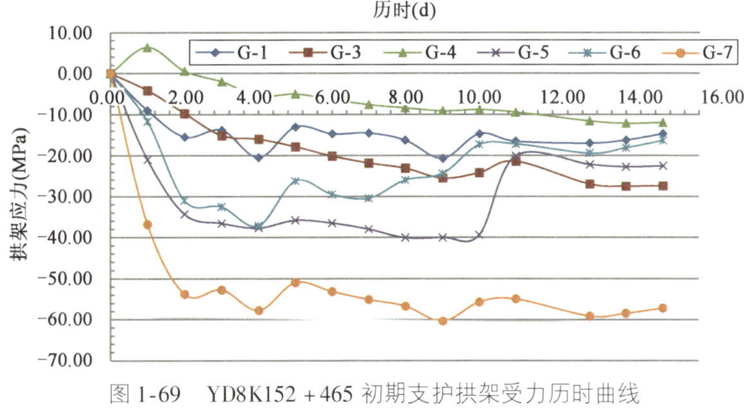

图 1-69 YD8K152+465 初期支护拱架受力历时曲线

初期支护拱架受压，应力范围为 -11.97 ~ -57.2MPa。均在容许强度范围之内。其中最小应力发生在拱架的右下边墙脚，最大应力发生在右侧拱腰部位。

1.5.1.5 初期支护结构受力量测分析结论

通过对 YD8K152 +465 初期支护结构受力监测，可以得出在当前地质条件下支护结构受力有以下特征：

(1)初期支护结构承受的松动荷载较小为 -0.013 ~ -0.068MPa；喷射混凝土主要受压，局部受拉，承受的最大压应力为 10.1MPa，最大拉应力为 0.58MPa；拱架整体均为受压，其承受最大压应力为 57.2MPa；初期支护结构受力均在其强度范围之内。

(2)采用全断面开挖，该段支护结构受力变化可以分为 3 个阶段：快速增长阶段、缓速增长阶段和稳定阶段。快速增长阶段发生在结构完成前 3d，结构受力达到最终监测应力的 50% 以上。缓速增长阶段发生在初期支护施作完成 3d 至仰拱虚渣开挖和仰拱填充期间，结构受力累计达最终受力的 90% 左右。稳定阶段，发生在仰拱填充以后。

1.5.2 全断面开挖条件下隧道的开挖进尺优化

1.5.2.1 开挖进尺优化原理

在隧道施工过程中，掌子面的位置是随时间不断变化的，若固定量测面距掌子面的距离，采用不同的开挖循环进尺达到这一距离需要的时间不同。这样就可比较在采用不同循环进尺的条件下隧道围岩的位移是否满足安全和经济性需求，从而采用合理的开挖循环进尺。图 1-70 为全环法(含仰拱)的隧道机械化开挖与全环支护法施工工序示意图。

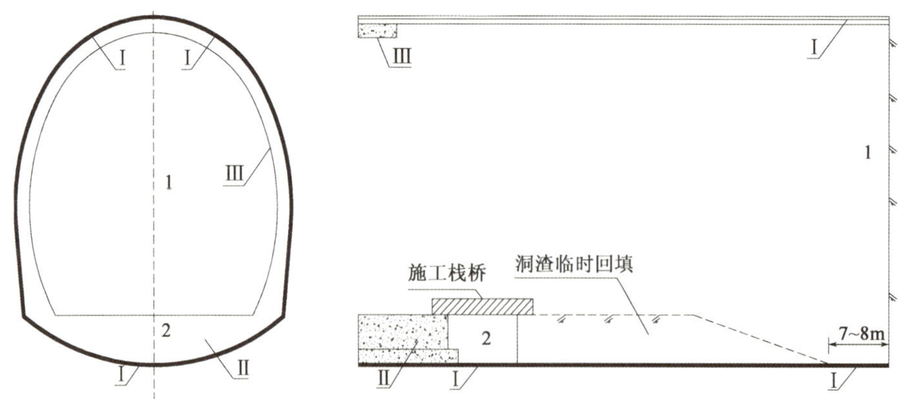

图 1-70 全环法(含仰拱)的隧道机械化开挖与全环支护法施工工序示意图

1-开挖；2-仰拱虚渣开挖清理；Ⅰ-仰拱、拱墙初期支护封闭成环；Ⅱ-仰拱及填充混凝土；Ⅲ-拱墙混凝土

1.5.2.2 平安隧道软岩全段面开挖优化限制指标

隧道开挖进尺的选择要保障施工安全、其次要满足经济性需求。由于在隧道开挖后即展开初期支护结构施作,隧道围岩临空时间极短,所以仅需考虑初期支护结构完成后隧道的安全性。经济性以隧道现场施工组织、管理能力确定。根据设计预留变形量、材料的设计强度设定相应地质条件下隧道开挖优化的安全性限制指标如表1-15所示。

开挖优化限制性指标　　表1-15

项目			限制指标
预留变形量(cm)	YD8K152+412～YD8K152+482		6～8
	D8K156+630～D8K156+739		8～10
拱架(MPa)	格栅		360
	工字钢		360
C30喷射混凝土(MPa)	1d	抗压	8.00
		抗拉	0.4
	终值	抗压	16.5
		抗拉	1.5
初期支护围岩压力(参考指标)(MPa)	YD8K152+412～YD8K152+482		0.11
	D8K156+630～D8K156+739		0.19

注:喷射混凝土的1d抗压强度由中心试验室提供,为了安全期间喷射混凝土抗拉强度取1d抗压强度的5%。

1.5.2.3 软岩隧道全断面开挖进尺优化

根据上述的时空效应式和现场的施工循环时间的调查,按计算点至掌子面最长距离为90m,循环进尺为1.2～3.6m的5种不同情况,单循环时间设置为0.5d,对隧道拱顶沉降和水平收敛进行计算,见表1-16、表1-17。

开挖进尺及计算时间表　　表1-16

计算长度(m)	90				
单循环耗时 t(d)	0.5				
循环进尺 L(m/d)	1.2	1.8	2.4	3.0	3.6
需开挖时间(d)	37.5	25	18.5	15	12.5

不同开挖进尺条件下隧道位移及初期支护结构控制点受力状态　　表1-17

循环进尺(m)	时间(d)	位移(mm)		围岩压力 T-1(MPa)	C30喷射混凝土(MPa)			拱架应力(MPa)
		拱顶下沉	水平收敛		H-1(拉)	H-5(压)	H-7(压)	G-7(压)
1.2	1	1.27	1.84	0.036	0.171	3.67	6.88	43.73
	终值	19.63	20.70	0.092	0.766	12.10	10.11	62.68

续上表

循环进尺(m)	时间(d)	位移(mm)		围岩压力 T-1(MPa)	C30 喷射混凝土(MPa)			拱架应力(MPa)
		拱顶下沉	水平收敛		H-1(拉)	H-5(压)	H-7(压)	G-7(压)
1.8	1	1.78	2.60	0.038	0.211	4.87	7.33	46.41
	终值	13.94	14.23	0.073	0.607	10.80	9.62	59.75
2.4	1	2.24	3.24	0.040	0.243	5.64	7.63	48.16
	终值	11.10	11.71	0.065	0.640	10.26	9.39	58.50
3.0	1	2.66	3.80	0.041	0.268	5.19	7.85	49.39
	终值	9.99	10.54	0.062	0.517	9.92	9.26	57.74
3.6	1	3.04	4.27	0.043	0.288	6.61	8.00	50.32
	终值	9.27	9.78	0.060	0.501	9.68	9.17	57.20

从各种循环进尺引起的最终位移和相应的最终结构受力来看,随着开挖进尺的增大而减小。但是在初期阶段,开挖进尺越大位移越大、作用在支护结构上的力也越大,这期间作为锚喷支护的主要受受力构件喷射混凝土也处于强度的增长阶段,这也限制了开挖进尺的扩大。将表5-16中计算的位移、初期支护结构的受力大小和表1-15开挖进尺及计算时间表中的限值进行对比,在循环进尺在3.0m以下,隧道累计位移量、初期支护结构受力均在限值以内,是可以采用的。当循环进尺达到3.6m时,隧道1d内引起的初期支护混凝土应力超过了其1d所能达到的强度,可能造成喷射混凝土破坏,故不能被采用。

在该段,采用全断面开挖时,二次衬砌距掌子面90m隧道最终的位移和支护结构在二次衬砌施作前仍有较大的安全度。建议掌子面距二次衬砌的距离可以适当增大。

1.5.3 软岩隧道全断面快速施工设备配置及组织管理技术

1.5.3.1 设备总体配套原则

根据平安隧道现场实际情况,结合快速施工的进度要求、空间[9.1m(宽)×10.1m(高)]及围岩条件(现场以Ⅲ、Ⅳ、Ⅴ级为主),平安隧道采用机械化配套原则进行施工:即从超前时质预报作业线到混凝土衬砌作业线均按机械化进行。

1.5.3.2 机械化设备配套方案

1)单线隧道全断面施工机械化配套方案描述

(1)超前地质预报、超前支护作业线采用多功能钻机进行。

(2)开挖作业线采用开挖台架人工开挖(或凿岩台车)手持风钻实施钻爆作业;同时锚杆

作业采用人工手持风钻钻孔,作业人员站在开挖作业台架上安装,采用普通注浆机注浆。开挖作业配置螺杆空压机从洞外空压站通过高压风管向洞内供高压风,而开挖台架仍需要行走机械拖动就位和退场。

(3)锚喷支护作业线:由于施工进度快,喷射混凝土作业必须紧跟,才能做到及时封闭开挖作业面,为加快施工速度,锚喷支护作业线采用湿喷机械手进行,其喷射能力达到 $20m^3/h$ 以上。

(4)装渣运渣作业:采用履带式挖掘机配合轮式装载机进行装渣,自卸汽车运渣。

(5)仰拱作业线:采用简易仰拱栈桥,下挂式仰拱模板。

(6)防排水作业线:采用防水板铺设台架。

(7)二次衬砌作业线:采用全断面液压钢模衬砌台车作业,混凝土采用集中搅拌、混凝土运输车运送、混凝土输送泵进行浇筑,二次衬砌养护台架进行二次衬砌混凝土养护。

2)具体设备配置方案

针对平安隧道的特点,为保证重点控制工期的高风险隧道按期完工,平安隧道进口按铁路单线隧道全断面施工机械配套方案进行配套施工。施工现场设备配置达到Ⅱ级机械化配套方案要求,施工按Ⅱ级机械化方案进行。严格机械设备管、用、养、修制度,科学管理,以达到快速施工的目的。平安隧道配置了矿研 RPD-180 履带式地质钻机、Sika-PM500PC 混凝土喷射机械手、装载机、挖掘机、自卸汽车等先进设备,同时投入了仰拱弧形模架等非标设备。单线隧道全断面施工Ⅱ级机械化配套方案设备配置见表 1-18;平安隧道进口主要设备、人员配置情况见表 1-19;全断面(含仰拱)开挖法机械化配套快速施工工艺流程,见图 1-71。

单线隧道全断面施工Ⅱ级机械化配套方案设备配置表 表 1-18

作业工序	设备名称	规格	数量	单位	备注
超前钻探	多功能钻机	RPD-180	1	台	长距离
	工程钻机	MK-5	1	台	短距离
开挖作业线	螺杆空压机	$20m^3/min$	5	台	
	手持风钻(或凿岩台车)	YT28	19	台	
	多功能作业台架		1	台	
支护作业线	湿喷机械手	$\geq 20m^3/h$	1	台	
	混凝土输送车	$\geq 6m^3$	1	辆	与二次衬砌共用
	混凝土拌和站	$90m^3/h$	1	座	与二次衬砌共用
仰拱作业线	简易栈桥	18m	2	套	
	挖掘机	$\geq 0.8m^3$	1	台	
	混凝土输送车	$\geq 6m^3$	2	辆	与二次衬砌共用

续上表

作业工序	设备名称	规格	数量	单位	备注
装渣运渣作业	挖装机(或装载机)	≥200m^3/h	1	台	
	自卸汽车	≥12t	6	辆	根据运距增加
防水板作业	铺设台架	6m	1	套	
二次衬砌作业	模板台车	12m	1	辆	
	混凝土输送泵	60m^3/h	1	台	
	混凝土输送车	≥6m^3	5	辆	
	混凝土拌和站	90m^3/h	1	座	
	养护作业台架		1	套	

正洞施工每工作面主要设备、人员配置表　表 1-19

工作内容	设备配置	人员配置
超前地质预报作业线	TSP203(标段共用)、地质雷达(标段共用)、红外线探水仪(标段共用)各1台套,水平地质钻机1台、数码照相机1台	设超前地质预报小组,负责超前地质预报,共18人
钻爆	火工品运输车1辆,手持风钻19台(或凿岩台车)	司机2人/班,装药24人/班
装运	侧卸式装载机1辆,挖掘机1台,大型自卸汽车6辆	挖装机司机2人/班,配合2人/班,装载机,汽车驾驶员1人/(辆·班)
支护	多功能台架1台,Sika-PM500PC混凝土喷射机械手1台,混凝土拌和站1座,地质钻机1台	机械手7人/班,立拱架10人/班,注浆4人/班,地质钻机5人/班,混凝土拌和站6人/(座·班)
防水衬砌	12m液压衬砌台车1台,仰拱模板模架2套,简易式仰拱栈桥2套,混凝土拌和站1座,混凝土输送车5台,送泵1台	防水板6人/班,衬砌台车8人/班,衬砌模板6人/班,输送泵和输送车5人/班,混凝土振捣6人/班,仰拱模架8人/班,仰拱模板6人/班,输送车3人/班,混凝土振捣6人/班,混凝土拌和站6人/(座·班)
辅助工作	通风:2台2×110kW轴流式风机,2台2×55kW射流式风机; 高压水、排水:10台水泵; 高压风:5台20m^3/min螺杆空压机; 施工用电:变压器容量1200~2100kVA,自卸汽车、载货汽车各1辆	通风4人/班,高压水,排水4人/班,高压风4人/班,施工用电3人/班,文明施工及工地搬运8人/班

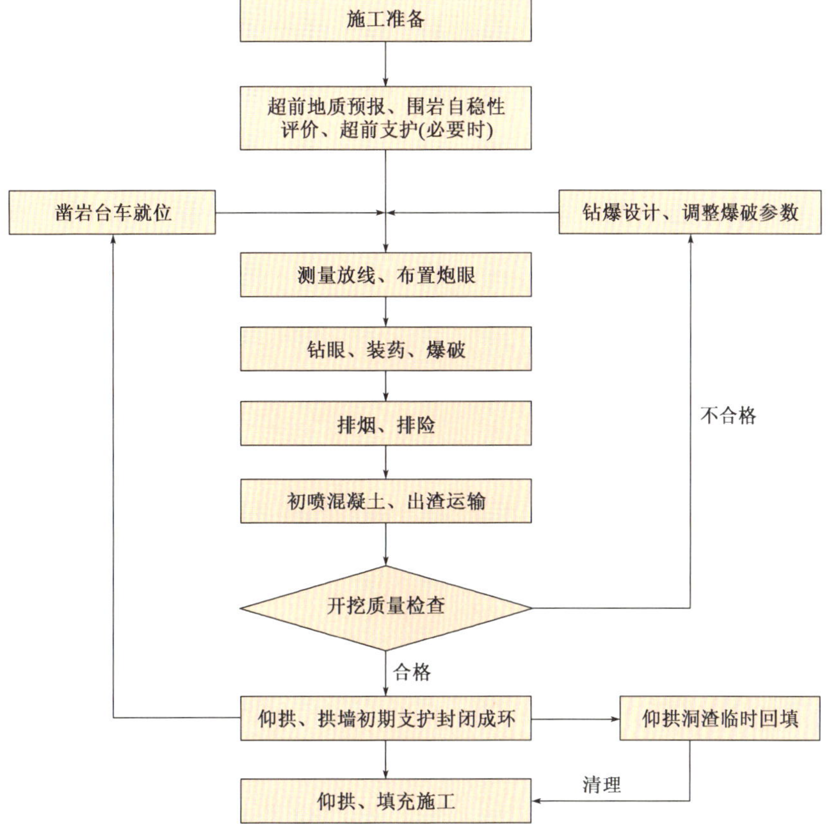

图1-71　全断面(含仰拱)开挖法机械化配套快速施工工艺流程

工效分析及技术成果

1.6.1 工效对比分析

1.6.1.1 全环开挖法

全环开挖法采用全环开挖法Ⅰ级机械化配套方案施工，三臂凿岩台车打眼，循环进尺取2.4m，采用装载机装渣自卸汽车运输，挂设钢筋网锚喷射混凝土支护，喷射混凝土采用湿喷机械手。

1)开挖、初期支护施工循环时间表

(1)初期支护设计有钢架时

初期支护设计有钢架时，全环开挖法施工在施工顺利的情况下每13h可进行一个开挖、初期支护循环施工(每循环进尺2.4m)，具体施工循环时间见表1-20。

全环开挖法开挖、初期支护施工循环时间表(有钢架)　　表1-20

时　间	测量放线	钻爆开挖(含通风时间)	装渣运渣(含初喷混凝土时间)	初期支护	合　计
t(h)	0.5	4.0	4	4.5	13

按每个月正常施工28d计算，每月进度为$=28\times24\div13\times2.4=124$m/月。

(2)初期支护设计无钢架时

初期支护设计无钢架时，全环开挖法施工在施工顺利的情况下每12.5h可进行一个开挖、初期支护循环施工(每循环进尺3.5m)，具体施工循环时间可参见表1-21。

全环开挖法开挖、初期支护施工循环时间表(无钢架)　　表1-21

时　间	测量放线	钻爆开挖(含通风时间)	装渣运渣(含初喷混凝土时间)	初期支护	合　计
t(h)	0.5	4.5	4.5	3.0	12.5

按每个月正常施工28d计算，每月进度为$=28\times24\div12.5\times3.5\approx188$m/月。

2)仰拱、二次衬砌施工进度

受制于隧道二次衬砌安全步距要求及仰拱施工循环时间：仰拱每组12m循环时间为72h，

则仰拱二次衬砌每月最大进度指标为 30×24÷72×12=120m/月，所以1套仰拱栈桥、1辆二次衬砌模板台车不能满足二次衬砌安全步距的要求，故需要投入2套仰拱栈桥(含仰拱弧形模架)及2辆拱墙衬砌模板台车来确保隧道施工安全步距的要求，方能使隧道达到180～190m/月的施工进度指标。

1.6.1.2 台阶开挖法(下台阶含仰拱一次开挖)

单线铁路隧道采用台阶法开挖时，受限于三臂凿岩台车的作业空间要求，钻眼需采用多功能台架配人工手持风钻进行。循环进尺取2.4m，采用装载机装渣自卸汽车运输，挂设钢筋网锚喷混凝土支护，喷射混凝土采用湿喷机械手。

开挖、初期支护单循环作业时间见表1-22。

单循环各工序作业时间表(2.4m) 表1-22

序号	工　　序	作业时间(h)	备　　注
1	上下台阶及仰拱钻眼、爆破	5	
2	上台阶扒渣及吊台架	2	
3	上台阶支护(立拱、挂网、打超前、系统锚杆及锁脚)	6	
4	出渣及下台阶扒渣	1.5	与上台阶支护平行作业
5	下台阶及仰拱支护(立拱、挂网、打系统锚杆及锁脚)	1.5	
6	下台阶及仰拱喷射混凝土	1	
7	仰拱回填及吊台架	1	
8	上台阶喷射混凝土	3	
9	总循环时间	17	

按每个月正常施工28d计算，每月进度为=28×24÷17×2.4=95m/月。

1.6.1.3 现场实际情况统计

为验证全环开挖法和台阶法工效对比分析结论，在平安隧道1号横洞工区和平安隧道2号横洞工区分别选取了围岩级别一样、岩性相似的掌子面进行了试验对比，具体情况为：在平安隧道1号横洞工区选择了初期支护有钢架的段落，左线采用常规台阶法施工，右线采用全环开挖法施工，在平安隧道2号横洞工区选择初期支护无钢架段落进行对比；左线采用常规台阶法施工，右线采用全环开挖法施工，现场实际进度情况见表1-23、表1-24。

通过对两个工区有钢架段和无钢架段的进度统计情况看，初期支护有钢架采用全环开挖法(图1-72)较传统台阶开挖法(图1-73)相比，施工进度提高31%；有钢架段落采用全环开挖法较传统台阶法相比,施工进度提高33%,达到了方案拟定的进度指标。

平安隧道1号横洞工区 表1-23

项　目	左　线	右　线
施工里程段	D8K152+413~D8K152+501	YD8K152+340~YD8K152+456
施工时间段	2014年7月19日—2014年8月18日	2014年7月19日—2014年8月18日
衬砌类型	Ⅳ级加强(拱墙格栅钢架)	Ⅳ级加强(拱墙格栅钢架)
施工方法	台阶法	全环开挖法
月进度指标(m/月)	88	116

平安隧道2号横洞工区 表1-24

项　目	左　线	右　线
施工里程段	D8K156+900~D8K156+775	YD8K156+970~YD8K156+803
施工时间段	2014年5月5日—2014年6月4日	2014年5月5日—2014年6月4日
衬砌类型	Ⅳ级复合(无钢架)	Ⅳ级复合(无钢架)
施工方法	台阶法	全环开挖法
月进度指标(m/月)	125	167

相比台阶开挖法,全环开挖法在资源投入、成本控制、经济效益方面均有明显优势,具体体现如下:

①全环开挖法开挖人员投入少于台阶开挖法,设备投入多于台阶开挖法。

②全环开挖法开挖作业更能与大型机械化配套设备的快速施工效率相匹配。

图1-72　全环(含仰拱)开挖法施工

图1-73 台阶开挖法施工

1.6.1.4 小结

按照表1-21"单循环各工序作业时间表"和表1-19"全环开挖法开挖、初期支护施工循环时间表(有钢架)",计算两种开挖方法的月进度指标,台阶开挖法开挖可以实现90m/d的进度,采用全环开挖法开挖可以实现120m/d的进度。相比台阶开挖法,全环开挖法在施工效率上有明显优势。

根据现场施工的实际,通过对比全环开挖法和台阶开挖法开挖的工序资源投入和施工效率,可以得出以下结论:

(1)全环开挖法开挖人员投入少于台阶开挖法,设备投入多于台阶开挖法。

(2)全环开挖法的施工效率远大于台阶开挖法。

1.6.2 技术成果

通过现场数据采集、理论计算分析、建模、现场试验等,最终总结出了软岩隧道全断面快速施工技术,形成了隧道全环(含仰拱)机械化开挖工法。

1)工艺原理

隧道全环(含仰拱)开挖法主要是采用凿岩台车全断面含仰拱一次爆破开挖成形,拱墙与仰拱初期支护同步施作的一种施工方法。

2)适用范围

全环(含仰拱)开挖法目前适用于掌子面能够自稳或采用辅助措施(如超前支护、掌子面锚杆等)后自稳、地下水不发育,采用高度机械化配套施工的隧道。

3)关键技术

(1)该工法建立了一套隧道围岩力学参数现场快速测定的方法,并依据隧道开挖条件下的围岩力学表现特征,提出了采用全断面(含仰拱)机械化开挖工法的工程地质适用条件及量化指标。

(2)较传统的工法相比,该工法将隧道仰拱会同拱墙一次性开挖到位,减少了多次爆破对围岩的频繁扰动,保护了围岩的自稳性能。

(3)该工法使隧道初期支护钢拱架的整体安装质量更易于控制,并实现了快速封闭成环,有利于隧道结构安全及施工安全。

(4)施工空间大,有利于大型机械设备施工,从而提高隧道施工进度,节省人力资源投入,降低施工安全事故中人员伤亡的概率。

1.7 技术成果推广应用

通过工点试验,在平安隧道Ⅳ级围岩段中采用全环开挖法机械化配套模式,提出了平安隧道全环法开挖的适用条件及判别标准,完成《平安隧道Ⅳ级围岩全环开挖法机械化配套快速施工技术工程试验报告》,该成果可在类似地质条件下的隧道建设中进行应用。

平安隧道通过采用Ⅳ级围岩全断面(含仰拱)机械化开挖工法施工,最高日进度达6m,最高月进度为160m,平均月施工进度达到120m。通过该工法的成功实施,使得成兰铁路最长的重难点隧道平安隧道工期提前了19个月贯通,同时在安全、进度、质量上得到有效保证,该工法被评为2017年河南省省级工法(工法编号:EJGF73-2017),获得国家铁路局部级工法(工法文号:国铁工程监函〔2019〕43号)。2018年3月,中国铁路总公司(现中国国家铁路集团有限公司)工程管理中心以《关于推广应用成兰铁路试验段部分工程试验技术成果的通知》(工管工调函〔2018〕49号)发文在全路推广应用。

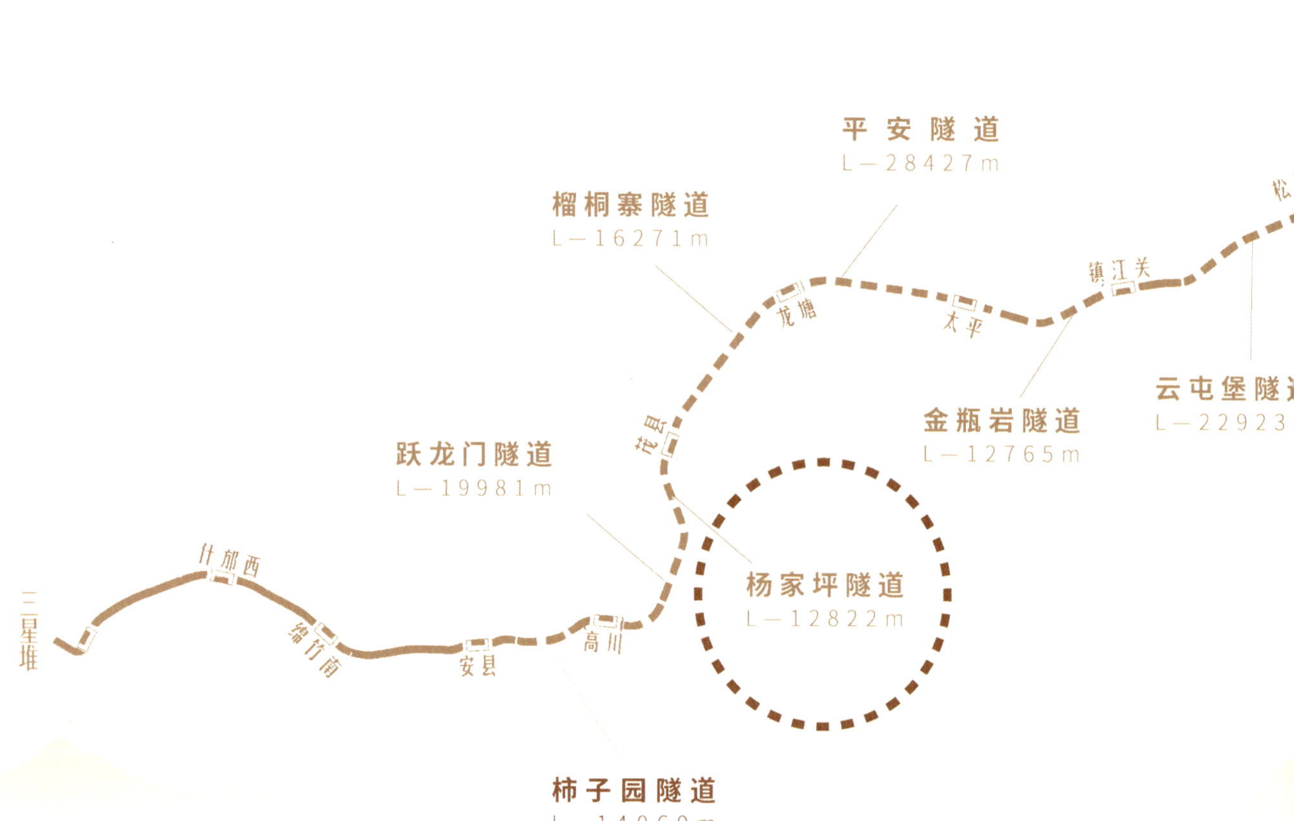
平安隧道
L—28427m
榴桐寨隧道
L—16271m
镇江关
龙塘
太平
云屯堡隧
L—22923
金瓶岩隧道
L—12765m
茂县
跃龙门隧道
L—19981m
杨家坪隧道
L—12822m
什邡西
三星堆
绵竹南
安县
高川
柿子园隧道
L—14069m

第2章

高地应力隧道软岩大变形长短锚杆结合控制技术剖析

2.1 当前国内外前沿技术背景

2.1.1 软岩大变形机制研究

正确认知软岩大变形的变形机制与规律有助于项目从根本上针对软岩大变形提出控制措施,许多学者结合大量室内试验及现场调研探究了软岩的力学特征及变形机理,并针对具体依托工程提出对应的施工控制措施。

Barla 定义挤压变形为一种与岩体时效特性有关的大变形,隧道开挖期间发生挤压变形的必要条件是,当剪应力超过一定极限值时岩体发生流变而引起挤压变形。

吕显福以新建兰渝线木寨岭隧道为例,阐述了木寨岭隧道板岩地层大变形的破坏特征,指出软岩的破坏形式主要以围岩塑性流变和塑性楔体的剪切滑移为主。

刘高从软岩的概念、特征及形成条件、破坏特征等方面对高应力软岩的破坏机制进行了分析,并认为岩石较坚硬、岩体强烈裂隙化和原岩高应力是形成高应力软岩的重要条件,而且高应力软岩巷道破坏的根本原因是:围压低,应力差大。

郭富利依托宜万铁路堡镇隧道工程实践进行了大量的室内试验研究,分析了夹层引起围岩结构变形失稳的动态过程,提出堡镇隧道围岩变形的 3 种模式,其中岩层结构控制类大变形为堡镇隧道围岩变形的主要形式,并总结了围岩的动态特征、变形机制和模式。

李国良结合兰渝铁路软岩隧道工程,研究了软岩隧道挤压大变形的规律,分别就设计阶段(以相对变形和岩体强度应力比为分级标准)和施工阶段(以变形量和变形速率)提出了大变形分级标准。

周泽林根据强震区唐家山隧道围岩变形与应力监测数据,对震后软岩隧道变形与破坏机制进行了分析,研究结果表明:震区软岩隧道变形空间分布不对称,变形的空间效应约束范围为(2~3)D(D 为隧道直径),隧道不同部位的围岩变形与破坏方式与围压性质密切相关。

胡元芳从研究软弱围岩隧道"大变形"分类和挤压变形分级出发,利用现场试验对隧道岩体强度进行估算,并采用 Hoek 方法对挤压变形进行判定及量值估算。

针对挤压软岩变形机制的研究,学者们都提出了相应的变形分级依据和变形机制分类,但目前仍未形成一套系统化的理论标准,不同的依托工程可能出现不同的判别标准,因此有必要对挤压软岩的变形机制及其处治措施进行更深入的研究,完善其理论体系。

2.1.2 软岩大变形隧道施工措施研究

由于软岩大变形机制具有复杂多变的特性,不同工程中导致软岩发生大变形的原因也不尽相同,因此需要"对症下药",针对具体的依托工程采取特定的变形施工控制措施。目前的支护理论主要以"新奥法"为核心支撑,将支护体系分为被动支护与主动支护。主动支护主要是指通过锚杆、超前支护等措施使破碎岩体的力学性能得到改善并充分发挥围岩自承能力;被动支护主要是指利用高强度支护手段,如增大钢架型号、二次衬砌和喷射混凝土厚度或刚度等方式来被动承担开挖所产生的变形压力,并结合实时监控量测结果,通过围岩位移所反馈的信息对施工措施进行调整。国内已有学者针对软岩大变形隧道的施工措施进行了相关研究。

刘志春结合乌鞘岭隧道工程实例,分析二次衬砌稳定性的影响因素,讨论了二次衬砌同初期支护共同承载及相互作用的变形关系,提出不同大变形级别的乌鞘岭隧道二次衬砌施作时机的两个判别指标:以隧道极限位移为基础,以现场量测日变形量与量测总变形量为依托的判别指标,在软岩大变形隧道二次衬砌施作时机方面进行探讨和尝试。

孟庆彬采用 FLAC3D 软件分析了不同预紧力与间排距条件下锚杆、锚索产生的围岩支护应力场的分布特征,定义了围岩应力扩大系数 k 来表征围岩应力的扩散效果,揭示了锚杆、锚索预紧力耦合支护效应。针对朱集西矿深部巷道特征与地质条件,提出了"锚网索喷 + U 形钢支架 + 注浆 + 底板锚注分步联合支护"技术方案,开展了三维相似材料模型试验,验证了该支护技术方案的合理性与可行性。

王树栋以宜万铁路堡镇隧道软弱围岩大变形段施工为依托工程,综合应用现场实测、理论分析、数值模拟和室内试验等手段,并引入神经元算法隧道施工围岩变形进行了预测,制定了堡镇隧道高地应力大变形段位移管理基准,并给出了不同管理等级和管理位移下的施工状态和工程措施。

2.1.3 软岩大变形隧道施工力学研究

高地应力作用下软岩的力学响应更为迅速和强烈,研究软岩工程应从施工过程就开始关注工程的力学效应,探讨力学影响与围岩损伤规律,以指导工程施工设计和方案优化。许多学者从力学路径及时空效应等方面进行了研究。

日本学者山地宏和 S. Sakurai 提出了围岩支护的应变控制理论,认为隧道围岩的应变随支护结构的增加而减小,而容许应变则随支护结构的增加而增大,通过增加支护结构,能够较容易地将围岩应变控制在容许范围之内。

Suleyman 对土耳其隧道穿越挤压断层带的工程地质特性和隧道变形进行了分析,介绍了刚性支护与弹性支护在挤压性围岩隧道变形控制中的应用。

左清军以沪昆客运专线姚家隧道为依托,通过室内试验分析探究了软质板岩的水理特性和软化机理及基本蠕变规律,确定了板岩改进的蠕变模型参数,同时结合有限元数值模拟将黏弹塑性模型参数引入至本构模型,对特大断面隧道开挖及支护的应力和变形状况进行了分析。

张结红依托兰渝铁路木寨岭隧道工程的实际条件,利用室内岩石力学试验,理论分析,数值模拟以及现场试验等手段,研究了不同围压下软岩峰后力学特性,以及锚固对围岩的强化作用,并针对木寨岭隧道进行了支护方案的设计。

张朝强结合某软岩深埋隧道工程实例,采用水压致裂法获取了开挖期间的地应力场特征,分析了软岩隧道开挖期地应力场的变化调整规律,并提出了预防大变形破坏的施工与支护措施。

陈志敏以高地应力软弱围岩条件下的关角隧道、木寨岭隧道等工程为背景,对高地应力软岩隧道围岩压力和围岩与支护结构相互作用机理进行了研究与应用,采用岩体软化“直曲直”模型,推导了隧道形变压力计算公式,并利用台阶法开挖中存在的空间效应和改进的人工神经网络模型预测位移以及多项式拟合预测方法,提出了两类在高地应力软弱围岩条件下使用开挖应力释放率模型的方法,其结果均得到三维数值分析的验证。

赵旭峰推演了围岩与支护相互作用随时间变化规律的解析解,通过构建三维黏弹塑性大变形数值模型,分析开挖过程中围岩应力、变形随时间、空间、工序逐渐发展演化的非线性时空历程,进一步丰富了隧道工程施工时变力学理论。

2.1.4 软岩大变形隧道锚杆支护技术研究

对软弱围岩大变形问题,锚杆是软岩大变形隧道重要且有效的支护措施。为了有效地控制软岩隧道大变形,保证施工安全,提高施工质量,加快施工进度,结合成兰铁路杨家坪隧道围岩特点和大变形特征,开展软岩隧道大变形“主动控制”和“长短锚杆”支护新技术研究与应用,探寻了解决软岩大变形有效的控制方法和软岩大变形锚杆施工的关键技术。

自 1911 年美国采用锚杆支护煤矿隧道以来,锚杆支护技术至今已有一百多年的历史,已经成为地下工程建设常用的一种较新型的支护技术。锚杆支护有很多优点,能节约钢材,降低支护成本,减轻劳动强度,而且维护费用低,施工方便。以美国和澳大利亚为代表的国家发展最为迅速,他们的锚杆支护技术水平至今都位于世界的前列。美国 1947 年就普遍采用锚杆支护煤矿隧道和工作面顶板,目前美国锚杆支护技术最为先进,是使用锚杆支护最广泛的国家。20 世纪 50 年代,其锚杆支护机理的发展达到了高潮。Louls、Panek、Jacobio、T. L. v. Rabcewicz 和 T. A. Lang 等人相继提出了“悬吊、组合梁和组合拱”理论,进一步促进了锚杆支护技术的推广应用。20 世纪 80 年代以后,其他国家也大力发展和应用了锚杆支护技术。我国的锚杆支护是在 1956 年才开始研究和发展的,由于条件有限,锚杆支护的发展一直比较缓慢,直到 20

世纪90年代才得到迅速发展。

(1)锚杆设计理论研究

目前工程界和学术界对锚杆支护的适用条件还存在争议,部分学者通过现场试验对锚杆在软弱围岩中的支护效果进行研究,认为锚杆对软弱围岩的加固并不明显,建议取消软弱围岩隧道中的系统锚杆。但在高应力软岩大变形隧(巷)道中,锚杆支护仍是重要支护措施并大量被采用,国内外学者进行了大量研究,并开发研制了不同形式的锚杆。

Heytt、Bawden等人通过系统研究表明影响锚杆承载力的主要因素是浆体性质、锚固长度和围压。

朱焕春等人通过试验证明了在拉拔作用下浆体存在法向应力,法向应力对认识锚固机理具有重要意义。高围压下的法向应力表明锚杆在高应力软岩中不会是"筷子插入豆腐中",对软岩隧道的变形控制具有重要作用。

Sun Yang以四平隧道的古城至朱西段高速公路为例,为了控制软岩隧道大变形,在对大变形原因进行分析的基础上,提出了加长岩体锚杆支护方案。

Li C C针对软岩巷道地压强度高、变形强烈的问题,设计了一种新型网壳锚喷支护,有效加固了软岩巷道的承受力。

Li Chong基于锚杆轴应力和剪应力的计算公式,全面分析了软岩巷道施工中锚杆长度,直径和预紧力对全长锚固应力特性的影响规律。

针对锚杆对层状围岩的加固,葛修润通过室内模拟试验和理论分析,探讨了锚杆对节理面抗剪性能的影响,对锚杆在节理岩体中的"销钉"作用机制进行了研究。

杨延毅从加锚状岩体的变形破坏过程,研究了锚杆的加固效果和机理,建立加固效果演化方程,提出了加锚层状岩体的本构关系。

杨松林通过等效连续介质的方法建立了新的考虑节理剪胀扩容现象的加锚层状围岩的本构方程,对节理岩体中锚杆的加固作用进行定量评价。

通过上述分析可以发现对锚杆在层状围岩中的作用研究主要集中在室内试验和理论分析阶段,着重研究锚杆对节理岩体中节理面的抗剪强度的影响,对锚杆在高应力层状软岩隧道中的实际支护效果研究较少。

(2)锚杆锚注支护研究

国内外关于锚杆施工中的锚注支护问题主要集中在锚杆注浆加固的设备及施工工法、使用自应力注浆材料的锚固锚杆、锚注联合支护技术以及支护锚网喷与锚杆注浆相结合。

目前国内的锚杆注浆材料主要是普通硅酸盐水泥(砂)浆液,因此通过外加剂提高其早期强度是研究热点,中国矿业大学、同济大学及重庆大学等通过各种外加剂对普通水泥浆液进行改性研究。因树脂锚固剂具有早强、高强、快速锚固的特点,在美国、法国等国家的应用已经实现了工厂化,在我国也开始推广应用。但在高应力软岩大变形隧道中的应用研究较少,大部分仍采用普通砂浆锚杆进行支护。

罗生元公开了一种新型注浆锚杆专制。组件包括中空锚杆、设置在中空锚杆前端的钻头、依次设置在中空锚杆后端的止浆塞、拱形托板、紧固螺母,还包括设置在中空锚杆中部的锚固连接套;所述锚固连接套包括圆柱形套筒、铰接在圆柱形套筒上的锚筋,锚筋数量为3个且均布在圆柱形套筒外圆周上,圆柱形套筒具有向其轴心方形凹陷的凹槽,凹槽与锚筋相适配,锚筋的一端在凹槽内部通过铰接轴与圆柱形套筒铰接,凹槽上设置有与中空锚杆中空芯部相贯通的注浆孔,圆柱形套筒将中空锚杆截成两段并采用螺纹连接的方式将其连接固定;该发明结构设计合理、使用方便简单,可增加对泥浆固化后的水泥柱的抓力。

Li H Y在对软岩巷道围岩的变形特点与机理进行理论分析与实验测试的基础上,开发了一种新型基于锚注综合支护技术的高预应力锚索与注浆锚杆。

Fang Z针对当前岩锚体系中使用的普通注浆浆液存在的黏结强度低,耐久性差问题,提出了在锚固施工中使用黏结性能更为优良的RPC和DSP作为注浆替代品。

综上所述,国内外对锚杆在层状围岩的支护作用,早强锚杆注浆材料,早强预应力锚杆作用机理进行了大量研究。但目前在我国高地应力软岩隧道支护中仍大量采用普通砂浆锚杆,无法适应高地应力软岩隧道的变形量大,变形速度高,变形持续时间长的特点。

(3)锚杆施工机械设备

锚杆钻机主要有单体型锚杆钻机和台车型锚杆钻机,这两种形式的锚杆钻机都有各自的特点。单体式锚杆钻机结构简单、质量轻、安全可靠、坚固耐用、适应性强、加工制造容易、价格低廉、操作维修技术要求不高等优点,多以风动钻机为主,需大型压风设备供压力风,压缩机投入费用高,能量利用率很低、耗电量大、钻孔速度较低、扭矩小、噪声大。台车型钻机自动行走,移动方便,多以液压动力为主,可通过液压技术实现大推力、大扭矩,工作效率高的等优点。但目前国产钻机液压系统可靠性差,常常出现泄漏现象,而且价格相对较高,工作空间要求高。

2.2 成兰铁路高地应力区软岩大变形特征

成兰铁路沿线穿过龙门山、西秦岭两个地震活动构造区,区域地应力极高;跨越成都平原、岷江白龙江高山峡谷、松潘高原丘陵、西秦岭黄土四个地貌单元,地势起伏大,地质复杂。其中:在建的成都至川主寺试验段(简称“成川段”)位于四川省境内,全长275.8km。线路进入龙门山后主要以隧道为主,隧道共计17座、总长175.5km,20km以上隧道3座,10~20km隧道4座,5~10km隧道5座,5km以下隧道5座。隧道平均长度大于10km,最大埋深1720m,为目前国内在建铁路中,规模最大的“长大深埋隧道群”。软岩隧道长度约106km,占隧道总长的60%,软岩以千枚岩和炭质千枚岩为主,夹板岩、炭质板岩、炭质页岩,工程地质呈现出典型的“四极三高”特征,即:地形切割极为强烈、构造条件极为复杂活跃、岩性条件极为软弱破碎、汶川地震效应极为显著;高地壳应力、高地震烈度和高地质灾害风险。其中成兰铁路软岩高地应力最为明显,施工中发生了各种程度的软岩大变形,最为突出的软岩大变形隧道有杨家坪隧道、跃龙门隧道、柿子园隧道、茂县隧道、榴桐寨隧道、云屯堡隧道、松潘隧道等。下面以杨家坪隧道作为典型案例,对成兰铁路高地应力区软岩大变形控制进行深入剖析。

杨家坪隧道软岩大变形情况

2.3.1 地质条件

成兰铁路杨家坪隧道地处龙门山山脉中段，夹于龙门山主中央断裂带与龙门山后山断裂带之间，受断裂带影响，地质构造复杂，如图2-1所示。隧道全长12815m，进口段1500m为双洞单线分修隧道，出口段长190m为三线大跨车站隧道，其余为单洞双线合修隧道。围岩以志留系中上统茂县群绢云千枚岩、绿泥千枚岩为主，夹炭质千枚岩、泥质灰岩，中薄层片状，千枚状构造，石质软弱，节理发育，地层产状多变，主要发育杨家坪背斜、杨家坪向斜。隧道进口段约10km与千佛山斜向逆冲断裂基本平行，岩层走向与隧道轴线基本平行或小角度相交，岩层走向与线路夹角小于10°，岩层倾角一般为65°~85°，局部受构造影响扭曲严重，构造应力作用显著。施工开挖揭示岩层倾角近于直立，部分围岩受断层及褶曲构造影响，岩层小褶曲发育，岩层揉皱明显，节理裂隙发育，如图2-2、图2-3所示。

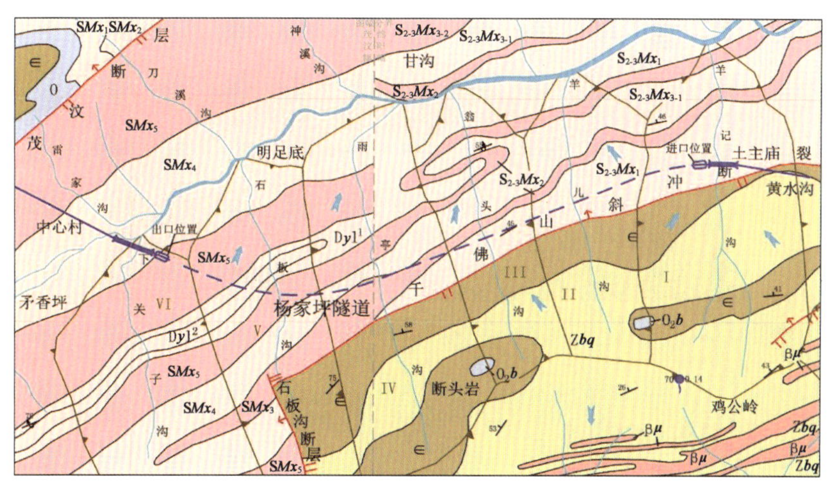

图2-1 杨家坪隧道穿越区域地质平面图

隧道进口至4号横洞之间10200m长段落的围岩受断层及褶曲构造影响，岩层小褶曲发育，岩层揉皱明显；岩层走向、构造轴线基本与线路平行，掌子面开挖揭示岩层倾角（N75°E/85°NW）近于直立，呈薄片状，石英脉发育，呈线状、局部呈块状分布于层间或斜穿岩层；受构造影响较严重，节理裂隙很发育，岩层产状N60°~75°E/70°~85°NW，岩层走向与隧道

(N84°E)夹角为9°~24°。褶曲构造明显,节理发育。开挖拱顶及侧壁岩体具有剥落现象;因岩层绿泥石化程度高,岩质软、受构造影响岩体破碎,围岩稳定性差,易发生大变形。出口段围岩破碎,遇水易软化沉降变形。地下水主要有潜水、基岩裂隙水、构造裂隙水等。

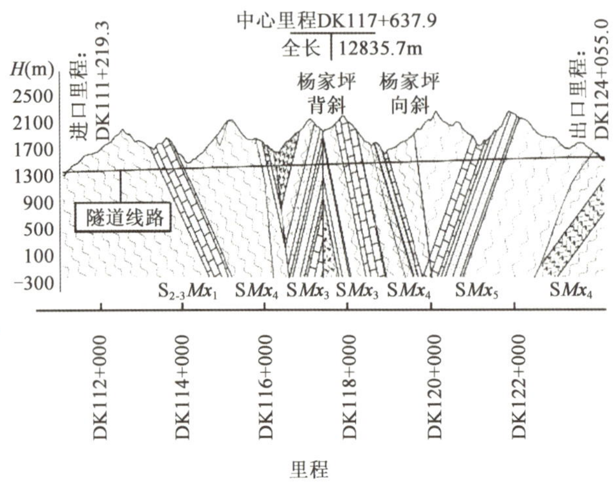

图 2-2　杨家坪隧道地质剖面

图 2-3　杨家坪隧道围岩

2.3.2 大变形情况

隧道施工时边墙围岩出现挤压性内挤变形,初期支护出现混凝土掉块开裂,钢架扭曲,挤压侵限等问题,拱部沉降112~192mm,边墙单侧变形在250~476mm,局部最大变形达1052mm(图2-4)。从破坏形态来分析:初期支护破坏以边墙水平内挤变形为主,喷射混凝土表面出现水平纵向裂缝,表面剥落(图2-5);格栅钢架和工字钢架被挤压内鼓,弯折扭曲(图2-6);初期支护侵限(图2-7)。根据施工揭示,杨家坪隧道软岩大变形段共计12689m,占隧道长度的88.7%。其中:严重变形1294m,中等变形5485m,轻微变形4910m,可能变形1000m。

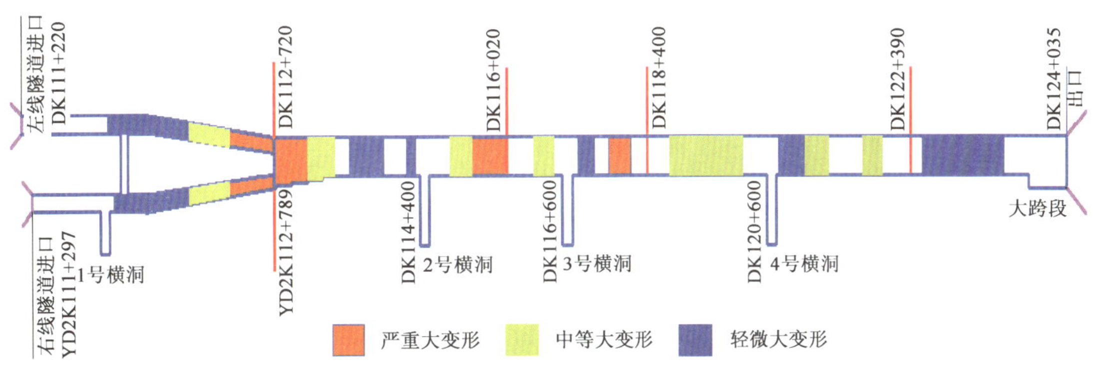

图 2-4　杨家坪隧道大变形段落分布示意图

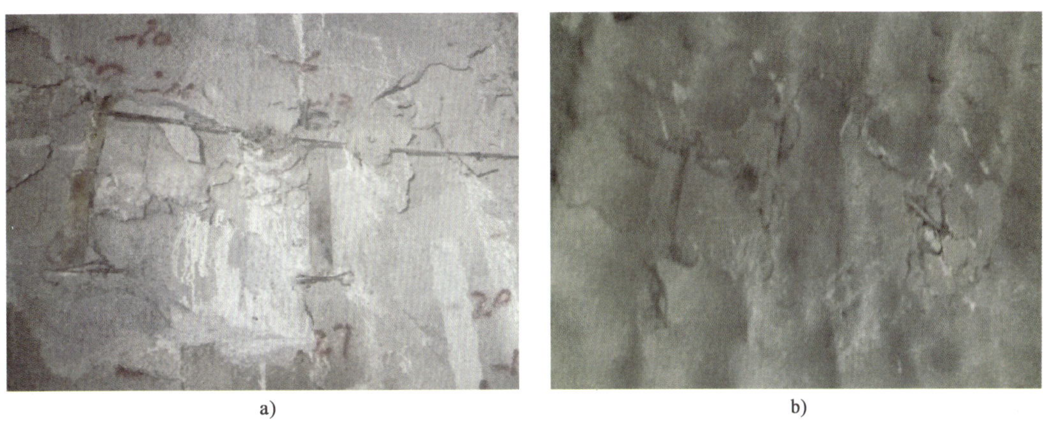

a)　b)

图 2-5　初期支护喷射混凝土大面积开裂、剥落

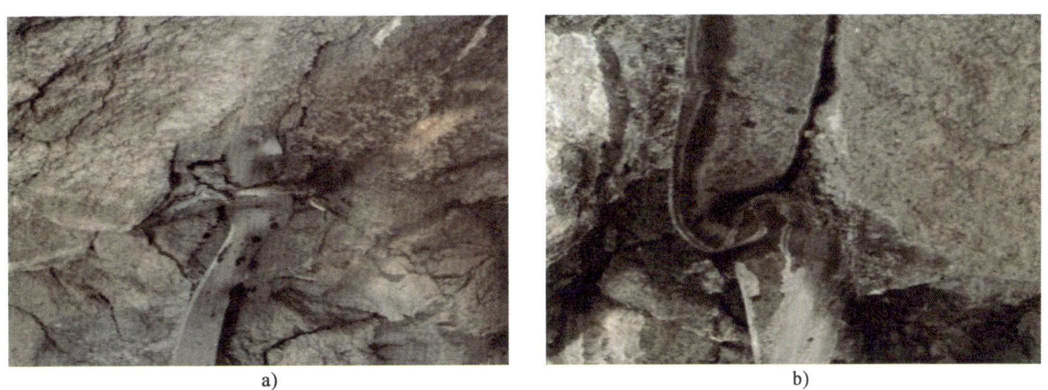

a)　b)

图 2-6　现场钢架扭曲变形

2.3.3 千枚岩地层破坏形式

为了更为全面地了解千枚岩变形特性，解决工程中的实际问题，通过对杨家坪隧道施工现场进行了现场调研，观测在洞室开挖后千枚岩的主要破坏形态，进一步对杨家坪隧道软岩大变

形的变形破坏机制进行分析。经现场调研，观测到在杨家坪隧道的开挖过程中，千枚岩地层的破坏模式主要为：岩层弯曲、顺层滑移、层面张拉、岩块塑性剪切和岩块拉裂等5种破坏形式。现场揭示围岩破坏模式如图2-8所示。

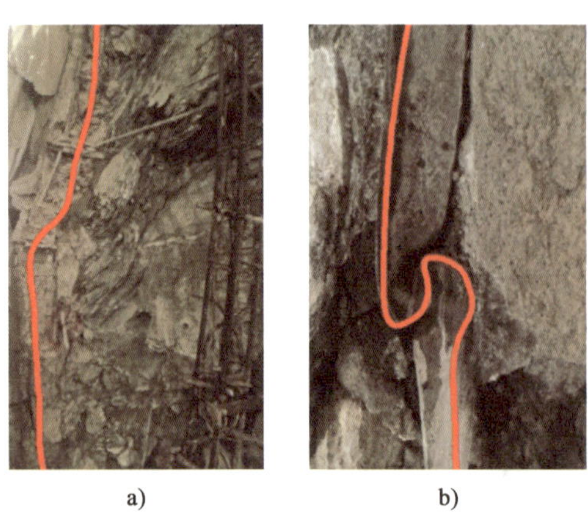

a)　　b)

图2-7　隧道围岩和初期支护钢架变形

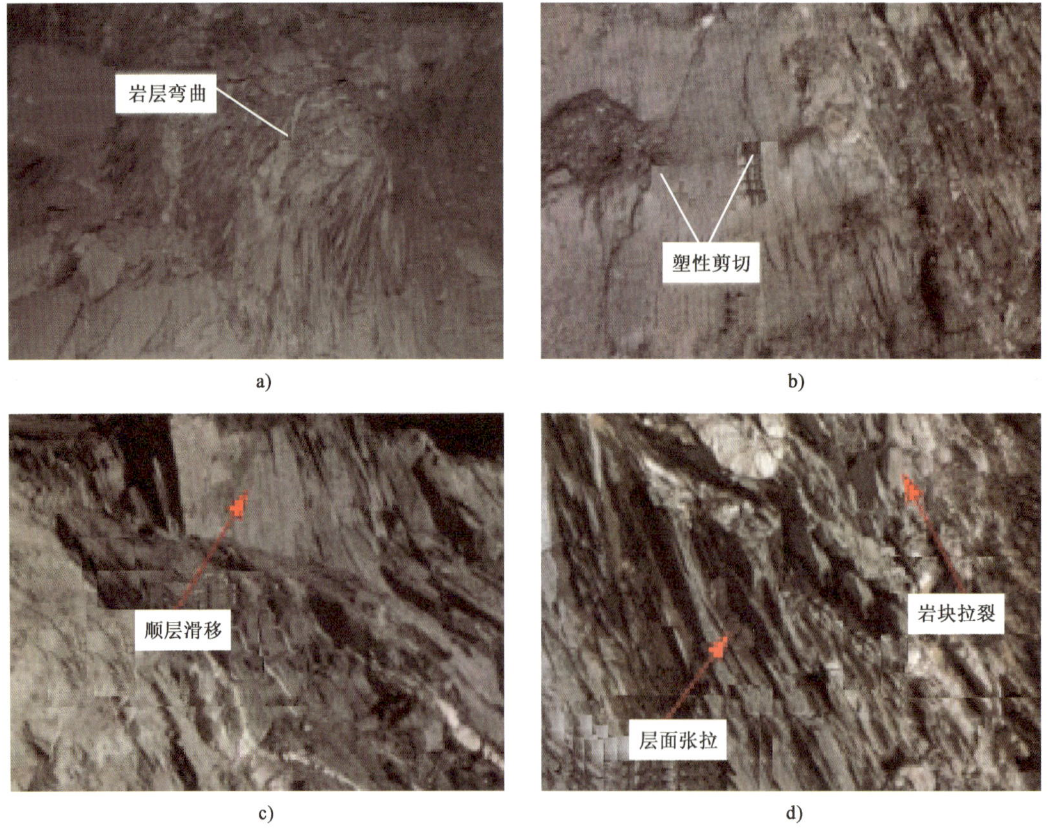

a)　　b)　　c)　　d)

图2-8　隧道围岩破坏现场

2.4 软岩大变形机理分析

为深入揭示杨家坪隧道软岩大变形机理，借助有限差分软件 FLAC3D 分析模拟陡倾互层围岩隧道的开挖，分析隧道开挖后洞周围岩分布，通过放大变形系数对互层式围岩变形机制作微观分析。

2.4.1 计算模型建立

以成兰铁路杨家坪隧道为对象建立模型，隧道开挖计算模型的边界通常取开挖洞径的5~7倍。考虑到大变形情况下隧道开挖对围岩扰动范围较大，本次建模中左右边界取至距隧道边墙70m，上边界取至距隧道拱顶70m，下边界取至距隧道拱底以下50m，模型沿隧道轴向拉伸100m，计算模型见图2-9。为了真实的模拟隧道所处的高地应力场，模型下边界采用约束竖向位移的位移边界条件，顶面采用与上覆围岩重度等效的应力边界条件、侧面根据不同侧压力换算成相应的应力边界条件。根据现场实测各个方向的地应力可知，水平侧压应力约为竖向应力的2倍。计算中竖向应力按照690m埋深计算得到，水平应力取竖向应力的2倍。

2.4.2 Interface 接触面单元

Interface 作为 FLAC3D 中的接触面单元，是 FLAC3D 软件自带的一种无厚度单元（图2-10），其本构模型采用库伦剪切模型，可用于分析一定受力条件下两个接触的表面上的错动滑移，分开与闭合，能很好地模拟节理、断层以及不同块体间的接触面等截面的滑移或分离问题。

图2-9 大变形段隧道结构数值计算模型

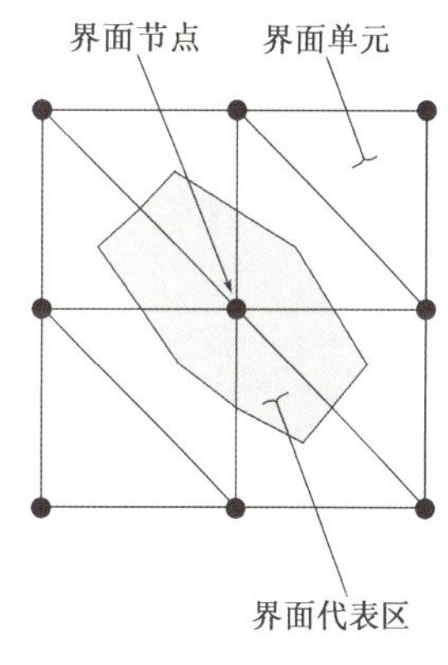

图2-10 Interface 接触面单元

由于杨家坪隧道穿越地层主要是陡倾互层千枚岩，为得到较为真实精确的结果，本次计算模型采用 Interface 单元来模拟各岩层之间的相互接触机理，模型 Interface 单元如图 2-11 所示。

图 2-11 计算模型 Interface 单元

2.4.3 陡倾互层围岩大变形微观分析

待隧道开挖完毕后，选择计算模型中部断面作为本次微观分析断面，提取该断面处的洞周围岩位移矢量场图及洞周围岩位移云图，分别如图 2-12、图 2-13 所示。

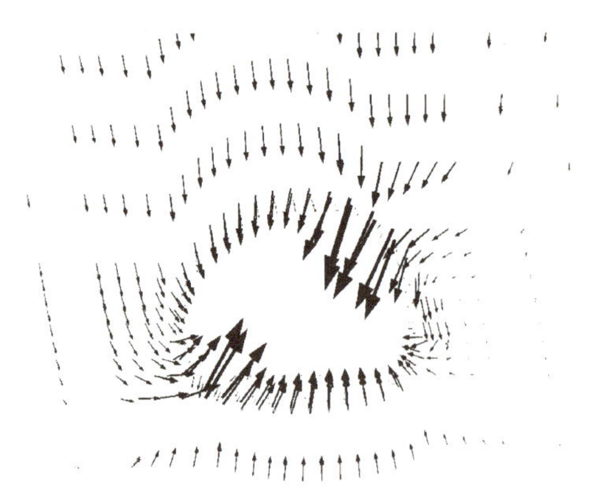

图 2-12 围岩位移矢量场图

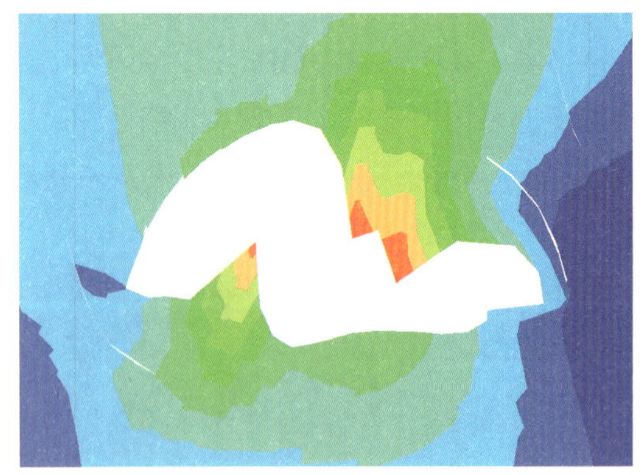

图 2-13 围岩位移云图

如图 2-12 所示，隧道开挖后拱部及边墙围岩逐渐开始向洞内挤出，其中右拱肩及左拱脚挤出变形十分严重，隧道拱底及周边围岩则以向上隆起的方式不断向洞内变形。

如图 2-13 所示，通过放大位移云图的比例系数可以发现，左右边墙处的围岩出现岩层层理面张开。因为隧道开挖后，洞壁处切向应力减小，法向应力增大，拱圈上部所受荷载与岩层结构面大角度相交，拱圈边墙部位主要受水平荷载，水平荷载近乎平行于岩层结构面，当受平行于层理面的荷载时，表现为层面张拉，发生劈裂破坏。故边墙部位围岩受到竖直方向的切向应力的挤压，各岩层层理面逐渐张开并向洞内方向挤出。

2.4.4 杨家坪隧道大变形机理分析

杨家坪隧道软岩大变形导致初期支护掉块，钢架扭曲，二次衬砌开裂等不同程度的支护结构破坏，严重影响了工程的顺利实施。为了揭示杨家坪隧道软岩变形机理进而根本上解决上述问题，依据现场试验及勘测结果，结合陡倾互层围岩变形微观分析，对杨家坪隧道大变形产生原因及变形机理进行分析总结如下：

(1)杨家坪隧道千枚岩层理裂隙发育，岩性构造特殊，岩层产状陡，走向与隧道轴线平行或小角度相交。隧道开挖后，洞壁处法向应力减小，切向应力增大，拱圈上部所受荷载与岩层结构面大角度相交，拱圈边墙部位主要受水平荷载近乎平行于岩层结构面，受力如图2-14所示。当受垂直于层理面的荷载时，表现为斜向的剪切破坏，破裂角度各不相同；当受平行于层理面的荷载时，表现为层面张拉、发生劈裂破坏。故杨家坪隧道拱圈上部和拱圈底部围岩破坏形式以斜向剪切、顺层滑移为主，拱圈底部破坏围岩向洞内隆起；边墙部位围岩受到竖直方向的切向应力的挤压，主要破坏形式为层面张拉、岩层弯曲，并向洞内方向挤出。

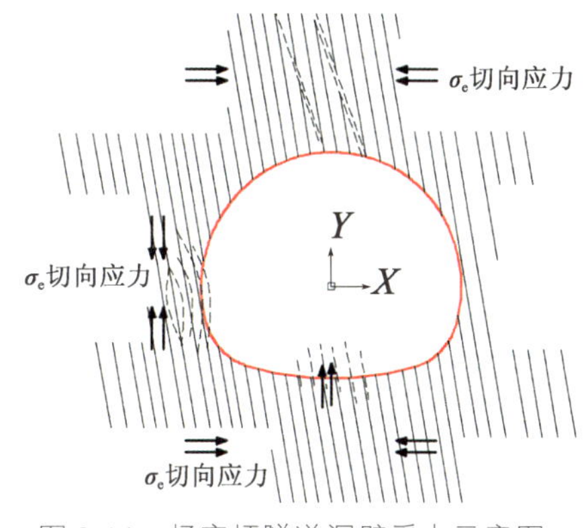

图2-14 杨家坪隧道洞壁受力示意图

(2)根据地应力测试结果表明，整个杨家坪隧道处于高地应力环境中，且水平方向构造应力较大，现场实测地应力表明隧道的侧压力系数为1.3～2.1。因此，隧道开挖后，在水平构造应力的作用下，边墙部位围岩将发生更为集中的严重变形破坏，其中浅部围岩以岩层弯曲为主要破坏形式，一层一层地向洞内临空面压弯折断挤压变形，并逐渐向围岩深处发展。深部围岩距临空面较远并受到周围围岩挤压，围压差较小，破坏形式以层面张拉为主，杨家坪隧道边墙部位破坏机理简化示意如图2-15所示。

(3)边墙部位围岩破碎，结构完整性较差也是造成隧道该部位发生严重挤出大变形的主要原因之一。底板围岩相对较为完整，仅在小范围内有软弱夹层。而边墙部位围岩0.4～1.6m范围空洞遍布，完整性非常差，1.6～10.0m范围软弱夹层较多，加之水平高构造应力的影响，隧道开挖形成临空面后，暴露的岩体迅速风化，如图2-16所示，并逐渐向洞内弯曲变形，进而折断破裂，并最终导致隧道净空侵限，初期支护发生严重破坏。

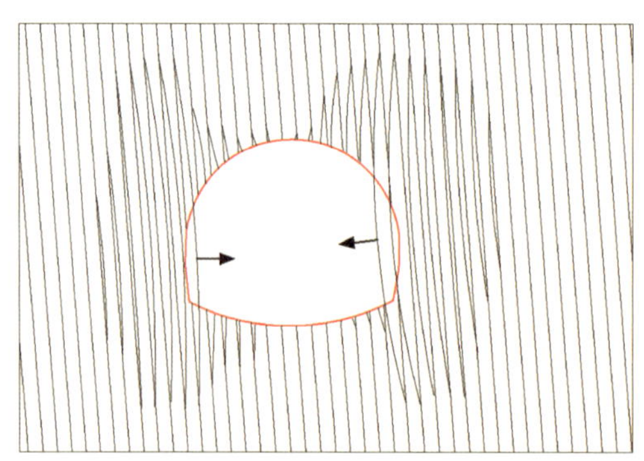

图 2-15 杨家坪隧道边墙围岩破坏机理简化示意图

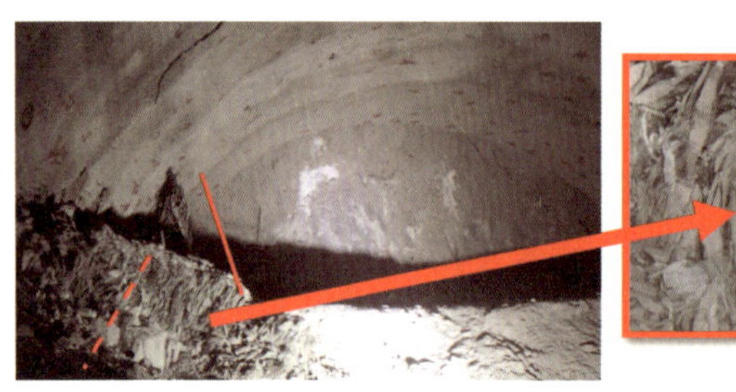

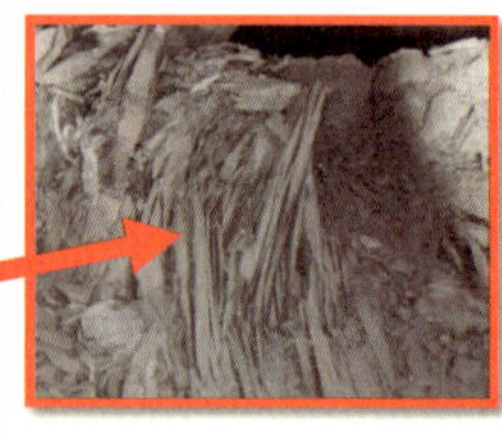

图 2-16 围岩与边墙风化后产状对比

综上所述,高地应力环境和特殊的岩性构造是杨家坪隧道大变形破坏的主要因素,其破坏机理:片状千枚岩受结构层由于岩体结构面与隧道轴线呈小角度相交,强度较低的薄层状千枚岩围岩,在高地应力场中,开挖前处在高围压状态时具有较高的强度和稳定性;开挖后,围压降低,围岩应力差增大,拱圈上下部岩体发生斜向剪切或滑移破坏,边墙部位围岩一层一层地向洞内临空面压弯折断挤压变形,并逐渐向围岩深处发展,围岩在长时间的挤压应力作用下后期发生破坏。

软岩大变形锚杆参数试验

2.5.1 试验目的

软岩大变形隧道锚杆是大变形控制的重要措施,采用合理、有效的锚杆形式和参数非常重要。为了确保软岩大变形段锚杆选择的科学性和合理性,根据围岩特征,试验研究软岩大变形隧道锚杆的参数指标,为成兰铁路的软岩大变形隧道提供较合理的锚杆参数指标,防止因锚杆参数不合理造成换拱。

2.5.2 锚杆种类和锚固原理

1)锚杆分类

锚杆种类很多。

(1)按锚固的位置可以分为端头锚固锚杆、全长锚固锚杆、摩擦锚固、自进式锚杆和可回收锚杆。端头锚固锚杆又可分为楔缝锚杆、倒楔锚杆、涨壳锚杆。

(2)锚固材料可分为有砂浆锚杆、树脂药包锚杆、快硬水泥锚杆。

(3)按锚固方式可以分为机械锚固锚杆、黏结锚固锚杆和摩擦锚固锚杆。

2)锚固原理

(1)端头锚固式锚杆的原理是通过对锚杆锚头的锚固来对围岩进行加固,从而起到抑制围岩破碎、松动。其安装和施工简单,可以快速发挥作用,但锚杆杆体易发生腐蚀和锚头松动问题。

(2)全长黏结式锚杆一般采用水泥砂浆或树脂材料作为锚固剂,既可以长期保持锚固强度,又可以防止锚杆的腐蚀,提高围岩强度和约束围岩变形,在隧道施工中最为常见。

(3)摩擦式锚杆与以上两种锚杆不同,是使用一根沿纵向开缝或预加变形的空心钢管,之后将其装入比其直接略小的钻孔中,通过钢管管壁对钻孔孔壁产生的摩擦力,进而起到加固围岩或遏制围岩变形的作用。摩擦式锚杆安装方便,能够有效地减小围岩变形,并且管体能够与孔壁围岩协调变形,因此其支护强度相对于端锚锚杆和全长锚杆较大。但受到地下工程中施工环境的影响,摩擦式锚杆中的钢管管壁容易发生锈蚀,因此一般不适于作为永久支护。

2.5.3 软岩大变形锚杆试验参数

针对软岩大变形锚杆支护控制问题,选取几种不同类型的锚杆进行支护效果试验,分析对比锚杆支护的作用效果,获得比较合理的锚杆参数,为软岩大变形锚杆参数调整提供依据。

为了验证杨家坪隧道现有长短锚杆支护参数的有效性和长锚杆施工工艺的有效性,根据现场围岩情况,选取杨家坪隧道有代表性的3号横洞小里程方向DK117+046~DK117+026双线轻微大变形段(平行陡倾中层千枚岩)作为锚杆试验段进行试验。通过锚杆试验段施工,对试验段的变形情况、围岩和初期支护的应力应变情况进行监测,摸清锚杆对围岩加固的可靠性和影响因素,获得适合于软岩大变形的锚杆参数,为杨家坪隧道大变形段调整锚杆支护参数提供有力数据。下面以轻微大变形锚杆试验段为例,试验成兰铁路锚杆参数的试验和参数选取方法。

DK117+046~DK117+026段采用轻微大变形段参数,系统锚杆拱部采用ϕ22mm组合中空注浆锚杆,单根长4m;边墙采用ϕ22mm砂浆锚杆,单根长8m,如图2-17所示。3.5m长的短锚杆在开挖后施作,6m长的长锚杆在喷射混凝土后再施作,锚杆间距为1.2m×1.2m(环×纵)。

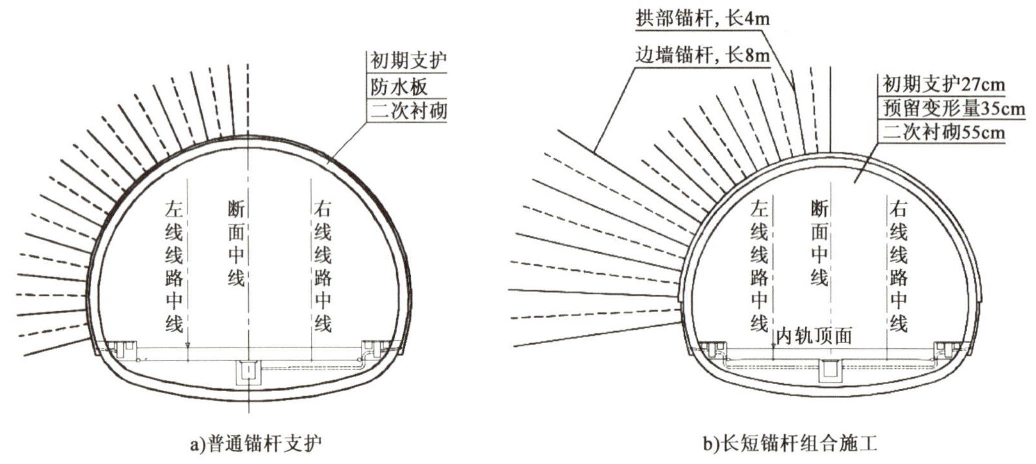

图2-17　锚杆施工工法支护参数图

1)拱部组合中空锚杆施工

(1)组合中空锚杆采用先打施工。组合中空锚杆主要设置在拱部,施工采用风钻钻孔,人工配合安装锚杆。

(2)锚杆安装前,需用水湿润杆体,组装好锚杆,将杆体插入长度不短于设计长度的95%。

(3)利用钻孔壁与锚杆体间空隙进浆;砂浆经中空锚杆体的中空内孔从连接套上的出浆口进入锚孔壁与钢筋杆体间空隙,锚孔内的砂浆由下向上充盈,锚孔内的空气从排气管排出直至回浆,注浆完后应立即安装堵头。

(4)砂浆达到一定强度后,安装垫板及紧固螺母。

2)边墙长砂浆锚杆施工

(1)砂浆锚杆在喷射混凝土后施作。采用专用锚杆钻机钻孔,人工配合安装锚杆;锚杆呈梅花形布置,纵横间距 1.2m×1.2m(纵×横);钻孔与初期支护面基本垂直。钻机钻头采用直径 42mm;孔深 6.1m。成孔后采用高压风清除孔内积水、岩渣。

(2)注浆时将注浆管插至距孔底 5~10cm,随砂浆的注入缓慢匀速拔出。当整个孔内注满砂浆时停止注浆,将注浆管抽出(注浆管在注浆孔中保留 50~100cm),然后用止浆塞堵住孔口。施工时,根据浆液的浓度和注浆的速度调整砂浆配合比,确保浆液能充满整个孔、并能顺利注入且不会流失过多。

(3)锚杆用水湿润杆体,将杆体插入孔内,杆体插入长度不得短于设计长度的 95%(5.7m)(可用小锤将锚杆轻轻敲打进入,锚杆安装后不得随意敲击)。如杆体插入后孔口无砂浆溢出,应进行补注,灌浆压力不得大于 0.4MPa,注浆饱满后再将孔口封堵。

(4)孔内的浆液强度达到 10MPa 后,安装垫板及紧固螺母。

2.5.4 试验段锚杆支护效果

2.5.4.1 围岩变形情况

采用非接触测量方法监测围岩变形。监控量测断面间距为 5m/环。每环布设 8 个测点:拱顶下沉设置 1 个测点,上、中、下每个台阶每侧各设置 1 个变形测点,仰拱上拱设置 1 个测点,如图 2-18 所示。

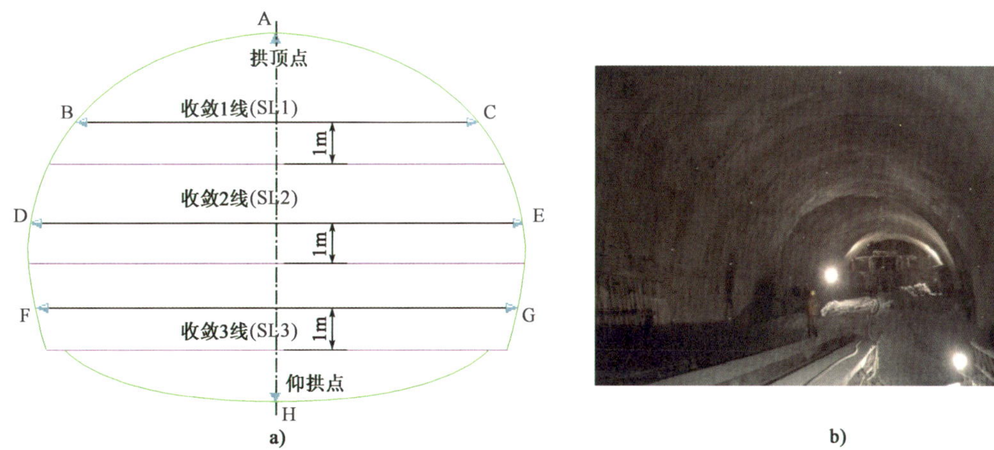

图 2-18 监控量测点位布置图

1)典型断面 DK117+046 变形曲线

DK117+046 断面变形曲线见图 2-19~图 2-25。

由图发现 DK117 +046 ~ DK117 +040 段仰拱开挖后 DK117 +046 边墙水平收敛加速，为了减缓围岩变形速率防止初期支护侵限造成换拱，施工中立即采取了加固措施：在钢架中下台阶增加两排 4m 长的锁脚锚管，在两侧边墙上各增加两排 6m 长、间距 1m × 2m（纵 × 环）ϕ42mm 的小导管注浆加固边墙。

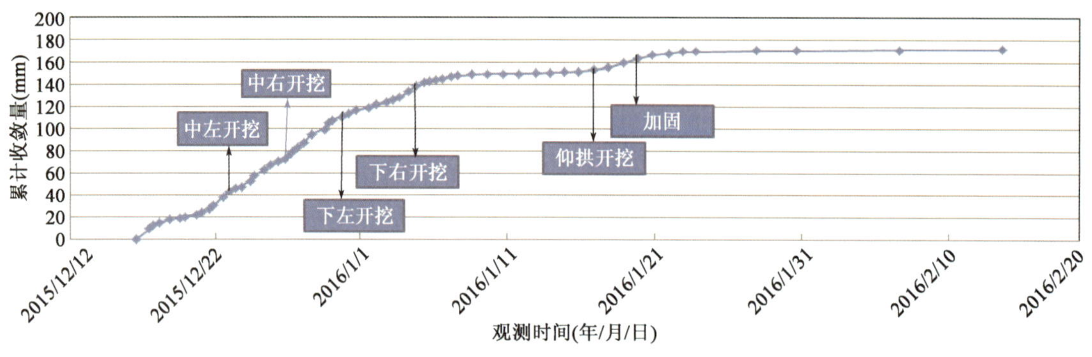

图 2-19　DK117 +046 拱顶下沉曲线

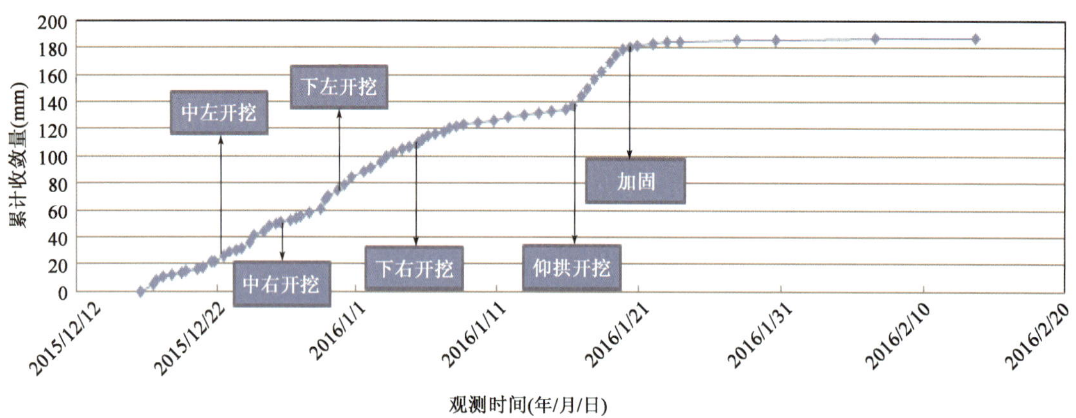

图 2-20　DK117 +046 上台阶左侧位移曲线

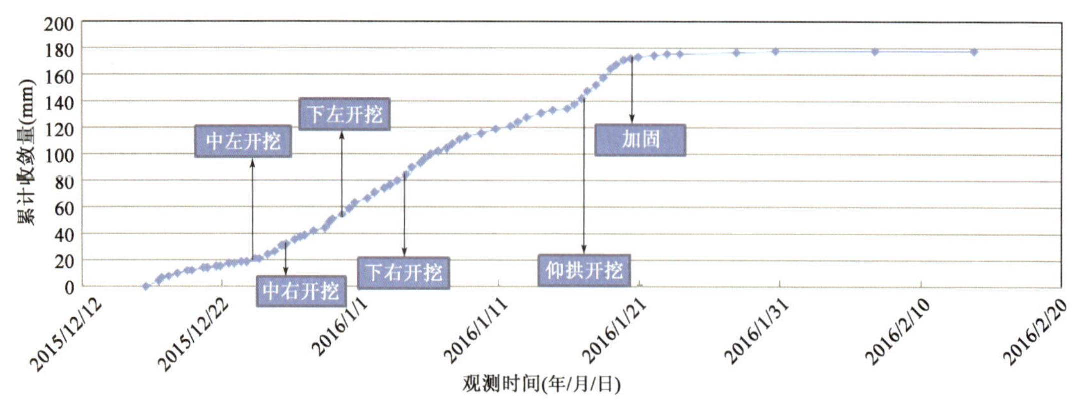

图 2-21　DK117 +046 上台阶右侧位移曲线

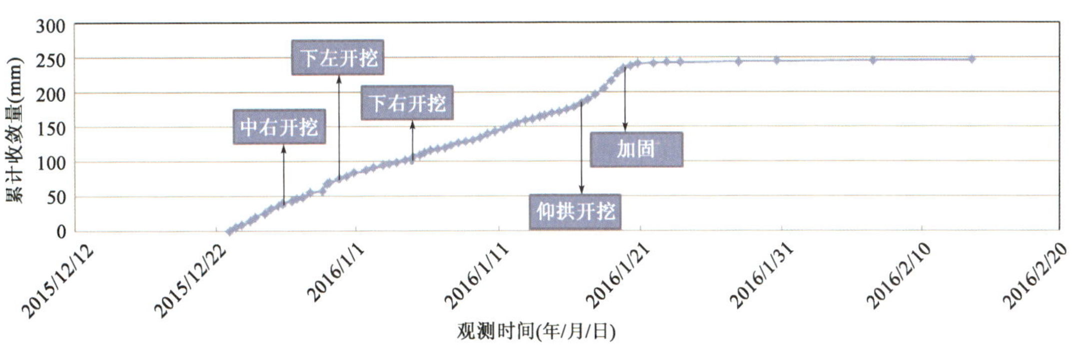

图 2-22　DK117 +046 中台阶左位移曲线

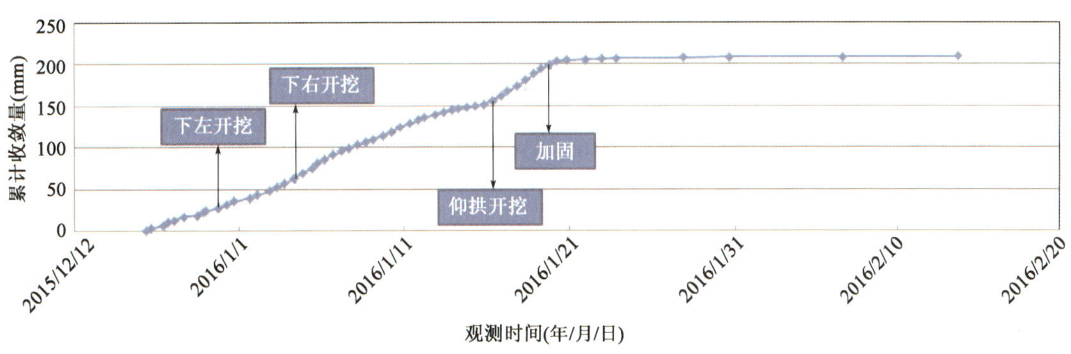

图 2-23　DK117 +046 中台阶右侧位移曲线

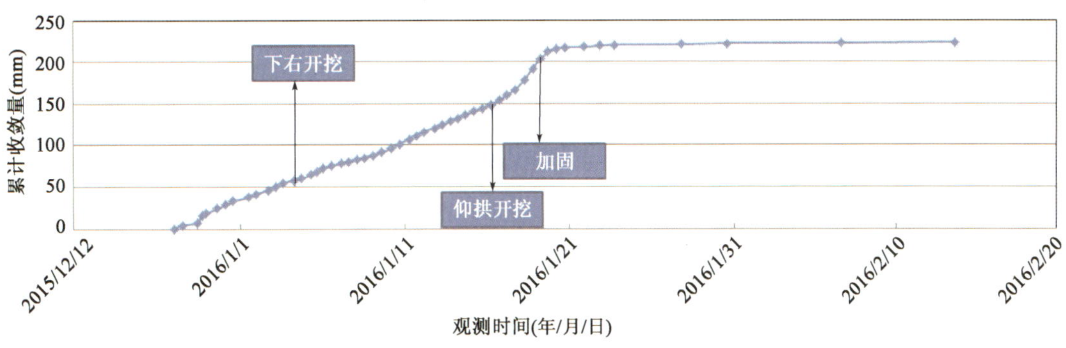

图 2-24　DK117 +046 下台阶左侧位移曲线

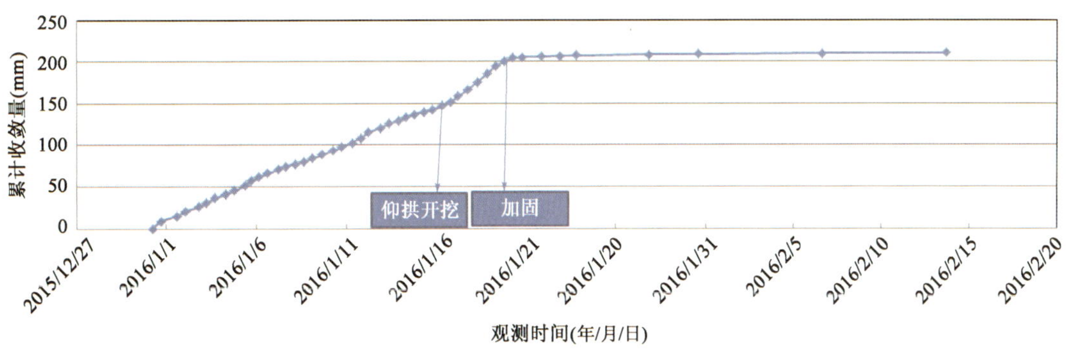

图 2-25　DK117 +046 下台阶右侧位移曲线

2）围岩变形与工况分析

本试验段长20m，共在5个断面（DK117 +046、DK117 +043、DK117 +038、DK117 +033、DK117 +028）埋设了测点。根据施工分部情况将变形可分为5个阶段：第一阶段为上台阶开挖至中台阶左侧开挖；第二阶段为中台阶左侧开挖至中台阶右侧开挖；第三阶段为中台阶右侧开挖至下台阶左侧开挖；第四阶段为下台阶左侧开挖至下台阶右侧开挖；第五阶段为下台阶右侧开挖至仰拱开挖。

围岩变形与工况的关系见表2-1。

杨家坪隧道3号横洞工区小里程试验段围岩变形与工况关系表 表2-1

里　程	部位	第一阶段 中左开挖支护		第二阶段 中右开挖支护		第三阶段 下左开挖支护		第四阶段 下右开挖支护		第五阶段 仰拱开挖支护		最　终	
		累计变形量（mm）	累计平均速率（mm/d）	累计变形量（mm）	累计平均速率（mm/d）	累计变形量（mm）	累计平均速率（mm/d）	累计变形量（mm）	累计平均速率（mm/d）	累计变形量（mm）	累计平均速率（mm/d）	累计变形量（mm）	累计平均速率（mm/d）
DK117 +046	A	45.9	6.4	70.0	7.1	107.3	7.9	133.3	7.1	153.0	4.9	171.6	5.0
	SL1-1（左）	29.9	4.4	49.5	5.0	70.9	5.3	105.1	5.6	137.8	4.5	187.1	5.2
	SL1-2（右）	18.9	2.8	31.0	3.1	51.4	3.8	85.1	4.5	137.6	11.4	178.1	4.7
	SL2-1（左）	—	—	34.5	10.0	74.1	9.5	100.9	8.1	178.3	14.8	245.3	7.7
DK117 +046	SL2-2（右）	—	—	—	—	24.3	6.7	63.8	7.1	155.8	7.4	209.3	7.1
	SL3-1（左）	—	—	—	—	—	—	57.9	8.0	148.5	7.7	222.9	8.1
	SL3-2（右）	—	—	—	—	—	—	—	—	146.3	9.1	210.4	8.4
DK117 +043	A	37.6	6.8	53.0	7.0	78.9	6.9	98.4	5.9	113.8	3.9	132.5	4.4
	SL1-1（左）	24.3	4.4	45.0	6.0	65.8	5.8	85.0	5.1	138.3	4.7	170.9	5.5
	SL1-2（右）	23.6	4.2	35.3	4.7	53.6	4.7	76.1	4.6	125.8	4.3	157.2	4.8
	SL2-1（左）	—	—	17.5	8.8	43.3	7.4	67.3	6.1	170.1	7.1	228.1	7.4
	SL2-2（右）	—	—	—	—	32.5	8.4	76.6	8.5	154.8	7.4	203.5	7.4

续上表

里　程	部位	第一阶段 中左开挖支护		第二阶段 中右开挖支护		第三阶段 下左开挖支护		第四阶段 下右开挖支护		第五阶段 仰拱开挖支护		最　终	
		累计变形量（mm）	累计平均速率（mm/d）	累计变形量（mm）	累计平均速率（mm/d）	累计变形量（mm）	累计平均速率（mm/d）	累计变形量（mm）	累计平均速率（mm/d）	累计变形量（mm）	累计平均速率（mm/d）	累计变形量（mm）	累计平均速率（mm/d）
DK117 +043	SL3-1（左）	—	—	—	—	—	—	38.4	7.4	145.0	8.0	215.3	8.3
	SL3-2（右）	—	—	—	—	—	—	—	—	106.7	9.0	194.1	9.2
DK117 +038	A	28.3	6.5	52.4	7.5	91.3	6.5	101.0	5.7	118.8	7.2	139.2	4.3
	SL1-1（左）	20.9	4.8	37.5	5.3	87.1	6.2	104.6	6.1	137.9	8.3	179.1	5.2
	SL1-2（右）	15.2	3.5	28.9	4.1	72.8	5.2	88.1	5.1	127.5	8.8	163.5	4.8
	SL2-1（左）	—	—	22.8	8.6	74.1	7.6	98.7	7.7	180.1	7.8	228.3	7.4
	SL2-2（右）	—	—	—	—	74.1	10.4	90.8	9.0	165.5	8.1	210.8	7.5
	SL3-1（左）	—	—	—	—	—	—	23.0	7.6	131.5	8.7	202.2	8.9
	SL3-2（右）	—	—	—	—	—	—	—	—	123.0	8.2	191.1	9.8
DK117 +033	A	34.7	7.2	55.5	7.1	86.4	5.8	93.1	5.5	117.9	4.4	146.5	4.9
	SL1-1（左）	21.3	4.4	44.1	5.6	86.0	5.8	106.4	6.3	141.6	5.3	176.8	5.7
	SL1-2（右）	22.8	4.7	43.5	5.5	81.2	5.9	100.4	5.9	133.3	7.0	168.0	5.5
	SL2-1（左）	—	—	27.8	9.2	82.2	8.2	109.2	9.1	165.4	7.5	202.8	7.5
	SL2-2（右）	—	—	—	—	46.3	7.8	68.5	8.7	142.6	7.9	177.9	7.8
	SL3-1（左）	—	—	—	—	—	—	47.6	11.7	131.4	7.3	179.6	8.6
	SL3-2（右）	—	—	—	—	—	—	—	—	117.7	6.5	168.7	9.7

续上表

里程	部位	第一阶段 中左开挖支护		第二阶段 中右开挖支护		第三阶段 下左开挖支护		第四阶段 下右开挖支护		第五阶段 仰拱开挖支护		最终	
		累计变形量(mm)	累计平均速率(mm/d)	累计变形量(mm)	累计平均速率(mm/d)	累计变形量(mm)	累计平均速率(mm/d)	累计变形量(mm)	累计平均速率(mm/d)	累计变形量(mm)	累计平均速率(mm/d)	累计变形量(mm)	累计平均速率(mm/d)
DK117 +028	A	45.5	6.3	61.5	6.1	75.5	5.0	80.5	4.9	106.7	4.8	137.5	4.3
	SL1-1(左)	43.8	6.0	62.4	6.2	93.3	6.1	104.6	6.4	145.0	5.1	176.5	5.5
	SL1-2(右)	39.8	5.5	56.0	5.5	83.8	5.5	89.7	5.5	118.6	4.2	149.9	4.8
	SL2-1(左)	—	—	19.3	6.7	63.3	8.0	85.3	9.4	168.1	8.0	217.0	8.3
	SL2-2(右)	—	—	—	—	48.9	8.0	60.9	8.4	122.5	5.8	183.4	7.6
	SL3-1(左)	—	—	—	—	—	—	20.1	17.3	141.0	6.7	206.1	10.7
	SL3-2(右)	—	—	—	—	—	—	—	—	111.1	10.1	192.3	10.5

由围岩变形与工况的分析来看:

(1)试验段拱顶沉降最大值为171.6mm。其中:第一阶段累计下沉量为45.9mm,该阶段产生的变形占总量的26.7%;第二阶段累计下沉量为70.0mm,该阶段产生的变形占总量的40.79 %;第三阶段累计下沉量为107.3mm,该阶段下沉量为37.3mm,占总量的21.74 %;第四阶段累计下沉量为133.3mm,该阶段净下沉量26.0mm,占总量的15.15%;第五阶段仰拱开挖并加固后,变形逐渐趋于稳定,累计下沉量为171.6mm,该阶段净下沉量38.3mm,占总量的22.32%。

(2)上台阶绝对收敛的最大值为187.1mm。其中:第一阶段累计绝对收敛量为29.9mm,该阶段产生的变形占总量的15.98%;第二阶段累计绝对收敛量为49.5mm,该阶段产生的变形占总量26.46%;第三阶段累计绝对收敛量为70.9mm,该阶段绝对收敛量为21.4mm,占总量的11.44%;第四阶段累计绝对收敛量为105.1mm,该阶段净下沉量34.2mm,占总量的18.29%;第五阶段仰拱开挖并加固后,变形逐渐趋于稳定,累计绝对收敛量为187.1mm,该阶段绝对收敛量82.0mm,占总量的43.83%。

(3)中台阶绝对收敛的最大值为245.3mm。其中:第二阶段累计绝对收敛量为34.5mm,该阶段产生的变形占总量的14.06%;第三阶段累计绝对收敛量为74.1mm,该阶段绝对收敛量为35.0mm,占总量的14.27 %;第四阶段累计绝对收敛量为100.9mm,该阶段净下沉量31.4mm,占总量的12.8 %;第五阶段仰拱开挖并加固后,变形逐渐趋于稳定,累计绝对收敛量为245.3mm,该阶段绝对收敛量144.4mm,占总量的58.87 %。

(4)下台阶绝对收敛的最大值为222.9mm。其中:第四阶段累计绝对收敛量为57.9mm,占总量的25.97%;第五阶段仰拱开挖并加固后,变形逐渐趋于稳定,累计绝对收敛量为222.9mm,该阶段绝对收敛量165.0mm,占总量的74.02 %。

(5)仰拱开挖后,洞周收敛变形最大值为1.02m。累计变形量为10.2mm,最大的变形速率为2.8mm/d。

3)根据监控量测数据分析锚杆对围岩变形的加固效果

根据试验段的监控量测数据,可以得出试验段围岩的变形规律:

(1)开挖后,围岩变形边墙位移变形为183.4~245.3mm,拱顶下沉变形为137.5~171.6mm,边墙位移比较大,而拱顶下沉变形比较小。

(2)根据工况分析,在中下台阶和仰拱开挖时,围岩变形速率有增大现象,特别在仰拱开挖时比较明显。

(3)隧道净空变形监测成果表明围岩的变形持续时间较长,从上述的变形曲线可看出变形已经趋于收敛了,而从变形速率的时态曲线可以看出变形速率的变化具有严重的波动性。分析其原因与围岩薄层状特性有关,围岩变形的不断发展,由洞室向围岩深部的破坏区域逐渐增大,而岩体的破坏也是由洞室向围岩深处一层一层的破坏,这便使得围岩的变形速率时态曲线存在波动现象;洞室开挖后,监测点布设前,现场围岩向临空面的弯折现象明显,表明变形监测的损失位移严重,从而表明该类型岩体的大变形隧道的先期变形极为显著,应尽可能早地完成暴露岩体的封闭和初期支护成环。

(4)钢架增打锁脚钢管、边墙上增加小导管注浆后变形减缓后趋于稳定。

2.5.4.2 初期支护受力情况

监测段面仪器埋设位置及编号如图2-26所示,初期支护接触压力及初期支护型钢受力元器件分别布设6个点,拱部左右各布设4m长锚杆,边墙左右各布设6m长锚杆。

1)初期支护与围岩接触压力

由图2-27可以看出,边墙位置初期支护与围岩接触压力增长迅速,初期支护成环前围岩压力多次调整,成环后仍然继续增大,左边墙压力在初期支护成环后10d左右接触压力趋于稳定,右边墙在初期支护成环后1个月压力才趋于稳定。拱顶位置压力在初期支护成环前已经基本稳定,后续施工对拱顶压力影响较小,其他位置围岩接触压力发展与拱顶基本相同,数值较小,在0.2MPa以下。

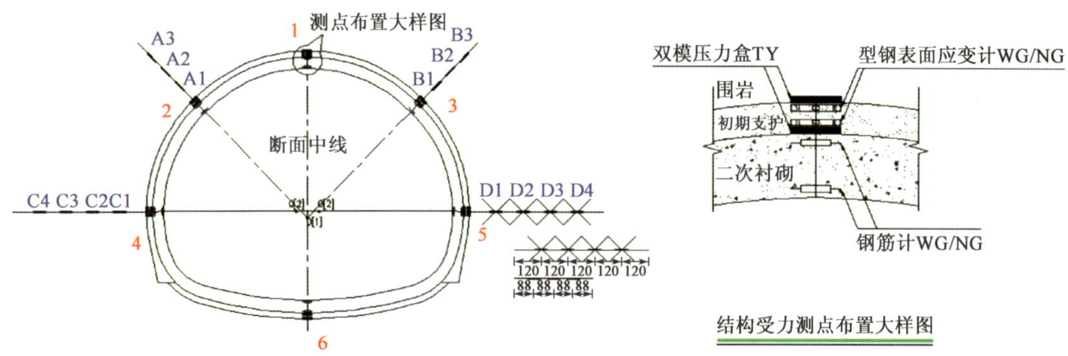

图 2-26　初期支护接触压力(尺寸单位:cm)

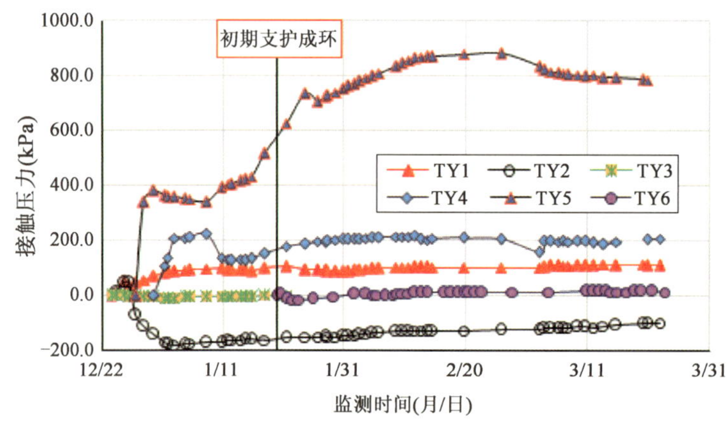

图 2-27　初期支护与围岩接触压力随时间变化

由图 2-28 可以看出,初期支护与围岩接触压力分布极不均匀,左右边墙位置压力较大,尤其是在右边墙位置,压力达到 0.78MPa,拱肩及仰拱位置接触压力较小,在 0.1MPa 以下。围岩压力分布情况与杨家坪隧道地应力测试情况基本相同,主要是水平构造应力较大,导致支护边墙受力较大,进而隧道水平收敛较大。

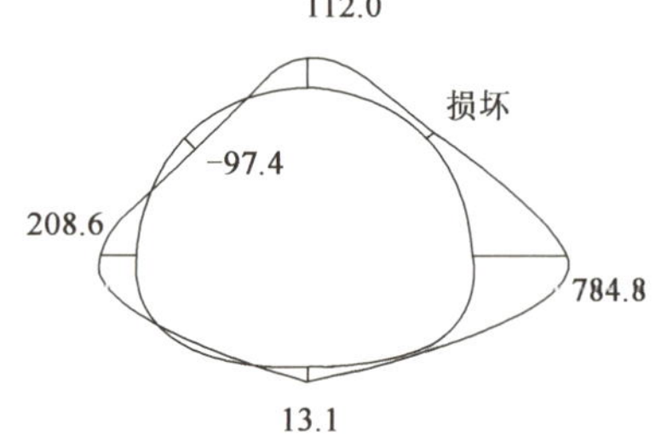

图 2-28　初期支护与围岩接触压力分布图(压力单位:kPa)

初期支护测试结果表明:围岩变形后作用在初期支护上的力持续时间长,且以水平的增长最为显著,同时该测段为高度发育的节理化软岩,具有明显的各向异性,随围岩的逐渐破坏,其应力进行着多次的重新分布,且破坏后的围岩接触面并不一定与压力盒的测试受力面有很好的作用,所测压力有一定程度的损失。

2)型钢架受力分析

初期支护型钢架受力如图 2-29、图 2-30 所示。

由图 2-29、图 2-30 可以看出,钢架主要承受压应力,外侧翼缘压应力较大,内侧翼缘所受压应力较小。因围岩的水平构造应力大于竖向应力，且围岩产状近似直立，初期支护成环前，边墙型钢架整体内收，导致型钢架的拱顶部位受力较大，已超过 Q235 钢材的设计强度，初期支护成环后的受力状态发生改变，变化速率略有降低，但两帮内收的整体趋势并未改变，建议增大型钢架的强度并缩小间距。

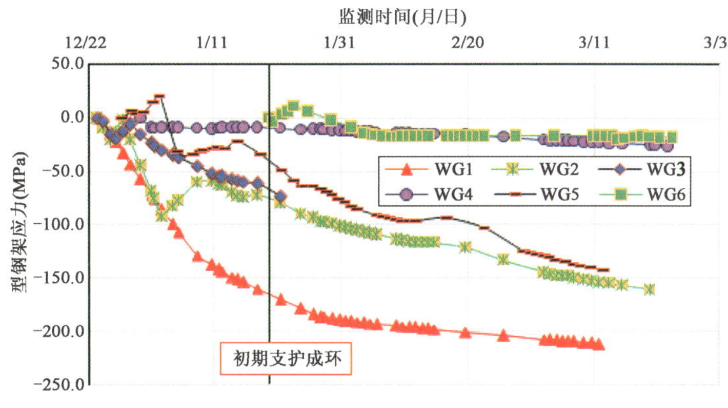

图 2-29　初期支护型钢架外侧受力

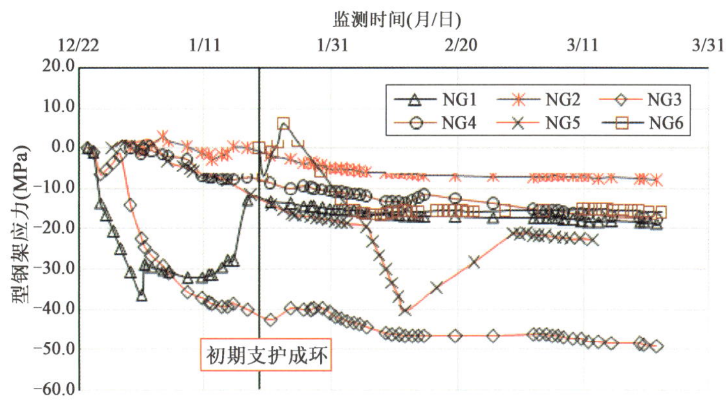

图 2-30　初期支护型钢架内侧受力

3）锚杆轴力分析

小里程锚杆受力情况如图 2-31 ~ 图 2-34 所示。

由图 2-31 ~ 图 2-34 可以看出，测力锚杆在支护成环前受力增长很快，在初期支护成环后受力迅速趋于稳定，说明初期支护成环对锚杆受力具有明显作用。

拱部锚杆受力较小，左拱肩位置锚杆主要承受压应力，右拱肩位置锚杆承受拉应力，其主要原因可能是锚杆未穿透围岩松动范围。边墙锚杆受力较大，且表现为锚杆中部受力大于两侧，待初期支护成环后其受力增长发展缓慢，但是现场实际的 ϕ22mm 锚杆已达到承载力极限，建议增加边墙锚杆的直径和数量，同时建议加长左拱肩锚杆长度。

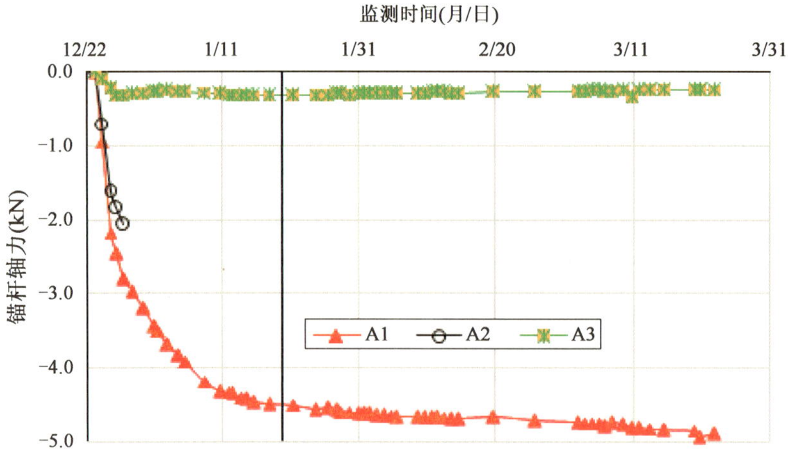

图 2-31　小里程左拱肩锚杆轴力

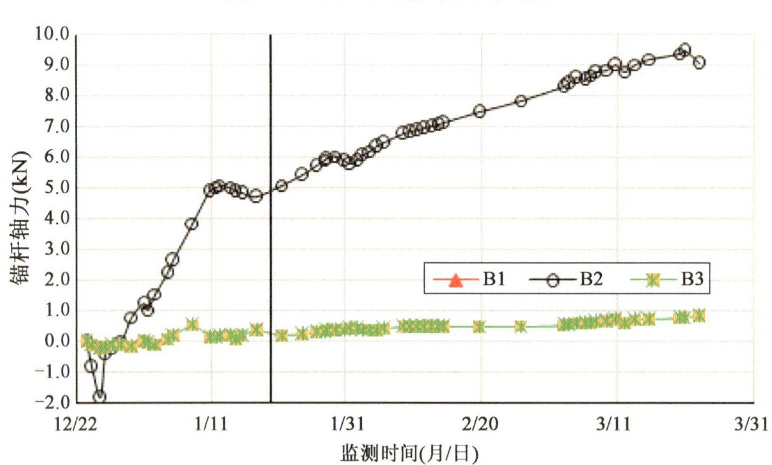

图 2-32　小里程右拱肩锚杆轴力

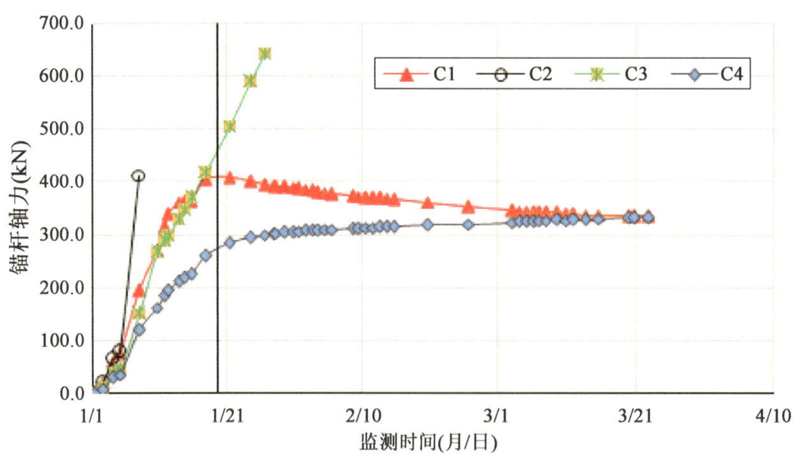

图 2-33　小里程左边墙锚杆轴力

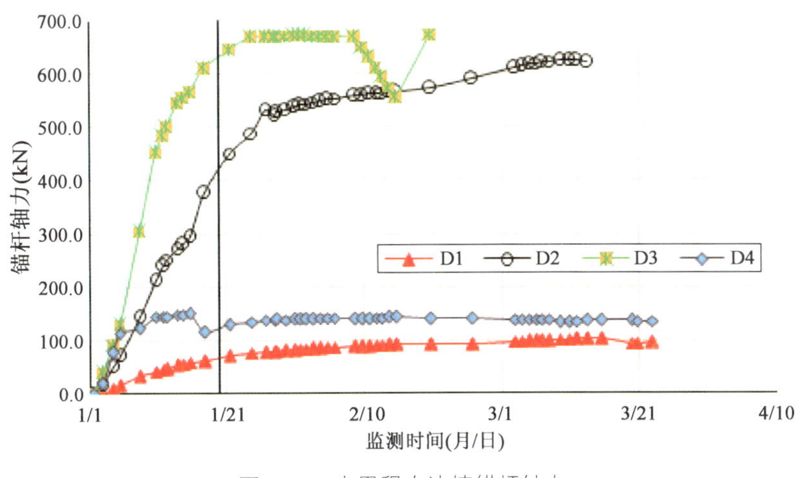

图 2-34 小里程右边墙锚杆轴力

2.5.5 试验段锚杆支护参数调整及调整后的效果

2.5.5.1 双线轻微大变形锚杆支护参数调整

根据试验段 DK107 +046 ~ DK107 +026 轻微大变形段的变形和应力应变情况分析，DK107 +046 ~ DK107 +026 试验段的锚杆支护参数偏弱，需要加强。对 DK117 +026 ~ DK117 +012 段支护参数进行了调整：ϕ22mm 组合中空注浆锚杆，单根长 3.5m；边墙采用 ϕ22mm 砂浆锚杆，单根长 6m。

(1)边墙锚杆由 6.0m 长 ϕ22mm 砂浆锚杆调整为 6.0m 长 ϕ25mm 中空锚杆。

(2)拱部锚杆由 3.5m 长 ϕ22mm 中空注浆锚杆调整为 4.0m 长 ϕ22mm 组合中空锚杆。拱墙锚杆间距为 1.2m×1.0m(环×纵)。

2.5.5.2 调整后的效果

根据 DK117 +026 ~ DK117 +012 段调整后的锚杆支护参数加固后，围岩变形稳定，收敛平稳，累计变形在可控预留变形量以内，初期支护未出现异常变形或侵限，如图 2-35 所示。为施工提供了安全稳定的施工环境，软岩大变形得到了有效控制。

2.5.6 软岩大变形锚杆试验总结

杨家坪隧道轻微大变形试验段为后续双线轻微大变形段落提供了可靠的锚杆支护参数，试验证明：杨家坪隧道边墙 6.0m 长锚杆对加固深层围岩，减少围岩松弛，增加边墙平行陡倾岩层的整体性、防止岩层发生侧向弯折变形有很好的作用。长锚杆的类型、长度、数量和间距施工中需要根据大变形类型进行合理调整。

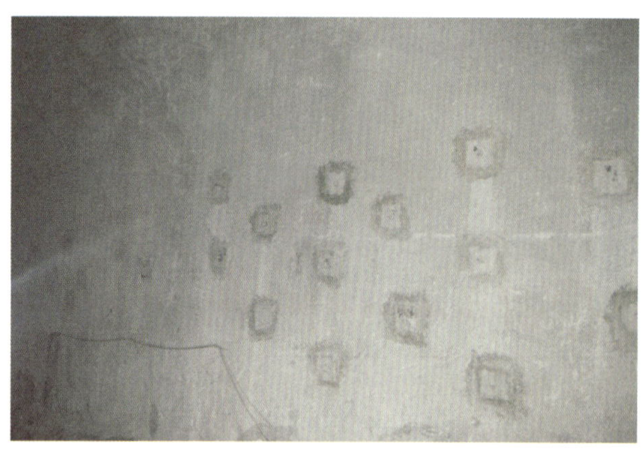

图 2-35　调整锚杆参数后的初期支护情况

(1)全长黏结锚固锚杆按施工工艺不同,分为先灌浆再插入锚杆的普通砂浆锚杆和先插入锚杆再以锚杆为注浆通道的中空锚杆。在软岩大变形隧道中,采用普通砂浆锚杆进行支护时,由于拱部锚杆角度问题,灌浆困难,锚杆锚固效果不理想;同时由于围岩非常破碎,自稳性极差,锚杆设计长度较大,在钻孔完成拔出钻杆进行灌浆后经常发生塌孔、缩孔问题,使得杆体难以全部插入钻孔内,不仅影响了锚杆施工质量,同时还影响了施工效率。

(2)中空锚杆分为普通中空锚杆、自钻式中空锚杆等。自钻式中空锚杆将钻杆与锚杆合二为一,锚杆打入岩体后不用拔出,从而防止了塌孔、缩孔等问题。同时中空锚杆以杆体作用注浆通道,可以进行有压注浆,从而实现了锚注一体,既保证了锚杆的锚固效果,提高了锚杆施工质量,又可以加固围岩,提高围岩自稳能力,控制围岩变形。

(3)对于轻微、中等大变形隧道,采用长锚杆进行支护,锚杆长度达到或超过松动圈厚度;对严重大变形隧道,采用长短组合锚杆进行支护,短锚杆应达到围岩即时松动圈厚度,长锚杆达到稳定松动圈厚度,其中即时松动圈按 60% 稳定松动圈厚度确定。

(4)根据隧道松动圈值测试值,给出不同等级大变形隧道围岩松动圈范围及锚杆长度,结果见表 2-2。

软岩大变形隧道松动圈值及锚杆长度　　表 2-2

大变形等级	分 级 标 准	松 动 圈 值	锚杆长度(m)
轻微	$0.25 < N_c < 0.5$	1.9 ~ 4.2	4 ~ 6
中等	$0.15 < N_c < 0.25$	4.2 ~ 5.8	短锚杆 3 ~ 5,长锚杆 6 ~ 8
严重	$0.05 < N_c < 0.15$	5.8 ~ 9.4	短锚杆 3 ~ 5,长锚杆 8 ~ 10

注:N_c 为强度应力比。

经过大量的试验段,杨家坪隧道得出各类大变形段锚杆参数统计见表 2-3。

软岩大变形段锚杆参数表 表2-3

变形等级	锚杆类型	备注
轻微	拱墙采用长短锚杆结合的方式,先开挖部分考虑作业空间,拱部采用4.0m长、ϕ22mm组合中空锚杆;具备长锚杆施作空间时设置长锚杆,长锚杆采用6.0m长、ϕ25mm中空锚杆(4.0m+6.0m)	为达到更好的支护效果,可选用树脂锚杆或快凝早强新黏结材料锚杆,长短锚杆应交错布置
中等	拱墙采用长短锚杆结合的方式,先开挖部分考虑作业空间拱部采用4.0m长、ϕ22mm组合中空锚杆、边墙ϕ22mm药包锚杆先行加固;具备长锚杆施作空间时设置长锚杆,长锚杆采用8.0m长、ϕ25mm中空锚杆(4.0m+8.0m)	
严重	拱墙采用长短锚杆结合的方式,先开挖部分考虑作业空间拱部可选用4.0m长、ϕ22mm组合中空锚杆、边墙ϕ22mm药包锚杆先行加固;具备长锚杆施作空间时设置长锚杆,长锚杆采用8.0m长、ϕ32mm自进式中空锚杆(4.0m+8.0m)	

2.6 软岩大变形控制新理念和新思路

成兰铁路软岩隧道大变形控制应从控制围岩塑性区出发，主动加固围岩，发挥围岩自承能力出发，提出成兰铁路隧道大变形主动控制新理念：加深地质，主动控制，强化锚杆，工法配套，优化工艺。并充分体现"四快"，即：快挖、快支、快锚、快封闭。

2.6.1 加深地质

(1)开展针对性地应力测试，推荐采用水压致裂法。

(2)现场通过掌子面取样，超前钻孔取样，进行岩石测试。

(3)根据加深地质成果，对大变形设计进行动态调整。

2.6.2 强化锚杆

大变形段应强调锚杆施工效率及锚固力发挥的及时性，实现主动加固围岩，限制塑性区扩展。

(1)合理选择锚杆类型

4m以内短锚杆可以采用树脂(药包)锚杆；6m以上长锚杆应采用中空锚杆；塌孔、缩孔地段采用自进式锚杆。

(2)合理配置机械设备

长锚杆施工应采用大型机械设备如凿岩台车或专业锚杆钻机，提高钻进效率，避免施作角度等限制。8~10m锚杆施作时间应控制在20min以内。

(3)长短结合，先短后长

变形发展迅速的严重变形段，利用短锚杆(≤4m)施作便捷快速的特点，用于初期变形控制，为长锚杆创造施作时机，同时长短交错结合形成群锚效应。

(4)快锚固，早承载

短锚杆采用药包水泥、树脂锚固剂等快速锚固，长锚杆采用快凝浆液。

(5)优化锚杆参数

通过地质雷达，声波测试法等探明松动区，优化锚杆参数。

2.6.3 工法配套

尽可能减少开挖分部,钢架接头等工序衔接薄弱环节,初期支护尽快封闭。软岩大变形地段建议工法见表2-4。

软岩大变形地段建议工法表　　表2-4

变形等级	建议工法
轻微、中等	两台阶(下台阶带仰拱)
严重、极严重	两台阶(下台阶带仰拱)
	台阶法+临时仰拱
	掌子面无自稳能力的可采用三台阶预留核心土

2.6.4 优化工艺

(1)优化超前支护,施作范围扩展至边墙,如图2-36所示。

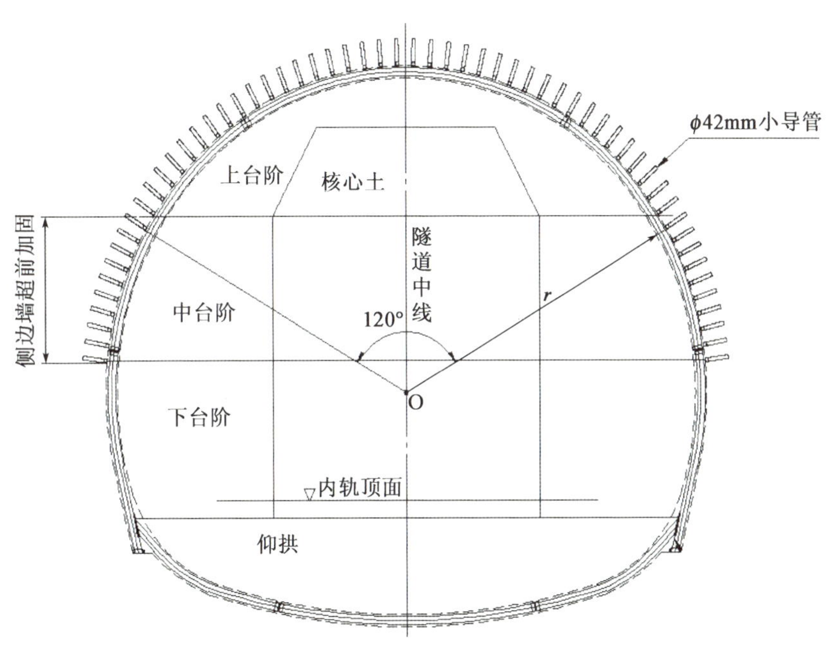

图2-36　扩大超前支护范围示意图

(2)加强钢架纵向连接:钢架接头上下应采用型钢等纵向链接方式。

(3)优化锁脚锚杆布置:锁脚方向应与变形优势方向一致,并采用快凝浆液或树脂(药包)快速锚固。

2.6.5 注浆修复围岩

在变形至10cm以上时,适时对围岩进行补强注浆,填充初期支护背后空隙,加固破坏的围岩。采用初期支护预留注浆孔或后设径向钻孔进行,钻孔深度1.5~5m。

2.7 长短锚杆结合控制技术

2.7.1 长短锚杆结合控制技术内容

采用主动控制原理，软岩隧道大变形开挖后，围岩在内部应力作用下，围岩塑性区随时间不断扩大发展。采用长短锚杆结合，短锚杆施工空间小，施工速度快，即开挖后可先施作短锚杆，主动加固围岩，使围岩松弛得到短锚杆的锚固而减速。在后续空间够大时和不影响掌子面前方施工时及时施作长锚杆，对深层的围岩进行加固，进一步减缓围岩变形，使软岩大变形得到有效控制。

长短结合锚杆布置如图 2-37 所示。

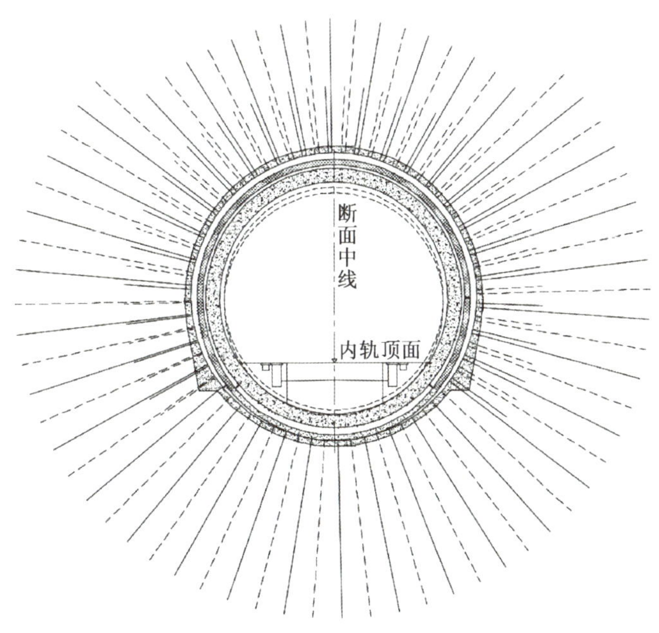

图 2-37　长短结合锚杆布置图

按照以上的大变形控制原理，在杨家坪隧道软岩大变形段施工中，锚杆采用“长短结合、先短后长、分期施作”锚杆施工新工法，围岩松动圈和塑性区发展减缓，长短锚杆有效约束围岩变形速率，软岩大变形得到及时、主动的控制。

长短结合施工工艺流程如图 2-38 所示。

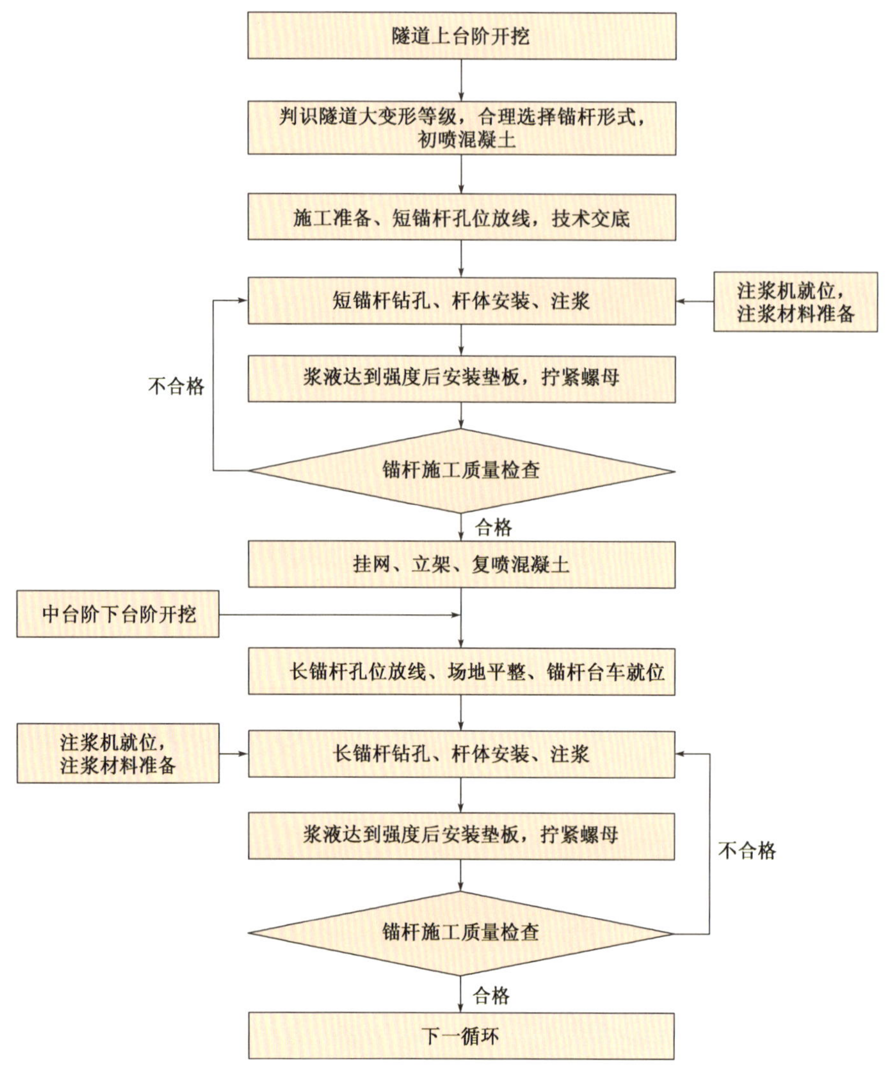

图 2-38　长短锚杆施工工艺流程图

1）施工准备

根据隧道锚杆支护参数情况，选取锚杆钻孔机械设备和注浆材料，做好注浆浆液的配合比设计。长锚杆孔位放样，预留长锚杆锚垫板凹槽。

2）先施作短锚杆

短锚杆施工采用人风钻钻孔，隧道开挖出渣后在立架工序中和其他初期支护同步施工锚杆；钻孔前应准备定位锚杆位置，孔位呈梅花形布置且保持直线；钻孔与围岩壁面（岩层的主要结构面）垂直，如图 2-39 所示。

3）后施作长锚杆

长锚杆施作在空间足够时，在不影响掌子面施工的情况下，尽早施作。采用锚杆台车或多功能凿岩台车等钻孔快速施工,施作长锚杆施工步距一般滞后上台阶10m左右,滞后下台阶5m左右,如图2-40、图2-41所示。

a)

b)

图2-39　锚杆施工

a)

b)

图2-40　锚杆台车钻孔施工

4)锚杆注浆

注浆材料采用快凝早强注浆材料,搅拌机现场搅拌,按施工配合比、并按设计投料顺序将各种材料放入搅拌机,充分拌和。在初凝时间内用注浆泵将注浆液压入锚杆孔内,直至排气孔内流浓浆方可停止,并将锚杆注浆口和孔口封堵,如图2-42所示。

软岩大变形隧道采用有压注浆,注浆压力根据试验确定,一般可取0.3~0.5MPa。

按照“快锚固、早承载”的原则,对快凝早强新锚固材料进行了研究分析,找到了能在60min内浆液强度达到20MPa以上的注浆材料,成功解决了锚固材料快锚早承载问题。本隧道快凝早强注浆材料选用天威TW-Y型无收缩自流平注浆材料,主要成分有:粉状树脂、高分子聚合物等有机材料与水凝性硅酸盐、二氧化硅填充料等无机材料复合而成,具有大流动、微膨胀、高强度、凝结时间短和强度增长快的特点。

图 2-41　锚杆长度检查、安装

图 2-42　后打长锚杆注浆

选取两个配合比,水∶快凝早强材料 =0.3∶1 和 0.5∶1,现场配制后对注浆料的凝结时间和抗压强度进行测试,结果见表 2-5。

快凝早强注浆料不同配比的抗压强度表　　表 2-5

试验项目	水胶比	
	0.30	0.50
凝结时间(终凝)(s)	351	937
0.5h 抗压强度(MPa)	—	10.8
1h 抗压强度(MPa)	21.8	21.0
2h 抗压强度(MPa)	32.5	—
3h 抗压强度(MPa)	—	37.7
5h 抗压强度(MPa)	—	40.9
1d 抗压强度(MPa)	55.7	—

注浆施工如图 2-43 所示。

由表 2-5 可知,快凝早强注浆料 1h 的龄期抗压强度大于 20MPa,先打锚杆施工时,能在立架挂网的时间内同步锚固,0.3∶1 和 0.5∶1 配合比的终凝时间分别为 351s 和 937s,注浆液的终凝时间可以通过不同的配合比进行控制。杨家坪隧道选取 0.5∶1 作为锚杆注浆施工配合比,快凝早强注浆材料的施工性能满足施工作业时间要求和软岩大变形主动控制要求。

5)安装垫板,拧紧螺母

垫板安装时应对准预留的凹槽,应与凹槽内的喷射混凝土面密贴。注浆后约 30min、浆体强度大于 10MPa 时,才可安装垫板与螺母,如图 2-44 所示。

2.7.2 长短锚杆结合控制技术效果

1)与普通锚杆相比初期支护变形位移分析

普通锚杆施工方案隧道初期支护监测点位移随开挖步变化曲线如图 2-45 所示。

图 2-43 快凝早强锚固注浆施工

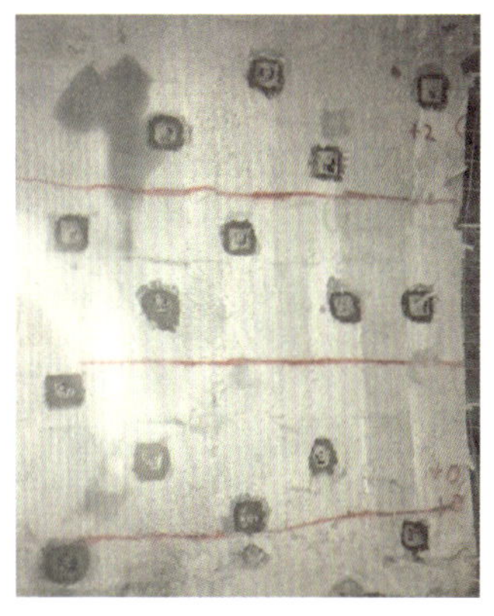

图 2-44 后打长锚杆施工现场效果

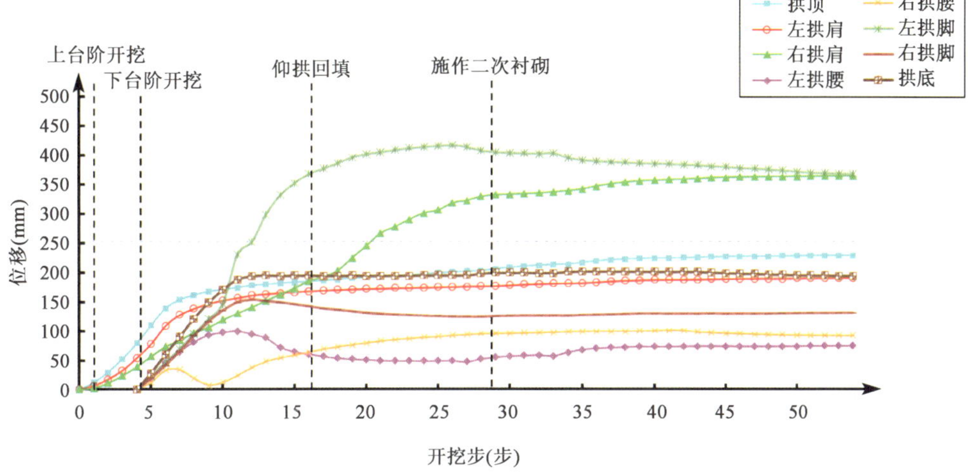

图 2-45 普通锚杆施工方案初期支护位移曲线图

长短锚杆支护方案隧道初期支护监测点位移随开挖步变化曲线如图 2-46 所示。

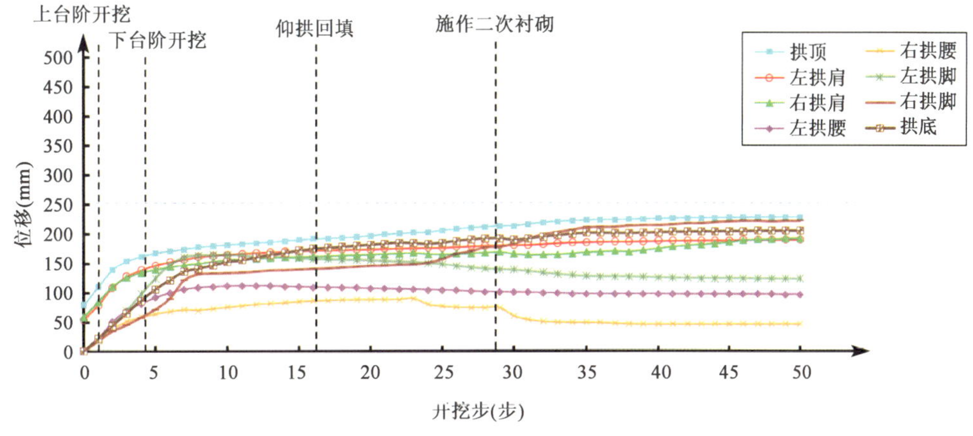

图 2-46 长短锚杆分期施作施工方案初期支护位移曲线图

从图中可以看出，采用普通锚杆施工方案时，隧道初期支护在左拱脚及右拱肩处变形较大，左拱脚最大变形多达400mm，右拱肩变形多达350mm，其余各关键点变形均在250mm以内，并在二次衬砌施作后，逐渐收敛；采用长短锚杆分期施作支护方案时，隧道初期支护各监测点均在250mm以内，相比普通锚杆施工方案有明显减少。

2）软岩大变形地段长短锚杆作用机理

长短锚杆组合支护系统中，短锚杆的作用机理主要有三点：

（1）短锚杆提供支护反力，限制浅部松散破碎围岩破裂缝的进一步膨胀，减少其碎胀变形。

（2）短锚杆与浅部围岩共同作用，组成具有一定承载能力的加固组合拱结构，将围岩的二向应力状态向三向应力状态转化。

（3）短锚杆可锚入塑性区，与破碎区围岩形成整体结构，共同承担塑性区的围岩变形，并降低长锚杆在浅部围岩的剪应力，避免其过早破坏。

长短锚杆组合支护系统中，短锚杆将围岩浅部破碎区和塑性区联合在一起形成加固组合拱，而长锚杆一方面控制深部围岩的变形；另一方面，长锚杆锚入弹性区，将加固组合拱结构悬吊于深部稳定岩体，使浅部围岩和深部围岩共同作用，协调变形。

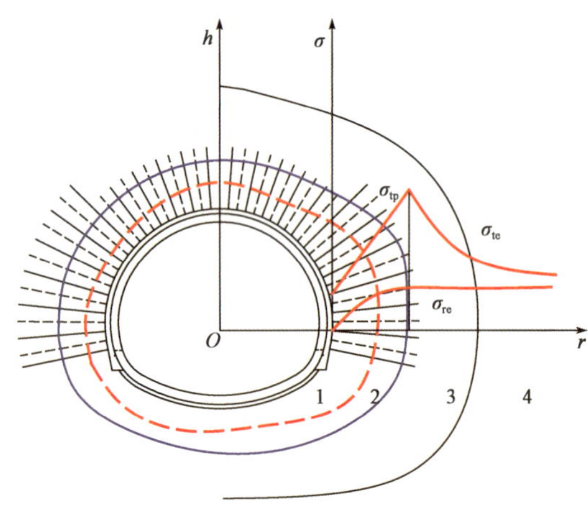

图2-47 杨家坪隧道长短锚杆支护机理示意图
1-松动区；2-塑性区；3-承载区；4-弹性区

软岩大变形隧道施工中采取长短锚杆合理设计组合，可以有效限制隧道围岩塑性区发展，约束围岩变形速率，控制隧道大变形。

图2-47为杨家坪隧道长短锚杆支护机理示意图。

3）效果分析

结合初期支护位移曲线结果及长短锚杆支护机理综合得出：采用长短锚杆支护方案后，尤其是垂直岩面施作，变形控制由之前的变形后被动加固处理的方式调整为了主动控制，初期支护位移得到明显减少，比传统普通锚杆方案减少多达60%，围岩位移控制效果十分显著，验证了长短结合、先短后长、分期施作对挤压性软岩变形有很好的控制作用。

2.7.3 长短锚杆施工存在的问题

（1）锚杆钻装注一体化施工问题。锚杆钻机、安装和注浆分开施工，施工速度慢，效率不高。

（2）向上钻孔施作困难的问题。大多数钻机向上钻孔困难，钻杆连接不方便。

2.8 成兰铁路软岩大变形长短锚杆结合控制技术实施效果及成果

2.8.1 软岩大变形长短锚杆结合控制技术效果分析

本次计算选取监测断面位于模型 $y = 50\text{m}$ 处，并在洞周布置 8 个监测点，记录开挖过程中围岩及支护结构的应力及位移变化，断面监测点位置布置如图 2-48 所示。

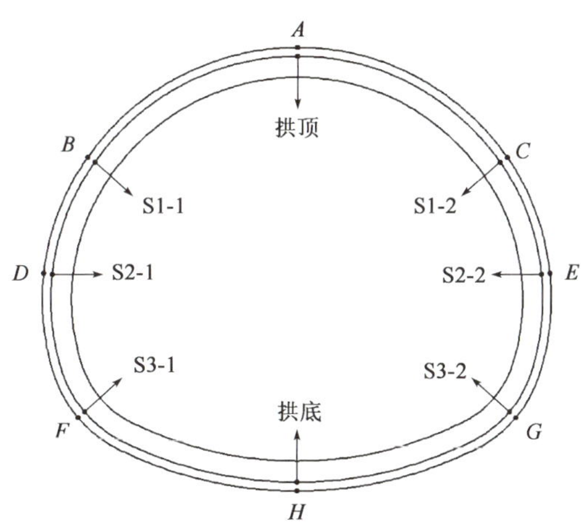

图 2-48　监测点位置示意图

2.8.1.1　洞周围岩位移分析

1）普通锚杆施工方案

采用普通锚杆支护方案开挖完成后，围岩竖向和水平位移分布云图如图 2-49 所示。

从图 2-49 可看出，采用普通锚杆支护方案时，围岩的竖向变形主要集中在右拱肩及左拱脚部位。其中，右拱肩最大沉降值达 48cm，变形十分严重。围岩的水平向位移同样集中在隧道右拱肩及左拱脚部位，左拱脚挤出变形量最大多大 25cm。可见普通锚杆支护方案无法有效控制围岩向洞内挤出变形。

2）长短锚杆分期施作施工方案

采用长短锚杆分期施作施工方案隧道开挖完成后，围岩竖向和水平位移分布云图如图 2-50所示。

a)稳定后竖向位移

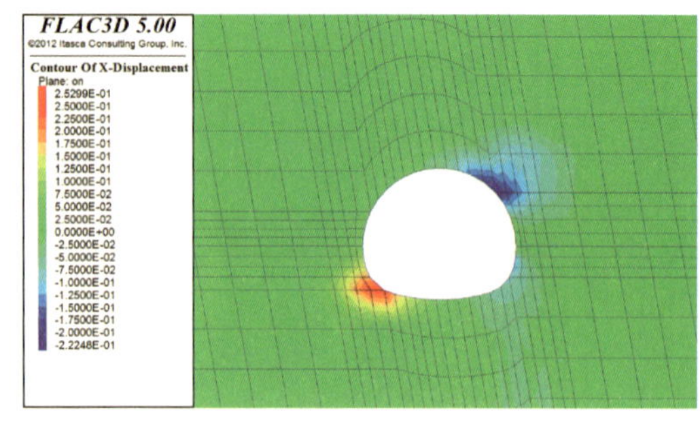

b)稳定后水平位移

图 2-49　普通锚杆支护方案最终位移云图(单位:m)

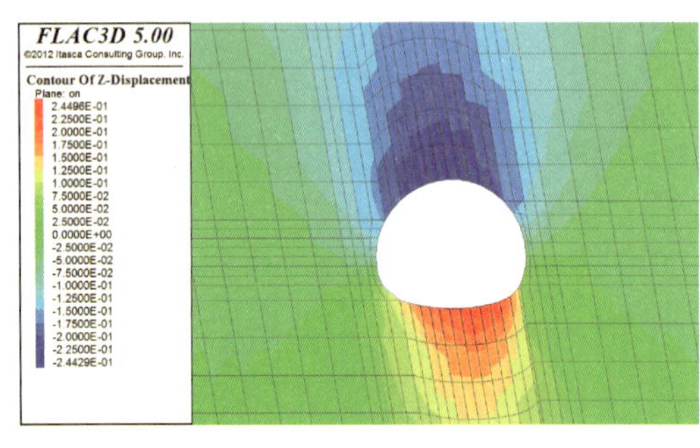

a)稳定后竖向位移

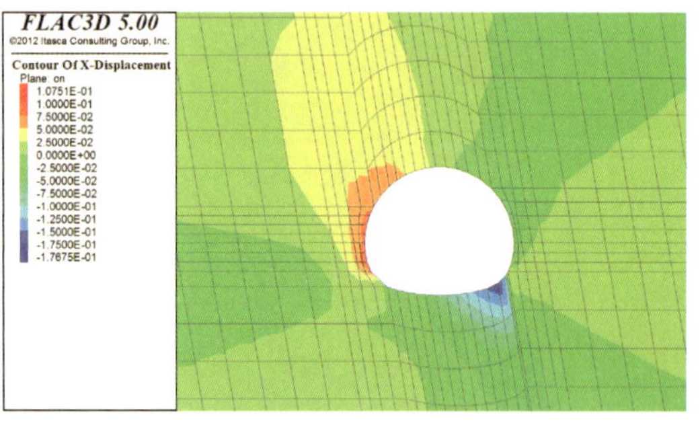

b)稳定后水平位移

图 2-50　长短锚杆结合控制最终位移云图(单位:m)

从图 2-50 可看出,采用长短锚杆结合方案后,洞周右拱肩及左拱脚变形得到有效控制,最大竖向位移出现在拱顶为 24cm,同比减少 50%。同时,洞周围岩的水平向位移更是减少到 18cm,比原方案减少 28%,说明边墙长锚杆对围岩加固锁紧作用显著,能够有效控制围岩向内挤出。

对比两种锚杆支护方案下围岩位移云图可知,采用普通锚杆支护方案时,洞周围岩在隧道左拱脚及右拱肩部位均出现严重大挤出变形。这是由于短锚杆加固范围较浅,无法对深部围岩进行加固,导致塑性区不断扩张。而采用长短锚杆支护方案后,严重破坏部位得到明显减少,先打短锚杆在开挖后及时加固围岩,后打长锚杆抑制围岩塑性区的扩张。

2.8.1.2　隧道洞周应力分析

1)普通锚杆施工方案

采用普通锚杆方案应力分布云图如图 2-51 所示。

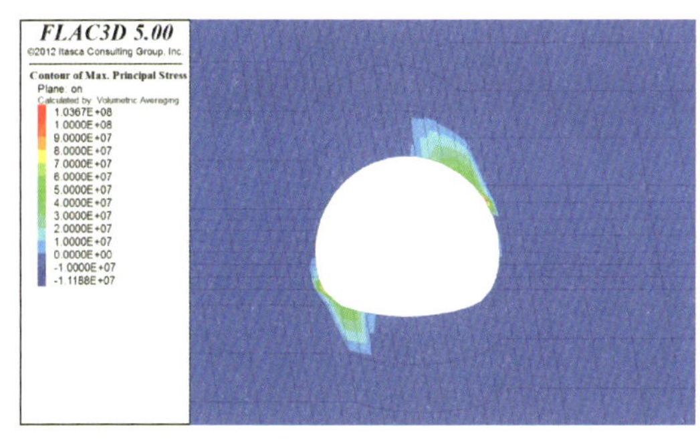

a)最大主应力

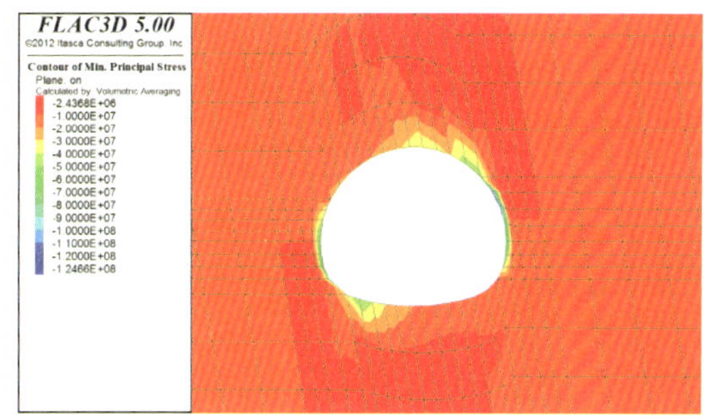

b)最小主应力

图 2-51　普通锚杆施工应力分布云图(单位:Pa)

2)长短锚杆结合施工方案

采用长短锚杆结合施工方案应力分布云图如图 2-52 所示。

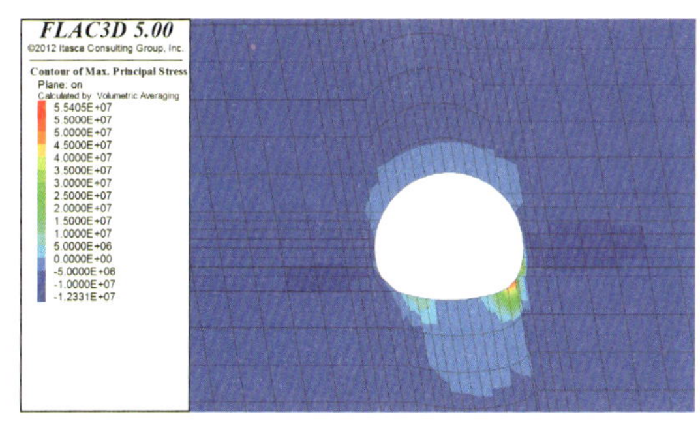

a)最大主应力

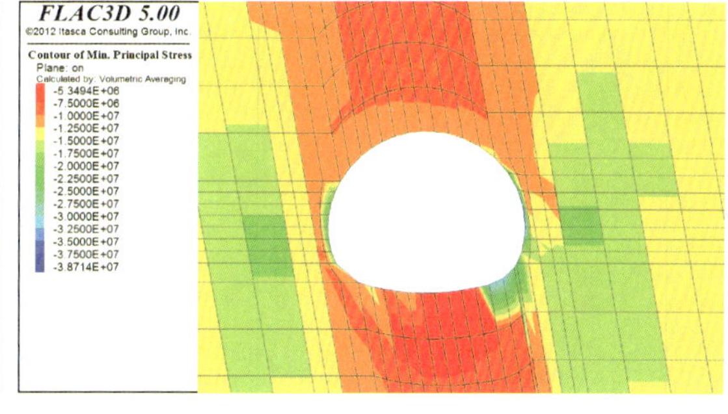

b)最小主应力

图 2-52　长短锚杆结合施工应力分布云图(单位:Pa)

由图 2-51、图 2-52 对比分析可以看出,采用普通锚杆方案时,围岩最大主应力出现在隧道的右拱肩及左拱脚部位为 103.67MPa,最小主应力为 -124.66MPa,出现在隧道的右边墙处。由莫尔应力圆可知,隧道的右边墙及拱肩部位是极易可能破坏的部位;采用长短锚杆方案,最大主应力为 55.41MPa,在右拱脚处,最小主应力为 -38.71MPa,在隧道的右边墙部位。

综上所示,在采用长短锚杆结合方案后,隧道洞周围岩的最大主应力及最小主应力的应力差得到减小,最大主应力减少 47%,最小主应力增大 70%,故莫尔应力圆半径减小,围岩不易发生破坏。因此,采用长短锚杆方案能够更好地加固洞周围岩。

2.8.1.3　初期支护内力对比

各施工工法初期支护应力分布情况如图 2-53、图 2-54 所示。

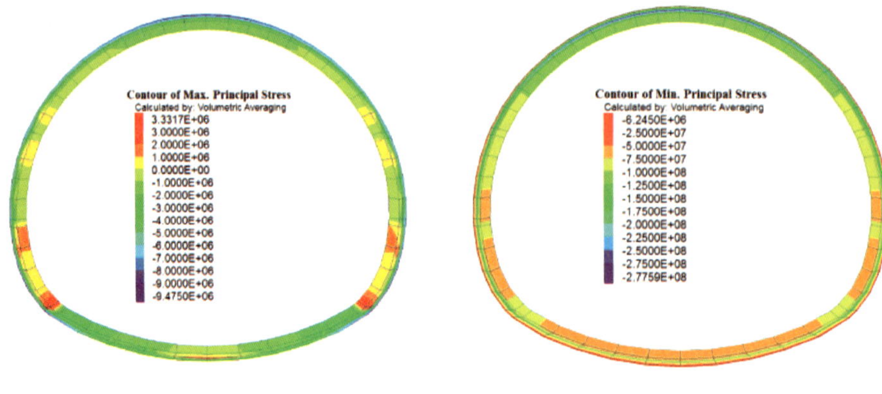

a)最大主应力云图　　b)最小主应力云图

图 2-53　普通锚杆施工初期支护应力云图(单位:Pa)

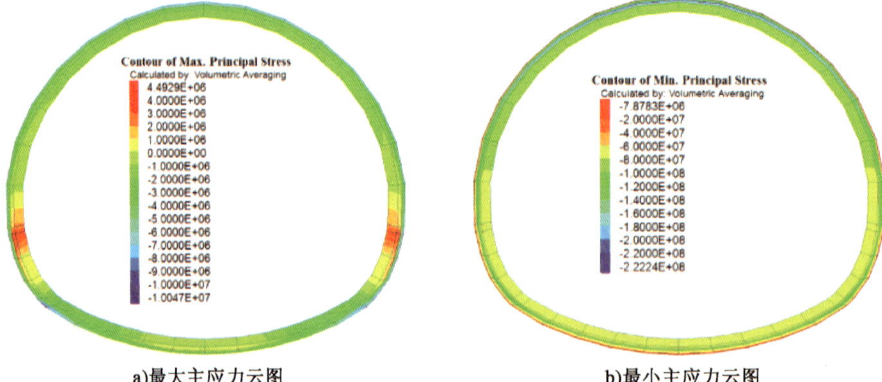

a)最大主应力云图　　b)最小主应力云图

图 2-54　长短锚杆结合施工初期支护应力云图(单位:Pa)

各工况下初期支护最大最小主应力值及其分布位置见表 2-6。

两种锚杆施工方案下初期支护最大最小应力及分布位置　　表 2-6

施工方案	最小主应力(MPa)	最小主应力分布位置	最大主应力(MPa)	最大主应力分布位置
普通锚杆	-277.59	拱顶	3.33	拱脚
长短锚杆结合	-222.24	拱顶	4.49	边墙

注:在 FLAC3D 中应力符号规定:受压为“负”,受拉为“正”。故最小主应力的最小值对应最大压应力,最大主应力的最大值对应最大拉应力。

由图 2-53、图 2-54 和表 2-6 可以看出,采用两种工法得到的初期支护应力大小和分布有所不同。普通锚杆施工方案最小主应力主要出现在拱顶,长短锚杆结合施工方案则出现在拱脚及边墙且小于普通锚杆施工方案。普通锚杆施工方案最大主应力出现在拱脚位置,长短锚杆结合施工方案出现在边墙位置,两个方案最大主应力值相差不大。总的来说,可见长短锚杆结合施工方案在控制围岩变形,改善支护受力方面比普通锚杆施工方案效果要好。

2.8.1.4 二次衬砌内力对比

两种锚杆施工方案二次衬砌应力分布情况如图 2-55、图 2-56 所示。

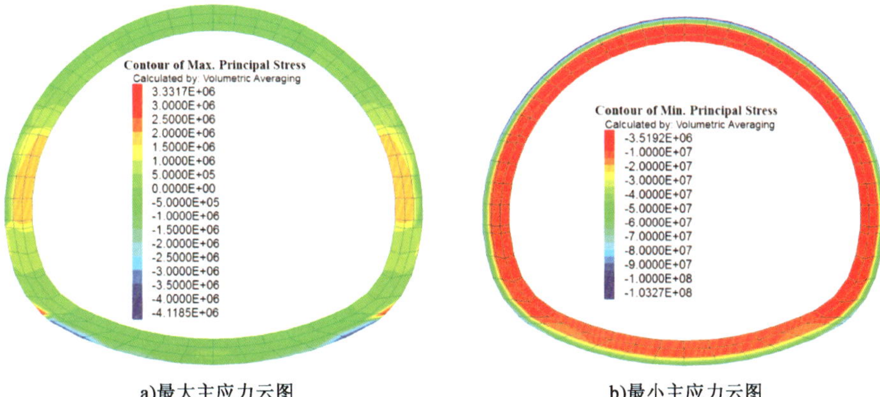

a)最大主应力云图　　b)最小主应力云图

图 2-55　普通锚杆施工二次衬砌应力云图(单位:Pa)

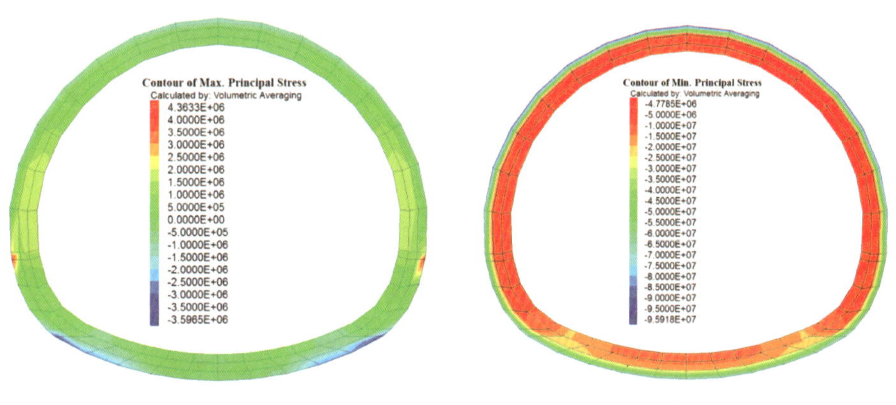

a)最大主应力云图　　b)最小主应力云图

图 2-56　长短锚杆施工二次衬砌应力云图(单位:Pa)

各工况下二次衬砌最大最小主应力值及其分布位置见表 2-7。

两种锚杆方案下二次衬砌最大最小应力及分布位置　　表 2-7

施工方案	最小主应力(MPa)	最小主应力分布位置	最大主应力(MPa)	最大主应力分布位置
普通锚杆	-103.27	拱顶	3.33	拱脚
长短锚杆结合	-95.92	拱顶	4.36	拱脚

由图 2-55、图 2-56 和表 2-7 可以看出,采用两种方案得到的二次衬砌应力大小和分布相同,两种方案下最大、最小主应力主要出现在拱顶和拱脚,其中,长短锚杆结合施工方案最大、最小主应力均小于原方案,说明长短锚杆结合施工方案优于普通锚杆施工方案。

2.8.1.5 锚杆轴力对比

两种方案施工完成后锚杆受力见图 2-57、图 2-58 和表 2-8。

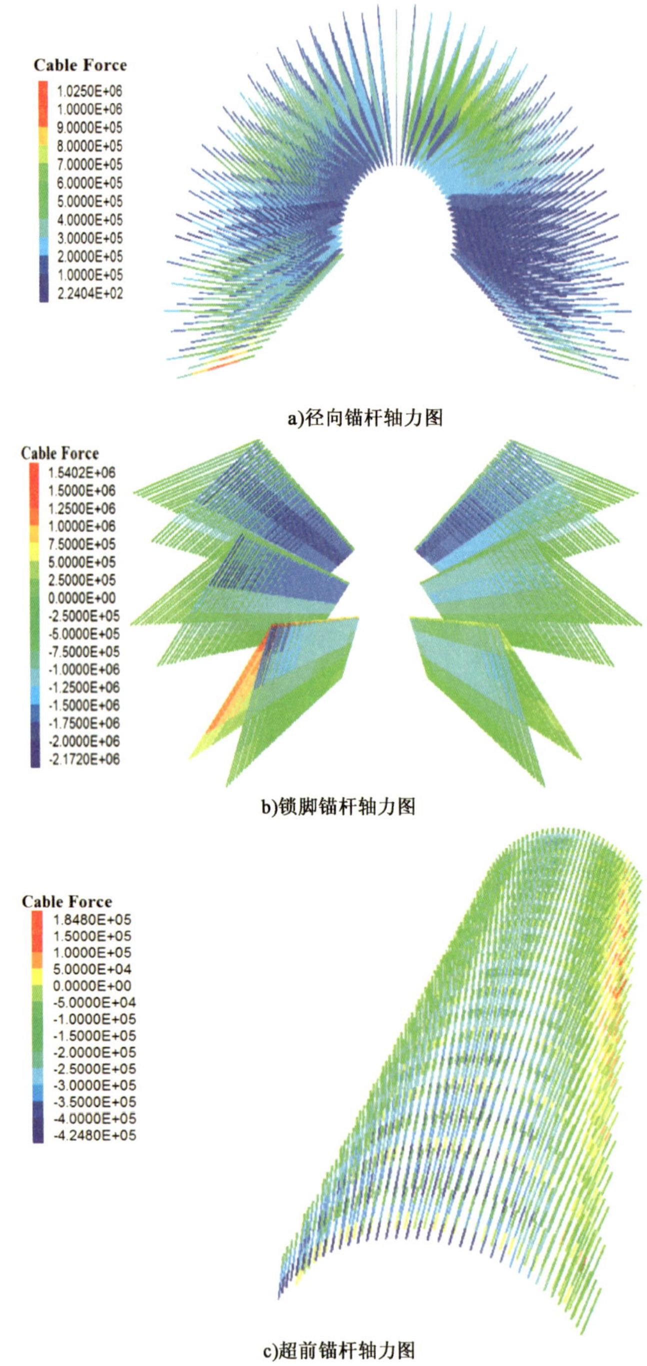

图 2-57 普通锚杆施工方案锚杆轴力图(单位:N)

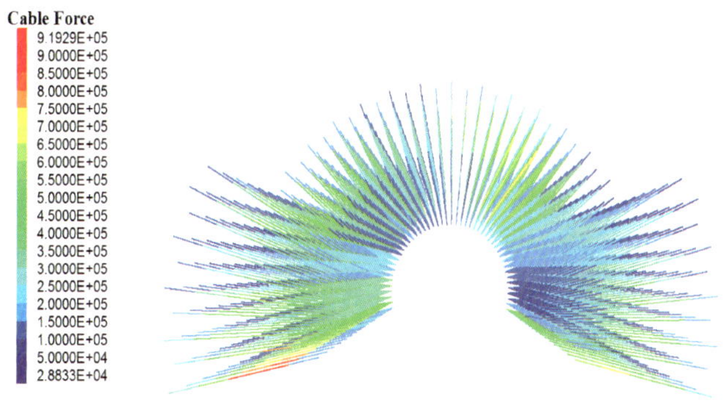

a)径向锚杆轴力图

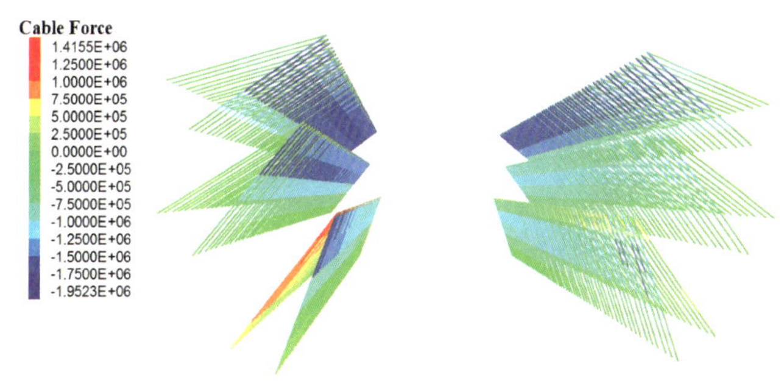

b)锁脚锚杆轴力图

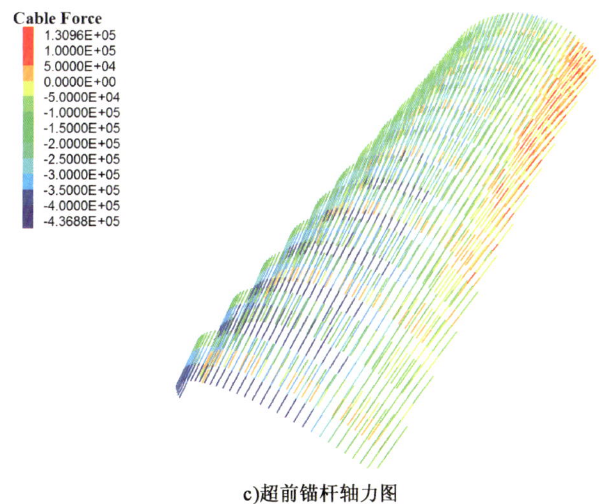

c)超前锚杆轴力图

图 2-58 长短锚杆结合施工方案锚杆轴力图(单位:N)

两种施工方案锚杆最大最小轴力及分布位置　　表 2-8

施工方案	最大轴力(kN)	最大轴力位置	最小轴力(kN)	最小轴力位置
普通锚杆	1540	锁脚锚杆左拱脚	-2172	锁脚锚杆中部及尾部
长短锚杆结合	1415	锁脚锚杆左拱脚	-1952.3	锁脚锚杆中部及尾部

从图 2-57、图 2-58 可以看出，两种锚杆方案下锁脚锚杆轴力分布规律大体一致，对于径向锚杆，采用原普通锚杆方案时，右边墙锚杆杆体无论是端部还是尾部都呈受拉状态且拉力较小，说明在边墙施作 4m 短锚杆并对围岩进行很好的加固，发挥锚杆的承载作用。当采用边墙采用 8m 长锚杆后，可以发现，长锚杆杆体端部及尾部受力较小，杆体中部受力较大，说明锚杆承载加固作用得到充分发挥。

2.8.1.6　围岩塑性区对比

两种施工方案施工完成后产生的围岩塑性区分布如图 2-59 所示。

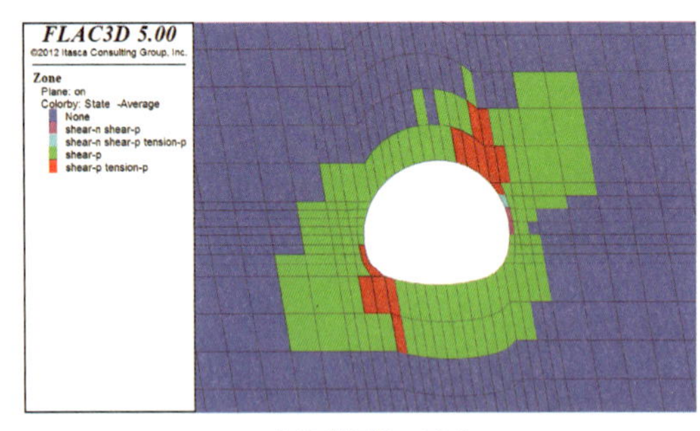

a)普通锚杆施工方案

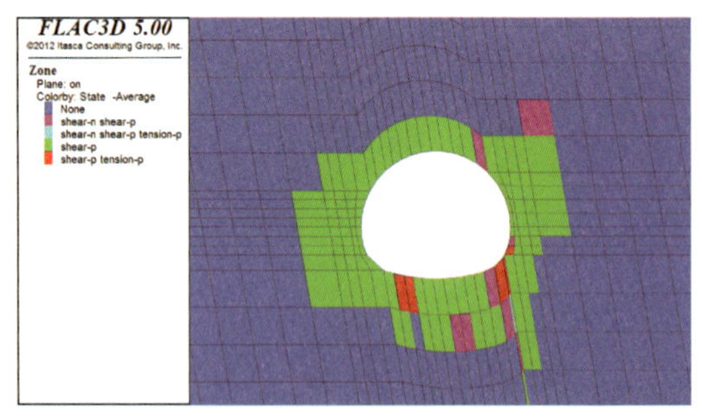

b)长短锚杆施工方案

图 2-59　两种方案围岩塑性区分布图

从图 2-59 可以看出，相比普通锚杆施工方案，采用长短锚杆结合施工方案后，洞周右拱肩及左拱脚部位的围岩塑性区有显著减少，说明长短锚杆结合施工方案能够有效抑制洞周围岩塑性区扩展。先打短锚杆旨在及时加固稳定围岩，防止围岩过度变形破坏；后打长锚杆则进一步对围岩进行加固，抑制围岩塑性区不断向外扩张。结合表 2-9 可以看出，采用长短锚杆结合施工方案后，无论是监测截面塑性区面积还是整个计算模型的塑性区体积均得到减小。采用长短锚杆结合施工方案的模型塑性区体积为 55214m^3，相比普通锚杆施工方案减少 24%，效果显著。

两种施工方案最终围岩塑性区体积　　表 2-9

施工方案	塑性区体积(m^3)
普通锚杆	72584
长短锚杆结合	55214

2.8.2 技术成果

(1)提出了成兰铁路隧道大变形主动控制新理念:加深地质,主动控制,强化锚杆,工法配套,优化工艺。并充分体现"四快",即:快挖、快支、快锚、快封闭。高地应力软岩隧道大变形根据围岩变形松弛控制要求,采用先短锚杆后长锚杆,主动及时加固围岩,充分发挥围岩的自承载能力,使软岩地段高地应力隧道围岩大变形得到有效控制。

(2)通过试验,取得了一整套千枚岩软岩大变形段长短锚杆结合支护参数。

(3)通过总结,形成了《成兰铁路高地应力软岩隧道大变形控制技术》文件,被中国铁路总公司工程管理中心推广应用;同时形成了国家铁路局部级工法《软岩大变形隧道台阶法开挖锚杆快速施工工法》文件。

平安隧道
L—28427m
榴桐寨隧道
L—16271m
镇江关
龙塘
太平
云屯堡隧
L—2292
金瓶岩隧道
L—12765m
茂县
跃龙门隧道
L—19981m
杨家坪隧道
L—12822m
什邡西
三星堆
绵竹南
安县
高川

第3章

隧道破碎围岩大断面控制技术剖析

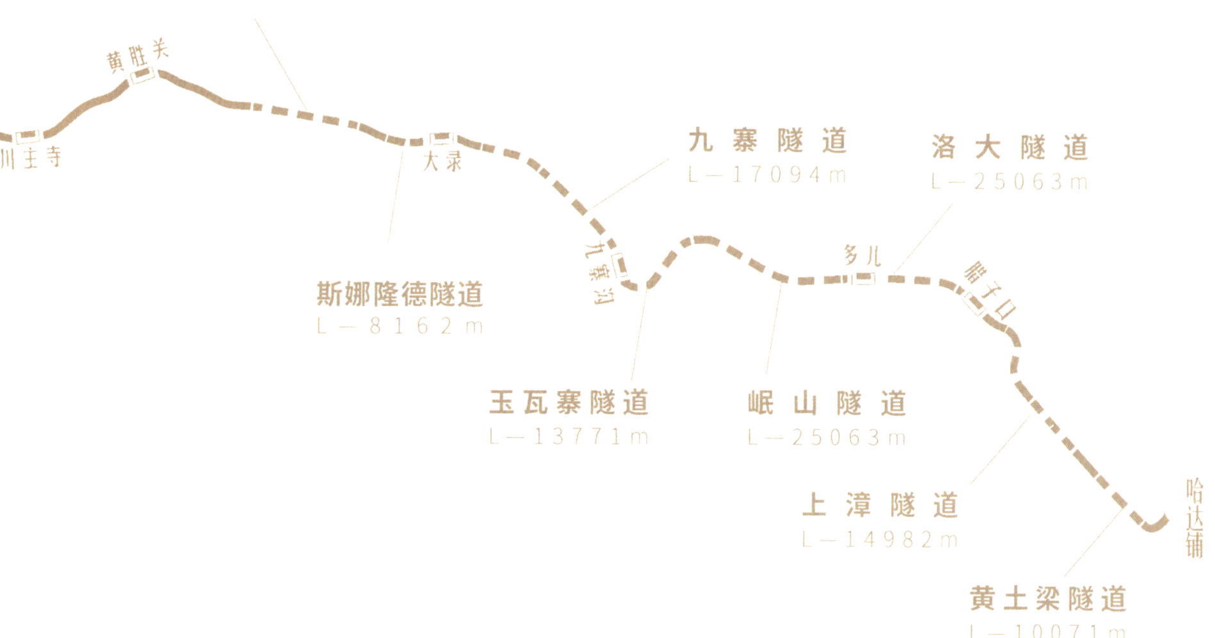

3.1 当前国内外前沿技术背景

随着我国隧道工程建设逐渐趋于大断面隧道工程的建设，对于埋深较大的山岭隧道施工，传统施工技术缺乏明确有效的针对性措施，国内外传统大跨断面、高地应力、破碎围岩施工技术主要分为双侧壁导坑工法和双侧墙导坑工法。

在断层破碎带等高地应力软弱地层条件下，传统的双侧壁导坑工法一次支护结构受力的合理形式、开挖工序分割的施工效率、初期支护撤换的风险控制等方面存在较多的局限性，有待进一步改进和完善。

相对而言，双侧墙导坑工法是一种较新的超大断面隧道修建技术，近年在日本的山岭隧道施工中得到成功应用。与双侧壁导坑工法相比，双侧墙导坑工法除了可以减少工序分割、适应大型机械施工、提高施工效率之外，最主要的优势是可以通过先期施作的导坑基础为上部支护结构提供强有力的支撑，避免上部支护结构的沉降诱发过大的松弛荷载，同时还可以减少在下部开挖施工过程中对上部围岩的扰动，提高大断面开挖施工的安全性。双侧壁导坑工法与双侧墙导坑工法虽然各有特点和利弊，但基本思想都是基于重点防止超大断面开挖过程引起上部围岩的沉降变形和松弛荷载。

成兰铁路“隧道破碎围岩”特征

成兰铁路地处四川中部和甘肃南部的龙门山、岷山、秦岭三大断裂带，被专家称为是在“烂豆腐”上修铁路，难度较大。

新建成兰铁路“隧道破碎围岩”段区间地质条件复杂、断层破碎、高水平地应力；尤其在龙门山所属区域，龙门山带地槽之前龙门山褶断印支构造层，隧道主要穿越龙门山前山断裂带、太平场倒转向斜构造带、龙门山中央断裂带三大构造体系，前山断裂带与太平场倒转向斜构造带以板厂沟断层为界，太平场倒转向斜构造带与龙门山中央断裂带相互交错影响，每个构造体系中断层、褶皱极其发育，岩层多陡倾、直立或倒转，地质构造十分复杂。隧道共穿越13条断层，6条褶皱核部，及2条褶皱的一翼，其中穿越的龙门山前山断裂——彭县(现彭州市)—灌县断裂以及龙门山中央断裂——映秀—北川断裂都属于活动断裂，在“5·12”地震中发生错断活动。

针对断层破碎带等软弱围岩条件、特别是水平地应力较大的山岭隧道施工建设中，如何能防止上断面一次支护的脚部沉降变形、防止初期支护体系撤换、防止侧向变形、特别是底部隆起变形等方面是保证大跨断面隧道施工安全快速的关键。

上述两种工法都缺乏明确有效的针对性措施，可供借鉴的设计施工经验也很有限。

3.3 柿子园隧道 D3K87 + 140 ~ D3K87 + 350 合分修过渡段工程背景

3.3.1 工程概况

成兰铁路 CLZQ-5 标工程柿子园隧道进口 10654m 为单洞合修隧道(D2K76 + 696 ~ D3K87 + 350),其余段为双洞分修隧道(图 3-1)。隧道隧址区属于龙门山构造断裂带,龙门山构造带地应力环境在“5 · 12”地震以后仍然以水平应力为主,龙门山中央断裂构造继续发展,具有较高地应力环境。

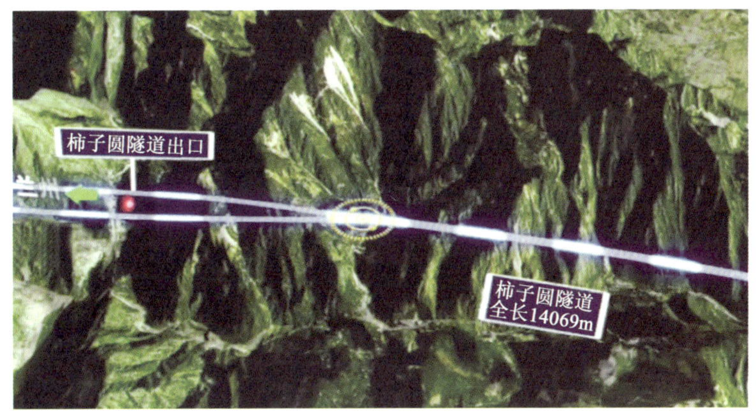

图 3-1　柿子园隧道 D3K87 + 140 ~ D3K87 + 350 合分修过渡段线路示意图

隧道 D3K87 + 140 ~ D3K87 + 350 为合分修过渡段,D3K87 + 350 为合分修节点,隧道洞身开挖跨度达 23m,开挖断面 345m²,属超大断面施工,如图 3-2、图 3-3 所示。

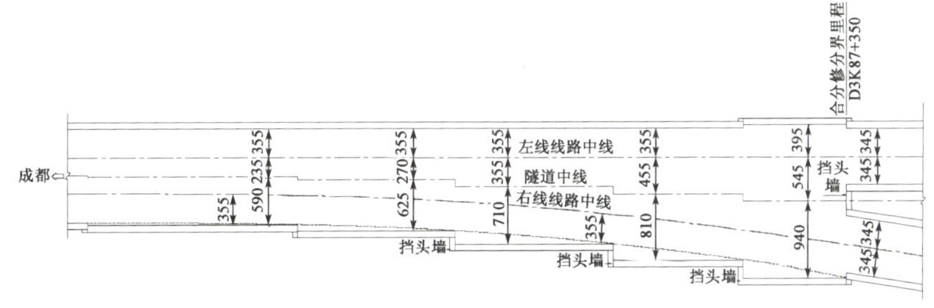

图 3-2　柿子园隧道 D3K87 + 140 ~ D3K87 + 350 合修段平面示意图(尺寸单位:cm)

图 3-3 柿子园隧道 D3K87 +140 ~ D3K87 +350 合修段超大断面设置示意图

其中 D3K87 +260 ~ D3K87 +350(90m)段应力场以构造应力为主,垂直主应力为中间主应力,应力场在量值上属于中等应力值区域,最大水平主应力与隧道大角度相交约 50°,构造应力方向对隧道稳定性不利。

据地应力测试,D3K87 +900 处最大水平应力达到 21.71MPa,侧压力系数最大达到 2。已施工段揭示隧址地质条件较施工图发生较大变化,受构造影响严重,岩体破碎,软弱,地下水弱发育,在左、右线小净距段部分已完成二次衬砌段出现严重仰拱纵向开裂现象。该项目属于国内外少见的困难地质条件下大跨大断面隧道工程,修建难度大,安全风险极高。

3.3.2 隧道地质揭示情况分析

1)地质构造

根据前期勘测资料,结合已开挖段揭示地质情况和超前地质预报成果,经综合分析,D3K87 +060 ~ D3K87 +350 段埋深 60 ~ 135m,位于甘沟右侧,D3K87 +060 ~ D3K87 +250 为二级冲洪积阶地,D3K87 +250 ~ D3K87 +350 为冲洪积阶地向陡峭沟壁的地形变化段;冲洪积台地表层有 20 ~ 25m 的冲洪积堆积物(Q_4^{dl+pl})、粉质黏土、碎石土等,坡地表层为坡崩积碎石土(Q_4^{dl+col}),下伏基岩为三叠系下新统飞仙关组和铜街子组(T_1f+t)泥岩夹泥灰岩,隧道洞身于 D3K87 +166 ~ D3K87 +190 段穿越王家坪 1 号断层,其中 D3K87 +060 ~ D3K87 +160 段岩体含泥灰岩、灰岩、砂岩等较硬岩体较多,泥岩等较软质岩含量较少,整体岩体较硬,较破碎,D3K87 +160 ~ D3K87 +190 段为断层破碎带,以泥岩、泥灰岩质断层角砾等为主,部分呈糜棱岩,围岩较软,密实;D3K87 +190 ~ D3K87 +350 段含泥岩较重,受断层影响严重,岩体破碎 ~ 极破碎,节理面明显镜化现象,局部岩体呈糜棱化,如图 3-4 ~

图 3-4 构造镜面现象

图3-6所示。该段由原设计Ⅳ级围岩调整为Ⅴ级。

图3-5　迂回导洞掌子面掉块

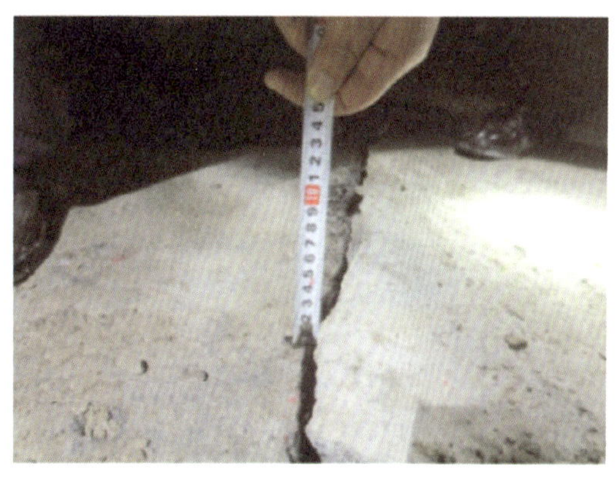
图3-6　右线隧道仰拱开裂

2)地下水发育状态钻孔调查

已揭示地层显示地下水以基岩裂隙水为主,弱发育,迂回导洞掌子面呈潮湿~滴水状,局部呈线状滴水状。

局部有弱承压水,钻孔揭示D3K87+450处有约1.3m水头的承压水。因岩体软硬相间,硬质岩(灰岩、泥灰岩)含水,软质岩(泥岩、页岩)隔水,沿硬质岩层含水层被软质岩隔开,形成弱承压水。

3.4 结合工程特点设计大跨大断面隧道修建新技术模型

结合成兰铁路柿子园隧道工程地质特点，传统施工措施和工法可供参考经验优先。因此，需要在进行深入研究的基础之上进行模型设计，并提出适合于高地应力软弱破碎地层大跨大断面隧道安全快速修建技术。具体设想是通过改进侧墙导坑的水平以及底部设计施工的理念和工程措施，针对性地解决大断面拱部竖向松弛载荷、初期支护拱脚沉降变形、抑制隧道仰拱底鼓变形、超大断面抵抗水平侧向变形压力等施工难题。

1）具体研究内容

（1）由于跨度大，上断面一次支护的脚部沉降变形即使很小也会引起拱部围岩发生大范围的松动，从而诱发过大的竖向松弛荷载，增加一次支护坍塌破坏的风险。因此，如何防止上断面一次支护的脚部沉降变形是保证施工安全的关键。

（2）由于水平地应力较大，大断面软弱围岩隧道不但有较大的水平侧向变形压力，而且仰拱容易发生隆起变形。如果单纯地用增大开挖深度形成接近圆形断面的形式来抵抗隆起变形的话，将导致过大的开挖量以及施工过程的安全风险。因此，如何实现既安全又经济合理的隧道基底结构是保证隧道长期安全稳定的关键。

（3）高地应力软弱地层大跨大断面隧道的二次衬砌施作时机，不仅影响到施工期间的安全稳定性，而且和隧道整体结构在今后长期运营期间的安全可靠性密切相关。目前，对于一般断面隧道的二次衬砌施作时机的判断积累了一些经验，但对于大跨大断面隧道几乎是空白。本研究通过在已有的基于位移反分析的理论基础之上，结合现场监测开发一种新的评价技术，为合理确定二次衬砌施作时机提供理论和技术支撑。

2）先期“双侧墙导坑复合十字交叉施工工法”的提出及存在问题分析

（1）参照双侧墙导坑法，结合大断面隧道施工，整体模型设计按照两侧大跨度施工双导坑法进行开挖支护，并设置两侧侧墙支护结构；隧道拱部、核部开挖参照“CRD”法进行组织优化，采用“十字交叉”施工方法进行开挖支护。

施工总体施工顺序为“先导坑、再交叉、后核部”，施工原则为“交叉挖、弱爆破、早喷锚、快封闭、勤量测、共推进”，施工步骤共 15 步（图 3-7）、10 个开挖部位。

（2）双侧墙导坑施工开挖的 10 个部位见图 3-8。

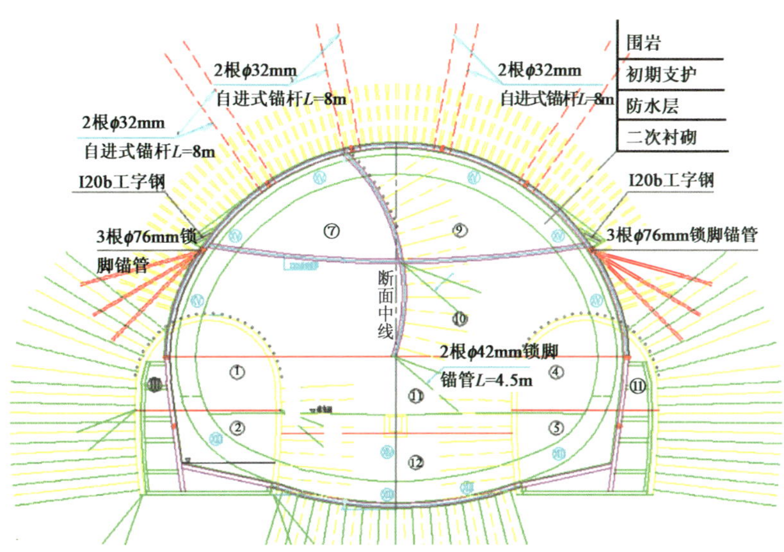

图 3-7　双侧墙导坑复合十字交叉施工工法断面图

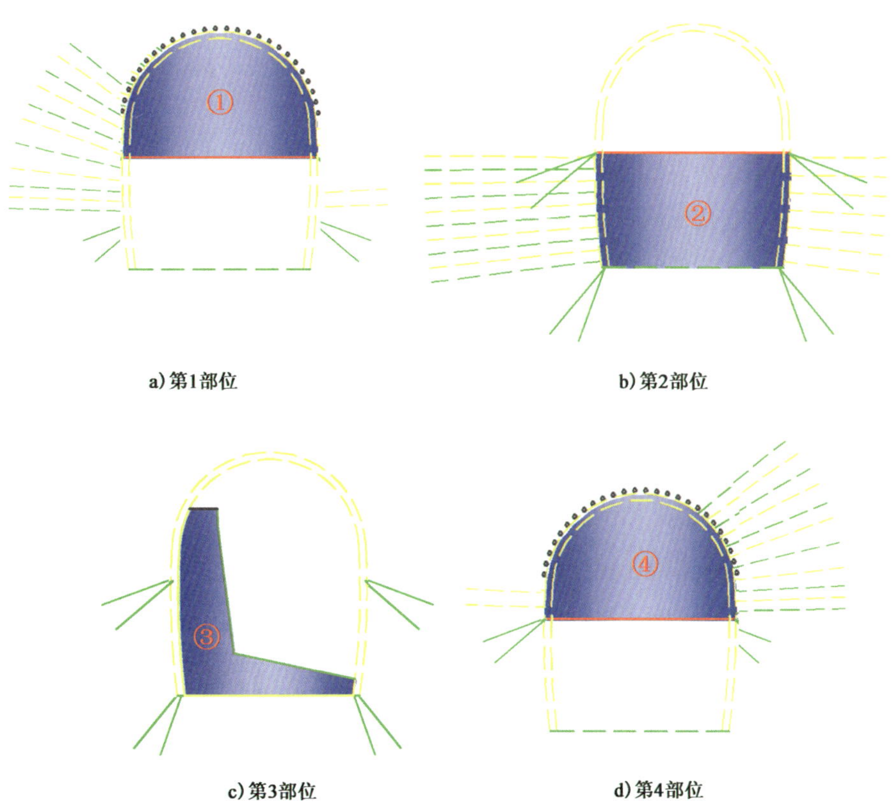

图　3-8

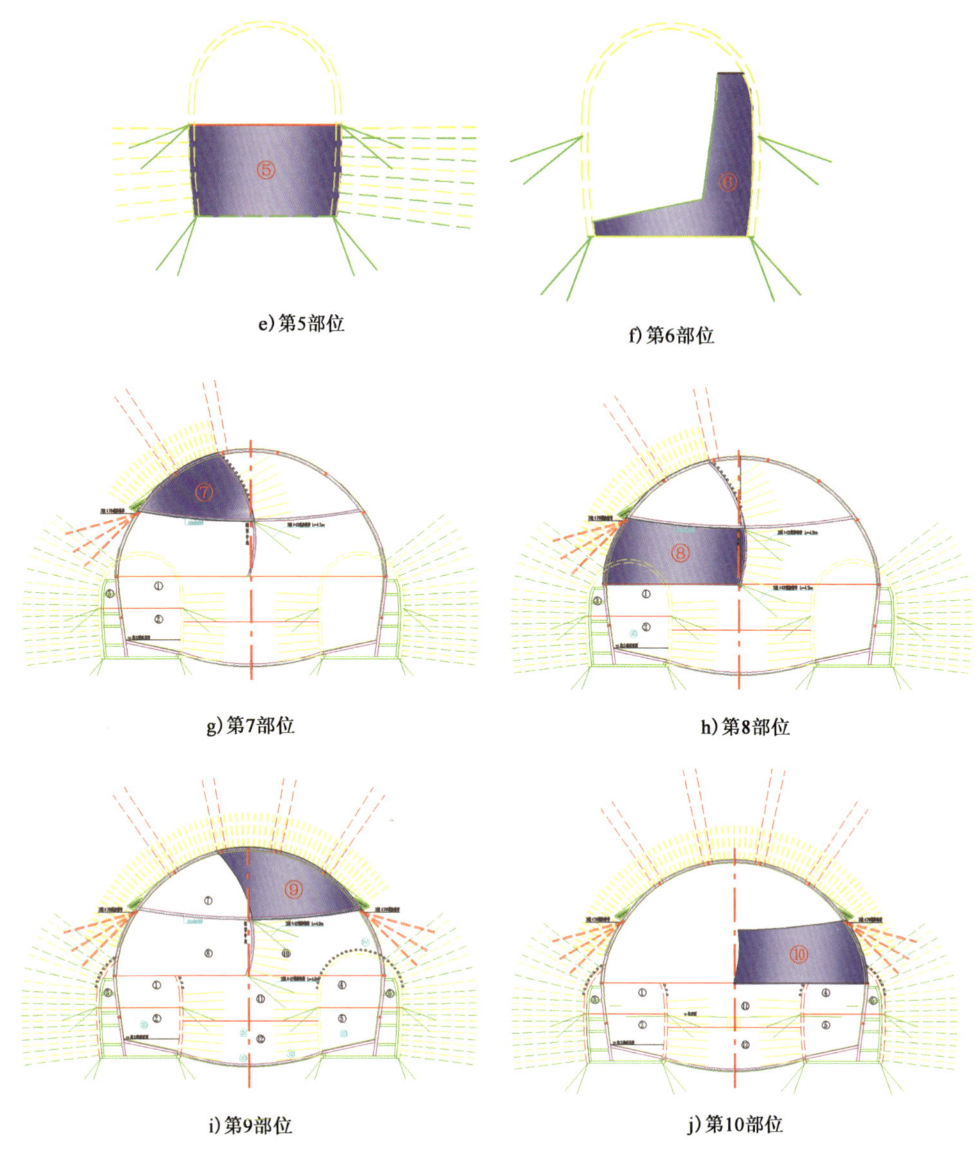

图 3-8　双侧墙导坑开挖的 10 个部位

(3)隧道拱部、核部开挖采用“十字交叉”支护结构,分部位进行分部开挖,中间“十字交叉”结构为临时支护体系,后期应根据隧道变形稳定情况进行拆除。拱部临时钢架、横撑采用 I20b 工字钢;两侧导洞侧壁临时钢架采用 I20b 工字钢。临时钢架和支撑各端头及钢架对应处均设钢垫板(220mm×280mm×16mm),基脚垫设 I28a 槽钢。

3)优化“双侧墙导坑复合十字交叉施工工法”调整为“双侧墙导坑复合台阶式施工工法”模型设计对比情况

D3K87+260~D3K87+350 段“双侧墙导坑复合十字交叉施工工法”断面如图 3-7 所示。根据已完成段地质条件,优化调整隧道施工方案,对导坑及上部开挖施工进行优化,如图 3-9 所示。

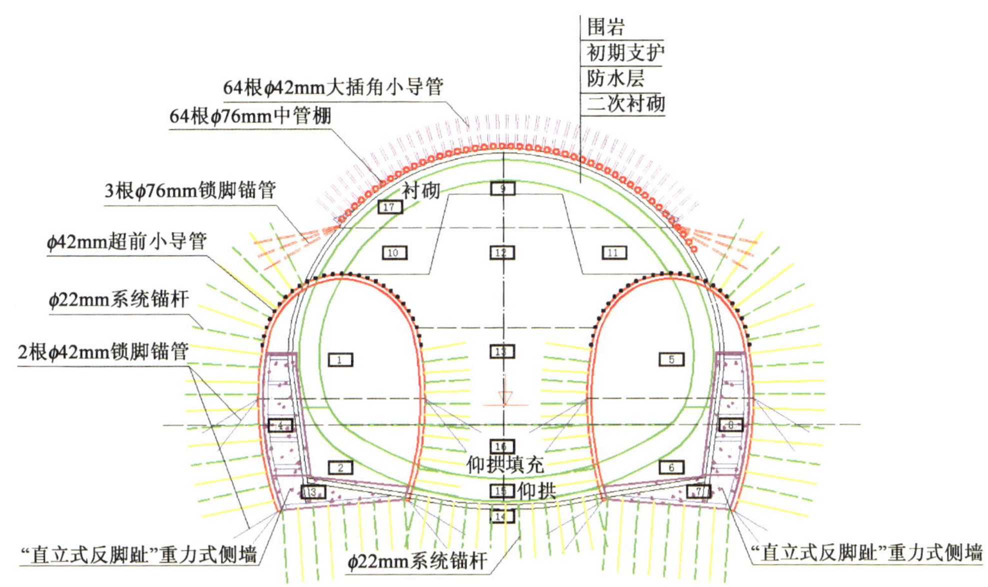

图3-9　优化调整为双侧墙导坑复合台阶式施工工法方案设计

优化调整方案较原设计模型断面有如下几点变化：

(1)优化设计方案中导坑高度更高，比原设计模型方案高133cm；新导坑中线相比较旧导坑中线内移23cm，如图3-10所示。

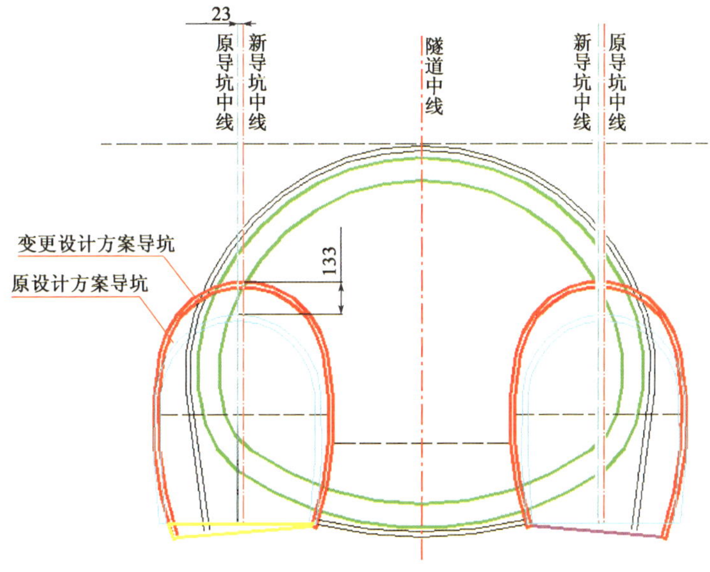

图3-10　双侧壁导坑变更示意图(尺寸单位：cm)

(2)侧墙基础采用重力式挡墙墙趾形式，每延米侧墙混凝土工程量由15.55m^3变为15.15m^3，每延米减少0.4m^3。导坑侧墙基础变更如图3-11所示。

(3)隧道主体上部开挖由有临时支撑变为没有临时支撑，如图3-12所示。

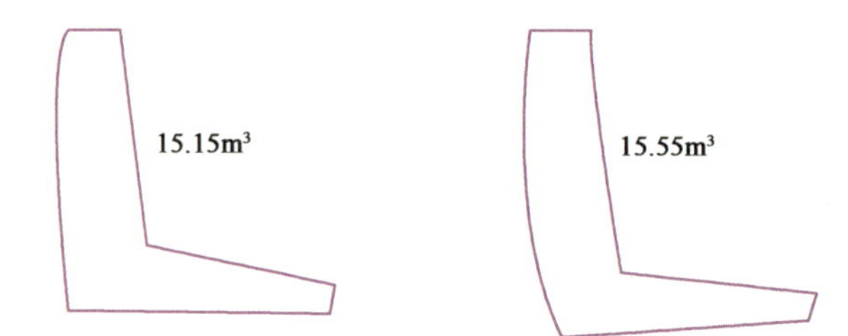

a) 调整后侧墙混凝土每延米工程量　b) 原设计侧墙混凝土每延米工程量

图 3-11　导坑侧墙基础变更示意图

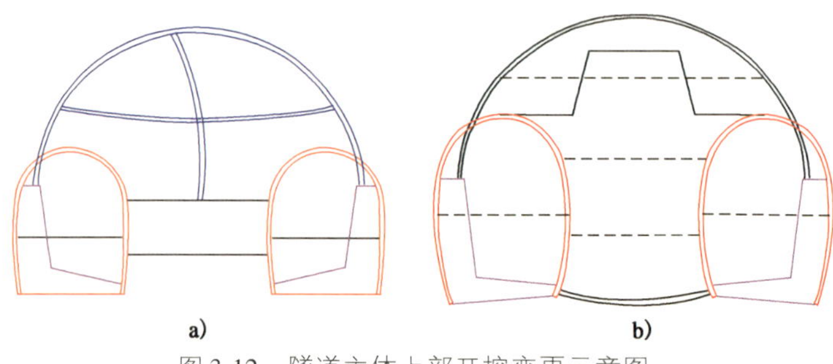

a)　b)

图 3-12　隧道主体上部开挖变更示意图

4) 双侧墙导坑复合台阶式施工工法模型设计与分析

(1) 利用 MIDAS 有限元程序进行三维施工过程模拟，模型左右两侧及底部取大约 5 倍洞径的范围，各取约 100m。顶部取至地表，D3K87 + 260 ~ D3K87 + 310 段地表略有起伏，取平均厚度约 105m，模型尺寸为 220m × 220m × 50m。

①计算中采用自重应力场，并考虑水平地应力系数为 1.0，初始位移清零。

②模型采用固定边界条件，模型前后、左右采取水平方向约束，底部采取水平、竖直方向约束，地表自由无约束。计算模型如图 3-13 所示。

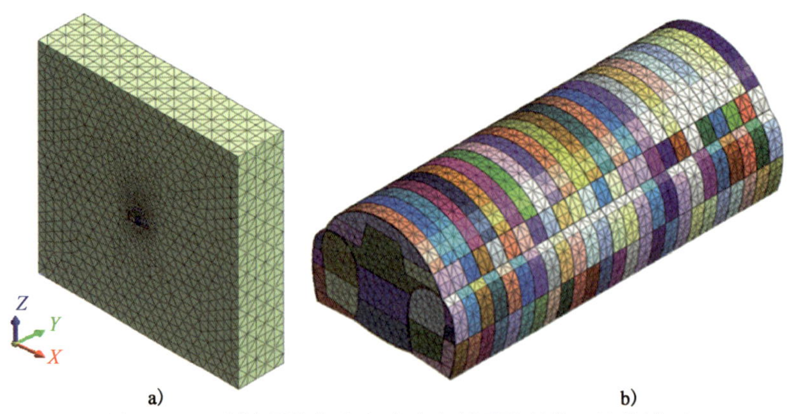

a)　b)

图 3-13　双侧墙导坑复合台阶式大断面隧道施工计算模型

③材料参数：模型中所采用的围岩、支护等力学参数取自迂回导坑试验段的研究结果(朱永泽论文《软弱围岩大断面隧道施工方法研究》)，围岩、加固区采用莫尔—库仑模型，初期支护和大边墙采用弹性模型，见表 3-1。

围岩、支护等力学参数 表3-1

名　称	弹性模量 E(GPa)	泊松比 μ	重度 γ(kN/m^3)	黏聚力 c(kPa)	内摩擦角 φ(°)
围岩	0.24	0.25	22	764	25
加固区	0.72	0.25	25	2292	25
初期支护	10.4	0.25	25	—	—
大边墙	32.25	0.25	25	—	—

(2)针对大断面隧道复杂条件下施工,优化传统的双侧壁导坑及双侧墙导坑法先行开挖大断面隧道两侧边墙及局部隧底部位,拱部采用两台阶(短台阶)快速封闭法施工,最后进行隧底中部开挖支护,形成施工顺序为"先导坑、再拱部、短台阶、快封闭、后核部、共推进"的双侧墙导坑复合台阶式大断面隧道开挖新方法,如图3-14、图3-15所示。

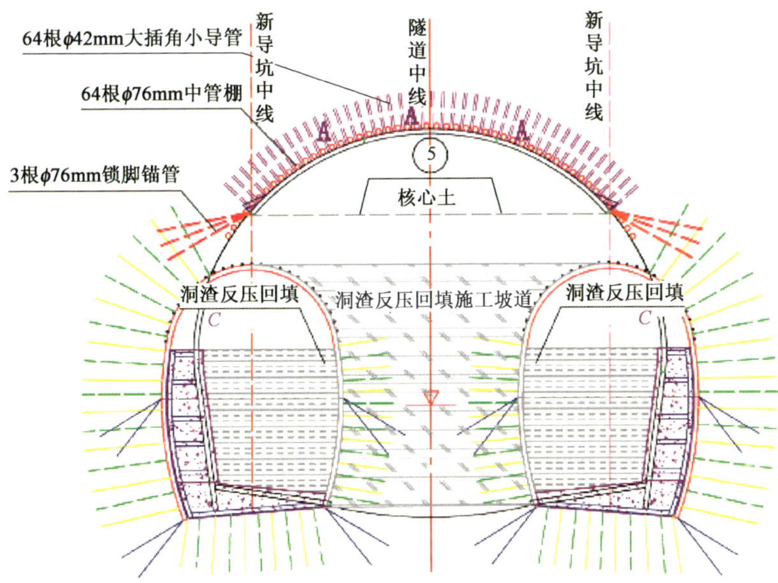

图3-14　双侧墙导坑复合台阶式法施工示意图

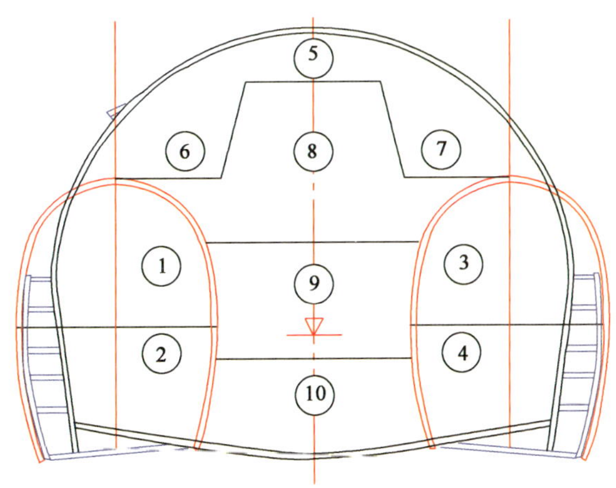

图3-15　双侧墙导坑复合台阶式法开挖部位图

(3)隧道开挖施工过程二维模型模拟。

模拟隧道施工过程见表3-2。

隧道施工过程(二维表示)　　表3-2

施工步序	施工内容	施工步序	施工内容
0	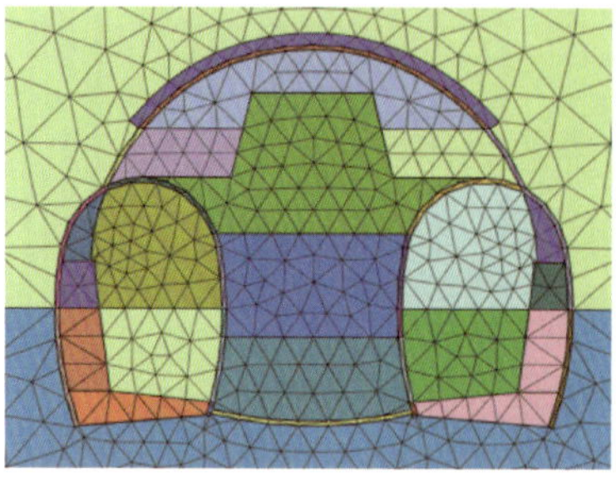 自重应力场　初始状态	4	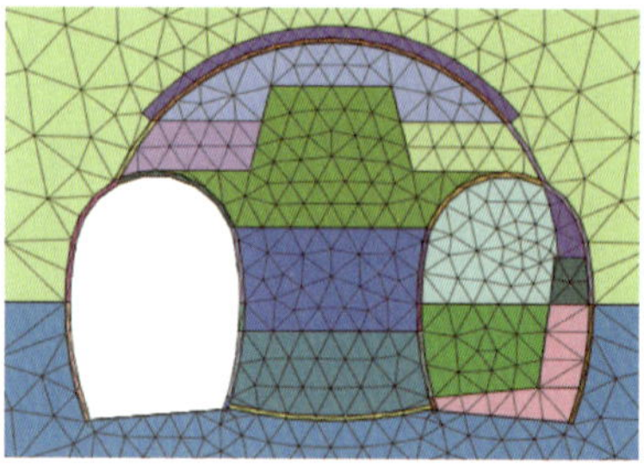 施作左导坑下台阶支护②
1	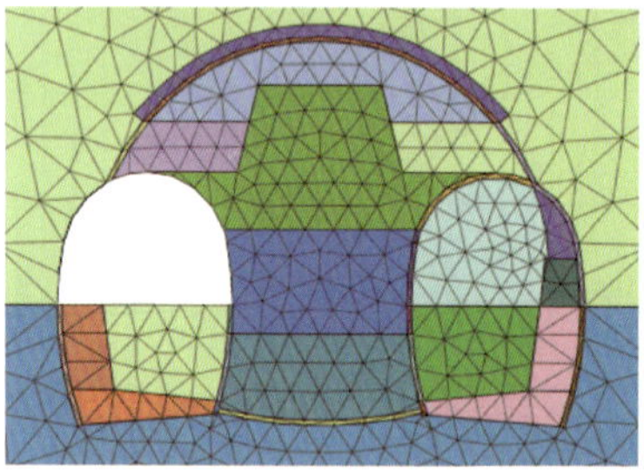 开挖左导坑上台阶①	5	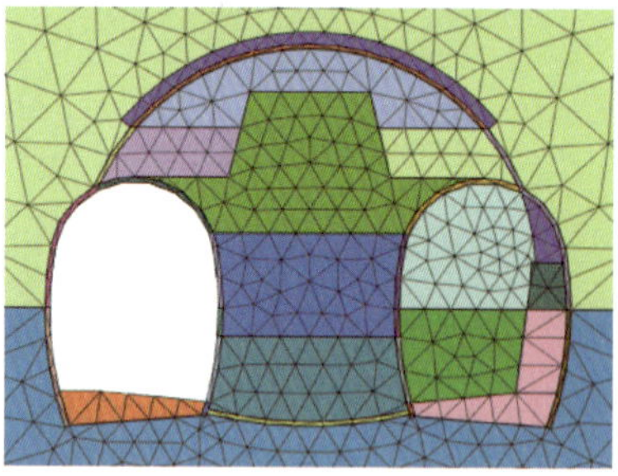 施作左导坑下部侧墙③
2	 施作左导坑上台阶支护①	6	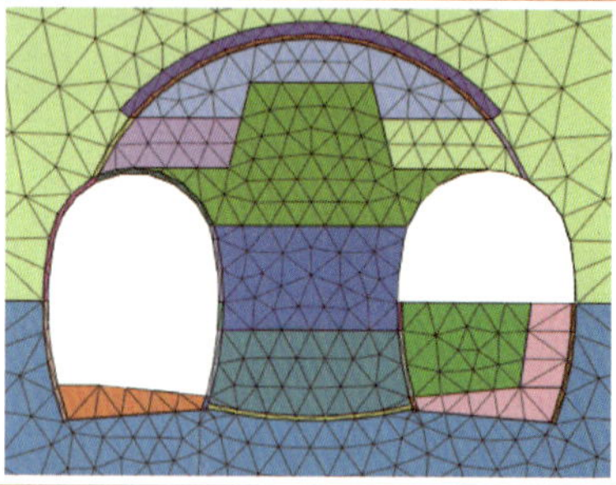 开挖右导坑上台阶⑤
3	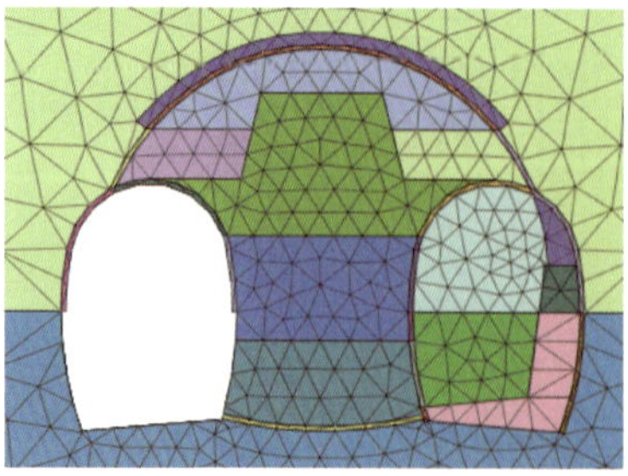 开挖左导坑下台阶②	7	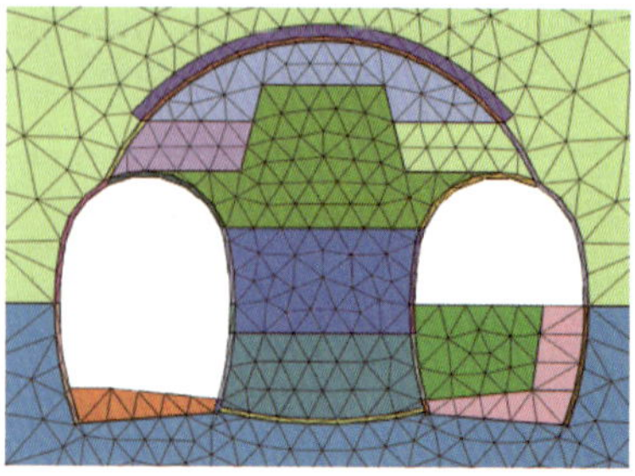 施作右导坑上台阶支护⑤

续上表

施工步序	施 工 内 容	施工步序	施 工 内 容
8	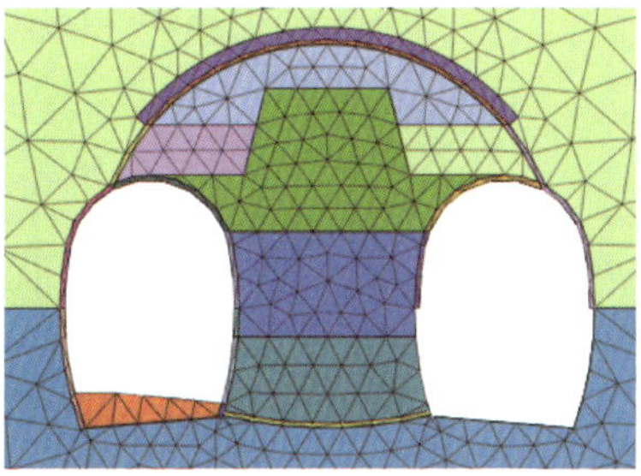 开挖右导坑下台阶⑥	12	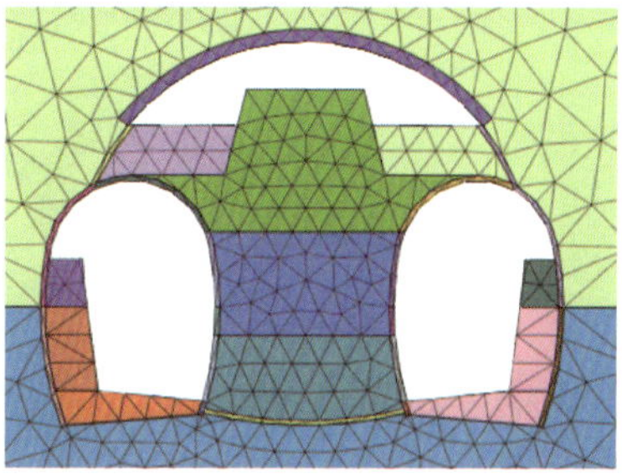 开挖上台阶上部⑨
9	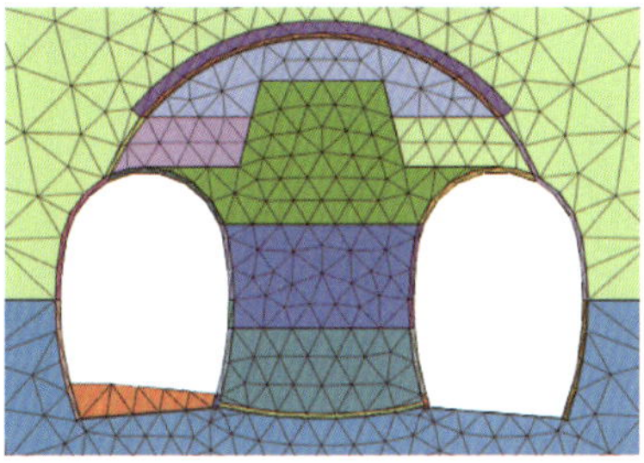 施作右导坑下台阶支护⑥	13	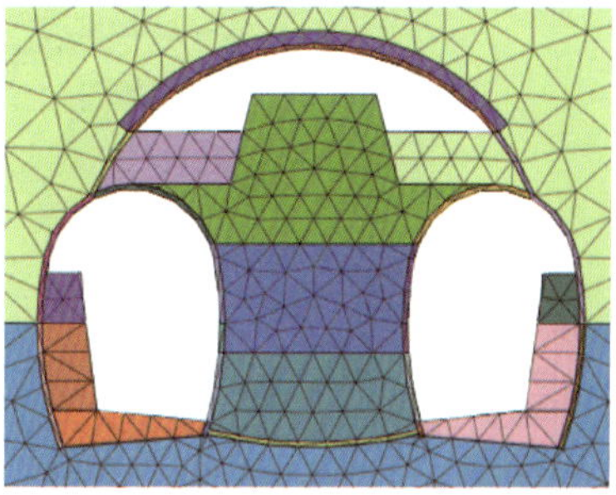 施作上台阶上部支护⑨
10	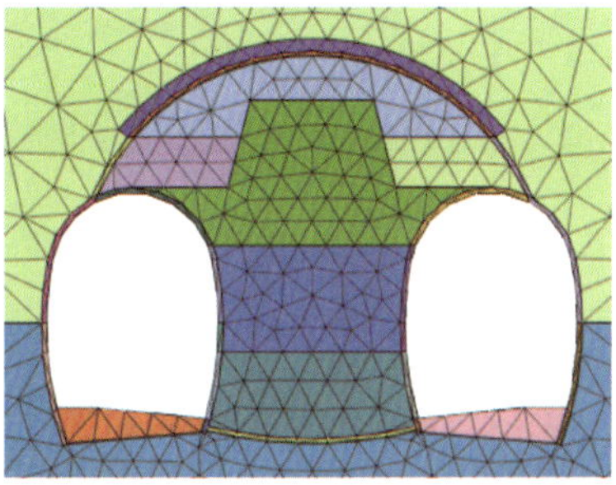 施作右导坑下部侧墙⑦	14	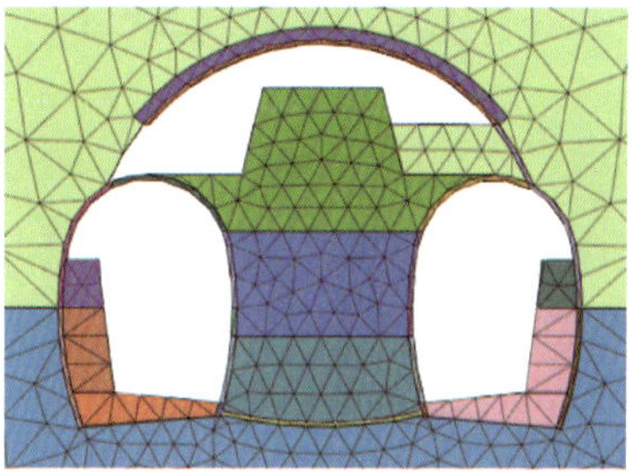 开挖上台阶左部⑩
11	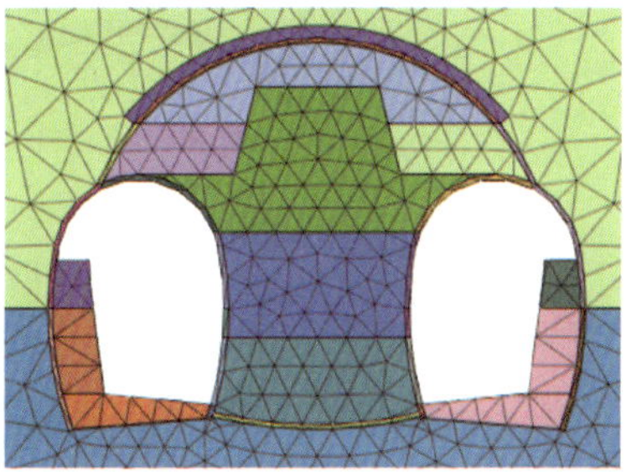 同时施作左、右导坑上部侧墙④⑧	15	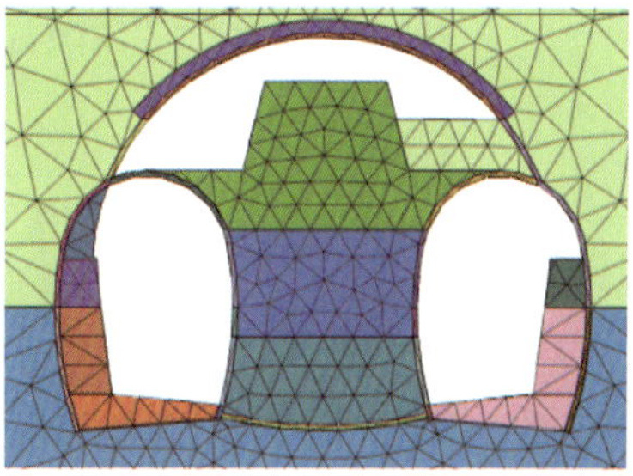 施作上台阶左部支护⑩⑪

续上表

施工步序	施 工 内 容	施工步序	施 工 内 容
16	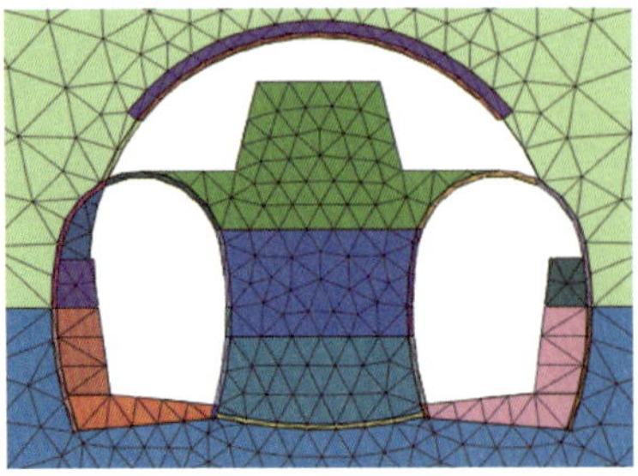 开挖上台阶右部⑫	20	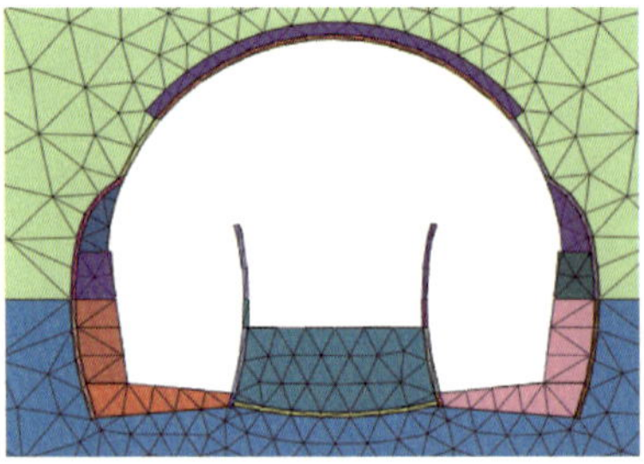 拆除左、右导坑上部临时支护⑰
17	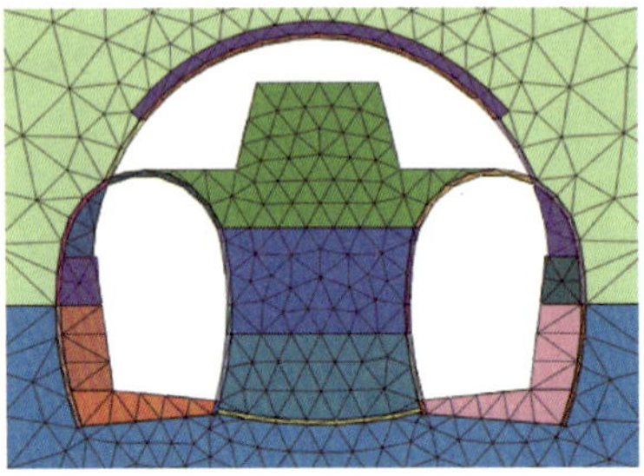 施作上台阶右部支护⑫⑬	21	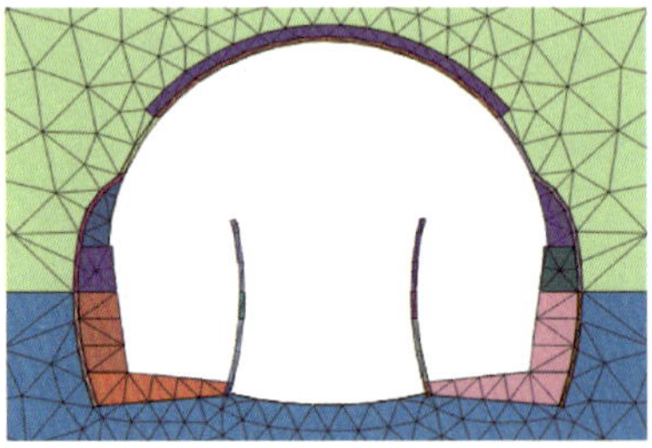 开挖下台阶⑯
18	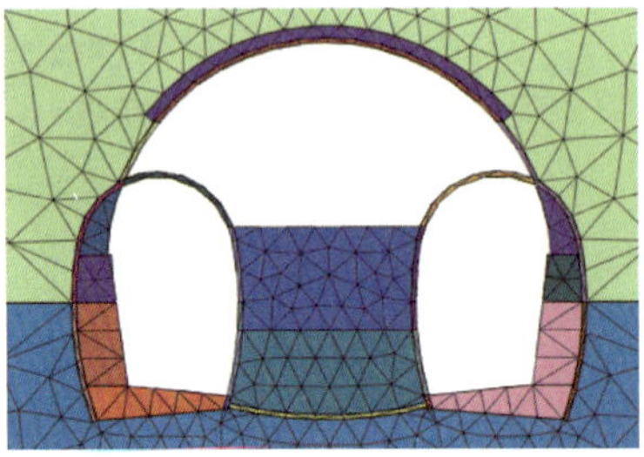 开挖核心土⑭	22	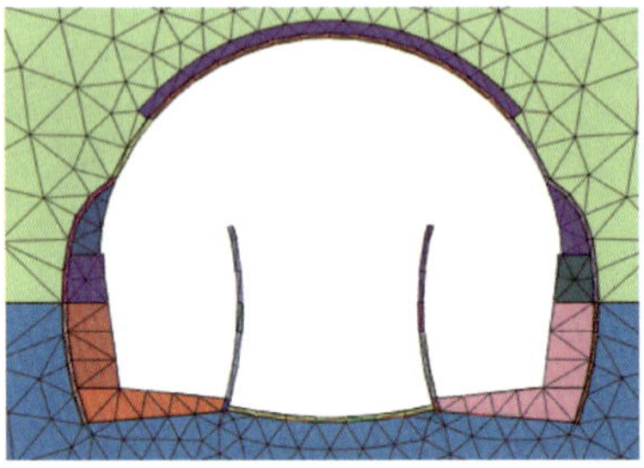 施作下台阶支护⑯
19	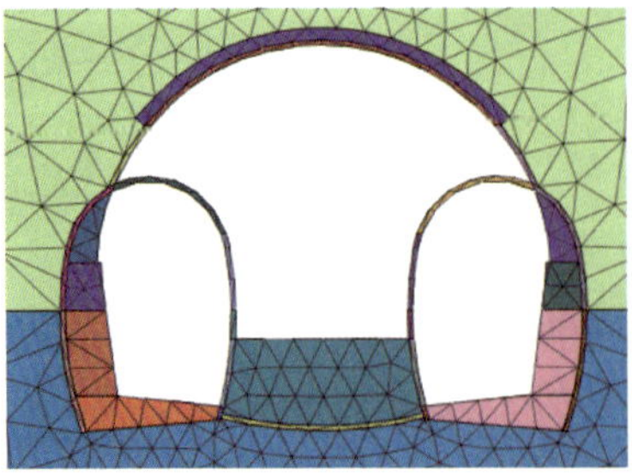 开挖中台阶⑮	23	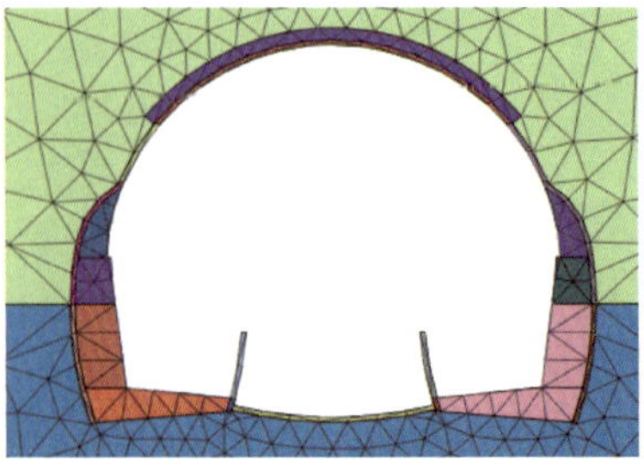 拆除左、右导坑中部临时支护⑱

续上表

施工步序	施工内容	施工步序	施工内容
24	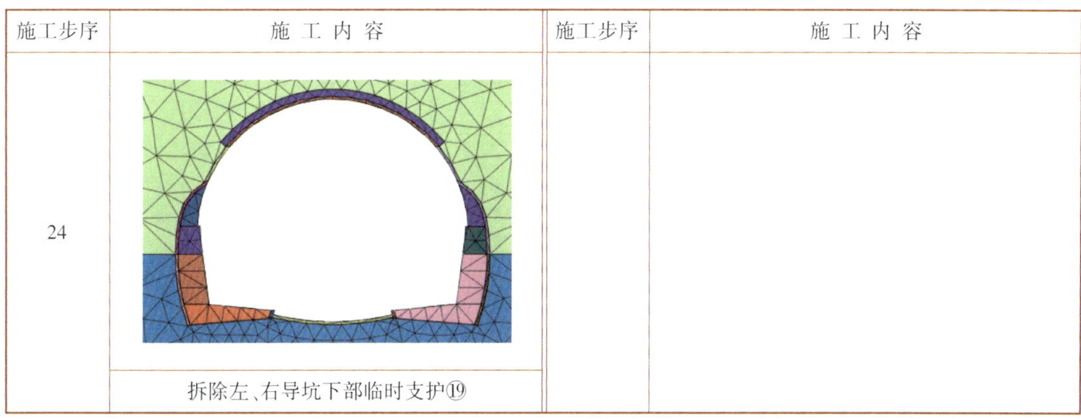 拆除左、右导坑下部临时支护⑲		

(4)数值模拟为三维开挖模拟，故将三维开挖过程用表3-3进行描述。

隧道各部分开挖面距离取2m，每次开挖支护2m，纵向每2m一个单元，D3K87+260~D3K87+310段隧道长50m，纵向单元共计25个，分别以D1、D2、D3……D25命名，总施工步序48个。

表3-3中首行表示开挖面编号，首列表示施工步序，表格内容为某一施工步对应任意开挖面的施工内容。“○”表示施作支护，“×”表示开挖或者拆除临时支护，“○、×”所对应的数字序号即为支护或开挖拆除的部分。

三维开挖过程模拟　　表3-3

施工步序	开挖面																								
	D1	D2	D3	D4	D5	D6	D7	D8	D9	D10	D11	D12	D13	D14	D15	D16	D17	D18	D19	D20	D21	D22	D23	D24	D25
1	×																								
	①																								
2	○	×																							
	①	①																							
3	×	○	×																						
	②	①	①																						
4	○	×	○	×																					
	②	②	①	①																					
5	○	○	×	○	×																				
	③	②	②	①	①																				
6	×	○	○	×	○	×																			
	⑤	③	②	②	①	①																			
7	○	×	○	○	×	○	×																		
	⑤	⑤	③	②	②	①	①																		

续上表

施工步序	开挖面																								
	D1	D2	D3	D4	D5	D6	D7	D8	D9	D10	D11	D12	D13	D14	D15	D16	D17	D18	D19	D20	D21	D22	D23	D24	D25
8	×	○	×	○	○	×	○	×																	
	⑥	⑤	⑤	③	②	②	①	①																	
9	○	×	○	×	○	○	×	○	×																
	⑥	⑥	⑤	⑤	③	②	②	①	①																
10	○	×	○	×	○	○	×	○	×	×															
	⑥	⑥	⑤	⑤	③	②	②	①	①	①															
11	○	○	×	○	×	○	○	×	○	×	×														
	⑦	⑥	⑥	⑤	⑤	③	②	②	①	①	①														
12	×	○	○	○	×	○	×	○	○	×	○	×													
	⑨	④ ⑧	⑦	⑥	⑥	⑤	⑤	③	②	②	①	①													
13	○	×	○	○	○	×	○	×	○	○	×	○	×												
	⑨	⑨	④ ⑧	⑦	⑥	⑥	⑤	⑤	③	②	②	①	①												
14	×	○	×	○	○	○	×	○	×	○	○	×	○	×											
	⑩	⑨	⑨	④ ⑧	⑦	⑥	⑥	⑤	⑤	③	②	②	①	①											
15	○	×	○	×	○	○	○	×	○	×	○	○	×	○	×										
	⑩ ⑪	⑩	⑨	⑨	④ ⑧	⑦	⑥	⑥	⑤	⑤	③	②	②	①	①										
16	×	○	×	○	×	○	○	○	×	○	×	○	○	×	○	×									
	⑫	⑩ ⑪	⑩	⑨	⑨	④ ⑧	⑦	⑥	⑥	⑤	⑤	③	②	②	①	①									
17	○	×	○	×	○	×	○	○	○	×	○	×	○	○	×	○	×								
	⑫ ⑬	⑫	⑩ ⑪	⑩	⑨	⑨	④ ⑧	⑦	⑥	⑥	⑤	⑤	③	②	②	①	①								
18	×	○	×	○	×	○	×	○	○	○	×	○	×	○	○	×	○	×							
	⑭	⑫ ⑬	⑫	⑩ ⑪	⑩	⑨	⑨	④ ⑧	⑦	⑥	⑥	⑤	⑤	③	②	②	①	①							
19	×	×	○	×	○	×	○	×	○	○	○	×	○	×	○	○	×	○	×						
	⑮	⑭	⑫ ⑬	⑫	⑩ ⑪	⑩	⑨	⑨	④ ⑧	⑦	⑥	⑥	⑤	⑤	③	②	②	①	①						
20	×	×	×	○	×	○	×	○	×	○	○	○	×	○	×	○	○	×	○	×					
	⑰	⑮	⑭	⑫ ⑬	⑫	⑩ ⑪	⑩	⑨	⑨	④ ⑧	⑦	⑥	⑥	⑤	⑤	③	②	②	①	①					

续上表

施工步序	开挖面																								
	D1	D2	D3	D4	D5	D6	D7	D8	D9	D10	D11	D12	D13	D14	D15	D16	D17	D18	D19	D20	D21	D22	D23	D24	D25
21	×	×	×	×	○	×	○	×	○	×	○	○	○	×	○	×	○	○	×	○	×				
	⑯	⑰	⑮	⑭	⑫ ⑬	⑫	⑩ ⑪	⑩	⑨	⑨	④ ⑧	⑦	⑥	⑥	⑤	⑤	③	②	②	①	①				
22	○	×	×	×	×	○	×	○	×	○	×	○	○	○	×	○	×	○	○	×	○	×			
	⑯	⑯	⑰	⑮	⑭	⑫ ⑬	⑫	⑩ ⑪	⑩	⑨	⑨	④ ⑧	⑦	⑥	⑥	⑤	⑤	③	②	②	①	①			
23	×	○	×	×	×	×	○	×	○	×	○	×	○	○	○	×	○	×	○	○	×	○	×		
	⑱	⑯	⑯	⑰	⑮	⑭	⑫ ⑬	⑫	⑩ ⑪	⑩	⑨	⑨	④ ⑧	⑦	⑥	⑥	⑤	⑤	③	②	②	①	①		
24	×	×	○	×	×	×	×	○	×	○	×	○	×	○	○	○	×	○	×	○	○	×	○	×	
	⑲	⑱	⑯	⑯	⑰	⑮	⑭	⑫ ⑬	⑫	⑩ ⑪	⑩	⑨	⑨	④ ⑧	⑦	⑥	⑥	⑤	⑤	③	②	②	①	①	
25		×	×	○	×	×	×	×	○	×	○	×	○	×	○	○	○	×	○	×	○	○	×	○	×
		⑲	⑱	⑯	⑯	⑰	⑮	⑭	⑫ ⑬	⑫	⑩ ⑪	⑩	⑨	⑨	④ ⑧	⑦	⑥	⑥	⑤	⑤	③	②	②	①	①
26			×	×	○	×	×	×	×	○	×	○	×	○	×	○	○	○	×	○	×	○	○	×	○
			⑲	⑱	⑯	⑯	⑰	⑮	⑭	⑫ ⑬	⑫	⑩ ⑪	⑩	⑨	⑨	④ ⑧	⑦	⑥	⑥	⑤	⑤	③	②	②	①
27				×	×	○	×	×	×	×	○	×	○	×	○	×	○	○	○	×	○	×	○	○	×
				⑲	⑱	⑯	⑯	⑰	⑮	⑭	⑫ ⑬	⑫	⑩ ⑪	⑩	⑨	⑨	④ ⑧	⑦	⑥	⑥	⑤	⑤	③	②	②
28					×	×	○	×	×	×	×	○	×	○	×	○	×	○	○	○	×	○	×	○	○
					⑲	⑱	⑯	⑯	⑰	⑮	⑭	⑫ ⑬	⑫	⑩ ⑪	⑩	⑨	⑨	④ ⑧	⑦	⑥	⑥	⑤	⑤	③	②
29						×	×	○	×	×	×	×	○	×	○	×	○	×	○	○	○	×	○	×	○
						⑲	⑱	⑯	⑯	⑰	⑮	⑭	⑫ ⑬	⑫	⑩ ⑪	⑩	⑨	⑨	④ ⑧	⑦	⑥	⑥	⑤	⑤	③
30							×	×	○	×	×	×	×	○	×	○	×	○	×	○	○	○	×	○	×
							⑲	⑱	⑯	⑯	⑰	⑮	⑭	⑫ ⑬	⑫	⑩ ⑪	⑩	⑨	⑨	④ ⑧	⑦	⑥	⑥	⑤	⑤
31								×	×	○	×	×	×	×	○	×	○	×	○	×	○	○	○	×	○
								⑲	⑱	⑯	⑯	⑰	⑮	⑭	⑫ ⑬	⑫	⑩ ⑪	⑩	⑨	⑨	④ ⑧	⑦	⑥	⑥	⑤

续上表

施工步序	开挖面																								
	D1	D2	D3	D4	D5	D6	D7	D8	D9	D10	D11	D12	D13	D14	D15	D16	D17	D18	D19	D20	D21	D22	D23	D24	D25
32									×	×	○	×	×	×	×	○	×	○	×	○	×	○	○	○	×
									⑲	⑱	⑯	⑯	⑰	⑮	⑭	⑫⑬	⑫	⑩⑪	⑩	⑨	⑨	④⑧	⑦	⑥	⑥
33										×	×	○	×	×	×	×	○	×	○	×	○	×	○	○	○
										⑲	⑱	⑯	⑯	⑰	⑮	⑭	⑫⑬	⑫	⑩⑪	⑩	⑨	⑨	④⑧	⑦	⑥
34											×	×	○	×	×	×	×	○	×	○	×	○	×	○	○
											⑲	⑱	⑯	⑯	⑰	⑮	⑭	⑫⑬	⑫	⑩⑪	⑩	⑨	⑨	④⑧	⑦
35												×	×	○	×	×	×	×	○	×	○	×	○	×	○
												⑲	⑱	⑯	⑯	⑰	⑮	⑭	⑫⑬	⑫	⑩⑪	⑩	⑨	⑨	④⑧
36													×	×	○	×	×	×	×	○	×	○	×	○	×
													⑲	⑱	⑯	⑯	⑰	⑮	⑭	⑫⑬	⑫	⑩⑪	⑩	⑨	⑨
37														×	×	○	×	×	×	×	○	×	○	×	○
														⑲	⑱	⑯	⑯	⑰	⑮	⑭	⑫⑬	⑫	⑩⑪	⑩	⑨
38															×	×	○	×	×	×	×	○	×	○	×
															⑲	⑱	⑯	⑯	⑰	⑮	⑭	⑫⑬	⑫	⑩⑪	⑩
39																×	×	○	×	×	×	×	○	×	○
																⑲	⑱	⑯	⑯	⑰	⑮	⑭	⑫⑬	⑫	⑩⑪
40																	×	×	○	×	×	×	×	○	×
																	⑲	⑱	⑯	⑯	⑰	⑮	⑭	⑫⑬	⑫
41																		×	×	○	×	×	×	×	○
																		⑲	⑱	⑯	⑯	⑰	⑮	⑭	⑫⑬
42																			×	×	○	×	×	×	×
																			⑲	⑱	⑯	⑯	⑰	⑮	⑭

续上表

施工步序	开挖面																								
	D 1	D 2	D 3	D 4	D 5	D 6	D 7	D 8	D 9	D 10	D 11	D 12	D 13	D 14	D 15	D 16	D 17	D 18	D 19	D 20	D 21	D 22	D 23	D 24	D 25
43																				×	×	○	×	×	×
																				⑲	⑱	⑯	⑯	⑰	⑮
44																					×	×	○	×	×
																					⑲	⑱	⑯	⑯	⑰
45																						×	×	○	×
																						⑲	⑱	⑯	⑯
46																							×	×	○
																							⑲	⑱	⑯
47																								×	×
																								⑲	⑱
48																									×
																									⑲
D3K87 + 260 ~ D3K87 + 310 段施工结束																									

(5)隧道开挖支护三维数值模拟及数据分析结论。

①施作支护实现中台阶左、右拱脚处钢架的闭环对左右导坑的拱顶沉降和内空收敛有明显的控制作用;施作闭环后,拱顶沉降和内空收敛明显减小或变化速度减小。

②施作支护实现中台阶左、右拱脚处钢架的闭环对上台阶拱脚位移控制作用明显,上台阶拱脚的沉降和内控变形趋于稳定。

③施作支护实现中台阶左、右拱脚处钢架的闭环对中台阶拱脚位移控制作用并不明显,但在一定程度上控制了变形。

④施作支护实现中台阶左、右拱脚处钢架的闭环使得隧道上台阶支护和导坑支护的钢拱架应力趋于稳定,作用明显。

(6)在导坑和大断面拱部开挖及支护施工中,采用反压导坑反压回填和两台阶(短台阶)快速封闭落地的技术措施,可快速地将大断面拱部支护落在导坑侧墙顶部并与其形成"拱墙先行封闭"的封闭式初期支护结构,同时结合导坑反压回填和拱部超前支护措施,可大大减小对拱部施工的扰动,将大断面拱部应力向侧墙本身和基底进行转移以确保拱部的施工安全(图3-9)。

(7)针对大断面隧道开挖施工高水平地应力、侧向极易变形的特点,将导坑侧墙由水平基底改为"直立型重力式"侧墙结构,底脚呈双向内扣式"反脚趾"结构,以达到抵抗大断面水平高地应力、侧向变形、抑制仰拱发生隆起变形的效果(图3-10)。

(8)相较于传统的双侧壁导坑及双侧墙导坑法多工序转换和临时支护的拆除风险，该技术中反压回填部分与中隔墙形成整体稳定结构可大大降低了导坑内侧临时支护钢架拆除时的安全风险；同时现场采用导坑与正洞初期支护钢架交错布置、里程预设措施，可避免正洞与导坑临时支护拆除时产生应力转换过大形成的初期支护变形开裂的现象，见图3-16。

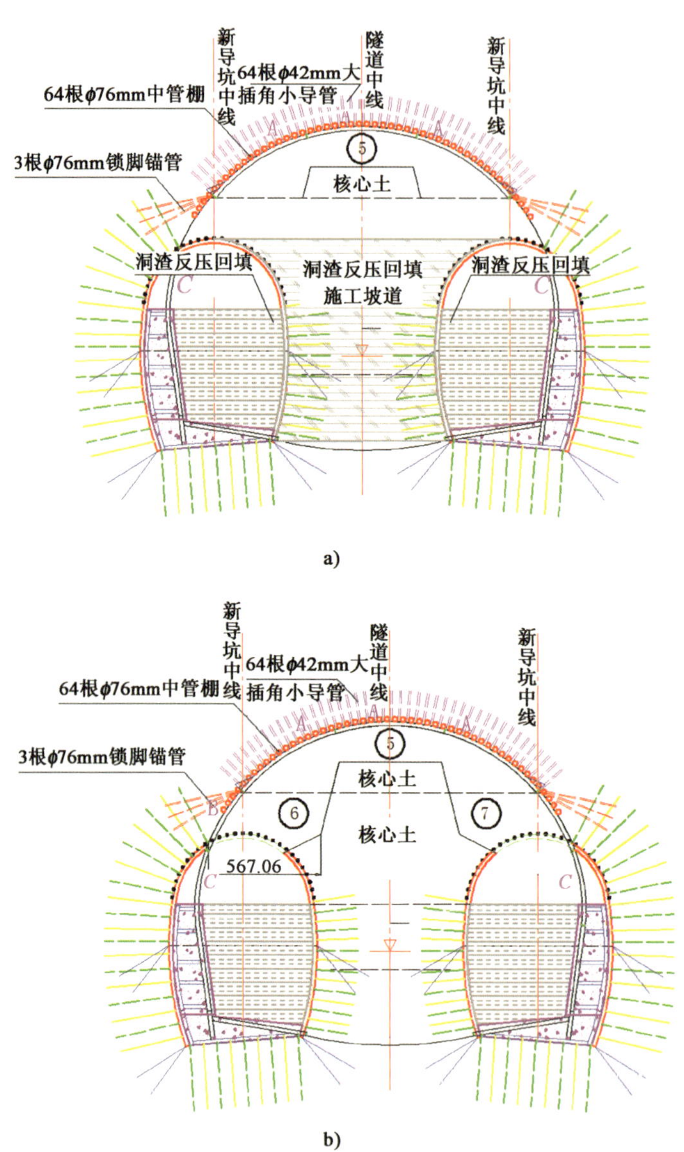

图3-16 两侧导坑反压回填及后期导坑钢架拆除整体结构体系示意图

3.5 隧道施工重点操作步骤及支护措施设定

3.5.1 隧道开挖支护顺序及操作要点

施工总体施工顺序为“先导坑、再拱部、后核部”，施工原则为“短台阶、弱爆破、早喷锚、快封闭、勤量测、共推进”，施工步骤共计17步10个开挖部位如图3-17所示。

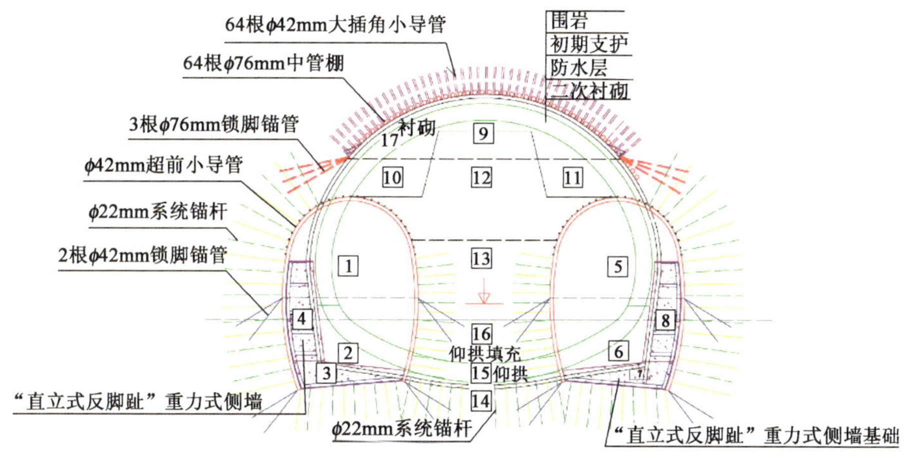

图3-17　双侧墙导坑复合台阶式法整体施工步骤

施工步骤如下：

(1)左侧导坑上台阶开挖支护。

(2)左侧导坑下台阶开挖支护(下台阶钢架喷射混凝土底脚应预留出钢架E的出露位置，可用渣土掩埋保护)。

(3)左侧导坑底部锚杆及侧墙下部基础施工(安装下部钢架并穿过下台阶钢架E的预留位置)。

(4)右侧导坑上台阶开挖支护。

(5)右侧导坑下台阶开挖支护(下台阶钢架喷射混凝土底脚应预留出钢架E的出露位置，可用渣土掩埋保护)。

(6)右侧导坑底部锚杆及侧墙下部基础施工(安装下部钢架并穿过下台阶钢架E的预留位置)。

(7) 左、右两侧导坑侧墙上部墙体施工(安装上部钢架、D与C段连接)，C段未喷混凝土支护段应在侧墙混凝土浇筑完毕后复喷封闭，顶部预留连接板做好保护措施。

(8)待两侧导坑及侧墙施工完毕后，即可进行上台阶拱部中管棚、大插角小导管施工；同时采用洞渣对左右导坑及隧道核部进行反压回填，一次回填长度不得小于5m。

(9)开挖及支护第5部位，采用预留核心土环形导坑开挖；上台阶进尺5m后立即施工两侧中台阶，按照每5m一个短台阶闭合段。完成闭合一段方可进行下一5m段循环施工(上台阶钢架安装A段，两侧拱脚采用大拱脚措施)。

(10)开挖第6部位，采用预留核心土开挖；开挖完毕后即刻进行导坑拱部钢架的拆除(中台阶左侧钢架安装B段，B段底脚与C段连接，上部于A段连接板有效连接)。

(11)开挖第7部位(中台阶第6、7部位应相互错开至少2榀以上进行)，采用预留核心土开挖；开挖完毕后即刻进行导坑拱部钢架的拆除。中台阶左侧钢架安装B段，B段底脚与C段连接，上部与A段连接板有效连接。

(12)开挖预留核心土第8部位，第8部位开挖完毕后即刻进行导坑拱部剩余钢架的拆除。

(13)开挖第9部位，并同步开挖两侧导坑回填土至台阶高度，第9部位开挖完毕后即刻进行导坑边墙钢架的拆除。

(14)开挖及支护仰拱第10部位，安装钢架F段并与E段预留连接板有效连接，对左右两侧导坑钢拱架边墙进行拆除。

(15)安装仰拱模板，完成隧道仰拱(含矮边墙)混凝土浇筑。

(16)安装仰拱填充模板，完成隧道仰拱填充混凝土浇筑。

(17)安装二次衬砌模板，完成隧道二次衬砌混凝土浇筑。

3.5.2 隧道施工支护体系及参数设定

(1)隧道大跨断面初期支护：全环HW200型钢钢架，间距0.6m/榀，初期支护混凝土为C30喷射混凝土，拱墙和仰拱厚度27cm；钢筋网采用ϕ8mm钢筋，网格间距为20cm×20cm。

①锚杆：边墙采用ϕ22mm砂浆锚杆、长度为6.0m；仰拱采用ϕ22mm中空锚杆、长度为4.0m；锚杆1.2m×1.0m(环×纵)布置；拱墙及仰拱采用C35钢筋混凝土、仰拱填充为C20混凝土。

②超前支护：隧道拱部中管棚采用ϕ76mm钢管，长度8m，环向间距40cm，按纵向5.4m一循环连续施作；大插角小导管采用ϕ42mm钢管，长度3m，环向间距40cm，按纵向2.4m一循环连续施作。

(2)左右两侧导坑初期支护：全环I20b型钢钢架，间距0.8m/榀，初期支护混凝土为C30喷射混凝土，拱墙喷射厚度25cm，钢筋网采用ϕ8mm钢筋，网格间距为20cm×20cm。

①锚杆：内侧边墙采用ϕ22mm砂浆锚杆，长度为3.0m，外侧边墙采用ϕ22mm砂浆锚杆、

长度为6.0m;导坑基底采用 ϕ22mm 中空锚杆,长度为4.0m;锚杆1.2m×1.0m(环×纵)布置;侧墙采用C20混凝土。

②超前支护:拱部 ϕ42mm 小导管,小导管环向间距0.4m,每2.4m一环,每根长3.5m,外插角45°,每环27根。

(3)隧道D3K87+260~D3K87+350合分修过渡段拱墙初期预留变形量为30cm,后期可根据监测情况调整。

3.6 现场应用效果

(1)D3K87+260~D3K87+350(90m)段安排1个隧道班组施工,作业班组于2016年9月19日进场,从2016年9月30日开始组织施工,至2017年1月9日隧道初期支护全封闭,共计(除去春节假期及故障停工23d)101d,初期支护月进尺综合为35m;按照设计单位要求,初期支护闭合成环后整体变形观测监测数据评估稳定后再浇筑衬砌,于2017年6月5日仰拱二次衬砌全部浇筑完毕。现场施工如图3-18~图3-23所示。

图3-18 双侧墙导坑复合台阶式法两侧导坑施工

应用效果及评价:双侧墙导坑复合台阶式大断面隧道施工方法,其较传统的双侧壁导坑法、双侧墙导坑法,可完全解决不良地质条件对隧道施工工法的局限性,在优化断面分割的技术上利用先期导坑侧墙为上部支护结构提供支撑,通过导坑内部反压回填可确保中隔墙开挖时应力向两侧导坑分散,反压回填部分与中隔墙形成整体稳定结构,并大大降低了导坑内侧临时支护钢架拆除时的安全风险;该技术大大减少了拱部及仰拱开挖的松弛荷载。

a)

b)

图3-19 双侧墙导坑复合台阶式法导坑内侧墙基础和侧墙墙体钢架安装

a)

b)

图 3-20　双侧墙导坑复合台阶式法导坑内侧墙墙体施工

图 3-21　双侧墙导坑复合台阶式法核部施工

图 3-22　双侧墙导坑复合台阶式法隧底施工

a)

b)

图 3-23　双侧墙导坑复合台阶式法大断面二次衬砌施工

(2)柿子园隧道 D3K87 + 260 ~ D3K87 + 350 合分修大跨断面位于龙门山构造带,处于高地应力环境下且岩体软弱。工程施工中通过对传统工法的对比研究分析,对侧向变形、底鼓等进行模拟计算,通过技术革新,创新性地提出适合于高地应力大跨断面破碎围岩施工新技术,并结合工程实体施工和科学变形监测,提出基于仰拱变形监测和分析的隧道基底结构长期稳定性评价理论,总结形成双侧墙导坑复合台阶式大断面施工工法。

该技术在大跨断面施工中解决了临时支护拆换体系结构、断面开挖划分、快速封闭成环、拱部应力荷载传递、抑制侧向变形等技术难题,通过现场试验及应用效果,得到了充分肯定,可为同类大跨度、高地应力、破碎围岩的隧道工程施工提供一定的参考。

3.7 技术成果

(1)该技术措施已获得二项国家实用新型专利:大断面隧道开挖支护结构 ZL201821199782.6;双侧墙导坑复合台阶式大断面隧道开挖支护的施工方法 201810832896.8。

(2)《现代隧道技术》核心期刊发表技术论文《高地应力隧道大跨断面破碎围岩施工新技术研究》《高地应力大跨断面破碎围岩隧道施工变形监测研究》两篇。

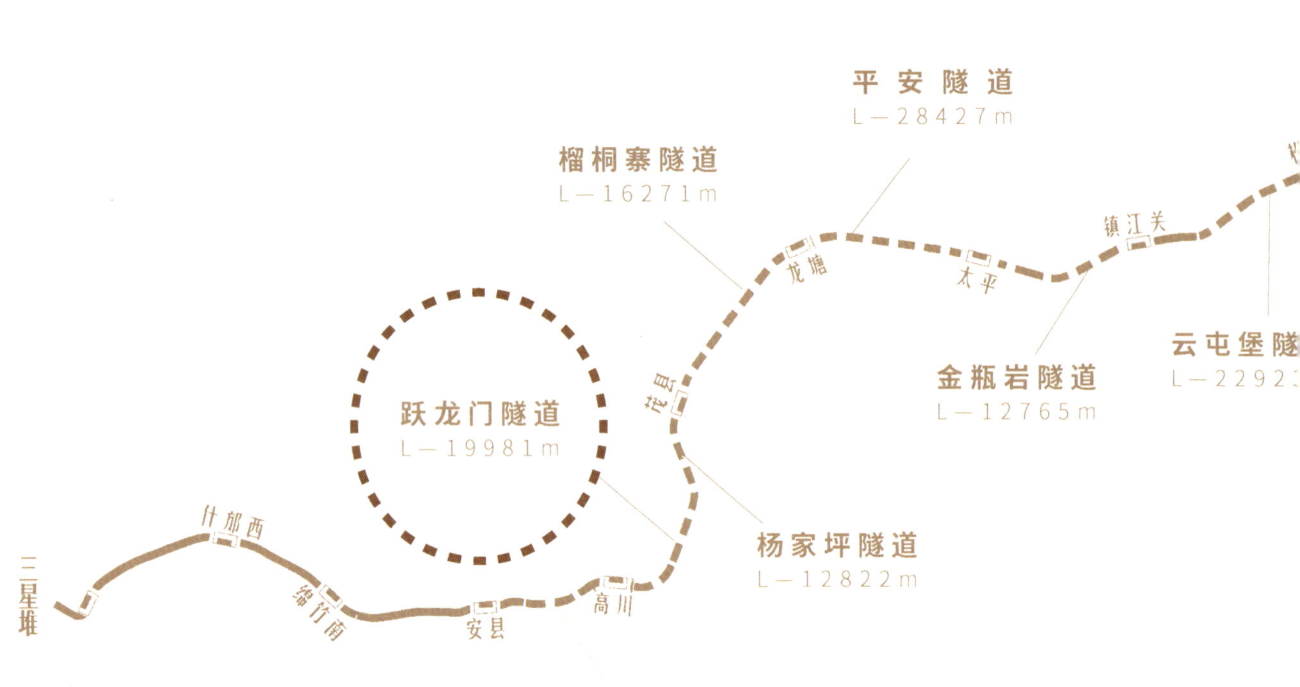

平安隧道
L—28427m
榴桐寨隧道
L—16271m
龙塘
太平
镇江关
跃龙门隧道
L—19981m
茂县
金瓶岩隧道
L—12765m
什邡西
三星堆
绵竹南
安县
高川
杨家坪隧道
L—12822m
柿子园隧道
L—14069m

第4章

活动断裂带建造

技术剖析

弓杠岭隧道
L—16310m

黄胜关

川主寺

大录

九寨隧道
L—17094m

洛大隧道
L—25063m

九寨沟

多儿

帽子山

斯娜隆德隧道
L—8162m

玉瓦寨隧道
L—13771m

岷山隧道
L—25063m

上漳隧道
L—14982m

哈达铺

黄土梁隧道
L—10071m

成兰铁路隧道穿越活动断裂带概况

成兰铁路成川段隧道5次穿越活动断裂带。沿线的活动断裂活动性强,历史上发生过多次特大地震。近百年发生的7级以上强烈地震有1933年的叠溪地震(7.6级),1976年的松潘—平武地震(7.2级),2000年的昆仑山西口地震(8级),而2008年"5·12"汶川大地震(8级)的发震断裂为龙门山断裂及其支断裂,2017年又发生了"8·08九寨沟地震"(7级)。因此,隧道穿越的活动断层未来极可能是发震断裂。

活动断裂对隧道结构及线路运营安全带来非常大的影响,隧道如何抵御可能发生强震是摆在当前的难题之一,在成兰铁路建设之前并无对于隧道临近或穿越活动断裂带隧道抗震的相关设计方法。在活动断裂范围内仅参照一般地段按照规范进行抗震设计,不适合成兰铁路的实际工程需求。因此,针对成兰铁路特定活动断裂及其影响范围开展研究,提出进一步研究隧道结构相应的工程对策。

4.2 国内外研究情况

隧道结构的抗震理论是由地面建筑抗震理论发展而来的,有关隧道结构的抗震问题研究起步较晚。

1900 年,日本的大森房吉提出了以静力理论为基础计算隧道地下结构地震作用力的理论,把惯性力视为静力作用于结构物作抗震计算。

20 世纪 60 年代初,苏联学者在抗震研究中将弹性理论用于隧道地下结构,得出了隧道地下结构地震作用的精确解和近似解。

20 世纪 60 年代末,美国修建圣弗兰西斯科海湾地区的快速运输通道(简称"BART")时,对地下隧道结构抗震问题进行深入的研究,包括抗震特点、各种结构和构件、变形限制、土压力的影响、土体的不连续性等的影响。

20 世纪 70 年代,日本学者提出了隧道地下线状结构物的抗震设计方法——反应位移法。

20 世纪 80 年代末至 90 年代初,J. P. Wolf 和 C. M. Song 提出了递推衍射法。

我国的众多研究机构、学者和工程技术人员也纷纷开展了关于地下结构的三维动力响应、土与结构相互作用、地基震动液化、软土震陷、抗震材料等问题的研究分析,取得了一定的成果。

王明年、关宝树等从地下结构动力学模型出发,认为隧道地下结构具有一定减震功能的减震结构。吴晓峰、周健等通过试验对拟定结构的加速度放大系数、压力与位移响应进行分析,并讨论了地下结构对竖向地震激励的响应,以及在不同埋深下,土与地下结构的相互作用对地下结构抗震性能的影响。高峰等通过对隧道围岩进行注浆加固和设置减震层进行计算,并分析了两种方法的减震效果、适用条件及减震机理。周德培对高烈度震区隧道洞口段的动力特性进行研究,指出隧道洞口是抗震的薄弱部位。朱合华、陶履彬等从土与结构动力相互作用观点出发,用样条有限元和半解析有限元对地下隧道结构进行了抗震分析。

但总体来说,我国在隧道地下工程抗震领域的研究中铁路相对滞后。《铁路工程抗震设计规范》(GB 50111—2006)中规定有关隧道的部分条文和《建筑抗震设计规范》(GB 50011—2010)仍采用了地震系数法。而对于隧道穿越活动断裂,国内外并无隧道临近或穿越活动断裂带隧道抗震的相关设计方法。

成兰铁路“活动断裂带”特征

成兰铁路有关的主要活动断裂有以下几条。

(1)彭县—灌县断裂

该断裂属于全新世活动断裂。据调查,2008 年 5 月 12 日汶川 8.0 级地震沿该断裂产生了地表破裂,新生的地震断层从都江堰向峨镇起,向北东一直延伸至安县桑枣镇附近。在睢水镇发现了地表破裂,其位置位于睢水河特大桥附近。紧邻大坪山隧道进口也受到地表破裂的影响。

在睢水镇发现的地标破裂,表现为缓倾角前缘的挠曲带,垂直断距 0.8 ~ 1.2m;因其走向由 NE 偏转为 NW 再偏转成 NE,该新生地表破裂应为缓倾角逆断层性质。

汶川地震龙门山前山地表破裂带的统计表明,彭县—灌县断裂地表破裂表现为右旋—逆冲错动性质,彭县—灌县断裂的最大垂直位错量达 3.5m,最大水平位错达 2.9m,但大多数地段的水平与垂直位错量之比在 1∶2 ~ 1∶3 之间,最大水平缩短量为 1.65m,表明了以逆冲和缩短作用为主的破裂性质。根据以上资料,需要进一步综合考虑彭县—灌县断裂未来百年发震及突发位错对线路桥隧的影响。

(2)北川—映秀断裂

该断裂为汶川 Ms8.0 级地震的主要发震断裂,断裂产生的地表破裂多见逆冲右旋走滑型变形。地表破裂带南西起于汶川县映秀镇附近,向北东延伸经虹口、龙门山镇(白水河)、东林寺、红白镇北、清平、茶坪、擂鼓、北川、陈家坝、桂溪凤凰村、平通,南坝止于平武县南坝东的石坎子附近,全长约 240km。

线路在高川和安县金溪湖之间与穿过地表破裂带。该段地表破裂的形态较为复杂,在高川村发现一条 NW 向地表破裂向 SE 方向沿蚂蝗岭西坡斜切蚂蝗岭延伸至花板沟与 NEE—NE 向地表破裂相交,垂直位错量达 2.5m;在金溪湖金溪村附近至茶坪北西发现一条 NE 向地表破裂,延伸长度约 5km,地表挠曲陡坎高度 0.5 ~ 0.8m。在金溪沟口至上游约 2km 处和茶坪河观音沟口、彭家院子一带则沿主干断裂发生地表位错。根据现在的调查资料推测,线路在 DK89 附近和 DK91 + 500 附近以隧洞穿越北川—映秀断裂的地表破裂带,金溪湖附近,线路与金溪湖地表破裂近于平行,相距约 200 ~ 500m。由于北川秀断裂刚发生过 8 级地震,未来百年的发震情况以及可能导致的突发地表位错的评估还需要进一步综合研究。

(3)茂汶—汶川断裂

茂汶—汶川断裂总体走向 N30°~55°E,倾向 NW,倾角 50°~70°,为后龙门山断裂的一条主干断裂,全长约 120km,晚第四纪以来表现为逆冲右旋运动性质,平均水平滑动速率为 1.0±0.1mm/a,平均垂直滑动速率为 1.0±0.1mm/a。水平与垂直位错量大致相当,合成平均滑动速率为 1.4±0.1mm/a。有史料记载以来,该断裂生过 1657 年汶川 6.5 级地震及多次 5 级左右中强地震,小震也沿断裂密集成带分布,显示出明显的近代活动性。根据现有的调查资料,没有确切证据表明该断裂在汶川 8.0 级地震中发生显著的地表破裂。

茂汶—汶川断裂穿过茂县隧道,对该隧道工程影响较大。据已有资料研究,茂汶—汶川断裂具备发生 7.0~7.5 级地震的能力,未来 100 年内可能生的最大水平突发量为 2.83±0.22m,垂直位错量为 2.45±0.28m,缩短量为 1.41±0.20m。但是汶川地震发生后,区域应力场已经改变,茂汶—汶川断裂未来 100 年内强震活动也应当重新评判,因此未来 100 年的突发位错量也就需要重新来综合评价。

(4)岷江断裂

岷江断裂时全新世活动断裂。断裂总体走向近 NS,倾向 NW,倾角 40°~70°,长约 180km。大致以川主寺为界,可以将岷江断裂分为南、北两段。两河口、较场至川主寺为岷江断裂南段,全长约 110km。有史料记载以来,断裂生过多次 5 级以上中强地震,最大地震为 1933 年叠溪 7.5 级地震,其余较大的地震有 1713 年叠溪 7 级地震和松潘南 1938 年 6 级地震;川主寺以北段为岷江断裂北段全长约 75km,历史上曾生过 1748 年 6.5 级地震和 1960 年 6.8 级地震。因此,岷江断裂全新世以来具有长期的强震活动历史,具备发生 7 级左右强震的能力,可导致产生突发地表错动。

成兰铁路从茂县北龙塘附近开始与沿岷江展布,在松潘以北—红桥关一带接近并穿过岷江断裂。线路在松潘南 DK223~225、松潘北 DK245~249 和 DK250~255 距断裂较近或穿过断裂,如果按岷江断裂 7 级左右发震来考虑,按经验估计未来发生的地表错动可能在 1.0~2.5m范围,具体数值还需要详细评判。

成兰铁路隧道与断裂空间关系统计见表 4-1。

成兰铁路成川段隧道与断裂空间关系统计表 表 4-1

序号	工程名称	活动断裂名称	活动时代	设计段落里程	长度(m)
1	柿子园隧道	龙门山前山断裂(彭县—灌县断裂)	Q_4	D2K76+870~D2K77+002	132
2	柿子园隧道	龙门山中央断裂(映秀—北川断层)	Q_4	D2K90+150~D2K90+290	140
				YD2K90+126~YD2K90+290	164
3	跃龙门隧道	龙门山中央断(高川坪断层)	Q_4	D2K94+810~D2K95+040	230
				YD2K94+770~YD2K95+000	230

续上表

序号	工程名称	活动断裂名称	活动时代	设计段落里程	长度(m)
4	茂县隧道	龙门山后山断裂(茂汶断裂)	Q_4	D8K127+720～D8K128+200	480
				YD8K127+720～YD8K128+200	480
5	红桥关隧道	岷江断裂	Q_4	D2K254+560～D2K255+040	469.33

根据活动断裂的资料和成兰铁路设计资料对于成兰铁路隧道与断层的空间关系进行了统计分析,根据统计结果,考虑震害调查分析结果,活动断裂与震害的相关性成果,确定了在成兰铁路抗震研究和抗震设计时需要重点考虑的活动断裂,分别为龙门山前山断裂和岷江活动断裂带。

隧道震害调查分析

4.4.1 隧道破坏程度分析

基于"5·12"汶川大地震开展隧道震害的灾害类型分析，同时开展隧道震害与活动断裂距离相关性的分析。将隧道与活动断裂距离按小于5km、5～10km、10～25km分别进行分析。

影响隧道在地震灾害中发生破坏的因素有很多，隧道震害的影响因素主要包括地震震级、震中距、隧道埋深情况、断层距、隧道构造条件、断裂机制和断层特性。隧道与断裂之间的距离也是其中一个很关键的影响因素，经过查阅资料发现断裂距离的影响研究比较少，而断裂距离又是一个不可忽视的重要因素。通过对汶川地震公路隧道、铁路隧道震害的调查研究分析，提取多个隧道与断裂距离相关的数据进行分析，统计并归纳相关隧道的灾害程度、发生的震害类型、隧道的实际烈度，研究隧道震害与断裂距离的关系。

根据地震对隧道的影响、以往资料以及对2008年汶川地震的现场资料分析整理，可将震害简单地划分成四类：重度灾害、中度灾害、轻度灾害、无灾害。其中重度灾害包含的震害类型有衬砌错台、混凝土掉块、二次衬砌垮塌、隧道垮塌、仰拱错台，中度灾害含有的震害类型有衬砌开裂（裂纹清晰，有一定走向）、混凝土剥落、仰拱隆起，轻度灾害含有的震害类型有衬砌开裂（不能确定裂纹方向，呈片状或网状）、施工缝开裂、衬砌渗水、路面开裂、路面渗水。根据调查得到的数据，进行归纳统计，得到隧道与断层距离的灾害构成比的柱状图，如图4-1、表4-2所示。

隧道与断层距离和灾害构成比的关系 表4-2

隧道与断层距离	0～5km	5～10km	10～15km	15～20km	大于20km
	构成比（%）				
无灾害	42	35	55	85	91
轻度灾害	31	37	20	12	9
中度灾害	19	24	22	3	—
重度灾害	8	4	3	—	—

根据调查研究，可以总结出隧道震害与断层距离之间的关系为：隧道距离断层0～5km和5～10km范围内，震害程度较为严重，其中5～10km范围内的隧道震害程度相对较大，10～15km范围内震害程度次之，超过20km后，震害大幅度降低。距离地震断裂带越远，隧道的损害程度就越轻，线路的选择应尽量远离活动断裂带，当不可避免穿越时，应尽量正交，避免小角度穿越。

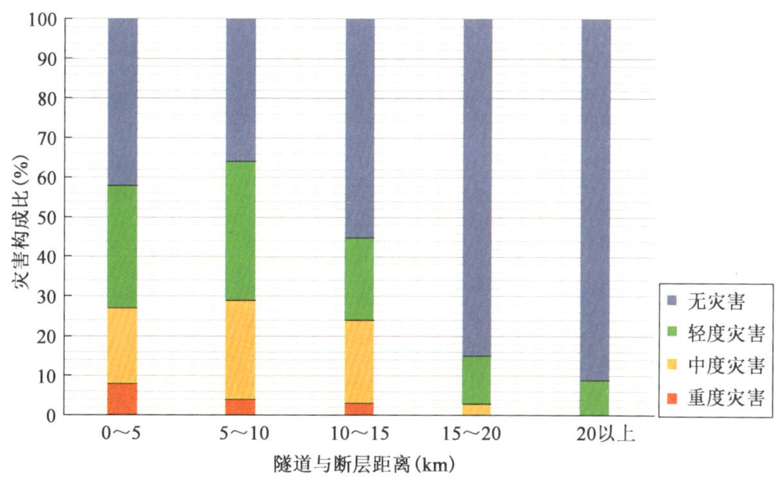

图 4-1　隧道与断层距离和灾害构成比的关系

4.4.2 隧道破坏特征与薄弱部位

4.4.2.1 隧道纵向破坏特征与薄弱部位

隧道纵向具体破坏统计结果如图 4-2、图 4-3 所示。

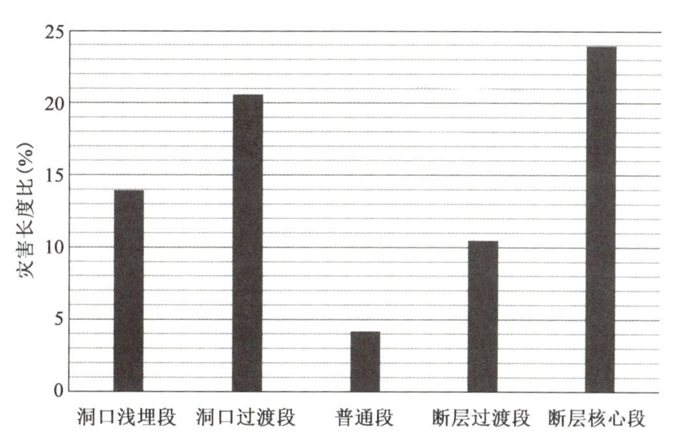

图 4-2　距断层 0 ~ 5km 范围内隧道灾害统计

由图 4-2、图 4-3 可以看出，洞口浅埋段、洞口过渡段、普通段、断层过渡段、断层核心段中，断层核心段是最容易发生破坏的地方，是坍塌、错台、隆起集中发生的地方；洞口过渡段次之；容易发生环向裂缝和底板隆起、错台洞口浅埋段再次，容易发生边坡滑塌，不规则裂缝；接下来是断层过渡段，容易发生环向裂缝和衬砌错台；最后是普通段，纵向裂缝的长度最短，无坍塌等严重破坏。

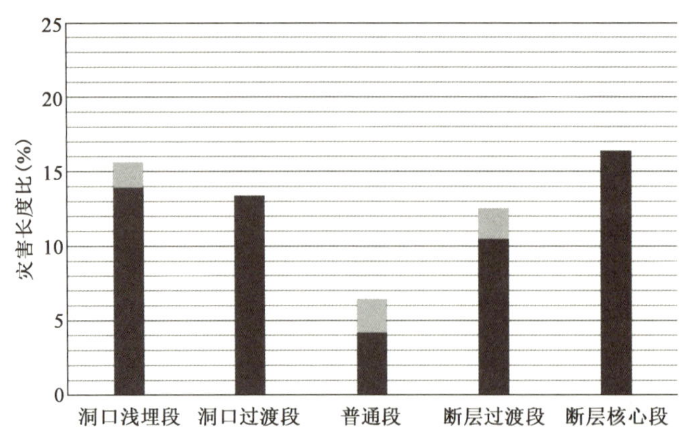

图 4-3 距断层 5 ~ 10km 范围内隧道灾害统计

4.4.2.2 隧道环向破坏特征与薄弱部位

隧道环向具体破坏统计结果如图 4-4、图 4-5 所示。

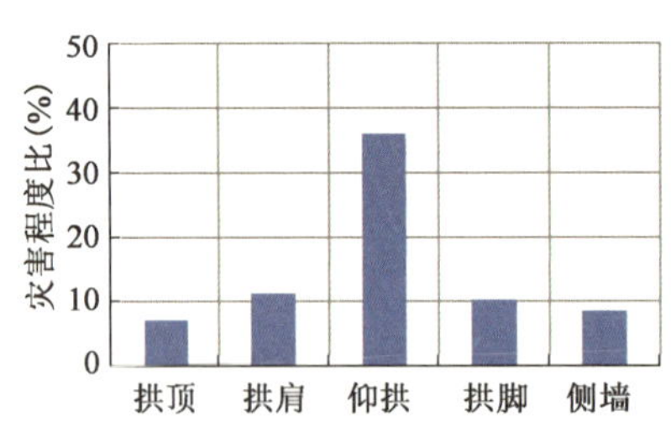

图 4-4 距断层 0 ~ 5km 范围内隧道环向灾害统计

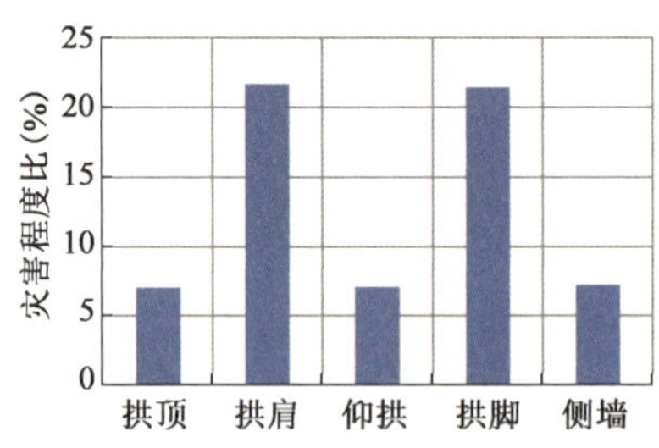

图 4-5 距断层 5 ~ 10km 范围内隧道环向灾害统计

拱顶、拱肩、仰拱、拱脚、侧墙五处中,距断层 0 ~ 5km 范围内环向破坏除了仰拱破坏处其余破坏的可能性相差并不悬殊,较为均匀发生,仰拱处最容易发生破坏,原因是此处非常容易发生开裂、渗水;距断层 5 ~ 10km 范围内拱肩处容易破坏,原因是斜向裂缝和纵向裂缝更容易在此处发生;再次是拱脚,因此处是应力集中处易发生裂缝。仰拱、侧墙和拱顶破坏程度较低。

4.4.3 隧道震害因素分析

由地震造成隧道严重受损的可能因素包括以下几个方面。

1)断层错动

断层破碎带产生黏滑或其锁固点、端点破裂而发生错动,积蓄的弹性应变能释放出来,从而发生地震。根据断层强震的集中性、地表破裂和永久位移以及破裂的方向性效应等特征,通过震害调查及机理分析发现,隧道大量的震害为剪断破坏,该破坏是由于近断层强地震产生的峰值加速度很大,地盘产生上下或水平的相对位移后)造成拱效应的降低或瞬间失去岩压自持力,迫使隧道的线性构造发生剪切变形而破坏。断层错动使围岩直接产生剪切位移,它可以穿过覆盖层直达地表。这种剪切变形通常被限制在活动断层周围一个狭小的范围内,但这种突然的变位方式引起隧道的破坏是灾难性的。成兰铁路线区穿越活动断裂位错速率预估见表4-3。

成兰铁路穿越活动断裂位错速率预估表　　表4-3

断层名称	预估位错量
什邡—竹瓦铺断裂与绵竹断裂	预计平均垂直滑动速率为0.13~0.24mm/a
彭县—灌县断裂	预计平均水平滑动速率值应介于0.78~1.25mm/a之间,均值为1mm/a
北川—映秀断裂	预计水平滑动速率应在0.82~1.3mm/a之间,均值约在1.1mm/a左右
茂汶—汶川断裂	预计平均水平滑动速率为0.7~1.1mm/a,均值为0.9mm/a
岷江断裂	该断裂晚更新世以来的平均垂直滑动速率介于0.37~0.53mm/a
东昆仑断裂和塔藏断裂	预计平均滑动速率为2.7~2.8mm/a
迭部—白龙江断裂和光盖山—迭山断裂	全新世以来的平均水平速率为1.3~2.6mm/a
临潭—宕昌断裂	预计平均水平滑动速率为2.0~2.5mm/a,垂直滑动速率为0.18mm/a

2)地震波震动效应

地震波包括P波、S波、表面波(Rayleigh波和Love波),圆形隧道遭受地震波作用时,将可能发生轴向变形、横断面压缩变形、轴向弯曲变形及椭圆形的变形。轴向变形主要是由沿隧道纵向之P波所致。若P波入射方向与隧道轴线成正交,即P波沿隧道横断而方向行进时,将造成隧道横断面的压缩变形。轴向弯曲变形主要由沿隧道纵向的S波及表面波(如Love波)所造成。当S波沿隧道横向行进时,则可能产生椭圆形变形。由地震波引起隧道本身出现的剧烈震动,产生的是循环交替的压应变和张应变,这是由于隧道的轴向变形和弯曲变形引起的。对于无衬砌或柔性衬砌的岩石隧道,在出现正弯曲时,衬砌顶板承受张应变,底部承受压应变;如果隧道衬砌的刚度比围岩大,则正好相反。这些应变叠加在隧道衬砌和围岩原有的压应变之上。当叠加压应变时,导致原有压应变进一步增大,衬砌即可能局部弯曲,出现剥落;如果叠加张应变且大于原有压应变,则由此产生的张应变状态可能导致某个部位的衬砌开裂。

隧道的震动变形方式和震害受地震波入射方向的影响较大。一般而言,地震波平行于隧道轴线或是斜交于隧道轴线传播引起隧道轴向拉伸、压缩变形和弯曲变形;垂直或是近于垂直隧道洞轴线传播的地震波会引起隧道环形变形(呈椭圆形)。

3)震级和震中距的影响

地震震级为衡量一次地震释放能量大小的尺度,一次地震对隧道的影响程度除了震级以外,相关的统计报告中指出,里氏震级超过6级的地震将会造成隧道严重破坏,震级越大,地震一次性释放的能量就越大,隧道的受损程度越严重。地震对隧道的影响程度除了震级以外,和与破碎带距离也有关系。同样震级大小的地震,距离震中越近的地方,影响及破坏程度越严重。

4)地形地质条件

隧道洞口边坡的地形条件以及地质状况对洞口的抗震能力影响比较大。隧道洞口地段埋深浅,覆盖层多为强风化的堆积体,当强烈地震发生时,容易造成滑坡、崩塌、洞门开裂、衬砌变形等震害。隧道洞内的震害一般多发生在围岩质量差和地层条件有较大变化的部位。松散堆积物和破碎软弱围岩由于其力学性质较差,阻尼比较大,它们对衬砌结构的约束差、动应力大,因此,隧道所受的破坏也就大。

地层位移和隧道表层土自身惯性力产生的震动是影响浅埋隧道地震响应的两个重要因素。埋深小于50m的浅埋隧道,当其位于Ⅲ级围岩或更差的围岩条件内时容易发生地震破坏,随着隧道埋深的逐渐增加,位于Ⅱ级岩体内的隧道可能发生地震破坏。以此类推,当埋置深度大于500m时,隧道很难发生震害。一般而言,深埋隧道的围岩地质条件较好,故隧道的震害案例很少。然而,汶川地震中龙溪隧道洞身段埋深为500m处仍发生了衬砌混凝土大面积塌落、结构开裂等破坏。因此,覆土层的厚度、地层条件、基岩面的深度共同影响着隧道的受震行为。

5)隧道结构条件的影响

隧道断面的变化处、隧道分叉处或是汇合处、与不同结构物的结合处、急曲线处、急坡处等都是隧道构造抗震上的薄弱环节。

当衬砌背面存在空洞或拱顶衬砌厚度不足时,地震作用下围岩不能对衬砌结构形成有效支撑、不能抑制结构的变形,因此,可能导致衬砌的拱顶开裂、混凝土剥落,甚至坍塌。

对于采用无筋混凝土衬砌的隧道,衬砌厚度较大地段的震害程度高于衬砌厚度相对较小的地段。

4.4.4 小结

根据汶川地震和典型地震震害分析可知:

(1)距断层越近隧道震害越严重,主要隧道的震害一般发生在10km以内,超过25km,隧道结构几乎很少发生破坏。

(2)隧道纵向断层核心段最易发生破坏,并伴随坍塌、错台、隆起等现象;洞口过渡段破坏程度次之,洞口浅埋段其次,断层过渡段再次之;隧道环向距断层0~5km范围,仰拱处最易发生破坏;距断层5~10km范围拱肩处最易发生破坏。

4.5 现场数据采集

4.5.1 地脉动监测

地脉动的监测是一种在没有强震源的情况下，仅依靠自然或人为产生的“天然”震源产生的地表微弱的震动来进行观测，它不同于地震勘探可以使地表产生较明显的震动，仪器可以较轻松地检测得到。通过对成兰铁路沿线地脉动信号的采集、分析和处理以及对地脉动频谱的分析，得出以下结论：

(1)地脉动频谱特性能够反映出场地岩土体的构成与动力特性，地脉动频谱的变化也能够反映场地岩土体的构成和动力特性的变化。

(2)通过对地脉动的频谱分析，可以确定场地的卓越周期，在进行隧道衬砌结构抗震设计时，尽量改变结构形式，避免结构的卓越周期与场地土的卓越周期相近或相同，以免引起共震。

(3)岩土层结构对场地地脉动频谱特征有着直接的影响，成兰铁路沿线上覆土层厚度是影响地脉动卓越周期、地脉动的峰值频率和形态的重要原因。

(4)地脉动监测与数据分析是研究隧道场地动力特性的基础，全面考虑监测环境，场地特性影响等，并结合当地区域地脉动分布特性和室内数值模拟分析结果进行研究，得到场地土动力特性参数。

(5)由地脉动反应谱得到隧道场地的卓越周期，中心频率等动力特性参数，为后面的动力计算提供计算参数，使得数值模拟计算更接近与实际工程。

4.5.2 成兰铁路沿线区域地震动确定

4.5.2.1 汶川地震强震记录解析

对2008年5月12日汶川Ms8.0级地震的近断层68组加速度强震观测记录进行了整理和解析，为研究成兰铁路沿线地震动特征和确定抗震研究和抗震设计指标提供依据。每个台站各有3个分量(EW、NS、UD)记录，通过解析强震观测数据，得到各个台站所对应的强地震动参数并统计得到最大值。部分解析结果的列于表4-4中，地震动参数分别为地面峰值加速度(PGA)、地面峰值速度(PGV)、最大加速度反应谱(PSA)和谱强度(SI)，均为反映地震动破坏效应的重要指标。

观测台站的地震动参数基于强震记录(PGA、PGV、PSA、SI)(节选) 表 4-4

编号	站台编号	站台名称	PGA(cm/s²)	PGV(cm/s)	PSA(cm/s²)	SI(cm)
1	51AXT	安县塔水	289.54	38.97	1061.52	69.91
2	51MXN	茂县南新	421.28	34.30	1380.08	77.22
3	51MXT	茂县地办	306.57	20.25	1303.44	62.59
4	51MZQ	绵竹清平	824.12	80.99	2356.05	116.74
5	51SFB	什邡八角	633.09	61.05	3111.81	151.26
6	51WCW	汶川卧龙	957.70	47.91	3320.01	156.74
7	51BXD	宝兴地震局	77.54	3.56	333.47	9.00
8	51BXY	宝兴盐井	190.23	7.54	658.12	19.44
9	51BXZ	宝兴民治	153.25	6.65	567.54	17.63
10	51CDZ	成都中和	79.80	13.19	196.00	21.18
11	51CXQ	苍溪气象局	184.83	27.10	674.05	34.86
12	51DXY	大邑银屏	135.11	21.50	589.40	37.97
13	51DYB	德阳白马	136.33	31.61	472.02	37.34
14	51GYS	广元石井	320.49	20.13	1223.00	38.67
15	51GYZ	广元曾家	424.48	29.29	2393.09	82.69
16	51HSD	黑水地办	102.49	5.51	409.04	14.25
17	51HSL	黑水双溜索	142.56	7.84	872.38	18.19
18	51JYC	江油重华	297.19	30.46	1076.14	89.34
19	51JYD	江油地震台	511.33	35.93	2456.49	70.51
20	51JYH	江油含增	519.49	30.88	2769.53	57.50
21	51JZB	九寨白河	112.20	6.13	373.56	12.05
22	51JZG	九寨郭元	241.45	9.50	753.84	21.14
23	51JZW	九寨勿角	173.72	7.70	646.54	17.60
24	51JZY	九寨沟永丰	100.04	5.97	343.25	11.37
25	51JZZ	九寨章扎	299.48	6.07	811.11	14.80

4.5.2.2 成兰铁路沿线的地震动衰减关系

地震时,活动断层对隧道结构的破坏主要有两种形式:一种是穿越活动断层的隧道在断层面发生较大错动时直接被剪切破坏;另一种则是隧道结构受到地震波作用,发生震动破坏。

汶川大地震之后,四川地区的地震动数据得到迅速积累,这对于建立当地的地震动衰减关系是极为宝贵的。基于多参数衰减公式,使用了大量汶川地震本震与余震记录,建立了成兰铁路地区的地震动距离衰减关系。图 4-6 所示为使用汶川地震数据拟合衰减曲线。

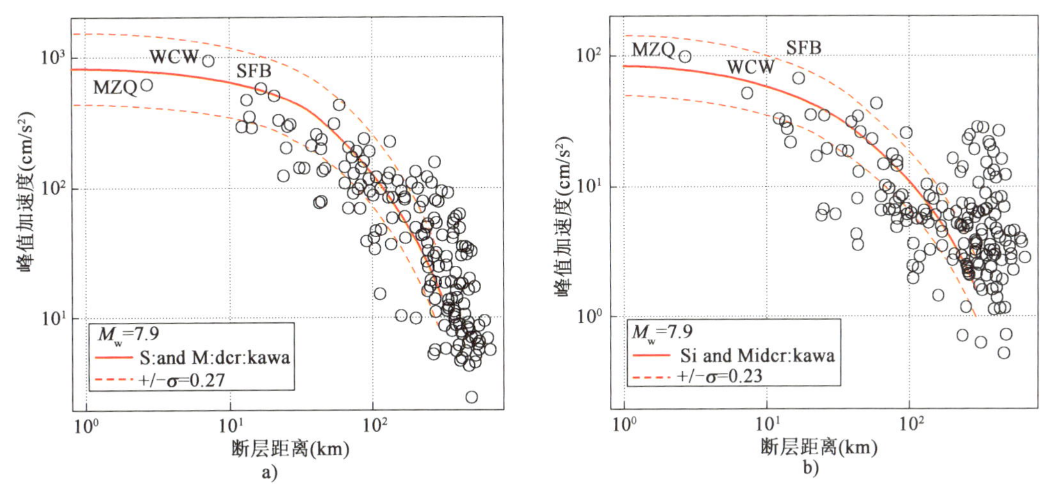

图 4-6 成兰铁路沿线的地震动距离衰减关系

MZQ-绵竹清平;WCW-汶川卧龙;SFB-什邡八角(以上均为国家地震台编号)

成兰沿线的地震动距离衰减关系不仅计算了最大加速度 PGA,还同时计算了最大速度 PGV 等指标。对于汶川地震实际记录的解析和应用,结合衰减关系以及理论地震动计算,为开展成兰铁路沿线抗震研究和抗震设计时如何确定地震动水平提供了依据。

成兰铁路提出的衰减模型采用了大量的本震和余震记录,较之其他三个衰减模型具有更好的适用性。如图 4-7 所示的三条绿色线分别表示衰减模型中采用不同地震数据的比较结果。

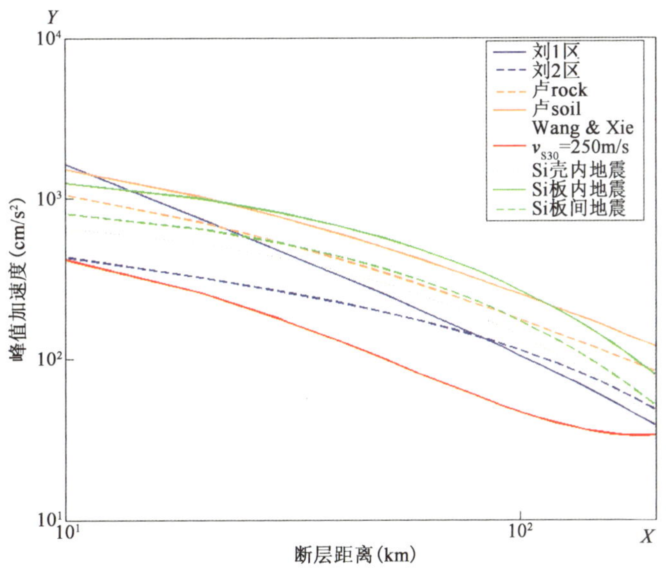

图 4-7 提出的衰减模型与其他模型对比

成兰铁路提出的模型不受断层距和震级的限制,与汶川主震数据匹配良好,衰减模型简洁,可以方便为工程设计提供参考,可作为龙门山断裂带的衰减关系使用,其关系式是:

$$y = 10^{[4.6184 - \lg(x+49) - 0.003 \times x]} \tag{4-1}$$

式中：y——峰值加速度；

x——与断层线的垂直距离。

图 4-8 为确立的成兰铁路地区地震动预测曲线(衰减关系)。

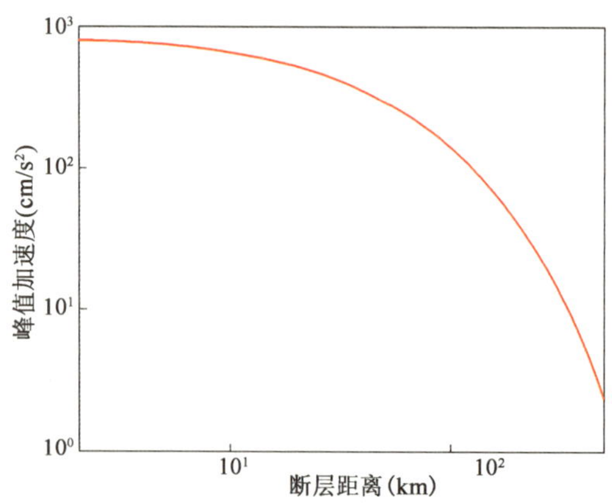

图 4-8　成兰铁路地区地震动预测曲线(衰减关系)

4.5.2.3　成兰铁路沿线地震动确定

1)计算方法

采用用 Kamae 和 Irikura 提出的经验格林函数法(Empirical Green's Function Method)计算地震动的高频部分。低频部分地震动采用确定性方法——有限差分法进行理论计算，将两者进行合成可以得到任意点的强地震动记录。

2)震源计算模型

建立基于有限断层假定的震源模型，包括三项主要内容：一是确定断层全局震源参数；二是确定局部震源参数；三是基于全局和局部震源参数近似确定震源时空破裂过程。

采用汶川地震的震源反演数据构建龙门山断裂带破裂断层的震源计算模型，用于成兰铁路沿线三维地震动理论计算评价。图 4-9 所示为成兰铁路沿线地区地震理论计算特征化震源模型。

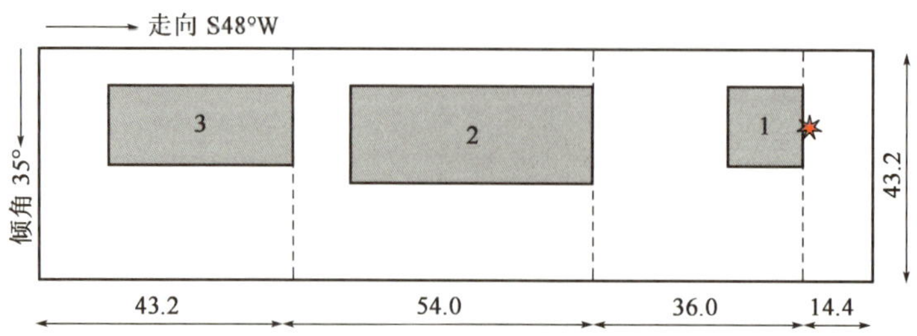

图 4-9　成兰铁路沿线地区地震理论计算特征化震源模型(示例)(尺寸单位：km)

3)场地地下结构模型

综合地震勘探、地质资料、地形资料、深孔资料(第四系层序地层和物性分析)、各地层波速试验资料(V_s,V_p)以及其他调查资料,通过确定典型地层的空间分布和物性参数,建立符合地质学和地形学理论三维不均匀地层结构模型。

根据成兰铁路地区的地质与地震条件,建立了使用于成兰铁路地震动计算的地下速度结构模型,如图4-10、图4-11所示。

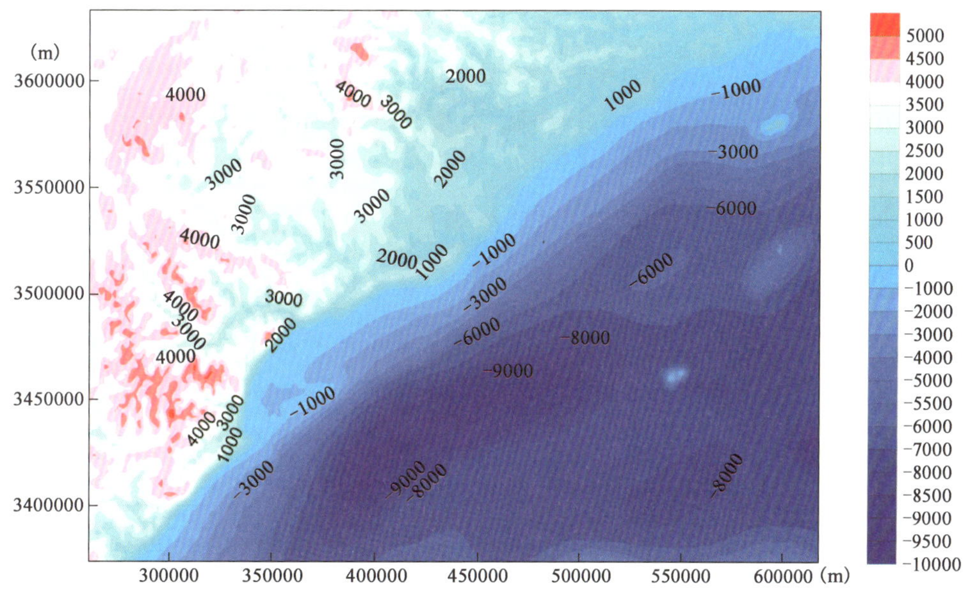

图4-10 成兰铁路沿线地区地下结构模型(基岩)

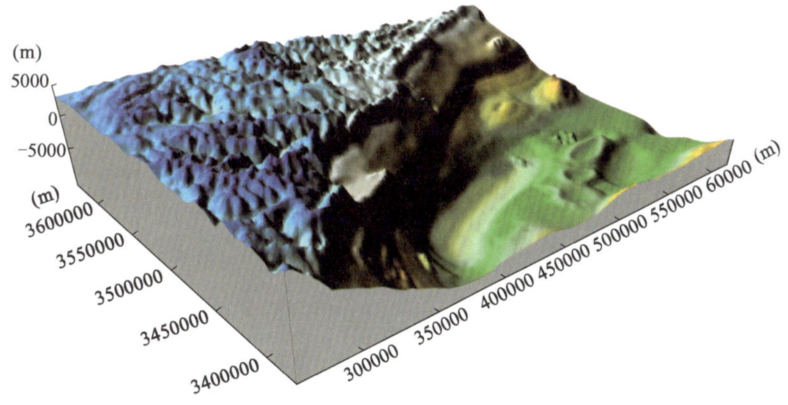

图4-11 成兰铁路沿线地区地下结构模型鸟瞰图(基岩)

4)地震动理论计算结果

根据上述震源模型和地下速度结构模型,采用复合地震动计算方法,通过对成兰铁路沿线工程目标开展三维地震动理论计算,得到典型工点的加速度波形,最大加速度地震动分布等结果。图4-12所示为地震动理论计算结果的示例，由左至右分别为EW分量，NS分量和UD分量。在实际使用时，需要根据设防标准对波形进行幅值、周期等调整。

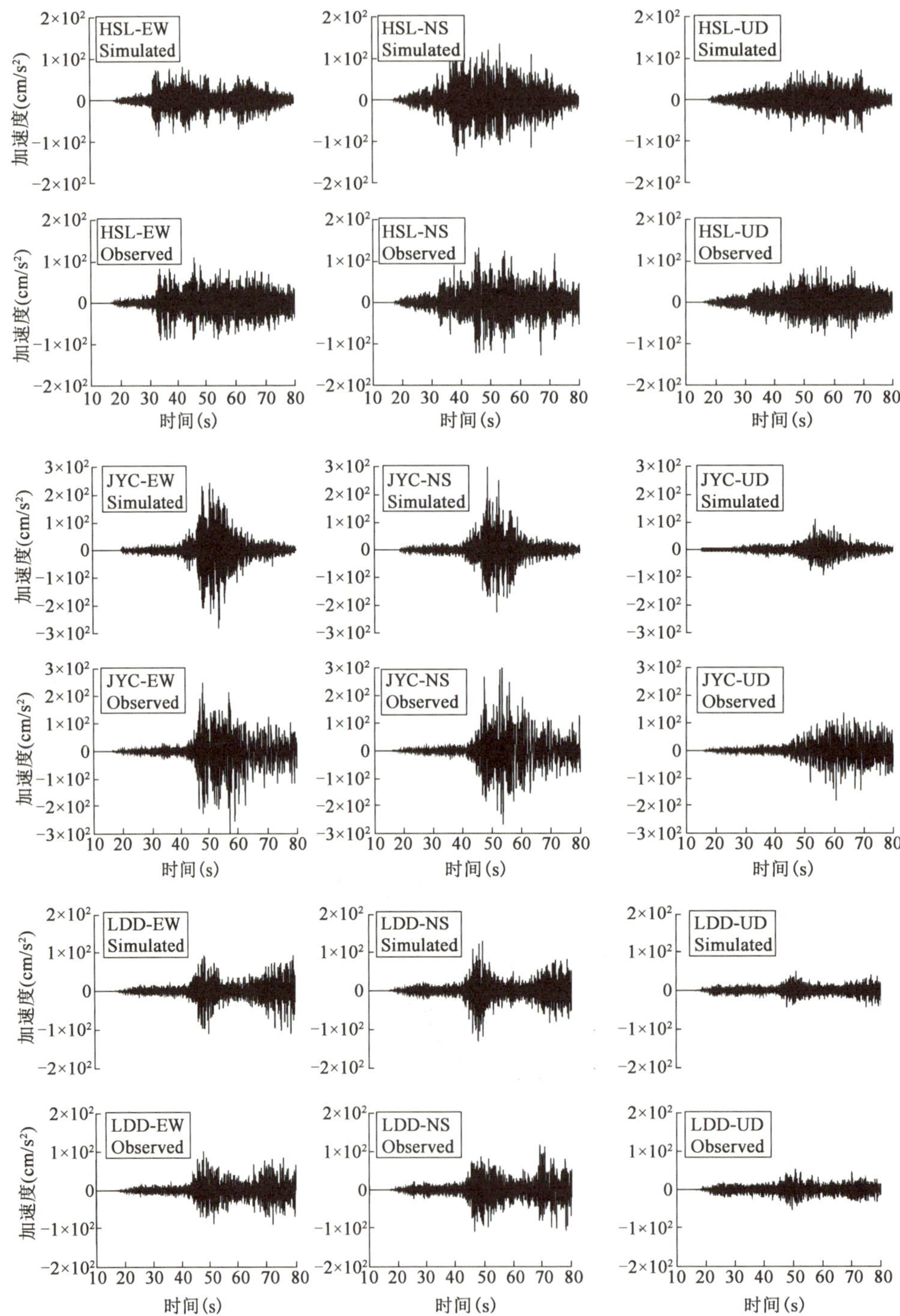

图4-12 理论计算结果——典型工点的加速度波形(示例)(由左至右EW,NS,UD三分量)
HSL-黑水双溜索；JYC-江油重华；LDD-泸定得妥(以上均为国家地震台编号)

4.5.3 成兰铁路沿线活动断层位错量

通过以上宏观震害分析研究,把握了隧道破坏类型,破坏特征与薄弱部位,研究活动断裂距离与震害及灾害类型的相关性,为建立成兰铁路隧道工程的抗震原则、选择对于线路有威胁的活动断层、制订抗震对策提供了依据。但是上述成果只能提供定型化的依据,具体抗震研究还需要成兰铁路沿线的量化地震危害指标。

隧道震害主要源自跨越活动断裂的错动破坏和近断层强地震的震动破坏。因此,首先要确定跨越活动断裂的错动破坏相关形式。确定破坏相关形式的内容包括以下两点:

(1)成兰铁路沿线的跨越活动断裂时位错量。

(2)成兰铁路沿线的跨越活动断裂时围岩上位错分布,为成兰铁路跨越断层抗位错提供合理的位错量指标。

4.5.3.1 活动断裂震级与破裂参数相关性

1)经典破裂关系公式

为确定断层位错面上的位错量,开展了以下研究,根据震级与破裂参数的著名公式——WC经验关系进行相关参数的统计分析;使用中国西部地区地震的破裂资料对WC经验公式进行修订,综合研究成果,为成兰铁路工程抗位错设计提供位错量量值。

Donald L. Wells和Kevin J. Coppersmith对全世界范围内421次伴随地表破裂的地震进行统计分析,归纳拟合出了震级与地表最大位移和同震位错量之间的函数关系。依据公式,对成兰铁路可能遭遇的4级到8级地震,每0.5级地震进行了细化计算和统计,推导出得出地表最大位移与地震震级的关系,见表4-5。同时,基于大量的数据推导了地表同震位错AD与矩震级Mw的经验关系,见表4-6。

地表最大位移与地震震级的关系　　表4-5

矩震级Mw	地表最大位移(km)			
	所有	走滑断层	逆断层	正断层
4	0.0066	0.0012	0.2089	0.0046
4.5	0.0170	0.0040	0.2917	0.0127
5	0.0437	0.0132	0.4074	0.0355
5	0.0437	0.0132	0.4074	0.0355
5.5	0.1122	0.0432	0.5689	0.0989
6	0.2884	0.1413	0.7943	0.2754
6.5	0.7413	0.4624	1.1092	0.7674
7	1.9055	1.5136	1.5488	2.1380
7.5	4.8978	4.9545	2.1627	5.9566
8	12.5893	16.2181	3.0200	16.5959

同震平均位错与地震震级的关系 表4-6

矩震级 Mw	地表最大位移(km)			
	所有	走滑断层	逆断层	正断层
4	0.0091	0.0019	0.3802	0.0117
4.5	0.0202	0.0054	0.4169	0.0243
5	0.0447	0.0151	0.4571	0.0501
5	0.0447	0.0151	0.4571	0.0501
5.5	0.0989	0.0427	0.5012	0.1035
6	0.2188	0.1202	0.5495	0.2138
6.5	0.4842	0.3388	0.6026	0.4416
7	1.0715	0.9550	0.6607	0.9120
7.5	2.3714	2.6915	0.7244	1.8836
8	5.2481	7.5858	0.7943	3.8905

将上述结果与成兰铁路地质勘察报告以及“5·12”汶川地震的调查结果进行比较，发现绝大多数数据都分布于表4-5、表4-6所得出的位移范围内，所以其得到的震级与地表最大位移和地表平均位移的计算关系可以应用于四川地区和成兰铁路。

2）破裂公式的完善

根据以上情况，针对中国西部成兰铁路沿线地震进行统计分析，统计总结出中国西部震级与破裂长度和地表最大破裂位移的关系。研究震级与地震地表破裂长度及最大位移之间的关系，认为存在以下线性相关关系：

$$M_s = a + b \times \lg L \tag{4-2}$$

$$\lg L = a + b \times M_s \tag{4-3}$$

$$M_s = a + b \times \lg D \tag{4-4}$$

$$\lg D = a + b \times M_s \tag{4-5}$$

$$M_s = a + b \times \lg(DL) \tag{4-6}$$

$$\lg(DL) = a + b \times M_s \tag{4-7}$$

式中：M_s——代表震级；

L——破裂带长度；

D——最大位移；

a、b——回归常数，对于a、b，本章认为不同的断层类型，不同的区域范围，所获得统计结果不同。

在分类讨论时假定：

①式(4-2)、式(4-3)中M_s与D无关，与L相关；

②式(4-4)、式(4-5)中M_s与L无关，与D相关；

③式(4-6)、式(4-7)中M_s与D、L均相关，认为D和L对M_s的影响特征相同。

将震级M_s与破裂长度L分别按照：$M_s = a_1 + b_1 \lg L$与$\lg L = a_2 + b_2 M_s$的线性相关关系，用最小二乘法进行回归分析，得到的结果列于表4-7。

地震震级 M_s—破裂长度 L 关系回归　　表 4-7

断层类型	样本数	按 $M_s=a_1+b_1\lg L$ 回归				按 $\lg L=a_2+b_2M_s$ 回归			
		a_1 值	b_1 值	剩余标准差 S	相关性系数 R	a_2 值	b_2 值	剩余标准差 S	相关性系数 R
走滑型	34	4.830	1.400	0.38	0.917	-2.660	0.600	0.249	0.917
走滑兼倾滑	22	4.010	1.850	0.67	0.9	-1.504	0.437	0.326	0.900
倾滑型	12	4.180	1.950	0.48	0.744	-0.485	0.285	0.185	0.744
全部	68	4.360	1.690	0.54	0.89	-1.743	0.469	0.285	0.890

可以看出，按 $M_s=a_1+b_1\lg L$ 的形式进行回归得到的系数 a_1 与 b_1 正相关，a_1 的收敛区间在[4,4.83]内，b_1 的收敛区间在[1.4,1.95]内，都比较狭小，说明回归关系的统计比较稳定。剩余标准差取值 $0.38\leqslant S\leqslant 0.67$，其中走滑型断层样本数量居多，剩余标准差也较小。相关性系数取值 $0.744\leqslant R\leqslant 0.917$，各样本点与回归直线偏差较小，相关性较好。

按 $\lg L=a_2+b_2M_s$ 的形式进行回归得到的系数 a_2 与 b_2 则为负相关，a_2 的收敛区间在[-0.485,-2.66]内，b_2 的收敛区间在[0.285,0.6]内，三条直线的延长线在 M 轴上的截距为走滑型最大，走滑兼倾滑居中，倾滑型最小。剩余标准差取值 $0.185\leqslant S\leqslant 0.326$，精度良好。相关性系数取值 $0.744\leqslant R\leqslant 0.917$，如图 4-13 所示。

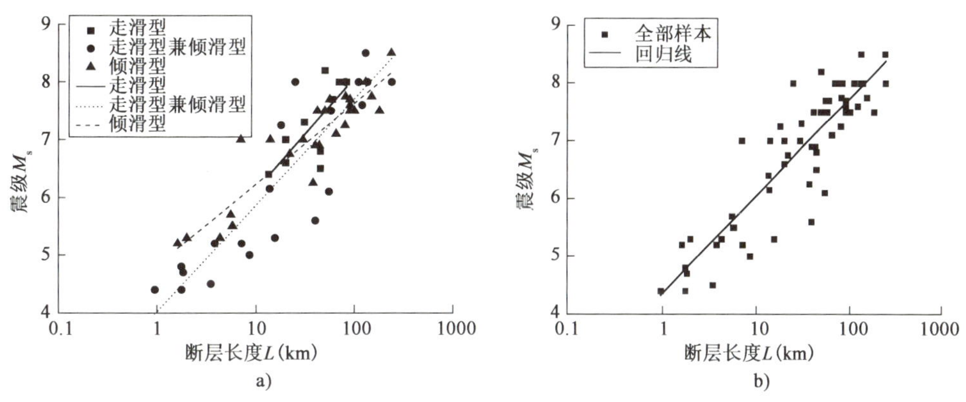

图 4-13　地震震级 M_s—破裂长度 L 关系回归

3)震级与最大位移回归关系式

将震级 M_s 与最大位移 D 分别按照 $M_s=a_1+b_1\lg D$ 与 $\lg D=a_2+b_2M_s$ 的线性相关关系，用最小二乘法进行回归分析，得到的结果列于表 4-8。

地震震级 M_s—最大位移 D 的关系回归　　表 4-8

断层类型	样本数	按 $M_s=a_1+b_1\lg D$ 回归				按 $\lg D=a_2+b_2M_s$ 回归			
		a_1 值	b_1 值	剩余标准差 S	相关性系数 R	a_2 值	b_2 值	剩余标准差 S	相关性系数 R
走滑型	34	6.399	1.402	0.524	0.850	-3.242	0.522	0.322	0.850
走滑兼倾滑	22	6.690	1.410	0.339	0.975	-4.509	0.674	0.234	0.975
倾滑型	12	7.090	1.005	0.327	0.848	-5.01	0.719	0.279	0.848
全部	68	6.630	1.332	0.485	0.900	-3.977	0.608	0.329	0.900

可以看出，按 $M_s = a_1 + b_1 \lg D$ 的形式进行回归得到的系数 a_1 与 b_1 正相关，a_1 的收敛区间在[6.399,7.09]内，b_1 的收敛区间在[1.00,1.41]内，说明三条直线的斜率由小到大依次为走滑型、走滑兼倾滑型、倾滑型。走滑型直线与走滑兼倾滑型直线在 M 轴上截距相近，倾滑型直线在 M 轴上截距较小。剩余标准差取值 $0.327 \leqslant S \leqslant 0.524$，相关性系数取值 $0.848 \leqslant R \leqslant 0.975$，说明各样本点与直线偏差较小，相关性较好。

按 $\lg D = a_2 + b_2 M_s$ 的形式进行回归得到的系数 a_2 与 b_2 则为负相关。a_2 的收敛区间在[-1.986,-4.509]内，b_2 的收敛区间在[0.522,0.716]内。剩余标准差取值 $0.234 \leqslant S \leqslant 0.329$，精度良好。相关性系数取值 $0.744 \leqslant R \leqslant 0.917$，如图4-14所示。

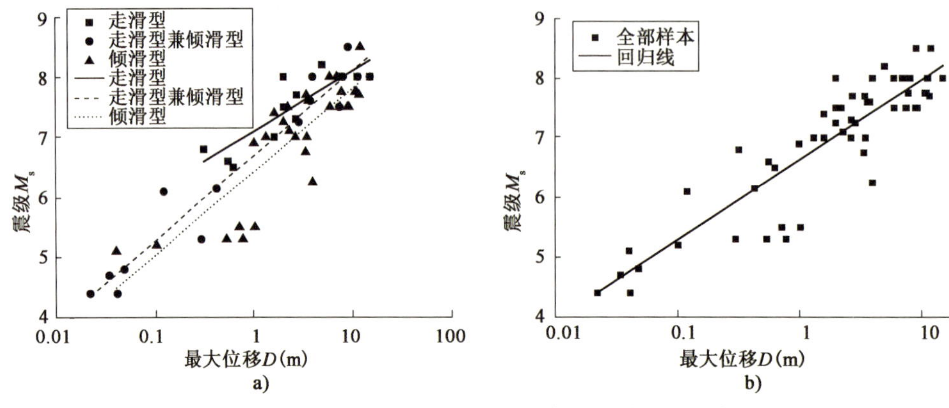

图4-14 地震震级 M_s—最大位移 D 关系回归图像

4）震级 M_s—破裂长度与位移之积（DL）回归关系式

对 M_s 和 DL 进行统计分析发现有很高的相关性，M_s 与 DL 之间的统计关系越来越受到重视。讨论震级 M_s 与 DL 的关系，实际上是认为 L 与 D 都对 M_s 有影响，而且影响程度相同。直观的，可以认为 DL 即是“错开面积”。但在二者相乘时，L 的单位为km，而 D 的单位为m。

将表中破裂长度 L 与最大位移 D 相乘，再分别按照 $M_s = a_1 + b_1 \lg(DL)$ 与 $\lg(DL) = a_2 + b_2 M_s$ 的线性相关关系，用最小二乘法进行回归分析，得到的结果见表4-9。

地震震级 M_s—破裂长度与错开面积 DL 关系回归　　表4-9

断层类型	样本数	按 $M_s = a_1 + b_1 \lg(DL)$ 回归				按 $\lg DL = a_2 + b_2 M_s$ 回归			
		a_1 值	b_1 值	剩余标准差 S	相关性系数 R	a_2 值	b_2 值	剩余标准差 S	相关性系数 R
走滑型	34	5.454	0.775	0.400	0.899	-5.285	1.042	0.463	0.899
走滑兼倾滑	22	5.550	0.835	0.311	0.979	-6.306	1.148	0.364	0.979
倾滑型	12	5.755	0.809	0.281	0.915	-5.642	1.036	0.318	0.915
全部	68	5.530	0.805	0.369	0.943	-5.909	1.106	0.433	0.943

由表4-9可以看出，按 $M_s = a_1 + b_1 \lg DL$ 的形式进行回归得到的系数 a_1 与 b_1 正相关，a_1 的收敛区间在[5.454,5.755]内，b_1 的收敛区间在[0.775,0.835]内，都比较狭小，说明回归关系的统计比较稳定。剩余标准差取值 $0.281 \leqslant S \leqslant 0.4$。相关性系数取值 $0.899 \leqslant R \leqslant 0.979$，可以认为各样本点与直线偏差较小，相关性较好。

按 $\lg DL = a_2 + b_2 M_s$ 的形式进行回归得到的系数 a_2 与 b_2 则为负相关 a_2 的收敛区间在[-5.642，-6.306]内，b_2 的收敛区间在[1.036，1.148]内，同样比较稳定。剩余标准差取值 $0.318 \leqslant S \leqslant 0.463$，精度良好。相关性系数取值 $0.899 \leqslant R \leqslant 0.979$，如图4-15所示。

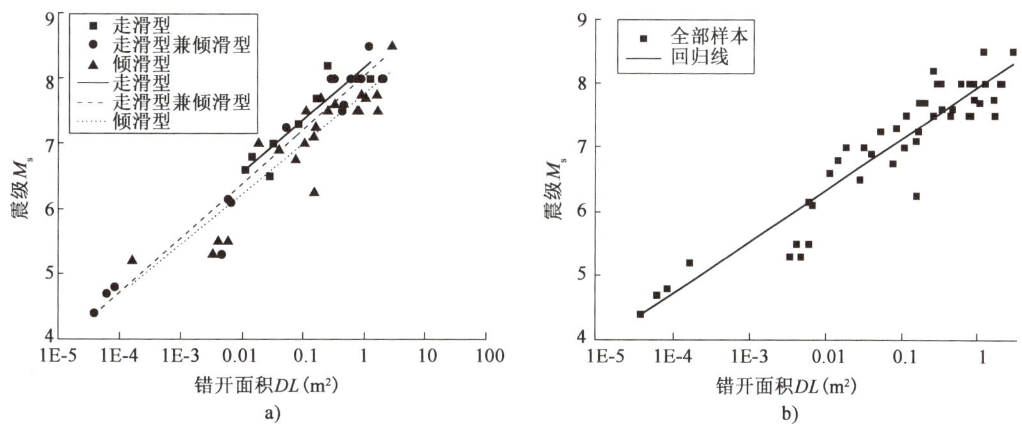

图4-15　地震震级 M_s—破裂长度与位移 DL 关系回归图像

5）震级—破裂参数计算公式

由得到的震级 M_s 与破裂长度 L 回归关系式，可以发现回归直线与断层类型基本不相关。因此，可以用全部样本得到的回归关系式对各种类型的地震震级与破裂长度进行计算：

$$M_s = 4.36 + 1.69\lg L \tag{4-8}$$

$$\lg L = -1.743 + 0.469 M_s \tag{4-9}$$

而从震级 M_s 与最大位移 D 回归关系式可以看出，在震级形同的情况下三种类型地震震级位移关系存在较大区别。其中倾滑型地震产生的破裂最小，走滑兼倾滑型地震破裂次之，走滑型地震破裂最大。因此，在进行地震破裂最大位移估计时，三种类型的断层要分别按照各自的回归关系式计算，见表4-10。

回归关系式　　表4-10

断层类型	关系式
走滑型	$M_s = 6.399 + 1.402\lg D$ $\lg D = -3.242 + 0.522 M_s$
走滑兼倾滑型	$M_s = 6.69 + 1.41\lg D$ $\lg D = -4.509 + 0.674 M_s$
倾滑型	$M_s = 7.09 + 1.005\lg D$ $\lg D = -5.008 + 0.719 M_s$

而从震级 M_s 与破裂长度与位移 DL 回归关系式可以看出，在震级相同的情况下三种类型地震震级位移关系也存在一定的规律。同样是倾滑型地震产生的破裂最小，走滑兼倾滑型地震破裂次之，走滑型地震破裂最大。因此在进行地震破裂最大位移估计时，三种类型的断层也要分别按照各自的回归关系式计算，见表4-11。

回归关系式　表4-11

断层类型	关系式
走滑型	$M_s=5.454+0.775\lg(DL)$ $\lg(DL)=-5.285+1.042M_s$
走滑兼倾滑型	$M_s=5.55+0.835\lg(DL)$ $\lg(DL)=-6.306+1.148M_s$
倾滑型	$M_s=5.755+0.809\lg(DL)$ $\lg(DL)=-5.642+1.036M_s$

同Wells建立的震级—破裂参数回归关系式进行比较，成兰铁路建立的关系式更适合于中国西部的地质特点，并且样本数据的相关性方面更加具有优势。另外，虽然我们建立的倾滑型地震的数据样本不够多，但在回归关系式中还是表现出相当好的相关性和较小的离散性。

4.5.3.2 活动断裂带位错量纵向分布研究

考虑到活动断裂的宽度变化很大，即使确定了隧道位置的最大位移量，仍需要研究在活动断裂宽度范围以及其两侧发生的位错量空间展布形态，为确定抗位错结构措施和设防范围提供依据，如图4-16所示。

a)倒塌的建筑物

H(m)　D(m)　NW　18m

b)地形测线剖面

图4-16　白鹿中学测点断层通过处倒塌的建筑物(镜向:SW)与白鹿中学测点地形测线剖面

基于岩体介质的破裂与变形的解析解方法，结合三维数值分析方法，开展了典型隧道工程穿越活动断裂时的岩土空间变形分布研究。

实际操作时，根据所在场地的相关地质资料，对于设定的隧道跨越位置的断裂面位错量量值开展计算。图4-17和图4-18分别表示沿隧道纵向的位错分布图及其剖面图,图4-19所示为沿隧道纵向的变形量分布示意图。

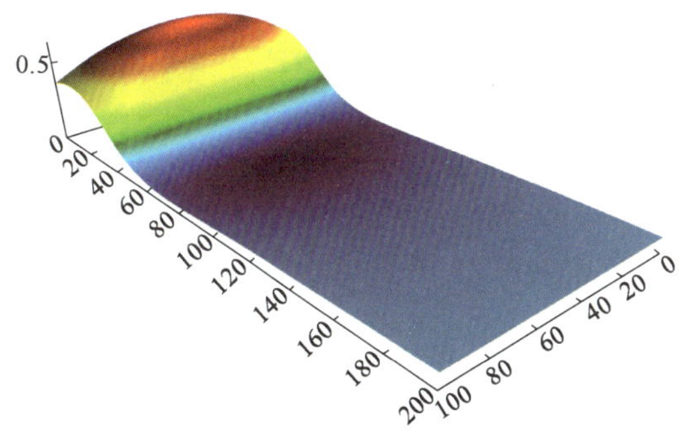

图4-17 Okada解析结果三维鸟瞰图

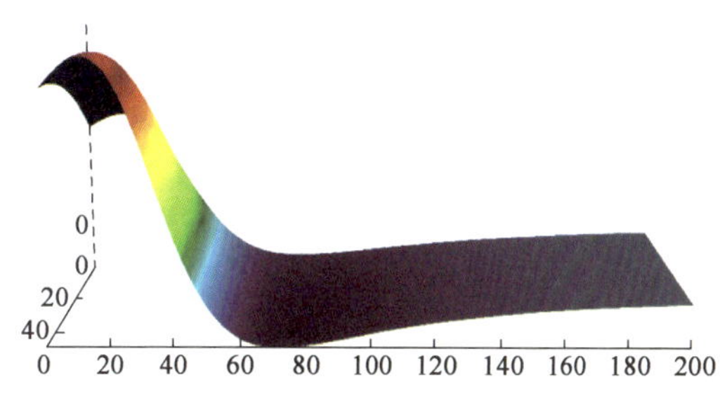

图4-18 基于Okada解析结果三维剖面图

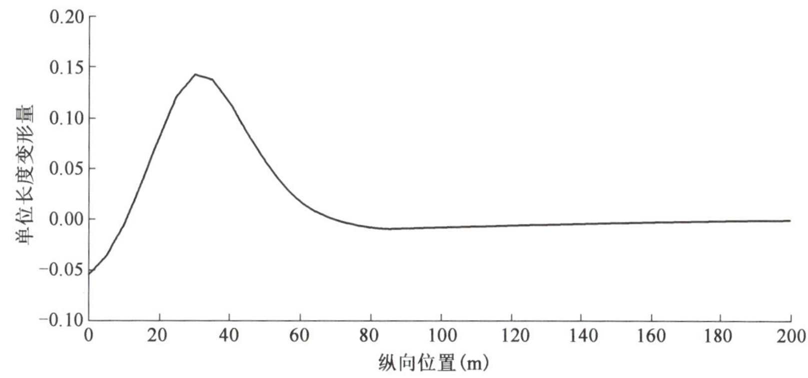

图4-19 沿隧道纵向方向围岩变形量分布图

基于不同参数下多样本计算结果的统计分析,当 $x=0.5\mathrm{d}x$ 时,沿 Y 方向位移受边界条件影响为0,故取 $x=0.5\mathrm{d}x$ 时,Y 方向竖向位移为研究对象。在 Y 方向,取断层起始点和终点之间的2个位移最值分量的差值,可以计算获得总变形量最大量与最小量差值作为强烈变形带的变形量。图4-20为强变形与全部变形带位移分布示意图。

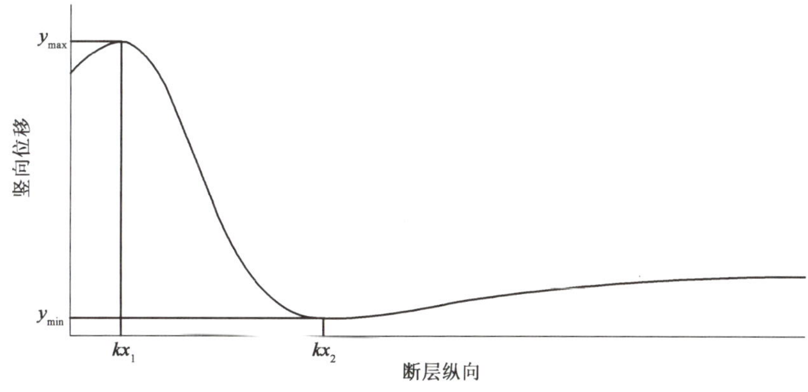

图4-20 强变形带与全部变形带位移分布示意图

计算结果表明,在取沿断层走向方向中点位置时,与断层走向方向垂直方向位移受边界条件影响为0,故取断层走向方面中点位置为研究对象。设断层错动量为 D、断层倾角为 β、隐伏断裂埋深为 z 和围岩性质影响系数为 k,位错后基岩上表面位移由以上参数确定。

对该曲线进行归纳总结分析可知,位错后基岩上表面位移量 $f(x)$ 可由下式确定:

$$\frac{f(x)}{\lambda \cdot \eta}=\begin{cases} a-b\times c^{x} & 0\leqslant x\leqslant kx_1 \\ \dfrac{d-e}{\left(1+\dfrac{x}{\dfrac{kx_2-kx_1}{2}}\right)^{f}}+e & kx_1<x\leqslant kx_2 \\ g\times h^{x} & x>kx_2 \end{cases} \tag{4-10}$$

式中,$x=0$ 为隐伏断层上迹线在基岩上表面的投影位置;$x_1=\log_c \frac{a-D\sin\beta}{b}$;$x_2=\log_g \frac{D\sin\beta-D}{f}$;$\lambda$ 为错动量修正系数,$\lambda=1.25D$;η 为断层倾角修正系数,$\eta=1.155\sin\beta$;k 为围岩级别影响系数,$k=1$,Ⅴ级围岩,$k=1$,Ⅵ级围岩,k = 1.1;式中其他代数值见表4-12。

式(4-10)中各字母代数值　　表4-12

a	b	c	d	e	f	g	h
0.70	0.11	0.86	0.70	−0.20	4.74	−0.52	0.98

通过改变断层面上位错量的数值,研究分析其在围岩面上的空间分布情况。分别采用0.8m、0.6m、0.4m、0.2m的位错量进行了计算比较,结果显示,活动断层面上的位错量越大,产生的断层破碎带影响范围越大。不同基岩底部位错量地表影响范围对比结果如图4-21所示。

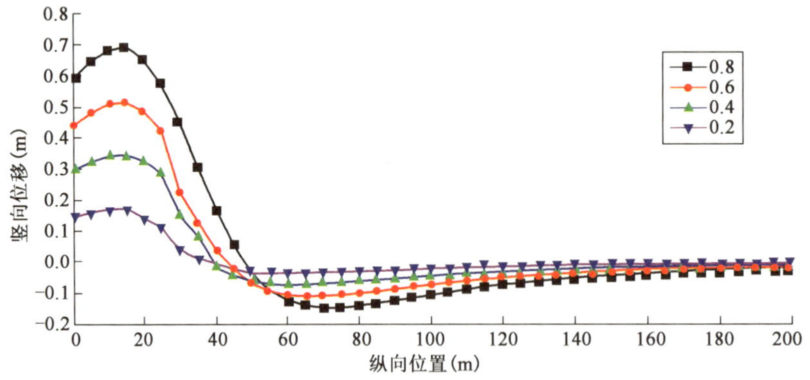

图4-21　不同基岩底部位错量地表影响范围对比

4.5.4 小结

通过研究地震动衰减关系、三维地震动理论计算方法、活动断裂断层面上位错量和分布,为确定成兰铁路抗震减震研究和设计的地震荷载与输入方式奠定了基础，主要结论如下：

（1）建立了适用成兰铁路的震级与位错量相关性公式，并给出了震级为7级时所对应的断层位错量为0.8m等研究结果。

（2）建立了适用成兰铁路沿隧道纵向围岩面上的位错量空间分布特征和量值的评价方法，并给出了断层带错动分布特征：主要集中与断层分界30～50m范围。

（3）通过对四川震区衰减关系的研究成果分析和比较，确定了适合于成兰铁路沿线的地震动衰减关系。提出的衰减关系与汶川主震数据匹配良好，衰减模型简洁，为工程设计提供参考。

（4）综合地球物理探测和地质、地球物理、地震等成果和资料，建立四川盆地维地下分层结构模型，采用统计学改良格林函数法与差分法为主要方法，基于龙门山活动断层开展了近活断层强地面运动计算。通过成兰铁路典型区段的三维地震动评价，确定成兰铁路抗震减震研究和设计的地震荷载与输入方式。

成兰铁路隧道活动断裂设计

4.6.1 成兰铁路隧道结构抗位错方法研究

4.6.1.1 设计基本原则

现行规范并无针对穿越活动断裂隧道结构设计相关明确规定，成兰铁路对活动断裂设计提出以下设计原则：

(1)小震不坏，中震可修，大震不倒。

(2)在活动断裂一定错动条件下，满足保通性，可快速修复。

对于隧道穿越活动断裂地段，根据地震造成的断层破碎带隧道的破坏特点，拟订了相应的措施，主要有改变衬砌轮廓、扩挖设计、铰链设计、减隔震设计、围岩加固设计。

4.6.1.2 设防震级和位错量

1)设防震级

成兰铁路沿线在百年内发过3次7级以上地震：1933年的叠溪7.5级地震，1976年的松潘—平武7.2级地震，以及2008年5月12日8级汶川地震。区域内地质板块集聚能量得到了一定程度上的释放。未来百年内，成兰铁路沿线区域仍处于第二活跃期末期及下一个活动周期内的相对平静期内，总体地震活动水平应低于1879年至今的平均地震活动水平，但不能排除发生7级以上地震的可能。

对成兰铁路产生影响的区域，相关部门勘察并规定了近场范围为东经103°18′~104°30′、北纬30°39′~34°27′的范围，在近场范围内，2008年5月12日前共有25次$M_s \geq 4.7$级的破坏性地震记载，2008年5月12日—2008年12月近场区范围共发生29次$M_s \geq 4.7$级的破坏性地震，其中最大地震是2008年5月12日四川汶川8.0级地震。自1970年至今的近代弱震($M_s < 4.7$)共记到$M_s = 1.0 \sim 4.6$级地震6856次，调查统计结果见表4-13~表4-15。

近场$M_s \geq 4.7$级历史地震有关参数一览表 表4-13

资料时段	638—2008年5月12日前				
震级分档(级)	8.0~8.9	7.0~7.9	6.0~6.9	5.0~5.9	4.7~4.9
地震频次(次)	1	2	4	14	15

近场各震级档次的 $M_s \geq 4.7$ 级强余震频次分布表　　表 4-14

资料时段	2008 年 5 月 12 日—2008 年 12 月	
震级分档(级)	5.0～5.9	4.7～4.9
地震频次(次)	9	20

近场 $M_s < 4.7$ 级历史地震有关参数一览表　　表 4-15

资料时段	1970—2008 年 12 月			
震级分档(级)	4.0～4.6	3.0～3.9	2.0～2.9	1.0～1.9
地震频次(次)	19	192	1807	4838

"5·12"汶川大地震震级为 8 级,最大地表位错将达十多米,虽然线路穿越的活动断裂具备 8 级以上地震的发震能力,但按此位错量设防既不经济也无必要,也不符合技术可行、经济合理的原则。

因此,有必要结合线路条件、结构断面适应性等因素综合确定设防等级。

2)设防错动量研究

目前,国内外对于活动断裂处隧道的错动量研究较少,可参考工程经验较少。成兰铁路收集整理了中国西部地区 68 个地震的发震断裂(段)的活动参数和破裂参数以及震级等资料,按照走滑型、倾滑型、走滑兼倾滑型分类,数据主要包括震级 M_s、断裂(段)长度 L 以及最大位错 D,研究震级与地震地表破裂长度及最大位移之间的关系,用最小二乘法进行回归分析,得到的结果见表 4-16。

地震震级 M_s—最大位移 D 关系回归　　表 4-16

断层类型	样本数	按 $M_s = a_1 + b_1 \lg(D)$ 回归				按 $\lg(D) = a_2 + b_2 M_s$ 回归			
		a_1 值	b_1 值	剩余标准差 S	相关性系数 R	a_2 值	b_2 值	剩余标准差 S	相关性系数 R
走滑型	34	6.399	1.402	0.524	0.85	-3.242	0.522	0.322	0.850
走滑兼倾滑	22	6.690	1.410	0.339	0.975	-4.509	0.674	0.234	0.975
倾滑型	12	7.090	1.005	0.327	0.848	-5.01	0.719	0.279	0.848
全部	68	6.630	1.332	0.485	0.900	-3.977	0.608	0.329	0.900

由此得到位错量与震级的关系式,计算设防目标对应的位错量。位错量计算公式如下:

$$D = 10^{\frac{M_s - 7.12}{1.276}} \tag{4-11}$$

式中:D——活动断裂处隧道的位错量(m);

M_s——活动断裂的发震震级。

根据以上统计关系,在 7 级地震条件下,断层面上可能产生的最大位错量为 0.8m。

根据目前科研水平,无法确定最大位错量发生在断层面的具体位置,为设计安全起见,在隧道与断层面交界部位按可能发生的最大位错量设防。综上所述,结合隧道结构承受的错位能力综合确定按最大震级为 7 级进行设防,结构等技术措施处理方面较为经济可行。

4.6.1.3 隧道活动断裂设防距离研究

通过以下几方面开展穿越活动断裂隧道设防距离研究。

1)铁路抗震规范断层设防范围

铁路工程抗震设计规范指出,一般单线隧道的设防段长度不宜小于15m;双线隧道的设防段长度不宜小于25m,在断层破碎带两侧各设置25m的设防长度。

2)工程震害调研

通过“5·12”汶川地震断层破碎带段隧道震害统计分析,获得了部分隧道断层破碎带段和断层破碎带影响段的长度,见表4-17。

“5·12”汶川地震部分隧道断层破碎带段和断层破碎带影响段长度　　表4-17

断层名称	地震烈度(度)	破碎带宽度(m)	隧道埋深(m)	断层倾角(°)	围岩级别(级)	破坏长度(m)
酒家垭 F_1	9	64	141	57	Ⅳ(破碎带)、Ⅳ(上下盘)	85
酒家垭 F_4	9	10	226	47	Ⅳ(破碎带)、Ⅳ(上下盘)	60
友谊 F_1	10	0.5	54	66	Ⅴ(破碎带)、Ⅴ(上下盘)	50
紫坪铺 F_{10}	11	3	242	—	Ⅴ(破碎带)、Ⅴ(上下盘)	70
龙洞子 F_5	11	10	15	—	Ⅴ(破碎带)、Ⅴ(上下盘)	68
龙溪 F_8	11	10	230	82	Ⅴ(破碎带)、Ⅴ(上下盘)	200

3)断裂影响范围理论分析

运用ABAQUS软件,针对柿子园隧道穿越映秀—北川活动断裂进行了三维错动数值模拟,模拟位移影响结果云图如图4-22所示。

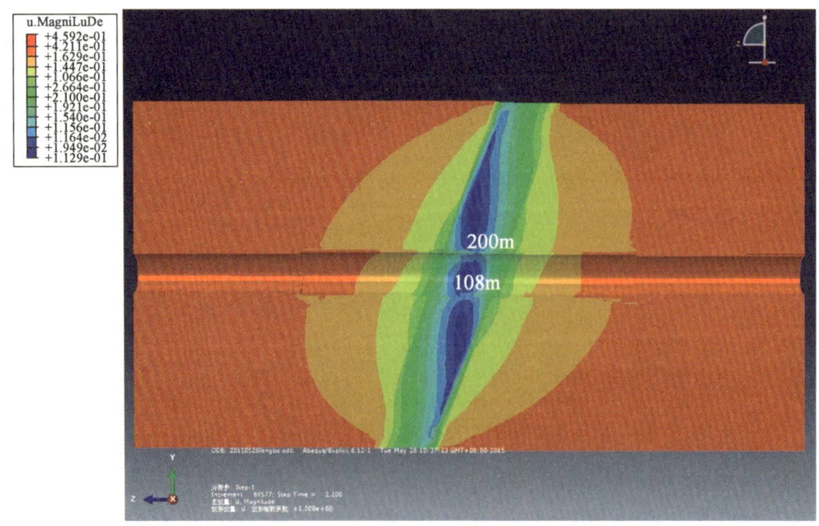

图4-22　三维数值模拟得到隧道位错后的位移云图

模型总长度200m，三维数值模拟结果显示位移影响区域为断层两侧各延伸约45m即总长度为120m。

4）线路保通性要求

为达到断层带错动后的保通要求，根据《铁路线路设计规范》（TB 10098—2017）考虑三机牵引的最大限坡为30‰。沿线隧道穿越活动断裂大多数为逆冲型活动断裂，当出现垂直错动后，线路能够通过调整纵向坡度实现顺接，满足列车第一时间通过的要求。断裂错动前后线路的示意如图4-23所示。

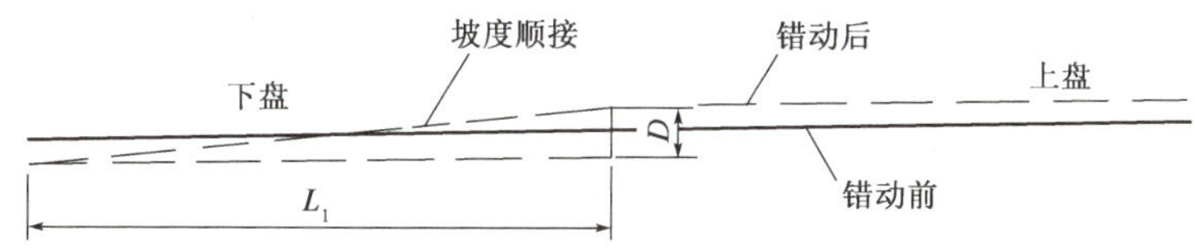

图4-23　隧道垂直位错前后示意图

通过设置宽变形缝之后，假定断裂核部为均匀错动，即图中的 L_1 为断裂核部宽度 L 的一半加上延伸距离 S，即：

$$L_1 = \frac{L}{2} + S$$

当线路为 a 的单面上坡，为实现错动后顺接，需满足下式：

$$L_1 \times a + D = L_1 \times 30‰ \tag{4-12}$$

得到延伸距离 S 的表达式：

$$S = \frac{D}{30‰ - a} - \frac{L}{2} \tag{4-13}$$

由以上公式，可以计算出穿越活动断裂隧道断层核部两侧设防范围。

5）超前地质预报局限

当前超前地质预报手段，针对活动断裂位置的确定主要采用地质波反射法，长距离超前水平钻孔等手段综合进行。根据目前的施工经验，超过50m以上的超前地质预报，精度急剧降低。

6）结论

综合考虑铁路工程抗震规范要求、理论研究、线路限坡要求、超前地质预报精度等，最终活动断裂带处理按断层核部延伸50m。

4.6.1.4　位错条件下隧道轮廓选择

本部分内容对马蹄形隧道和圆形隧道分别进行了位错条件下三维数值计算。隧道在断层核部应变对比如图4-24、图4-25所示。

图 4-24　马蹄形隧道断层处应变

图 4-25　圆形隧道断层处应变

在同样位错工况下，隧道二次衬砌纵向对比，马蹄形隧道的应变区明显大于圆形隧道断面；隧道二次衬砌横向对比，马蹄形隧道的最大应变值也明显大于圆形隧道应变值，这表明圆形隧道隧道断面的受力情况明显要好于马蹄形隧道。

因此，对于穿越活动断裂隧道结构轮廓宜尽量选择圆形或近圆形的轮廓。

4.6.2　变形缝设置方法研究

根据断层错动时隧道的变形特征，提出“节段设计”的理念，即尽量减小隧道节段长度，使断层带及其两侧一定范围内的节段保持相对独立，各刚性隧道节段间采用刚度相对较小的柔性连接，如图 4-26 所示。在断层错动时，破坏集中在连接部位或结构的局部，而不会导致结构整体性破坏。此类设计方法已在国内外大多数穿越活动断裂带的隧道中得到应用。

设计中一般通过设置变形缝实现隧道分节，而调研各类资料显示，变形缝的设置宽度、间距、设置方法等，均无对应的设计方法。成兰铁路对变形缝设置方法开展了专项研究。

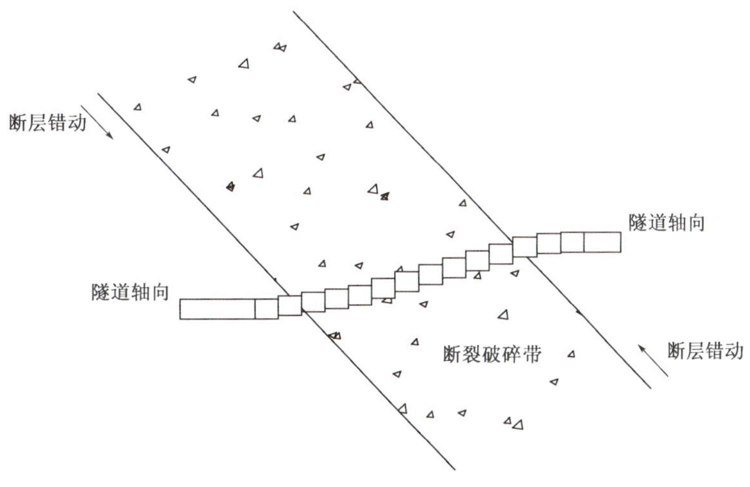

图 4-26 节段设计示意图

4.6.2.1 位错条件下隧道有无变形缝对比分析

对位错条件下有、无设置变形缝隧道结构进行了三维数值计算，数值模拟结果如图 4-27 ~ 图 4-30 所示。

图 4-27 未设置变形缝隧道二次衬砌位移云图

图 4-28 设置变形缝隧道二次衬砌位移云图

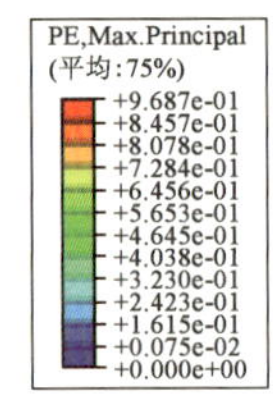

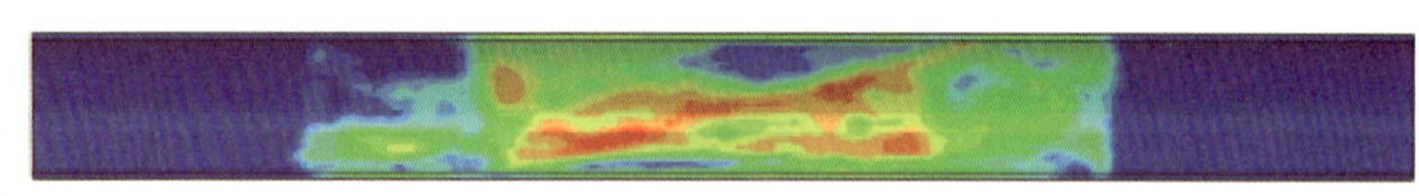

图 4-29　未设置变形缝隧道二次衬砌混凝土压缩损伤分布正视图

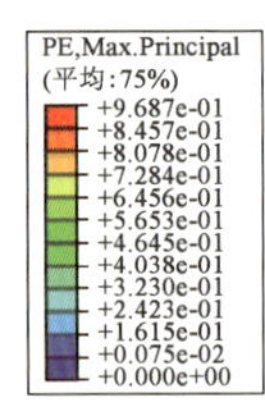

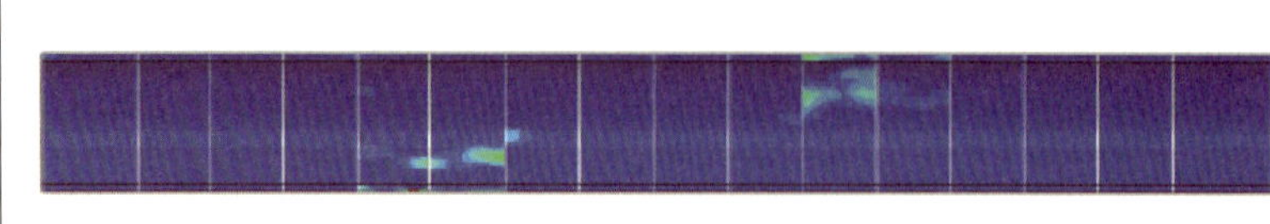

图 4-30　设置变形缝隧道二次衬砌混凝土压缩损伤分布正视图

隧道在穿越断层区域设置连续变形缝,有效地分担了断层破碎带处的集中位移,改善了隧道在断层破碎带处的受力变化,对于设置抗震措施的模型来说,变形缝明显地改善了隧道二次衬砌混凝土的受力状况。设置连续变形缝措施的隧道位错响应要明显好于未设置变形缝隧道的位错响应。

4.6.2.2　位错条件下不同节段长度隧道结构响应对比

为确定成兰铁路穿越活动断裂衬砌结构,对变形缝间距为 5m、10m 和 15m 的三种工况进行三维位错数值模拟。

1)计算模型及参数选择

重点分析在不同变形缝条件下的隧道错动响应规律,分别取变形缝间距为 5m、10m 和 15m 进行对比分析。

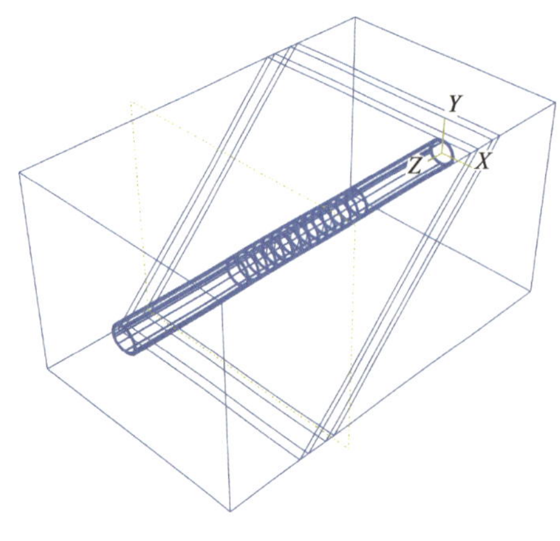

图 4-31　5m 变形缝间距计算模型

围岩等级为Ⅳ级,断层倾角为 45°,设防扩挖长度 75m,隧道埋深为 50m,左右边界取为沿隧道中线各向外取 60m,下边界取为沿隧道中线向下取 50m,隧道纵向长度取 200m,如图 4-31 ~ 图 4-33 所示。围岩、衬砌以及断裂破碎带均采用实体单元模拟,初期支护及二次衬砌采用混凝土损伤本构,围岩采用 DP 屈服准则及弹塑性增量本构关系。围岩衬砌参数见表 4-18、表 4-19。

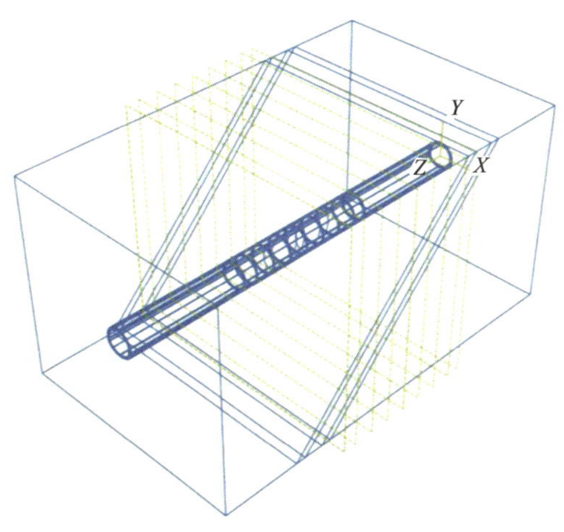

图 4-32 10m 变形缝间距计算模型

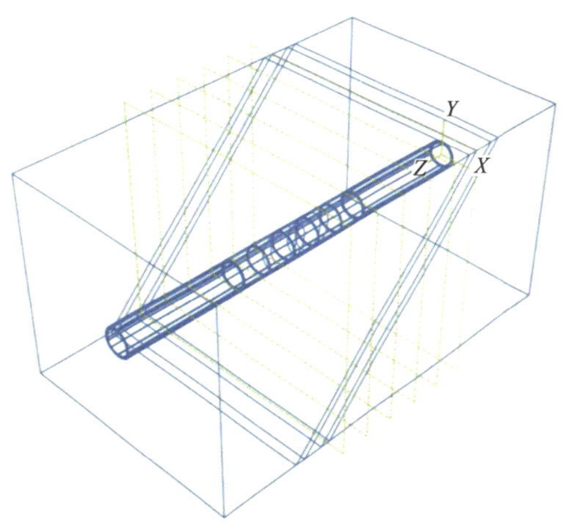

图 4-33 15m 变形缝间距计算模型

岩土层和材料参数 表 4-18

材料名称	弹性模量(GPa)	泊松比	重度(kN/m^3)	内摩擦角(°)	黏聚力(GPa)
围岩	3	0.28	24	45	1.2
断层破碎带	1	0.35	18	30	0.25
初期支护	30	0.2	22	—	—
二次衬砌	31.5	0.2	25	—	—
变形缝材料	0.001	0.38	20	—	—

软件中衬砌的混凝土损伤塑性参数 表 4-19

膨胀角	离心率	双轴与单轴抗压强度比值 f_{bo}/f_{c0}	屈服面形态相关系数 K	黏性参数
20	0.1	1.56	0.6443	0.0001

2)位移对比分析

选取沿隧道二次衬砌环向拱顶、仰拱、拱腰、拱肩和拱脚5个特征点,未扩挖段每1.6m取一个值,设置扩挖、连续变形缝部分每0.5m取值,隧道结构特征点沿纵向的变化规律如图4-34~图4-38所示。

由图4-34~图4-38分布曲线可以得出:

(1)在不同的变形缝间距条件下,断面及纵向的位移分布规律大致相同,都在设置变形缝处产生了位移的突变,表明错动产生的集中位移由变形缝吸收。

(2)由隧道二次衬砌位移沿隧道轴向的分布,可以看出,在断层破碎带及其影响范围内,隧道产生了较大的位移,且5m变形缝间距产生的总位移依次大于10m变形缝、15m变形缝产生的总位移,表明变形缝间距的越大,隧道的纵向刚度越大。

(3)由各特征点沿轴向在隧道设置变形缝区域与未设置变形缝区域链接处的位移可以看出,变形缝间距越大,设置变形缝各段在 Y-Z 平面内(坐标系参照模型图)的扭转程度越大,表明变形缝间距越大,分散隧道集中位移的能力越差,各段之前的连接部位越容易产生破坏。

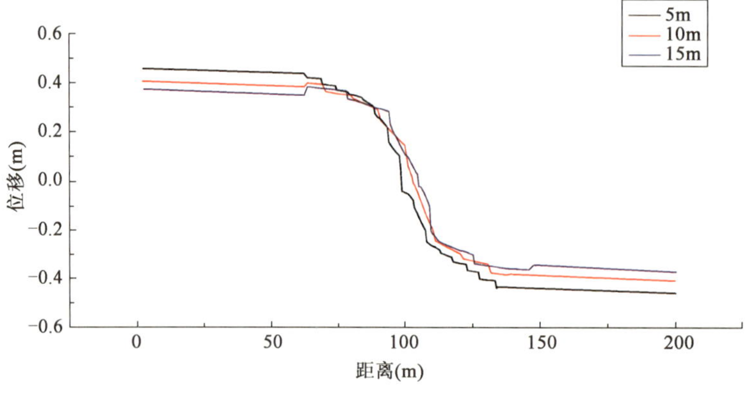

图 4-34 拱顶位移沿轴向变化

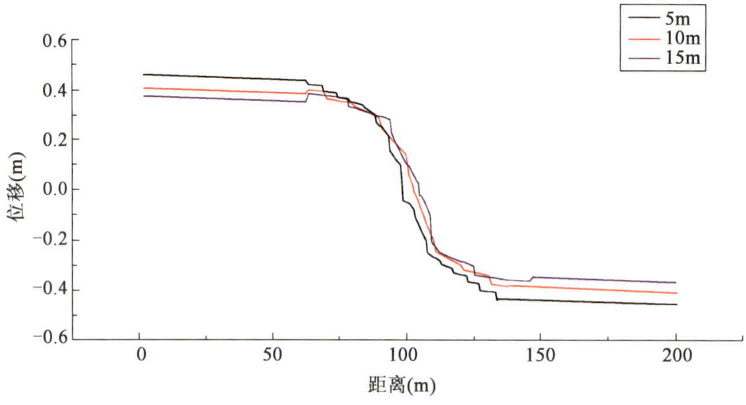

图 4-35 拱肩位移沿轴向变化

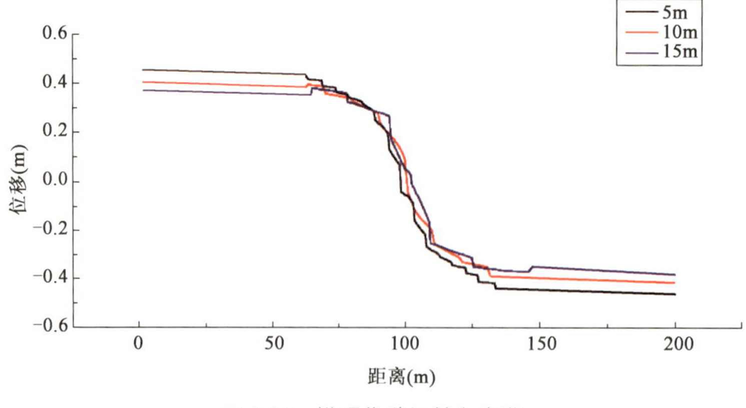

图 4-36 拱腰位移沿轴向变化

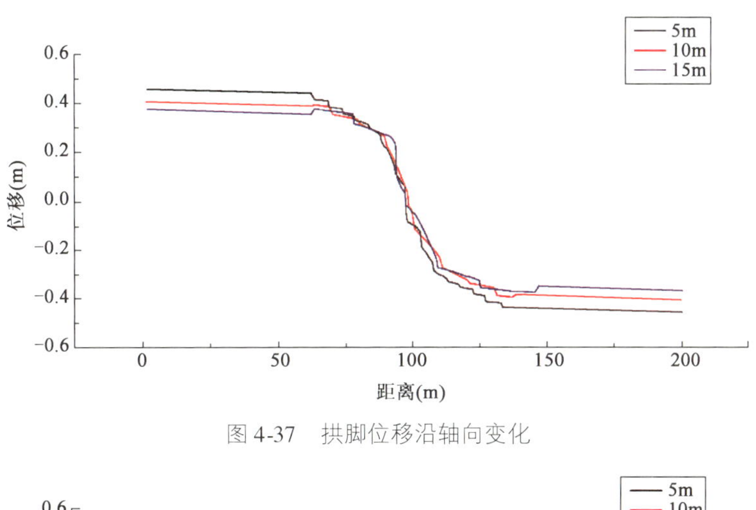

图 4-37　拱脚位移沿轴向变化

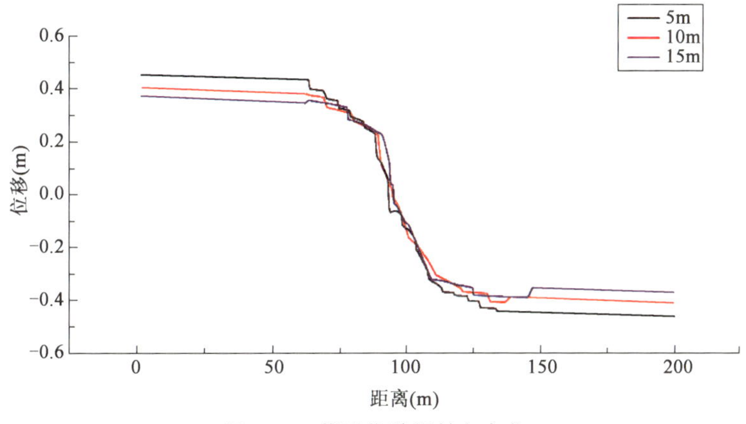

图 4-38　仰拱位移沿轴向变化

3)应变对比分析

图 4-39 ~ 图 4-43 反映了不同的变形缝间距情况下，衬砌结构的应变峰值沿轴向的变化规律，可以看出：

(1)在不同变形缝间距条件下，隧道二次衬砌应变沿纵向变化规律相似，都是在断层破碎带及其影响范围内产生较大的应变值。

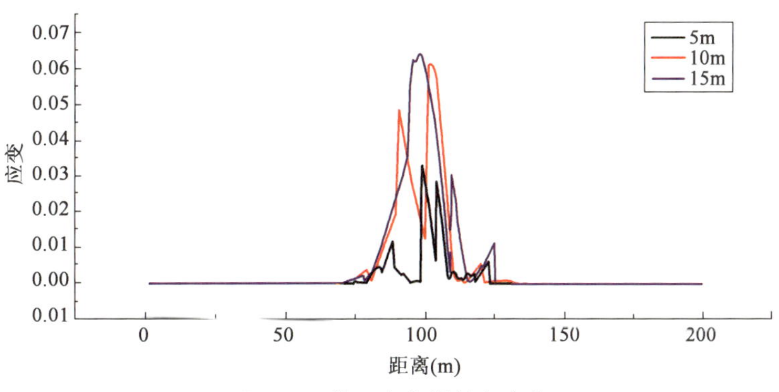

图 4-39　拱顶应变沿轴向变化

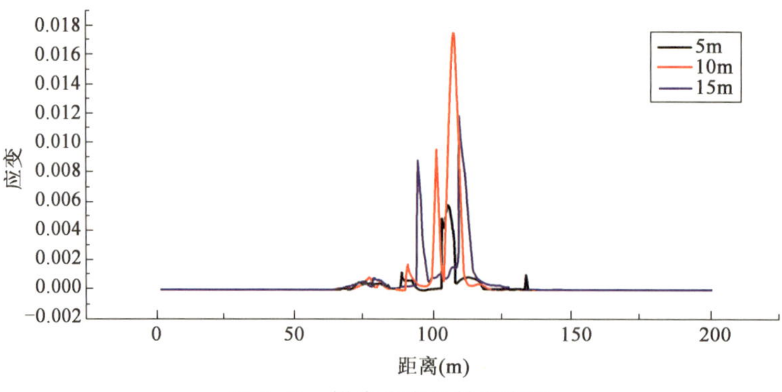

图 4-40　拱肩应变沿轴向变化

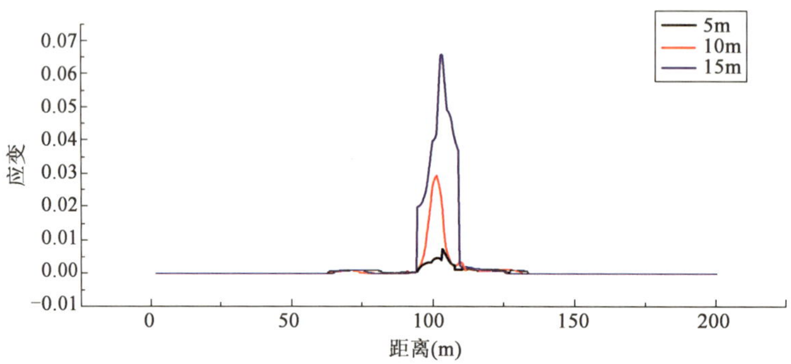

图 4-41　拱腰应变沿轴向变化

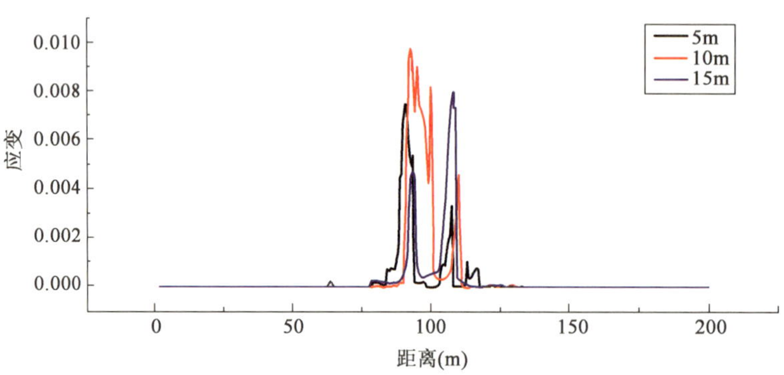

图 4-42　拱脚应变沿轴向变化

(2)在不同变形缝间距条件下,在拱顶、拱腰和仰拱三个特征点处,隧道应变峰值由大到小依次是 15m 变形缝间距条件下的隧道、10m 变形缝间距条件下的隧道、5m 变形缝间距条件下的隧道;在拱腰和拱脚两个特征点处,由于受力更为复杂,15m 变形缝间距条件下的隧道与 10m 变形缝间距条件下的隧道应变峰值相差不大,但都大于 5m 变形缝间距条件下的隧道。

(3)在不同变形缝间距条件下,随着变形缝间距的增大,隧道二次衬砌出现应变峰值的个数减少,全出现的峰值数值越大,且峰值出现的位置都在隧道二次衬砌各段的连接处。

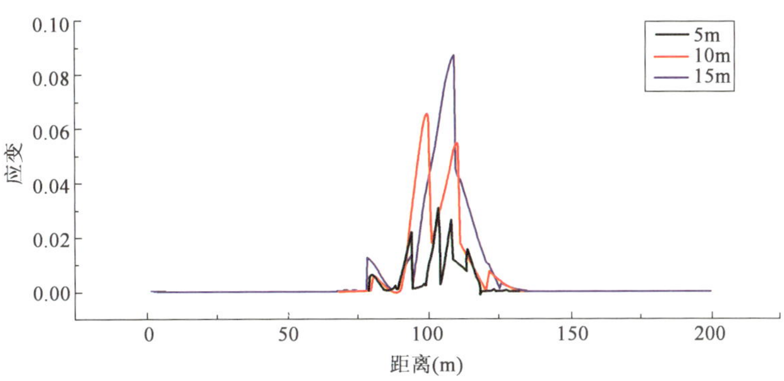

图 4-43 仰拱应变沿轴向变化

4)混凝土塑性损伤变形

图 4-44 ~ 图 4-46 反映了不同变形缝间距情况下,扩挖、连续变形缝部分二次衬砌结构的混凝土损伤塑性区的分布情况。

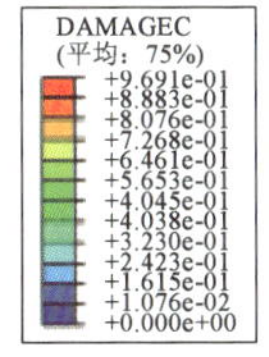

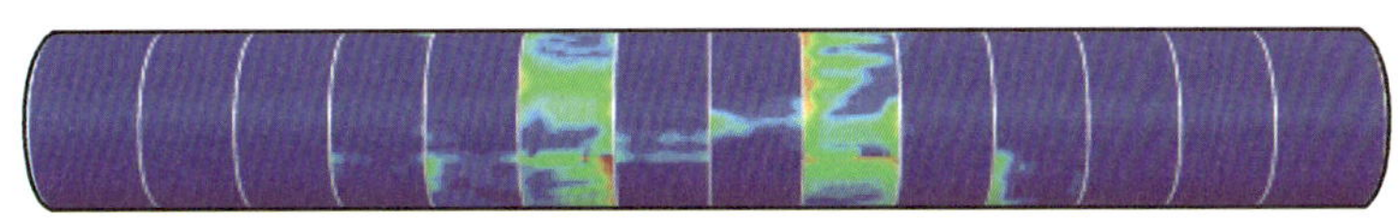

图 4-44 5m 变形缝间距时隧道混凝土压缩损伤分布

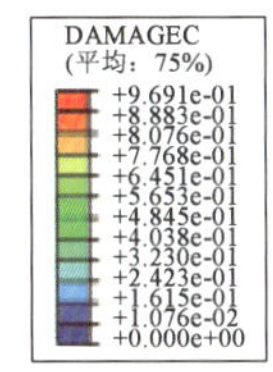

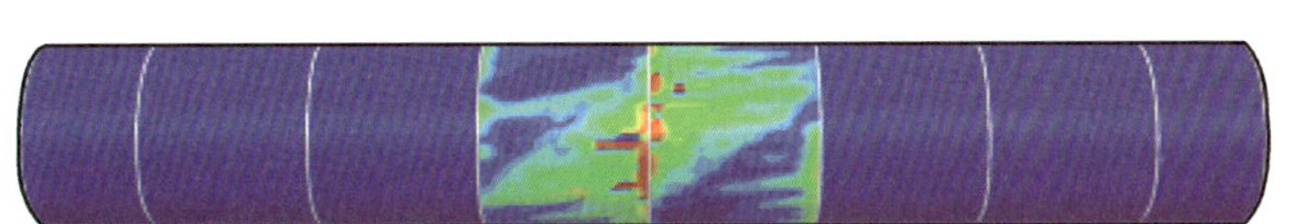

图 4-45 10m 变形缝间距时隧道混凝土压缩损伤分布

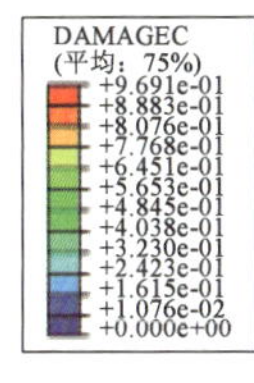

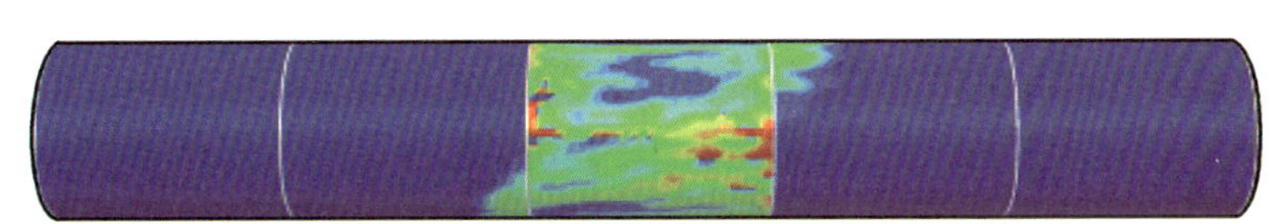

图 4-46 15m 变形缝间距时隧道混凝土压缩损伤分布

由图 4-44 ~ 图 4-46 可以看出:

(1)断层发生错动之后,在断裂破碎带内出现了大面积的塑性损伤破坏区域,但由于设置了连续变形缝,塑性损伤的变化趋势被变形缝截断。

(2)对于混凝土拉伸损伤,5m 变形缝间距下隧道的拉伸损伤较为分散,10m 变形缝间距下的隧道和 15m 变形缝间距下的隧道拉伸损伤较为集中,但三者都主要发生在断层破碎带和隧道交界处的环上,且该位置的隧道环拉伸损伤较为严重。

(3)对于混凝土压缩损伤,5m 变形缝间距下隧道的拉伸损伤较为分散,10m 变形缝间距下的隧道和 15m 变形缝间距下的隧道拉伸损伤较为集中,但三者都主要发生在断层破碎带和隧道交界处的环上,损伤痕迹与断层破碎带发生错动的趋势大致一致,且发生损伤的各段衬砌连接位置出现的损伤程度更大。

综上所述,在不同变形缝间距条件下,从隧道二次衬砌位移、应变和混凝土损伤情况上看,隧道变形缝间距越小,隧道结构对位错的适应性越好。但考虑结构整体性以及现场施工条件等具体情况,隧道变形缝间距不宜过小。

故针对不同的断层参数,综合施工实际及经济性等因素确定隧道节段设置。

4.6.2.3 变形缝布置方法

1)隧道节段错动模式分析

现随机取出一个模型,对隧道二次衬砌变形的原因和机理进行分析。隧道衬砌位移(10 倍放大)变形特征如图 4-47 ~ 图 4-49 所示。

隧道二次衬砌扩挖部分的围岩与断层的性质不一致,在岩土性质变化的点上产生了大的位移,而其沿中轴线反对称的位置上,也会出现反方向的位移,由于这两个相反的位移的出现,致使隧道的变形成为一条曲线,并且在隧道的纵向的对称轴处产生了曲线的拐点。由于位移不一致,隧道设置连续变形缝的二次衬砌各段之间出现了位错,但稍加观察结果数据,会发现隧道二次衬砌的上下表面,除隧道曲线拐点处外,产生的位错量并不完全一致。

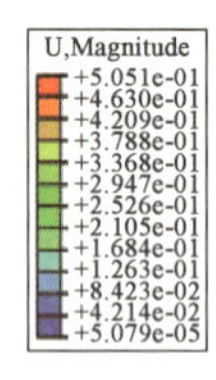

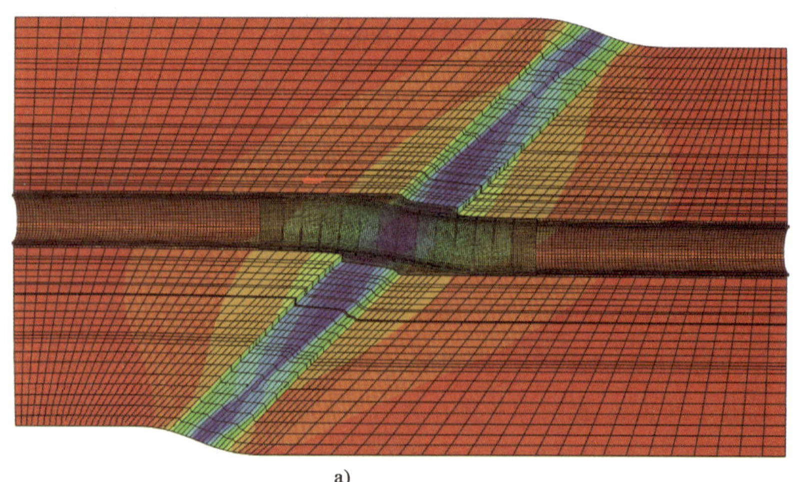

a)

图 4-47

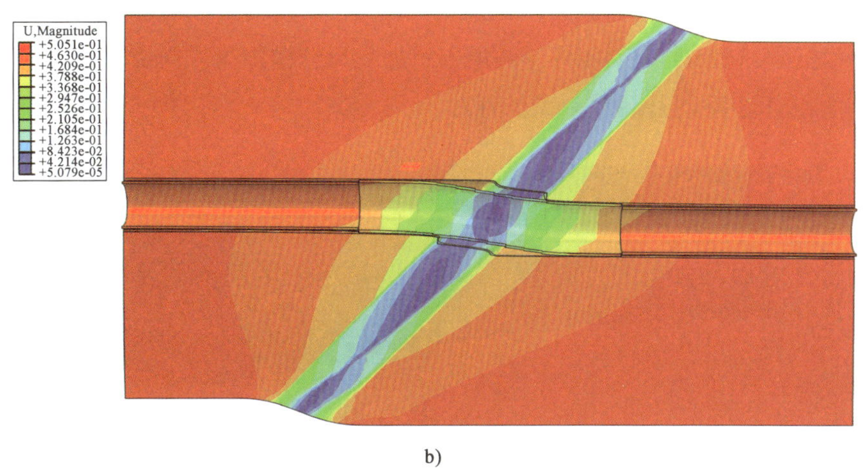

b)

图4-47　围岩—隧道整体剖面图(10倍变形放大)

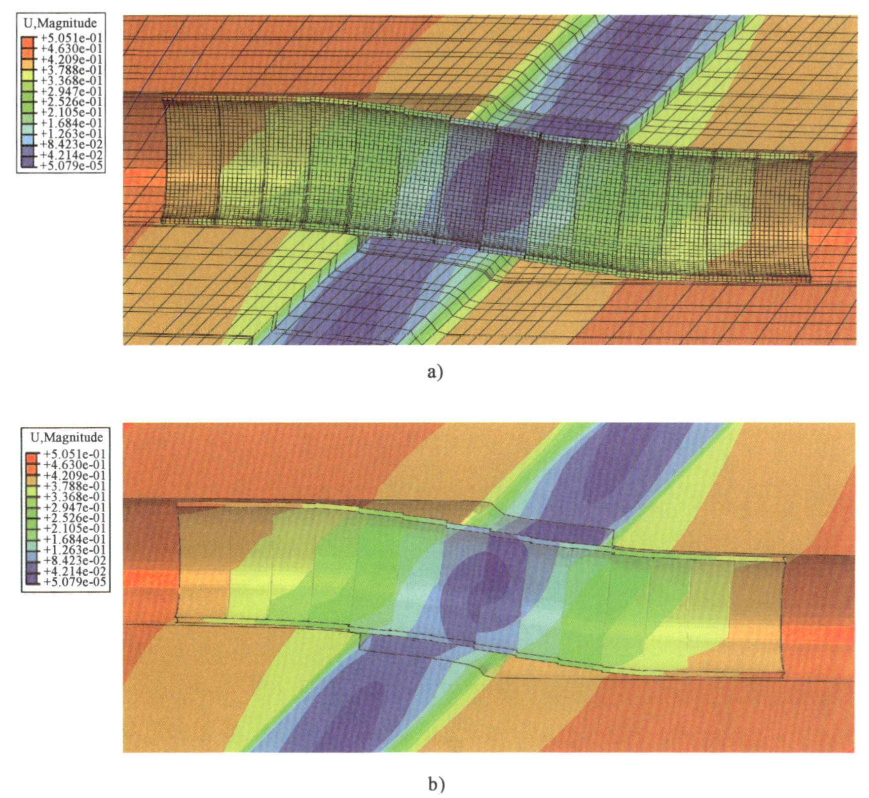

a)

b)

图4-48　围岩—隧道局部剖面图(10倍变形放大)

因此,隧道在抵抗位错时,不仅在各段之间出现了平行于隧道断面的错动,同时各段衬砌也产生了转动。并且转动量的大小呈以下变化规律:在围岩与断层性质发生变化的位置,也就是位移突变处,隧道二次衬砌两段之间产生的相对转动量最大。当向着曲线反弯点方向变化时，每个变形缝两侧隧道衬砌的相对转动量逐渐减小，并在曲线反弯点变形缝处两侧衬砌环断面平行，两环之间没有相对转角；当向着隧道未施加变形缝措施的方向变化时，每个变形缝两侧隧道衬砌的相对转动量逐渐减小，直至消失。

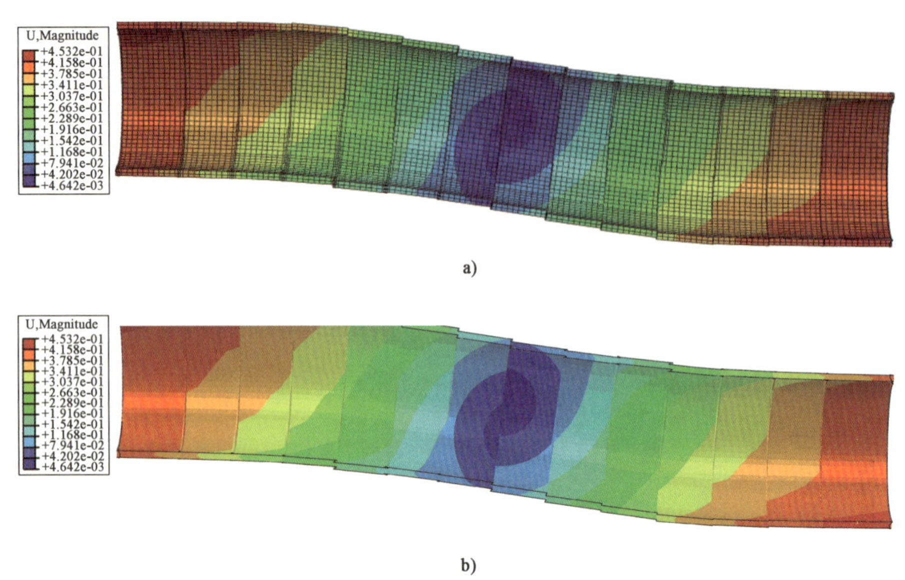

图 4-49　隧道二次衬砌变形（10 倍放大）局部剖面图

综上所述，隧道二次衬砌的位移变化其本质上是围岩由于错动，在围岩与断层破碎带交界处，岩土在该位置产生的位移量不一致，致使隧道结构在该位置产生了不一致的变形。而施加了连续变形缝的隧道结构，表现出良好抵抗位错的性能。

2）变形缝设置计算方法

基于以上计算结果和机理分析，提出成兰铁路隧道穿越活动断裂衬砌设计方法。

当围岩的上下盘如果产生了一定的相对位错量，认为围岩的上下盘分别承担了该位错量的一半，设一侧由围岩位错量引起的隧道产生的位移量为 d，隧道与断层破碎带的交线长度为 L，隧道的高度为 h，变形缝宽度为 r，根据以上条件计算在一定断层破碎带核心部分所需要隧道环最少的个数 n，从而确定不同断层宽度条件下，保证隧道不被破坏的最大变形缝间距 a。

通过对隧道二次衬砌在位错条件下模型位移变化图的观察，如图 4-50 所示。

认为在图 4-50 中两个小红色圆圈位置，变形缝两侧衬砌所产生的相对夹角最大，而在中间椭圆位置的变形缝两侧的衬砌环断面是平行的，即这两个环在该变形缝处的相对转角为 0，为了保证隧道不被破坏，隧道要有较大的安全储备，在计算前进行如下假设：

（1）隧道在断层破碎带核心段不产生错动，完全依靠相邻两环衬砌产生相对转角来消化两侧围岩产生的位错量。

（2）隧道在断层破碎带核心部分以外隧道衬砌各段水平，之间不产生相对转角。

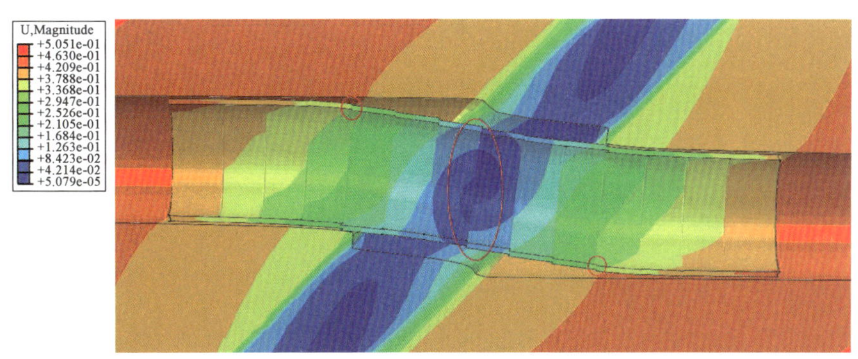

图 4-50 隧道二次衬砌位移特征点

(3)由于相对转动所产生的转角从相对转动产生的最大的夹角到相对转角为 0 的隧道衬砌上,且转角在数值上都很小,故假设变形缝处所产生的转角由最大减小到 0 是线性均匀变化。

(4)衬砌相邻两环产生的错动量总和为总位错量的 10%。

计算参数及假设如图 4-51、图 4-52 所示。

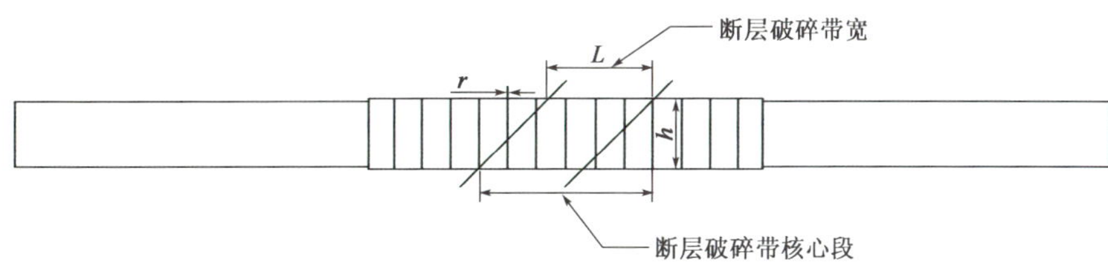

图 4-51 隧道二次衬砌变形前

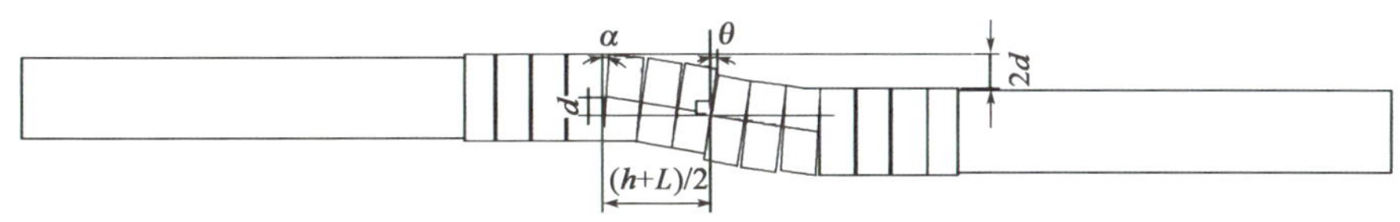

图 4-52 隧道二次衬砌变形后

计算过程如下:

隧道纵向中央没有产生相对转角的变形缝由于位错产生的相对于整体坐标系的转角 θ 为:

$$\theta = \frac{d}{\dfrac{L + h\cot\beta}{2}} = \frac{2d}{L + h\cot\beta} \tag{4-14}$$

式中:β——断层倾角。

产生的最大相对转角即变形缝一侧钢索全部张开,而另一侧填充的橡胶全部压缩,即相邻两段衬砌产生了接触,所以此处产生的最大相对转角 α 为:

$$\alpha=\frac{r}{h} \tag{4-15}$$

由假设1,位错产生的总转角量 θ 全总部由相邻两段衬砌产生的相对转角承担,联合假设3,即相对转角是由最大相对转角 α 线性均匀变化为0,由等差数列求和可得:

$$\theta=\frac{n}{2}(0+\alpha) \tag{4-16}$$

即

$$n=\frac{2\theta}{\alpha}=\frac{2\dfrac{2d}{L+h\cot\beta}}{\dfrac{r}{h}}=\frac{4dh}{r(L+h\cot\beta)} \tag{4-17}$$

式中:n——断层破碎带核心部分边缘到隧道纵向中心轴所需要的最少环数。

由上面各式可知:

$$N=2n=\frac{8dh}{r(L+h\cot\beta)} \tag{4-18}$$

N 若不是整数,取与其相邻比其大的正整数。

所以隧道不被破坏的最大变形缝间距:

$$a=\frac{L+h\cot\beta}{N} \tag{4-19}$$

通过计算可知,当实际情况下,只要隧道二次衬砌上变形缝间距小于以上计算出的 L 时,隧道在位错条件下的受力应该是有所改善的,且隧道不受挤压损伤。

经验证,验证结果与数值模拟计算结果相似,表明以上计算结果合理。

3)结果修正

隧道在正常服役时,如果断层破碎带过长,致使隧道变形缝的位置和围岩与断层交界线在空间上相差过远时,即位移的突变点没有出现在变形缝处,而是出现在衬砌环的某位置上,本公式不再合理,现对 N 进行修正。

当出现上述情况时,将 N 在原基础上加2,以保证隧道的安全储备,即在隧道穿越断层破碎带核心部分两侧各让出一环,此时修正后得:

$$N'=N+2 \tag{4-20}$$

在极端情况下,例如断层破碎带核心部分长度过短,可以通过适当加宽变形缝宽度 r,以保证两相邻隧道衬砌环 $\alpha=r/h$ 的相对转角,从而提高隧道沿纵向的相对转动能力。

4)不同断层宽度和断层倾角对应的节段长度建议值

在成兰铁路沿途所需要穿越的断层中,断层倾角的范围介于50°~80°之间,断层宽度介于10~50m之间,对于上述设置的0.8m位错的工况,现将不同断层宽度和断层倾角所对应的最大变形缝间距经上述公式修正后,得到结果如表4-20~表4-23所示。

单线不同断层宽度和断层倾角对应的最大变形缝间距(抗震缝宽度0.2m)　　表4-20

断层倾角	断层宽度(m)				
	10	20	30	40	50
45°	2.0	4.3	6.7	8.3	12.0
60°	1.2	3.2	5.9	7.6	11.1
90°	0.5	2	4.3	5.7	8.8

单线不同断层宽度和断层倾角对应的最大变形缝间距(抗震缝宽度0.3m)　　表4-21

断层倾角	断层宽度(m)				
	10	20	30	40	50
45°	3.0	6.5	10.0	12.4	18.0
60°	1.8	4.8	8.8	11.4	16.6
90°	0.8	3.0	6.5	8.5	13.2

双线不同断层宽度和断层倾角对应的最大变形缝间距(抗震缝宽度0.2m)　　表4-22

断层倾角	断层宽度(m)				
	10	20	30	40	50
45°	2.0	3.7	5.5	7.7	10.6
60°	1.2	2.8	4.7	6.8	9.7
90°	0.4	1.5	3.2	5.0	7.1

双线不同断层宽度和断层倾角对应的最大变形缝间距(抗震缝宽度0.3m)　　表4-23

断层倾角	断层宽度(m)				
	10	20	30	40	50
45°	3.0	5.6	8.3	11.6	15.9
60°	1.8	4.2	7.1	10.2	14.6
90°	0.6	2.3	4.8	7.5	10.7

表4-20～表4-23中的数据,若位错量有所变化,可随着位错量的减小,线性内插放大最大变形缝间距;随着位错量的增大,线性内差缩小最大变形缝间距。其断层宽度和断层倾角均可以根据成兰铁路实际施工情况内插;也可根据上述公式及修正方法重新计算。

根据以上设计方法得到的具体变形缝构造详图如图4-53～图4-55所示,预埋体尺寸见表4-24～表4-26。

凸壳防排水板尺寸表(单位:mm)　　表4-24

项目	宽度	厚度	凸壳间距	凸壳直径	凸壳高度
尺寸	1500	1.56	20	16	10

背贴式止水带尺寸表(单位:mm)　　表4-25

项目	宽度	厚度	凸高
尺寸	1000	10	50

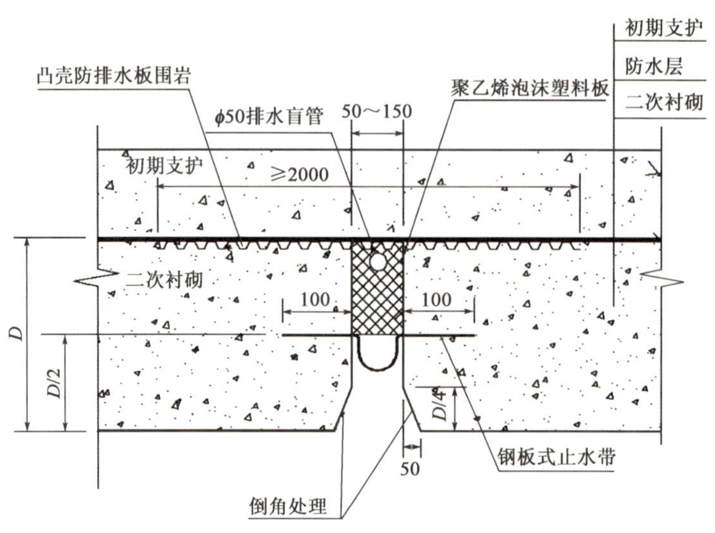

图 4-53　Ⅰ型宽缝构造设计(尺寸单位:mm)

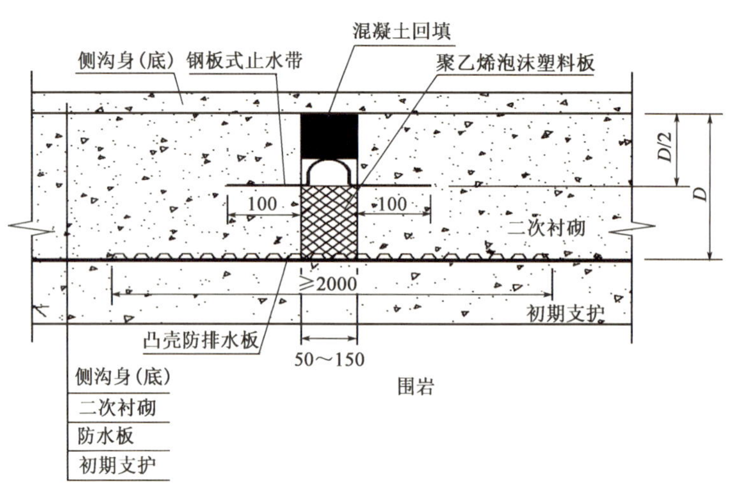

图 4-54　Ⅱ型宽缝构造设计(尺寸单位:mm)

钢板式止水带尺寸表(单位:cm)　　表 4-26

缝　宽	两侧起弯点距离	高　度	顶部半圆弧半径	起弯点半径	厚　度	每侧嵌入二次衬砌宽度
5	3	3	1	0.5	0.4	20
10	8	7	3	1	0.4	20
15	13	10	5.5	1	0.4	20

Ⅰ型宽缝适用于内轨顶面以上衬砌,Ⅱ型宽缝适用于内轨顶面以下至水沟底面范围内的衬砌,Ⅲ型宽缝适用于两侧沟壁之间的衬砌。

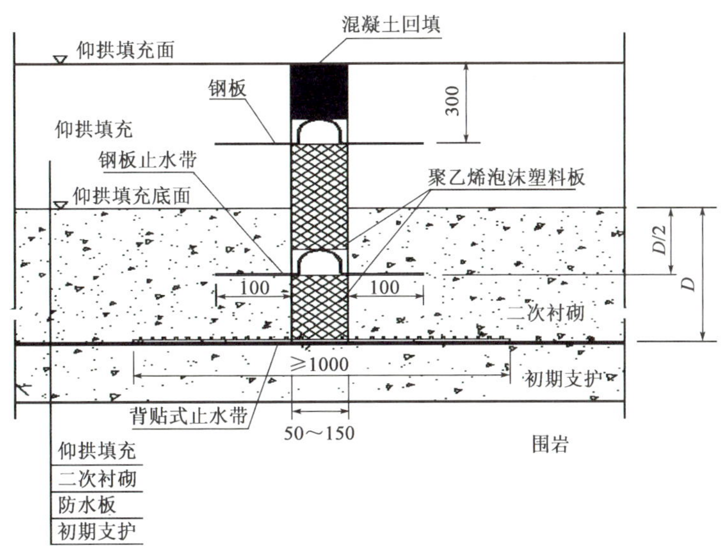

图 4-55　Ⅲ型宽缝构造设计(尺寸单位:mm)

4.6.3 隧道穿越活动断裂抗位错措施设计方法数值验证

对于穿越活动断层的隧道区间,考虑输入设定的变形量,研究相同位错量等级下不同变形缝设计方法的隧道抗变形能力。

建立了 3 种数值模型以验证设置抗位错组合缝隧道抗位错性能。模型 a 未施加任何抗震措施;模型 b 按照工程经验提出的抗位错组合缝的设置方法,将隧道的节段长度取为 15m/段,缝宽为 10cm;模型 c 施加了按优化算法得出的连续抗位错组合缝,围岩性质变化交界处为 5m/段,其余部分为 10m/段,缝宽为 10cm。

使用软件 ABAQUS 进行数值模拟计算。所有模型高 100m,宽 120m,沿隧道纵向 200m,隧道位于模型横截面中央,取围岩等级为Ⅳ级,断层破碎带为Ⅴ级围岩,断层倾角为 45°,断层破碎带宽度为 50m,设防范围 100m,位错量按逆断层发生 7 级地震时沿断层方向 0.8m。围岩、衬砌以及断裂破碎带初期支护均采用实体单元模拟,二次衬砌采用三维壳单元,初期支护采用混凝土损伤本构,围岩及破碎带采用 D-P 弹塑性本构关系。计算参数见表 4-27,计算模型如图 4-56、图 4-57 所示。

岩土层和材料参数　　表 4-27

材料名称	弹性模量(GPa)	泊松比	重度(kN/m^3)	摩擦角(°)	黏聚力(GPa)
围岩	3	0.28	24	45	1.2
断层破碎带	1	0.35	18	30	0.25
初期支护	30	0.2	22	—	—
二次衬砌	31.5	0.2	25	—	—
抗位错组合缝材料	0.001	0.38	20	—	—

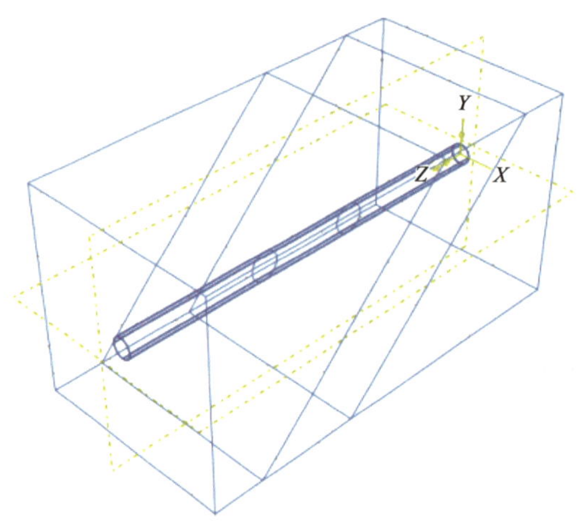

图 4-56　数值模拟模型图

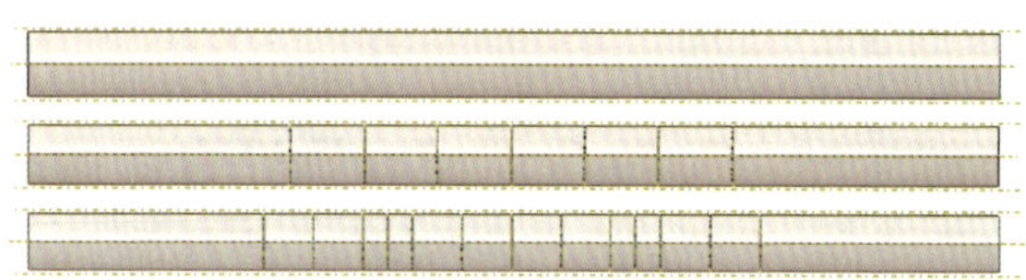

图 4-57　无措施隧道、15m 抗位错组合缝隧道和优化措施隧道二次衬砌示意图

4.6.3.1　数值模拟结果分析

分别选择 3 个模型中最危险的隧道二次衬砌断面，取 8 个特征位置横向内力进行分析研究；沿隧道纵向，在隧道二次衬砌仰拱位置每隔 0.5m 取值，研究隧道二次衬砌纵向弯矩，计算结果如图 4-58 ~ 图 4-61 所示。

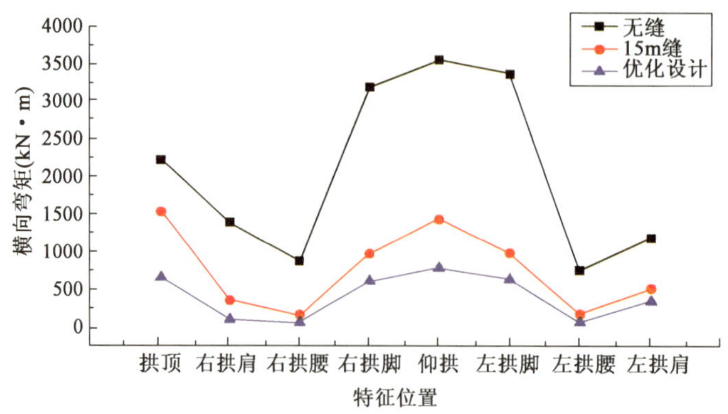

图 4-58　二次衬砌横向弯矩结果对比图

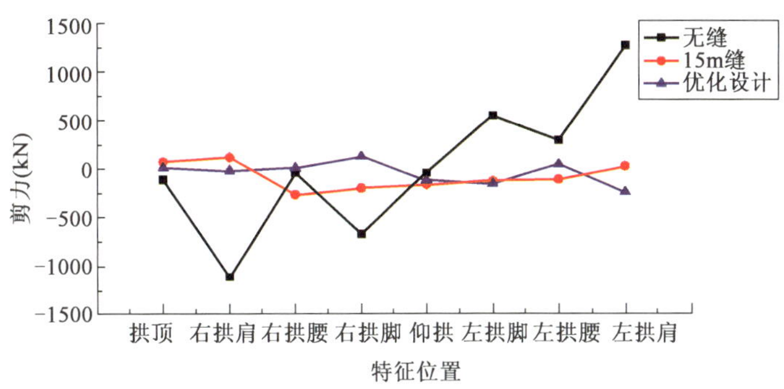

图 4-59　二次衬砌剪力结果对比图

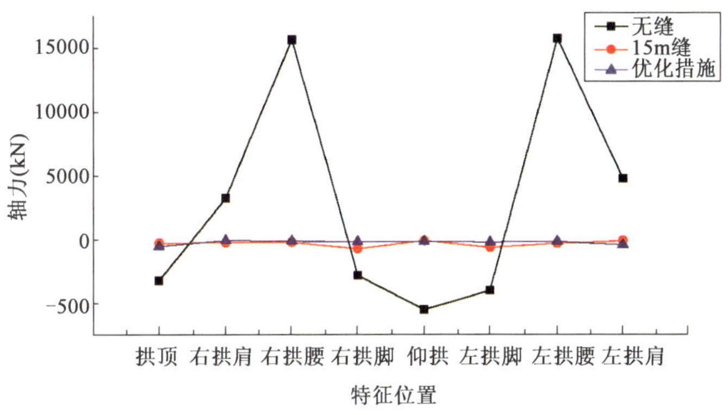

图 4-60　二次衬砌轴力结果对比图

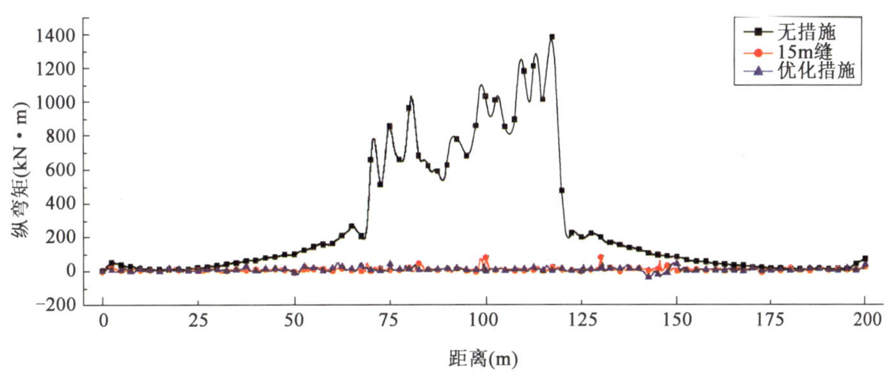

图 4-61　二次衬砌纵向弯矩对比图

4.6.3.2　数值模拟结果对比分析

(1)未设防隧道的最危险横断面弯矩值大于设置15m间距抗位错组合缝隧道和设置优化措施隧道的弯矩值,设置优化措施的隧道各特征位置横向弯矩值小于设置15m抗位错组合缝隧道横向弯矩值。

(2)未设防隧道的最危险横断面剪力和轴力值明显大于设置15m间距抗位错组合缝隧道和设置优化措施隧道的剪力和轴力值,设置优化措施的隧道各特征位置剪力和轴力值略小于设置15m抗位错组合缝隧道对应值。

(3)未设防隧道的纵向弯矩值远大于设置15m间距抗位错组合缝隧道和设置优化措施隧道的弯矩值,且在围岩与断层核部交界处至断层核部范围内,隧道纵向弯矩值较大;而设置15m抗位错组合缝隧道与设置优化措施隧道在交界处的纵向弯矩并没有出现明显变化,设置优化措施的隧道纵向弯矩最大值小于设置15m抗位错组合缝隧道最大纵向弯矩值。

4.6.4 组合变形缝条件下位错模型试验

研究成兰铁路隧道抗震设计方法所提出的大刚度抗震圆环组合缝隧道衬砌形式在断层位错条件下的受力变形情况、与围岩接触压力和隧道破坏规律的分布及变化规律。

4.6.4.1 模型概况

模型长度4m,沿纵向中心线每节段设置1个监测断面,节段长度14~55cm,共8个监测断面,每断面布置4个监测点,每监测点布置纵横向应变片各1个,拱顶和仰拱与围岩接触位置布置压力盒1个,如图4-62~图4-65所示。

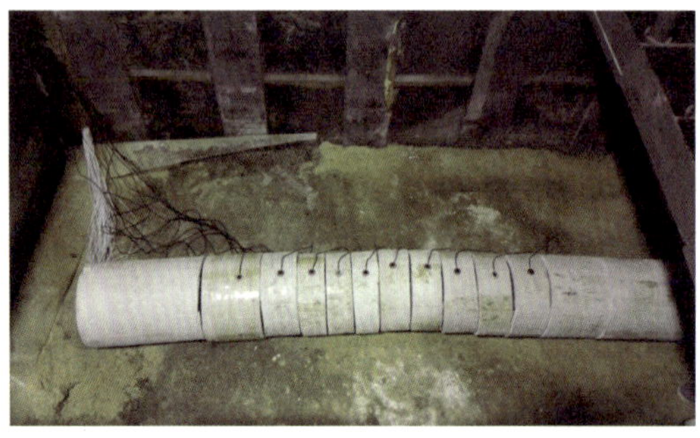

图4-62 隧道模型

图4-63 隧道整体模型

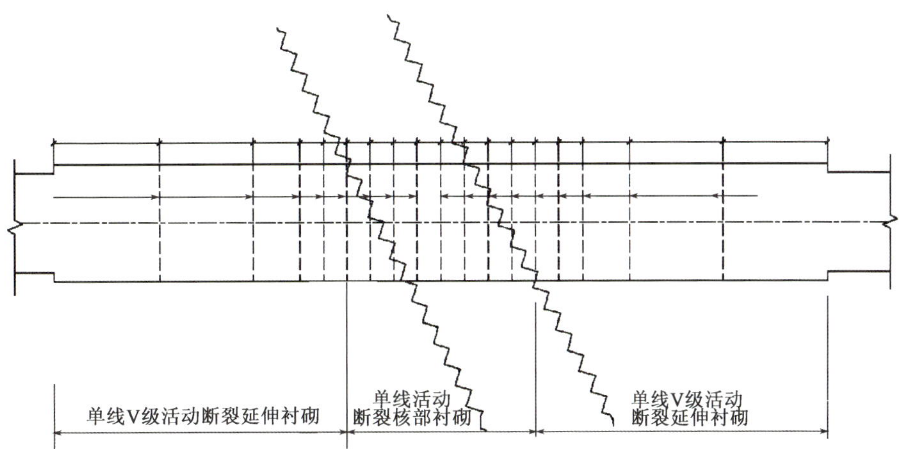

图 4-64　隧道节段划分图

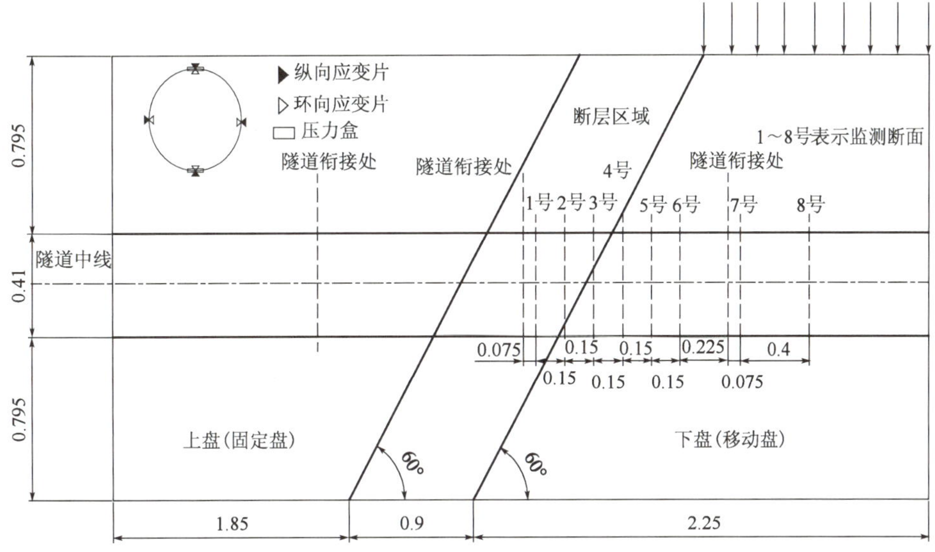

图 4-65　仪器布置图(尺寸单位:m)

4.6.4.2　隧道衬砌纵向应变分析

隧道顶部与隧道底部纵向应变情况如图 4-66、图 4-67 所示。

由图 4-66、图 4-67 可知,隧道顶部由上盘至下盘全部为拉应变,而隧道底部应变趋势由上盘至下盘分别出现了压应变,在纵向位置 200cm 处应变出现了拐点,变为拉应变。

试验过程中,隧道顶部的纵向应变在全部范围内为拉应变,最大值为 150×10^{-6};隧道底部的纵向应变在上盘范围内为压应变,最大值为 60×10^{-6},在下盘范围内为拉应变,最大值为 20×10^{-6}。

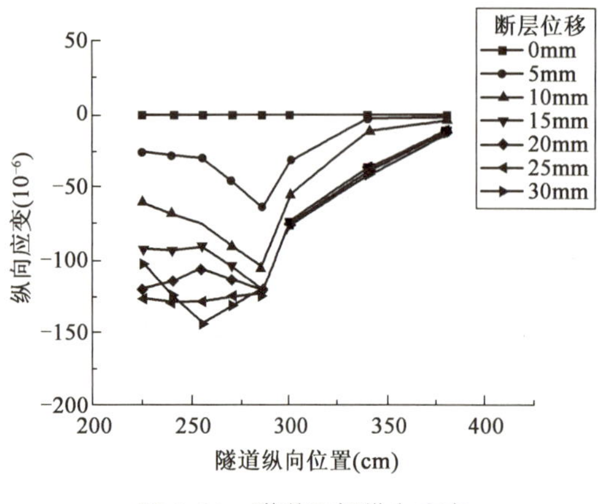

图 4-66 隧道顶部纵向应变

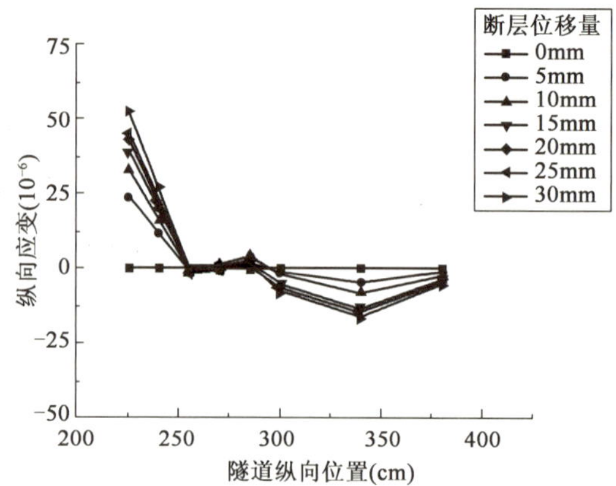

图 4-67 隧道底部纵向应变

4.6.4.3 隧道衬砌环向应变分析

隧道监测断面环向应变情况如图 4-68 ~ 图 4-75 所示。

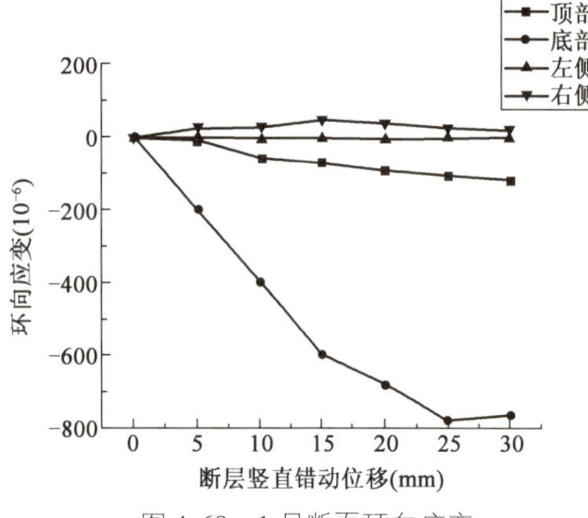

图 4-68 1 号断面环向应变

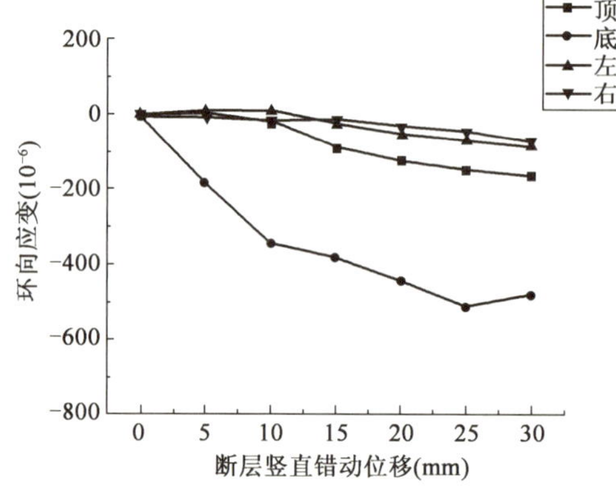

图 4-69 2 号断面环向应变

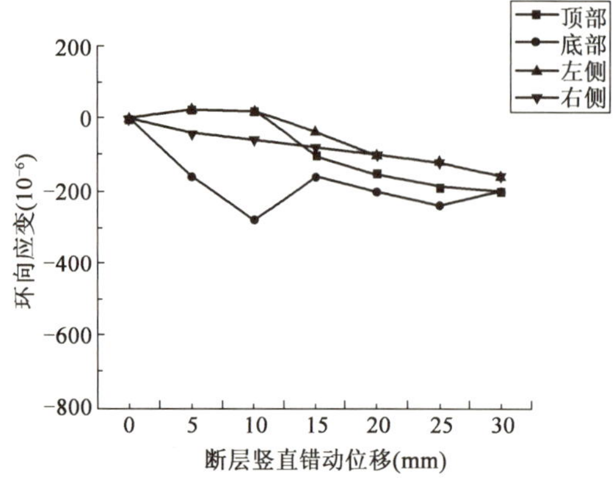

图 4-70 3 号断面环向应变

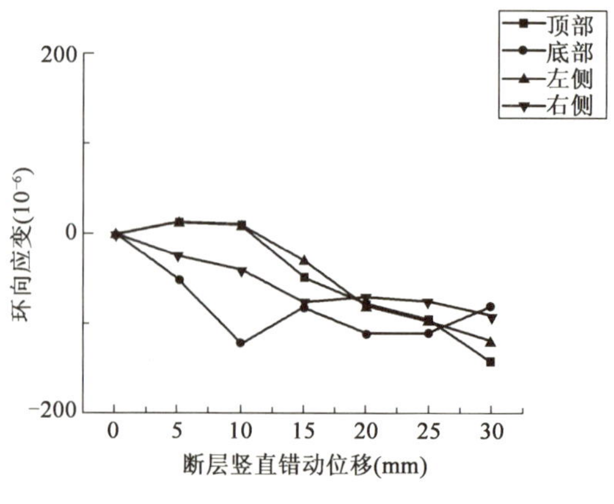

图 4-71 4 号断面环向应变

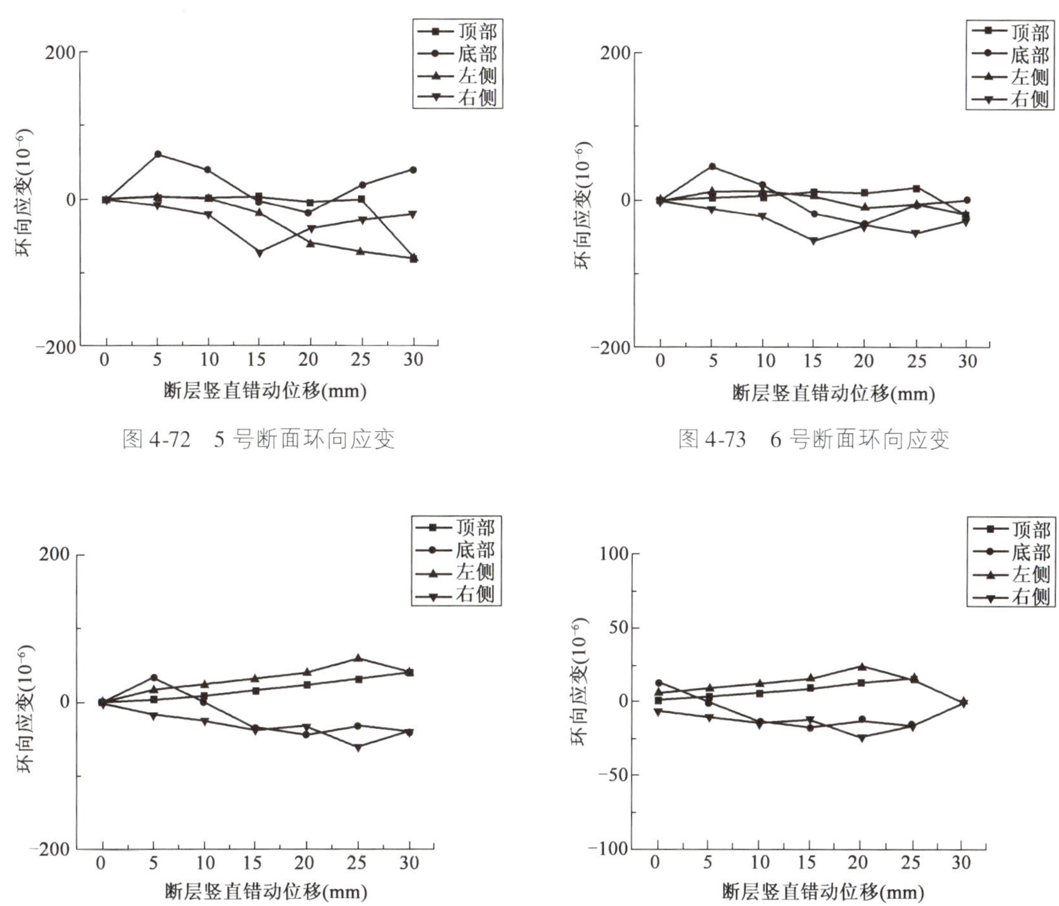

图 4-72　5 号断面环向应变

图 4-73　6 号断面环向应变

图 4-74　7 号断面环向应变

图 4-75　8 号断面环向应变

由图 4-68 ~ 图 4-75 可知，当对下盘施加竖向位移时，沿模型纵向中心线向下盘方向，隧道纵向 225 ~ 300cm 范围内衬砌环向应变变化较大，而在此范围外，衬砌环向应变受到的影响较小。当对上盘施加的竖向位移达到 25mm 时，隧道 1 号断面的环向应变开始出现较大的变化，环向应变最值出现 1 号断面，值为 800×10^{-6}左右；以上分析可知，隧道 1 ~ 4 号断面衬砌的环向应变受到断层错动影响明显，其代表位置为断层核部，1 号测点顶部先后进入过载状态，衬砌受拉破坏。

4.6.4.4　隧道与围岩接触压力变化分析

隧道顶部与隧道底部与围岩接触压力情况如图 4-76、图 4-77 所示。

在隧道顶部，当下盘下降时，隧道结构受力发生弯曲变形，进而对下盘范围内隧道顶部的围岩材料产生挤压作用，使下盘范围内隧道顶部承受较大的竖向压应力。由图可知，在 1 ~ 4

号断面位置处隧道底部围岩压力变化较大,在纵向位置275cm处出现了压力接触最大值,约为25kPa,是初始围岩压力的3倍左右。

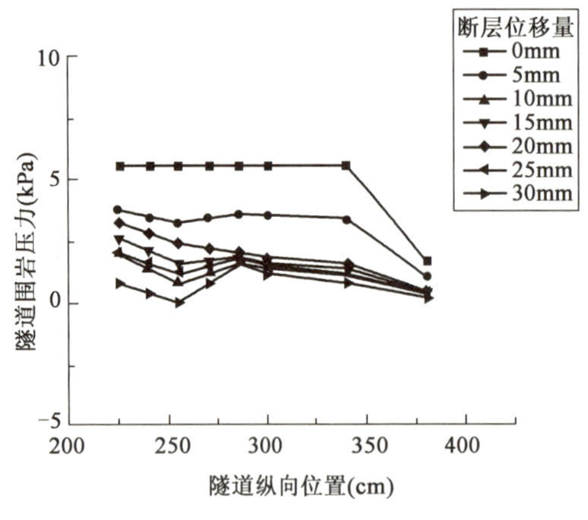

图4-76　隧道顶部与围岩接触压力

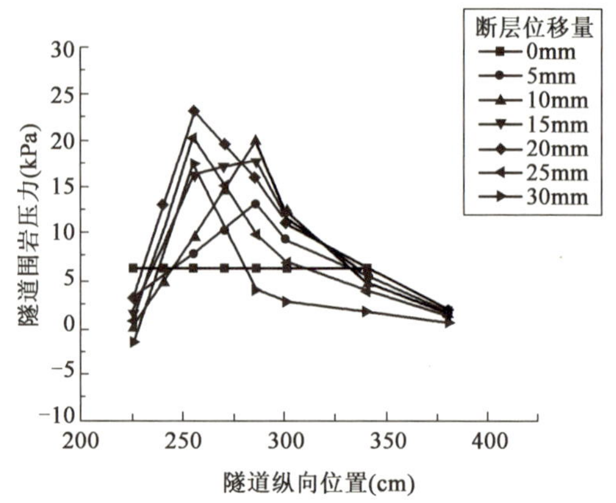

图4-77　隧道底部与围岩接触压力

4.6.4.5　隧道内部破坏分布

随着隧道下盘不断下降,隧道结构在隧道衬砌内部产生了不同程度的破坏,破坏类型包括纵向裂缝和横向裂缝,具体情况如图4-78所示。

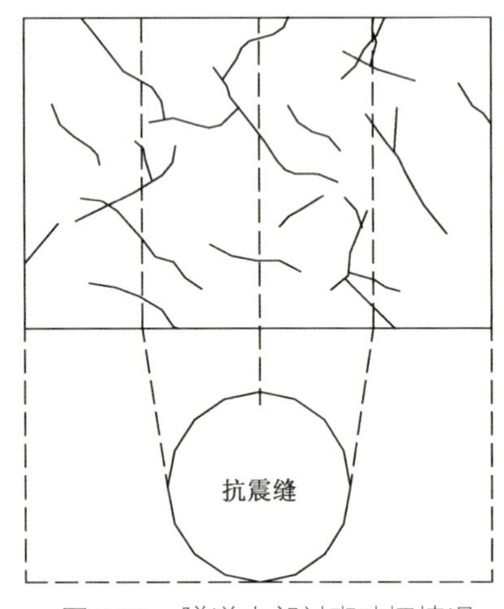

图4-78　隧道内部衬砌破坏情况

4.6.4.6　小结

(1)在隧道纵向应变方面,未施加抗震措施的隧道应变值较大,设置抗震缝隧道结构应变值明显降低,设置抗震缝隧道结构是未施加抗震措施的隧道最大应变值的15%左右。

(2)在隧道环向应变方面,未施加抗震措施的隧道应变值较大,设置抗震缝隧道结构应变值明显降低,设置抗震缝隧道结构是未施加抗震措施的隧道最大应变值的40%左右。

(3)在隧道与围岩相互作用力方面,未施加抗震措施的隧道压力值较大,设置抗震缝隧道结构压力值有所降低,设置抗震缝隧道结构是未施加抗震措施的隧道最大压力值的75%左右。

(4)在隧道内部破坏分布方面,未施加抗震措施的隧道破坏程度较大,内壁横纵向裂缝较多,材料剥落面积较大;设置抗震缝隧道结构破坏程度较低,壁横纵向裂缝较少,几乎无材料剥落情况。

经验证,设置连续变形缝隧道结构在断层位错条件下,结构受力情况明显改善。

设 计 案 例

4.7.1 柿子园隧道穿越北川—映秀活动断裂带设计

4.7.1.1 设计过程

1）设计背景

柿子园隧道穿越北川—映秀断裂（龙门山中央断裂）断层预设计宽度20m，洞身与断层面交角84°，断层倾角70°。

2）变形缝宽度计算过程

结合地质情况及工程实际，其中各参数预设如下：

断层破碎带长度 $L=20\text{m}$；

隧道净空高 $h=9.5\text{m}$；

位错量 $2d=0.72\text{m}$，$d=0.36\text{m}$；

隧道与断层交角 $\alpha=84°$；

断层倾角 $\beta=70°$；

变形缝宽度 $r=0.15\text{m}$。

3）计算过程

隧道纵向中央没有产生相对转角的变形缝由于位错产生的相对于整体坐标系的转角 θ 为：

$$\theta=\frac{d}{\dfrac{L+h\cot\beta+h\cot\alpha}{2}}=0.02457\text{rad}$$

此处产生的最大相对转角 α 为：

$$\alpha=\frac{r}{h}=\frac{0.15}{9.5}=0.015789\text{rad}$$

由假设（1），位错产生的总转角 θ 全总部由相邻两段衬砌产生的相对转角承担；联合假设（3），即相对转角是由最大相对转角 α 线性均匀变化为0。由等差数列求和可得：

$$\theta = \frac{n}{2}(0 + \alpha)$$

即
$$n = \frac{2\theta}{\alpha} = \frac{2\dfrac{2d}{L + h\cot\beta + h\cot\alpha}}{\dfrac{r}{h}} = \frac{4dh}{r(L + h\cot\beta + h\cot\alpha)} = 3.1$$

所以 n 取 3。

最大变形间距为

$$a = \frac{L + h\cot\beta + h\cot\alpha}{2n} = \frac{r\ (L + h\cot\beta + h\cot\alpha)^2}{8dh} = 4.17(\mathrm{m})$$

4)变形缝间距修正

综上所述,考虑到变形缝宽度 0.15m,相对于断层破碎带宽 20m,不能忽略,需要预留变形缝宽度,并考虑施工情况,选择变形缝间距 4m/段衬砌施作,为保证隧道有足够的安全储备,在除断层破碎带区域两侧各设置 50m 设防区域,施作两段衬砌,考虑到该区域围岩完整程度好于断层破碎带围岩,该衬砌长度依次为 8m、8m、15m、15m。

5)变形缝宽度修正

由于考虑到在完整围岩交界区段(破碎带界线)处,二次衬砌相邻两环相对转角最大 $\alpha = \frac{r}{h} = \frac{0.15}{9.5} = 0.015789\mathrm{rad}$,断层破碎带中央位置相邻两环没有相对转动,所以由最大相对转角到断层破碎带中央相对转角为 0,可知,变形缝宽度由最大相对转角处向两侧依次减小,故修正后的变形缝宽度沿隧道纵向依次是 0.1m、0.1m、0.1m、0.15m、0.15m、0.1m、0.1m、0.1m、0.1m、0.15m、0.15m、0.1m、0.1m、0.1m。节段长度依次为 15m、15m、8m、8m、4m、4m、4m、4m、4m、4m、8m、8m、15m、15m。隧道纵向节段布置图和横断面如图 4-79、图 4-80 所示。

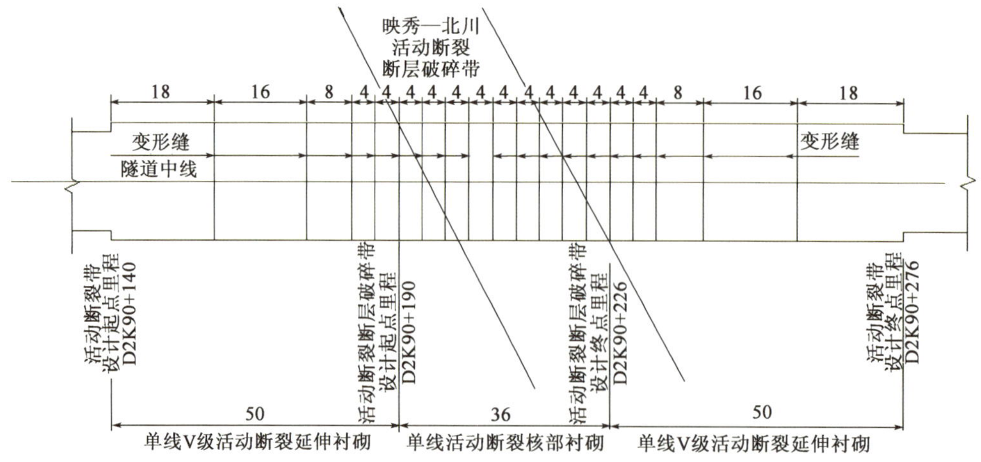

图 4-79 柿子园隧道穿越活动断裂纵向布置图(尺寸单位:m)

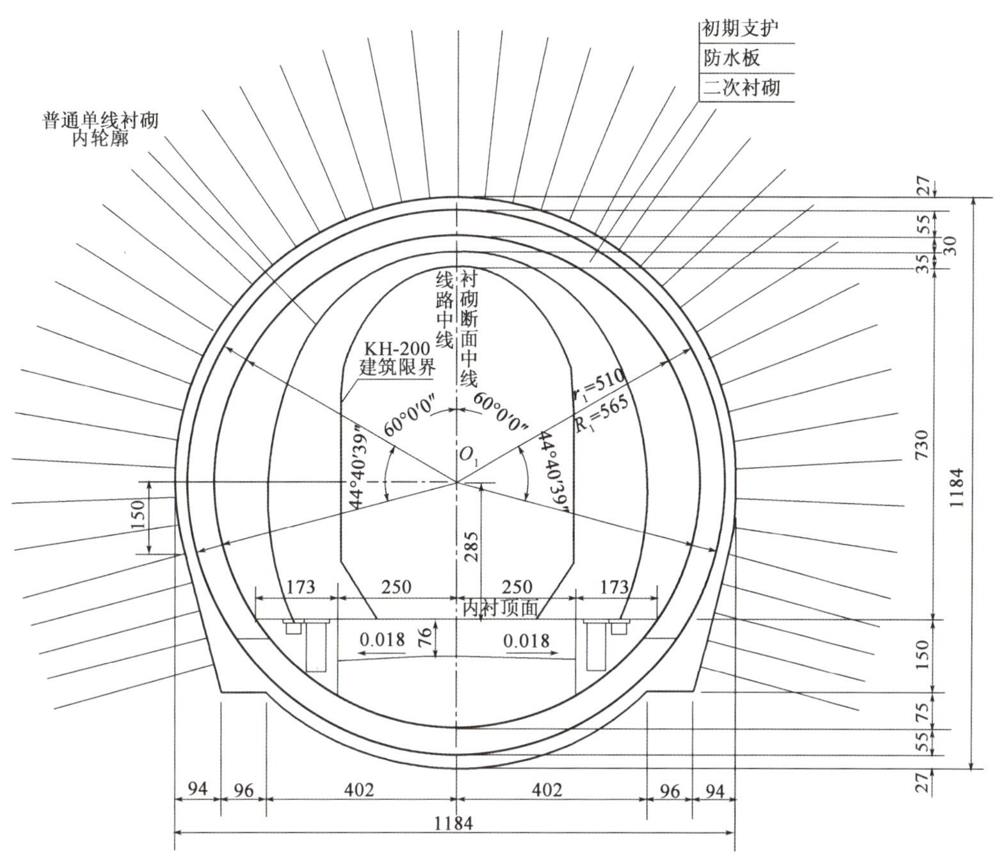

图4-80　柿子园隧道穿越活动断裂横断面图(尺寸单位:cm)

4.7.1.2　三维数值模拟验证

为验证上述理论成果,并将理论成果予以应用,现进行针对设计方案建立围岩—结构体系模型进行三维数值计算。

本部分所有计算参数均按照柿子园隧道实际参数设定,建立模型1和模型2。模型1按固定长度25m/段设置变形缝;模型2按本文提出的设计方法设置变形缝。计算参数及计算模型如图4-81、表4-28、表4-29所示。

岩土层和材料参数　　表4-28

材料名称	弹性模量(GPa)	泊松比	重度(kN/m^3)	摩擦角(°)	黏聚力(GPa)
围岩	3	0.28	24	45	1.2
断层破碎带	1	0.35	18	30	0.25
初期支护	30	0.2	22	—	—
二次衬砌	31.5	0.2	25	—	—
变形缝材料	0.001	0.38	20	—	—

软件中衬砌的混凝土损伤塑性参数 表 4-29

膨胀角	离心率	双轴与单轴抗压强度比值 f_{bo}/f_{c0}	屈服面形态相关系数 K	黏性参数
20	0.1	1.56	0.6443	0.0001

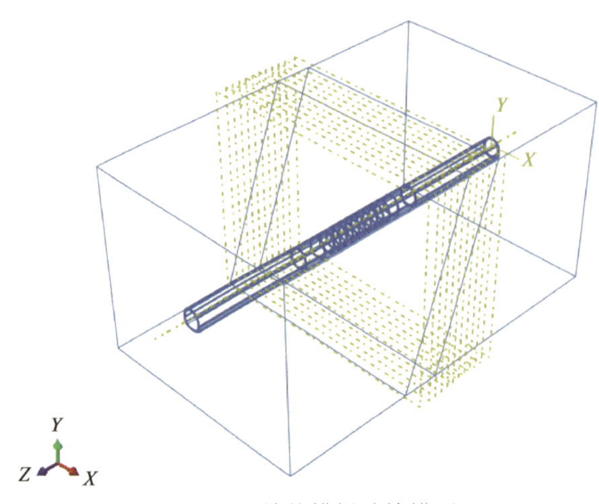

图 4-81　数值模拟计算模型

经过计算,计算结果云图如图 4-82 ~ 图 4-85 所示。

三维数值模拟计算结果表明,设置变形缝的隧道结构在纵向位移方面明显趋于平缓,在应力量值方面明显降低,验证了设计方法的有效性。

图 4-82　模型 1 隧道纵向位移图

图 4-83　模型 2 隧道纵向位移图

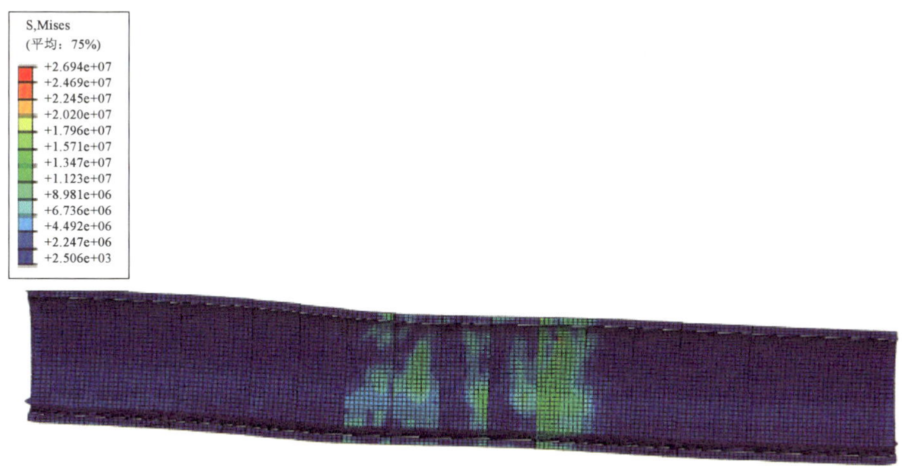

图 4-84　模型 1 设房部分 mises 应力分布

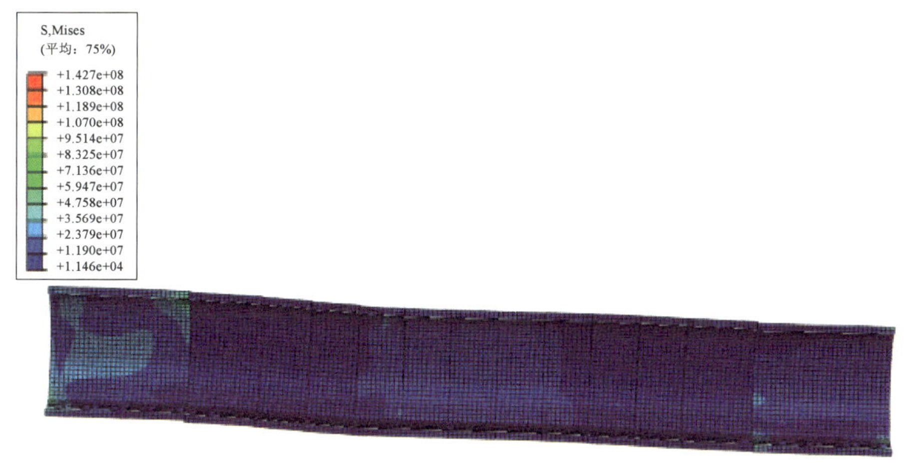

图 4-85　模型 2 设房部分 mises 应力分布

4.7.2　茂县隧道穿越茂汶活动断裂带设计

4.7.2.1　设计过程

1)设计背景

茂汶断裂属于后龙门山断裂，总体走向 N30°～55°E，倾向 NW，倾角 50°～70°。该断裂大致以耿达、草坡为界，可以分为南西和北东两段，其中南西段为晚更新世活动断裂，于宝兴五龙断裂仅切割了晚更新世早期河湖相沉积物，而上覆的晚更新世中晚期河流相沉积物未发生变形，现今以中小地震密集成带活动为特征；北东段为全新世活动断裂，多处可见断裂右旋断错山脊、冲沟及河流Ⅱ～Ⅲ阶地等断错地貌。晚第四纪以来，断裂的平均垂直和水平滑动速率均为1.0±0.1mm/a，而断裂上不甚清楚、断续延伸的断错地貌现象可能与断裂的低滑动速率有关，更大程度上是由于该断裂处于龙门山深切割的高山峡谷区，地质地貌体的位错易受外动力作用破坏而不易保留所致。历史上，该断裂1657年发生过汶川6.5级地震及多次5级左右中强地震，现今小震也沿断裂密集成带分布，显示出一定的近代活动性，见表4-30～表4-32。

茂县隧道活动断裂段对比表　　表4-30

分段	勘察阶段推断硐室位置	勘察阶段长度(m)	施工阶段推断硐室位置	施工阶段长度(m)
左线	D8K127+690～D8K128+080	390	D8K127+685～D8K128+080	395
右线	YD8K127+665～YD8K128+090	425	YD8K127+660～YD8K128+084	424

茂县隧道左线围岩分级调整(活动断裂段)　　表4-31

分段	里　　程	长度(m)	围岩分级
1	D8K127+400～D8K127+600	200	Ⅳ
2	D8K127+600～D8K128+150	550	Ⅴ
3	D8K128+150～D8K128+300	150	Ⅳ

茂县隧道右线围岩分级调整(活动断裂段)　　表4-32

分段	里　　程	长度(m)	围岩分级
1	YD8K127+400～YD8K127+580	180	Ⅳ
2	YD8K127+580～YD8K128+150	570	Ⅴ
3	YD8K128+150～YD8K128+300	150	Ⅳ

针对茂汶断裂，通过开展实测、解析、数值模拟和理论计算等四种不同方法把握活动断裂区域岩土变形特征，量化抗位错隧道设防范围，其中相关科研所得结论为：

(1)资料调研结果表明断层破碎带变形带宽度最大值一般介于25～40m。

(2)根据Okada的解析解方法，所得断层破碎带强变形带宽度为38～42m，并得到了相关变形带的曲线。

(3)根据数值模拟方法，得到的变形带的曲线与解析方法Okada算法得到的曲线形状相似，故以数值模拟得到的变形曲线形状佐证Okada计算结果曲线。

(4)根据理论计算方法，通过模拟隧道穿越活动断裂，将隧道模拟成弹性梁，在模型中弹性梁受主动盘位错影响，在主动盘一侧产生了较大的位移、弯矩，得到了弹性梁的受位错的影响范围为：弹性梁最大弯矩位置出现距断层起始点8m左右。

通过以上研究分析表明，受基岩破裂影响，断层面上位错量为0.8m时，判断断层破碎带变形带宽度为40m左右，；在单侧主动盘位错情况下，隧道在断层面位错量达到0.8m时，受影响的强变形范围为35～40m，最大弯矩出现的位置在距离主动盘起始位置的8m左右。基于以上研究成果，对茂县隧道穿越茂汶—汶川活动断裂带的隧道形式进行针对性设计。

2)隧道变形缝纵向设置

隧道变形缝纵向设置,如图 4-86 所示。

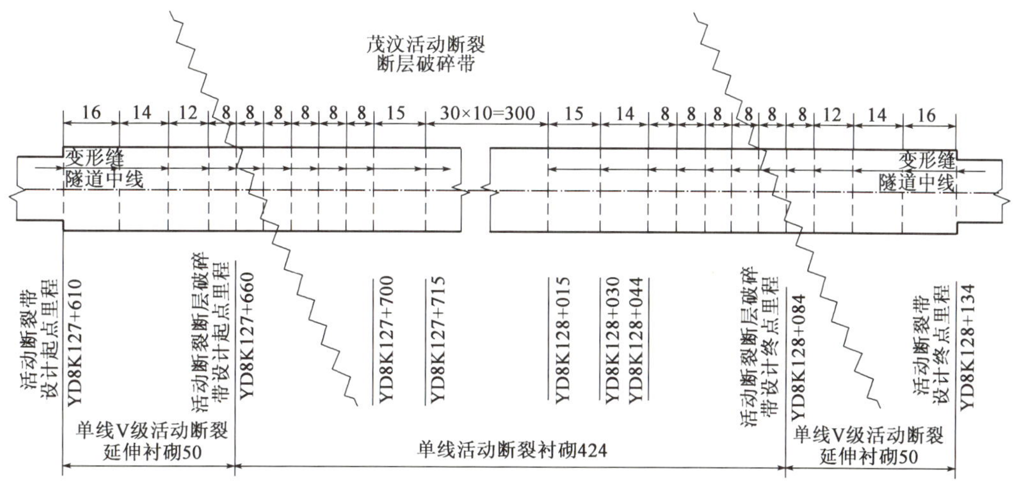

图 4-86　隧道纵向变形缝设置(尺寸单位:m)

3)隧道横断面设计

隧道横断面设计,如图 4-87 所示。

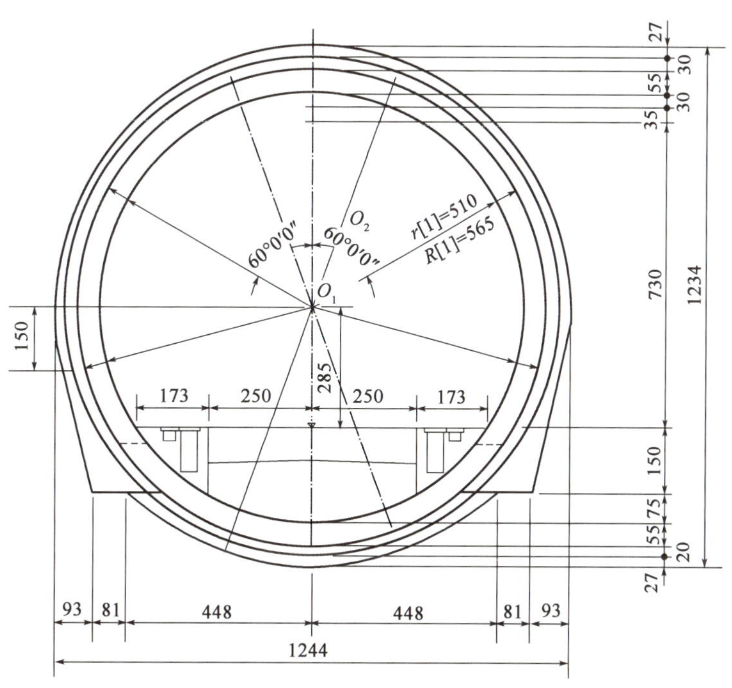

图 4-87　隧道横断面设计图(尺寸单位:cm)

4.7.2.2 三维数值模拟验证

为验证上述科研结果的正确性和有效性，现特对上述隧道变形缝设置方案建立近围岩—结构体系模型进行三维数值模拟验证。

本次建立了2个模型进行对比。

模型1：穿越茂汶断裂隧道不设置组合变形缝模型。

模型2：穿越茂汶断裂隧道按科研节段长度8m，变形缝宽度为15cm设置组合变形缝模型。

模型概况：位错量为0.8m，沿断层倾角方向，单侧主动位错。模型纵向长1000m，断层宽度400m，Ⅴ级围岩宽度550m。隧道节段设置方法按上述计算结果设置，逆断层，围岩和断层位置设置按“茂县隧道龙门山后山活动断裂茂汶断层补充地质说明”进行设置，隧道初期支护采用C30喷射混凝土，隧道二次衬砌采用C35混凝土材料模拟，进行隧道穿越活动断裂模拟计算，隧道断面及计算模型如图4-88、图4-89所示。

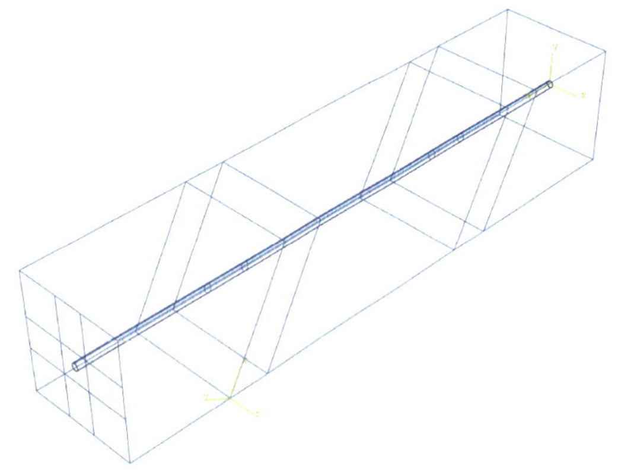

图4-88 模型1：穿越茂汶断裂隧道不设置组合变形缝模型

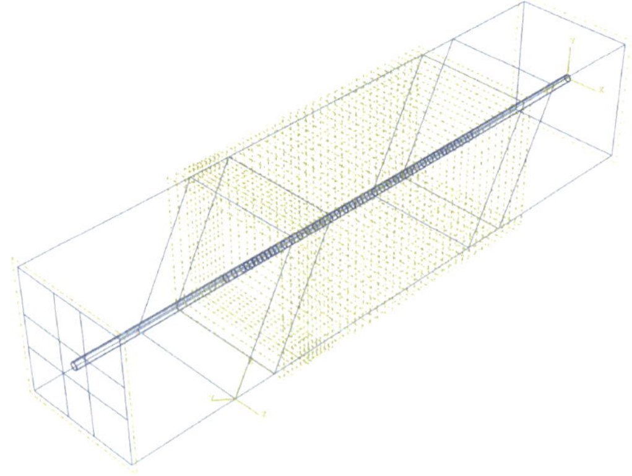

图4-89 模型2：隧道按节段长度8m变形缝宽度为15cm设置组合变形缝模型

计算弯矩结果云图如图4-90～图4-93所示。

4.7.2.3 计算结果分析

计算结果如表4-33所示。计算结果分析如下：

（1）在单侧位错条件下，通过隧道整体弯矩云图可以看出，隧道弯矩的最大值主要体现在断层主动盘一侧，且在沿隧道纵向上有一定的影响范围，整个断层核部并没有全部受到强烈影响。

（2）通过对模型1和模型2位错后断层破碎强变形区隧道二次衬砌弯矩云图分析可知：在设置组合变形缝后，隧道的内力值出现了明显的下降。

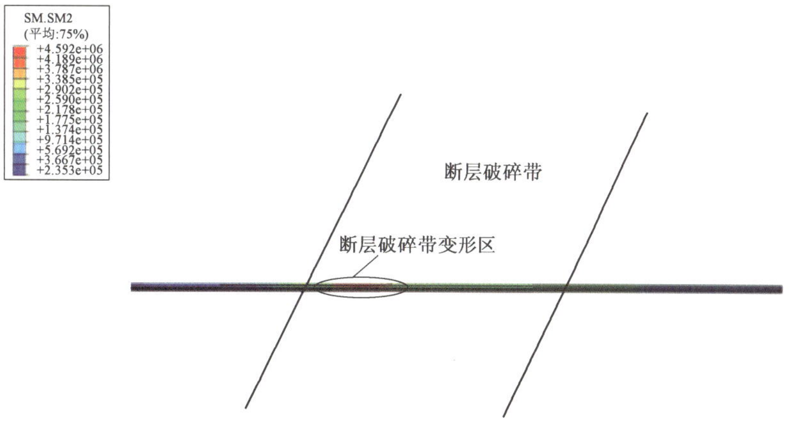

图 4-90　模型 1 位错后隧道弯矩云图(最大值为红色区域)

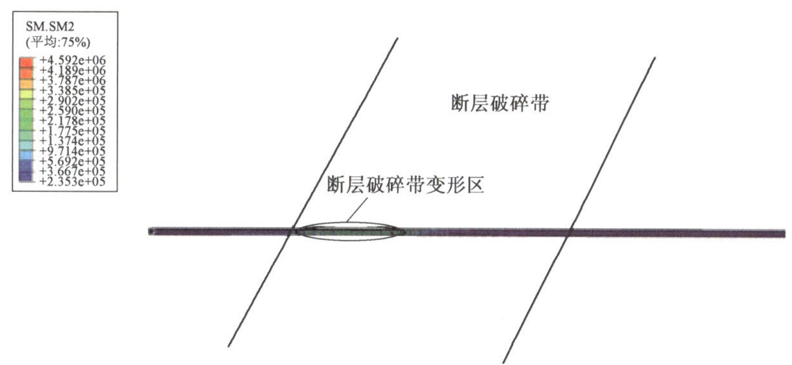

图 4-91　模型 2 位错后隧道弯矩云图(最大值为绿色区域)

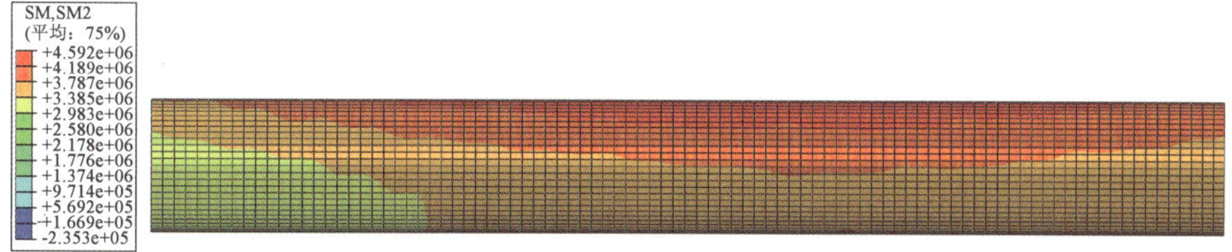

图 4-92　模型 1 位错后隧道破碎带强变形区弯矩云图

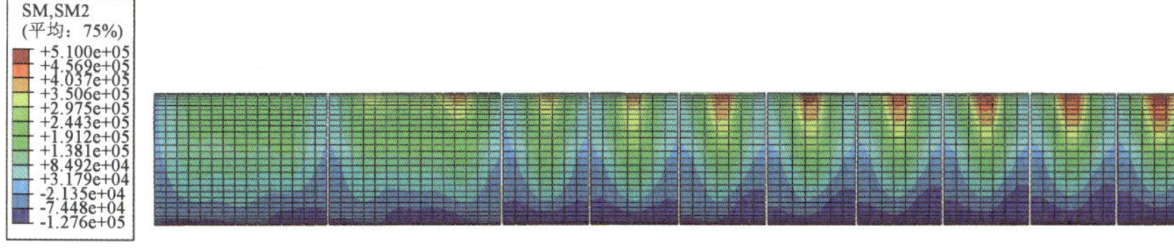

图 4-93　模型 2 位错后隧道破碎带强变形区弯矩云图

模型1和模型2最大内力对比 表4-33

模　　型	轴力(N)	剪力(N)	弯矩(N·m)
模型1	3.85×10^{6}	7.02×10^{5}	4.54×10^{6}
模型2	2.12×10^{6}	2.93×10^{5}	5.29×10^{5}

根据计算结果可知,在设置组合变形缝后,隧道最危险截面内力从数值上明显下降。穿越茂汶活动断裂采取的措施:设置组合变形缝,在保证隧道纵向具有一定的变形能力的同时,要求隧道单独节段具有较好的刚度以保证在变形隧道节段本身不至于破裂、以及变形缝接口处不发生破坏。由于茂县隧道穿越活动断裂区域与隧道大变形问题处于同一区域,考虑大变形隧道结构构造要求,建议选取隧道节段8m、缝宽15cm的隧道组合变形缝设置方法设置穿越茂汶—汶川断裂的茂县隧道。根据数值模拟结果,建议隧道在设置组合变形缝基础上,二次衬砌配筋采用7根ϕ25mm钢筋。

现场应用效果

4.8.1 彭县—灌县断裂

2014 年 1 月 5 日开始施作超前水平钻,2014 年 3 月 9 日开始活动断裂及影响段的开挖支护,2014 年 8 月 31 日完成该段落衬砌施作。

4.8.1.1 现场揭示围岩情况

1)超前地质预报

在隧道施工靠近预计活动断裂位置提前实施了一系列的超前地质预报方法,分别为地震反射波法、地质雷达法、瞬变电磁法、超前地质钻探法。综合分析得到 D2K76 + 930 ~ D2K76 + 950 段为彭县—灌县断层影响带,节理较发育;D2K76 + 950 ~ D2K76 + 975 段为活动断层通过带,岩层受断层影响,表现为节理发育,岩体破碎,成分以泥质夹角砾为主,不富水;D2K76 + 975 ~ D2K76 + 993 段为彭县—灌县断层影响带,节理较发育。

2)施工开挖揭示

施工揭示围岩情况如图 4-94、图 4-95 所示。

图 4-94　D2K76 + 920 掌子面情况

图 4-95 D2K76 +960 掌子面情况

4.8.1.2 设计措施

根据地震造成的断层破碎带隧道的破坏特点，借鉴国内外针对活动断裂的措施主要有：改变衬砌轮廓、扩挖设计、节段设计、加固围岩。根据当前超前地质预报结果，彭县—灌县活动断裂设计范围为 D2K76 +900 ~ D2K77 +025 段共 125m 范围。

图 4-96 为柿子园隧道穿越彭县—灌县活动断裂变形设置示意图。

1）断面轮廓

本段活动断裂，衬砌内轮廓考虑 30cm 补强空间，轨面以上轮廓不进行调整，仅在原轮廓范围扩挖 30cm。在圆形轮廓的基础上，适当减少仰拱深度，形成近似圆形的结构如图 4-97 所示。

2）变形缝设置

通过设置变形缝，实现衬砌的节段设计。

本次设计变形缝在断层带处进行逐渐加密：两端按 15m/条间距设置；在断层核部按 5m/条设置。变形缝宽 2 ~ 3cm，全环设置。

3）围岩加固

对核部设置全环系统锚管，替代系统锚杆，并利用系统锚管对围岩进行径向注浆加固。系统锚管长 5m，设置间距 1.2m × 1.0m（环 × 纵）。

4.8.2 北川—映秀断裂

2015 年 6 月 7 日左线开始活动断裂开挖，2015 年 8 月 1 号完成活动断裂段开挖；右线 2015 年 6 月 3 日开始活动断裂开挖，2015 年 9 月 26 号完成活动断裂段开挖。

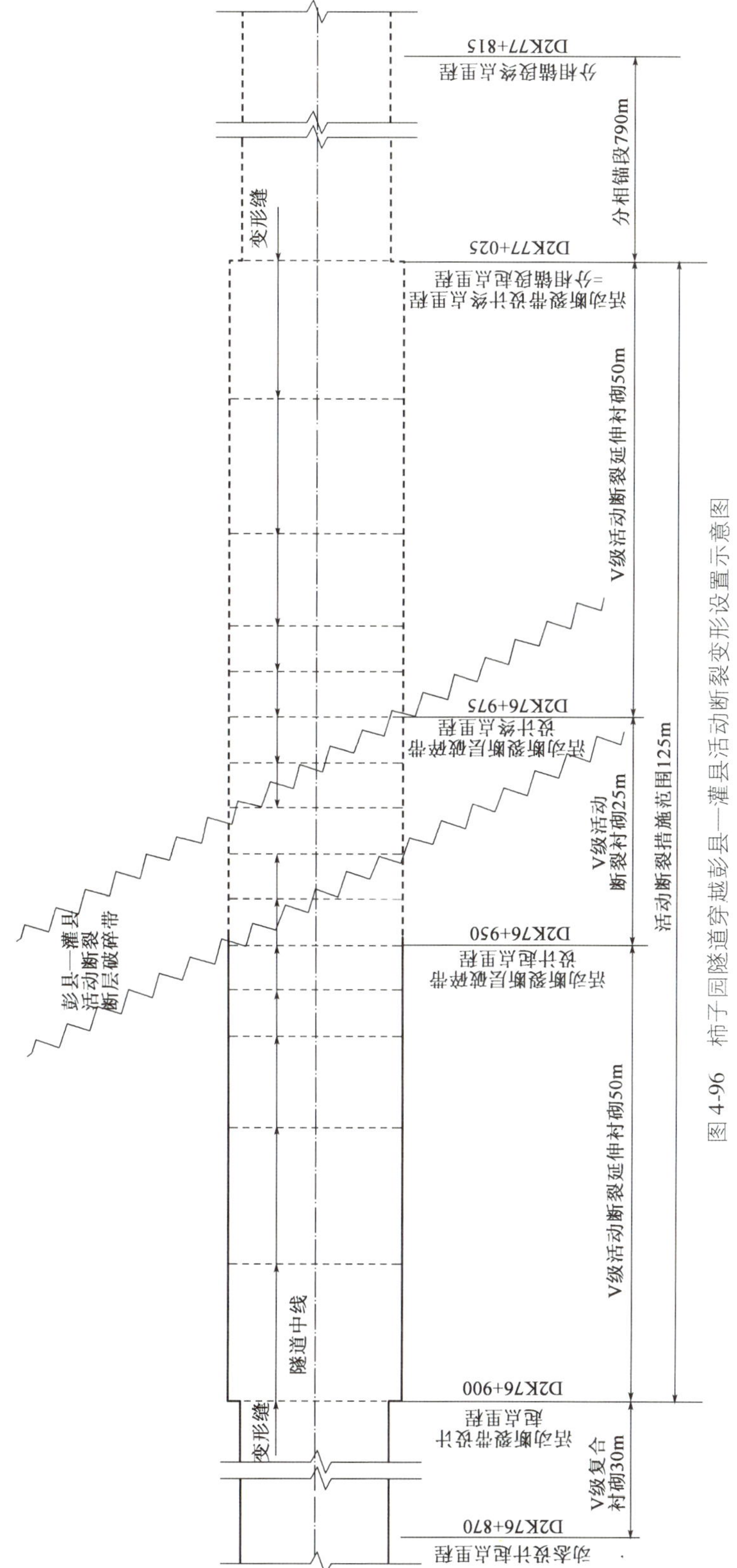

图4-96 柿子园隧道穿越彭县—灌县活动断裂变形设置示意图

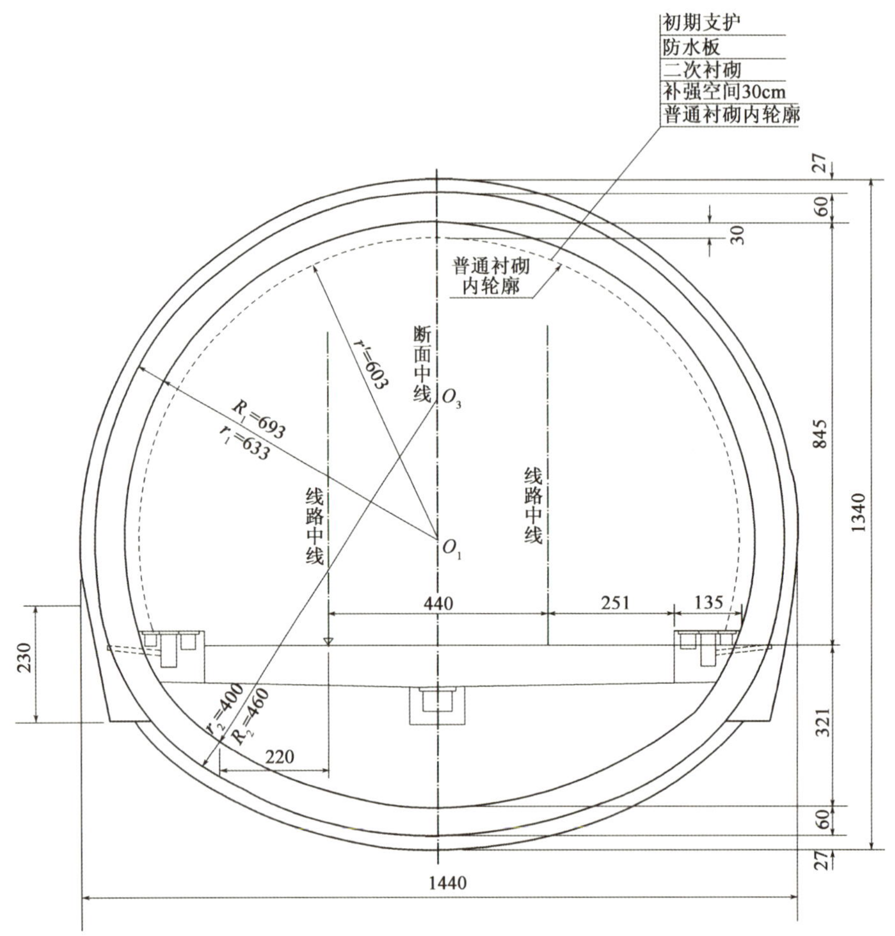

图4-97　近圆形轮廓方案图(尺寸单位:cm)

4.8.2.1　现场揭示围岩情况

1)超前水平钻探结果

活动断裂段施工前采用超前钻探对掌子面前方围岩进行探测,结果显示:

(1)左线 D2K90+050～D2K90+235段,地层岩性为泥盆系上统唐王寨群(D_3Tn)白云质灰岩及石炭系下统总长沟群(C_1Zn)灰岩夹紫红色砂页岩,较破碎,节理裂隙较发育,局部段落岩溶中等发育,地下水弱发育。

(2)右线超前钻探里程 YD2K90+116～YD2K90+186段,地层岩性为泥盆系上统唐王寨群(D_3Tn)白云质灰岩及石炭系下统总长沟群(C_1Zn)灰岩夹紫红色砂页岩,较破碎,节理裂隙较发育,局部段落岩溶中等发育,地下水弱发育。

2)施工揭示围岩情况

施工揭示柿子园隧道左线 D2K90 + 190 ~ D2K90 + 226、右线 YD2K90 + 152 ~ YD2K90 + 187 段为龙门山中央断裂——映秀—北川断层核部,上盘为石炭系下统总长沟群(C_1Zn)灰色 ~ 灰白色石灰岩夹紫红色砂页岩与泥盆系上统唐王寨群(D_3Tn)浅灰色 ~ 棕灰色、薄 ~ 厚层状的白云岩夹数层白云质灰岩的分界线范围内。下盘为石炭系下统总长沟群(C_1Zn)石灰岩夹紫红色砂泥岩。断层表现为节理密集段、岩体破碎、岩溶弱发育、地下水弱发育,围岩级别为Ⅴ级。

4.8.2.2 设计措施

地震的发生具有非常大的不确定性,且对于特定工程难以进行验证,本线活动断裂设计按照“技术可行、经济合理、易于修复”的设计理念,通过加深研究,设计的结构在发生地震错动时,满足简单修复后即可通行救援列车,确保震后救援。

本设计方案在大量调研已有工程经验的基础上,结合北京交通大学前期科研成果,针对隧道穿越活动断层带采用“大刚度圆环 + 组合变形缝”设计方案。

1)设防震级及设防位错量

根据《新建成都至兰州铁路地震安全性评价成果报告》和北京交通大学的研究综合确定的隧道穿越北川—映秀活动断裂按 7 级地震设防,通过北京交通大学研究得到的公式计算得到对应的位错量为 80.5cm,设计时取 81cm。

2)隧道活动断裂设防距离

综合考虑《铁路工程抗震设计规范》(GB 50111—2006)要求、北京交通大学科研结论、线路限坡要求以及超前地质预报精度,综合考虑经济等因素,最终确定活动断裂带处理按断层核部延伸 50m 考虑。

3)组合变形缝设置

根据科研成果,北川—映秀断裂带采用特殊的宽变形缝构造。左、右线共设置 5cm 宽缝 4 条,10cm 宽缝 8 条,15cm 宽缝 24 条,如图 4-98、图 4-99 所示。

4)衬砌内轮廓

拟定内轮廓,满足隧道基本建筑界限“隧限-2A”,考虑隧道在水平和垂直方向均能适应 81cm 的错动量的基础上,拱墙预留 30cm 的补强空间。通过比选、优化,最终活动断裂衬砌内轮廓采用半径为 510cm 的单心圆,圆心距离内轨顶面 285cm,两侧水沟边缘距离隧道断面中线 250cm,如图 4-100 所示。

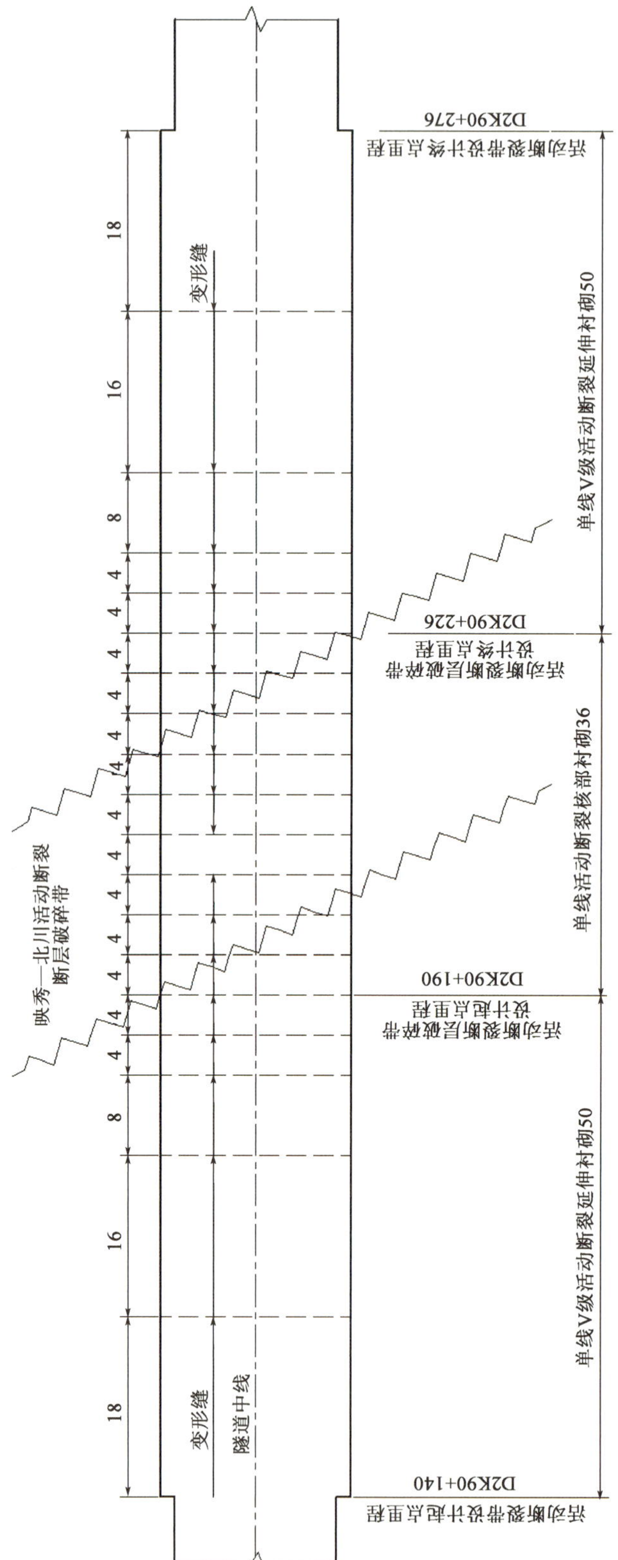

图 4-98　柿子园隧道左线穿越映秀—北川活动断裂变形设置示意图(尺寸单位:m)

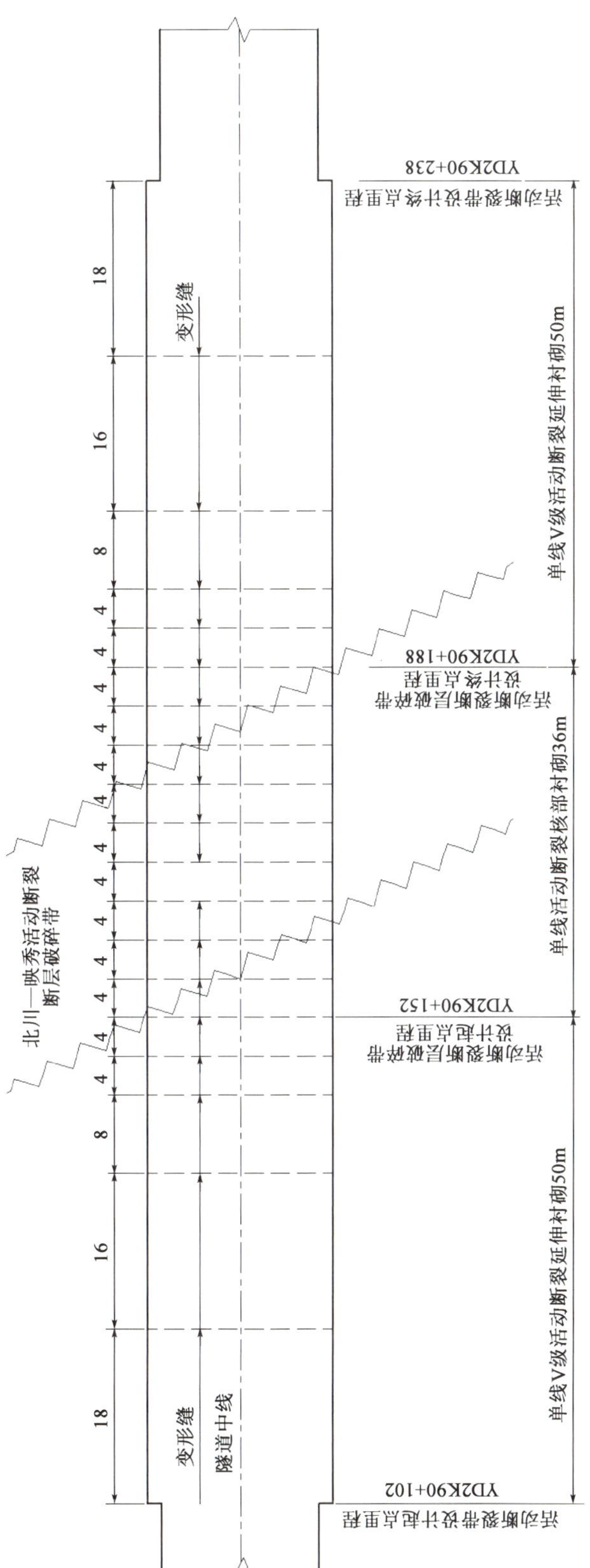

图4-99　柿子园右线穿越映秀—北川活动断裂变形设置示意图(尺寸单位:m)

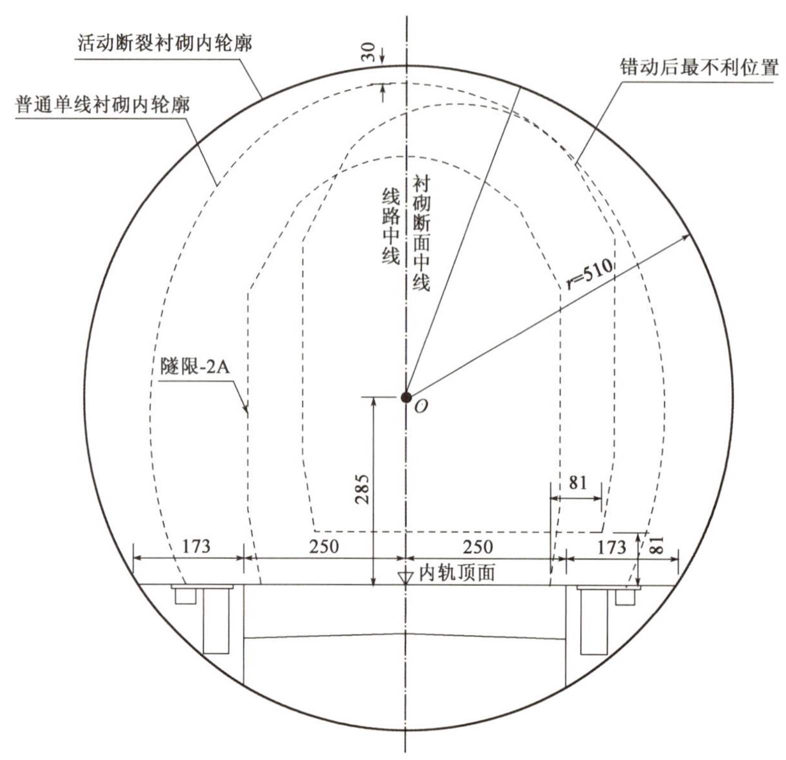

图 4-100　柿子园隧道穿越映秀—北川活动断裂衬砌内轮廓(尺寸单位:cm)

5)支护参数

根据现场揭示地质条件,考虑活动断裂带施工安全等因素,穿越活动断裂带结构支护参数类比Ⅴ级围岩加强衬砌进行。结合荷载—结构模型配筋检算,拟定柿子园隧道穿越映秀—北川活动断裂带衬砌参数。活动断裂带衬砌参数见表 4-34。

4.8.3 实际地震中工程结构抗震性能监测

由于成兰铁路地震频发,在施工、运营过程中,穿越的活动断裂很可能发生相对位错,为验证论研究成果的有效性,特在柿子园隧道设置监测试验段,长期收集结构变形、受力以及地震动响应等数据。

2016 年 5 月 29 日,安县发生 4.3 级地震,震后及时对现场进行了数据收集,发现各组数据均存在一定轻微波动现象,可能与现场地震有一定关系,但在后期出现的回落。但波动范围较小,未对结构安全造成影响,如图 4-101、图 4-102 所示。

园隧道左线穿越映秀—北川活动断裂段衬砌参数表　　表4-34

<table>
<tr><th rowspan="2">衬砌类型</th><th colspan="2">预留变形量</th><th colspan="2">C30喷射混凝土</th><th colspan="2">ϕ8mm钢筋网</th><th colspan="4">锚　　杆</th><th colspan="3">钢　　架</th><th colspan="4">二次衬砌</th></tr>
<tr><th>设置部位</th><th>预留变形量（cm）</th><th>设置部位</th><th>厚度（cm）</th><th>设置部位</th><th>网格间距（cm×cm）</th><th>设置部位</th><th>类型</th><th>长度（m）</th><th>间距（m×m）</th><th>设置部位</th><th>型钢型号</th><th>间距（m）</th><th>二次衬砌厚度（cm）</th><th colspan="3">配筋（mm@mm）</th></tr>
<tr><td rowspan="2">活动断裂Ⅴ级延伸衬砌</td><td rowspan="2">拱墙</td><td rowspan="2">8～12</td><td>拱墙</td><td>27</td><td rowspan="2">拱墙</td><td rowspan="2">20×20</td><td>拱部</td><td>ϕ22mm组合中空锚杆</td><td rowspan="2">3.5</td><td rowspan="2">1.2×1.0（环×纵）</td><td rowspan="2">全环</td><td rowspan="2">I20b</td><td rowspan="2">0.8</td><td>全环</td><td>环向钢筋HRB400</td><td>纵向钢筋HRB400</td><td>箍筋HPB300</td></tr>
<tr><td>仰拱</td><td>27</td><td>边墙</td><td>ϕ22mm全长黏结砂浆</td><td>55</td><td>ϕ25@200</td><td>ϕ14@200</td><td>ϕ10@200/200</td></tr>
<tr><td rowspan="2">活动断裂核部衬砌</td><td rowspan="2">拱墙</td><td rowspan="2">10～15</td><td>拱墙</td><td>27</td><td rowspan="2">拱墙</td><td rowspan="2">20×20</td><td rowspan="2">全环</td><td rowspan="2">ϕ42mm钢花管</td><td rowspan="2">4.5</td><td rowspan="2">1.2×1.0（环×纵）</td><td rowspan="2">全环</td><td rowspan="2">I20b</td><td rowspan="2">0.8</td><td>全环</td><td>环向钢筋HRB400</td><td>纵向钢筋HRB400</td><td>箍筋HPB300</td></tr>
<tr><td>仰拱</td><td>27</td><td>55</td><td>ϕ25@200</td><td>ϕ14@200</td><td>ϕ10@200/200</td></tr>
</table>

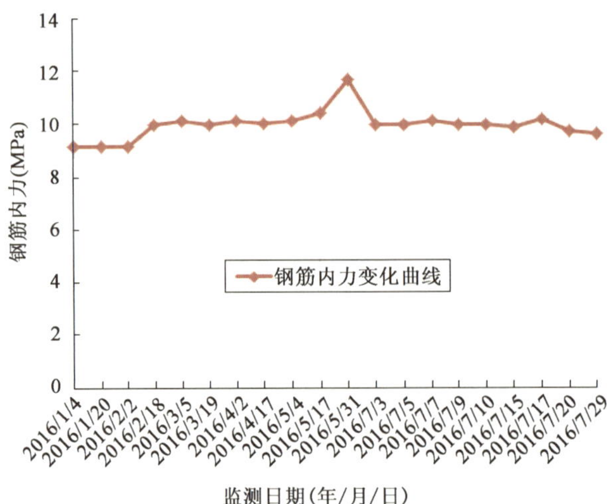

图 4-101　二次衬砌钢筋右拱脚外侧内力变化曲线

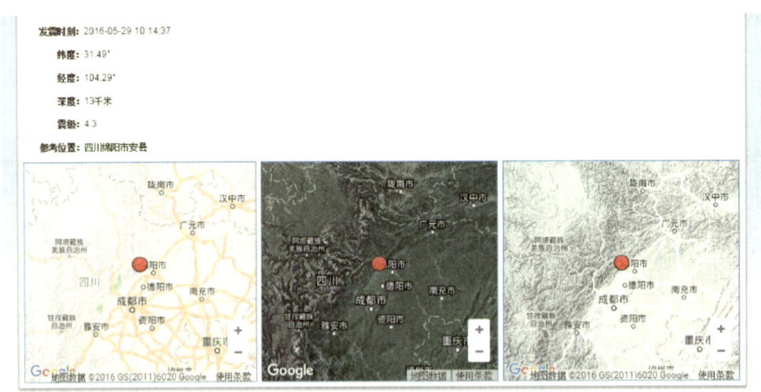

图 4-102　地震台网数据图

技术成果

通过活动断裂带隧道设计及现场验证，主要取得了以下技术成果：

(1)归纳总结了现行隧道抗震设计计算理论。现行规范仅考虑了地震动影响，未考虑活动断裂位错对隧道结构的影响及近活动断裂带的强震动影响。

(2)通过三维数值模拟计算对成兰铁路隧道结构抗震进行了研究。对目前成兰铁路隧道施工图和设计资料进行了全面的动力数值验算，计算结果表明，现有成兰铁路隧道结构，满足抗震设计要求。

(3)开展了成兰结隧道结构抗位错方法研究。分别针对衬砌轮廓，扩挖设计标准、设防震级、设防位错量和变形缝划分方法进行研究，得到了穿越活动断裂隧道结构采用圆形或近圆形断面、沿径向扩挖0.3m、设防震级最大按7级设防、设位错量按成果所得公式计算等成果。

(4)通过对比分析研究位错条件下隧道有无变形缝和不同衬砌节段长度结构响应，结合成兰铁路的高烈度地震背景，大变形以及高地压的复杂条件，针对不同断层参数提出了变形缝的设置方法。

(5)建立穿越活动断裂区段的围岩—结构体系模型，开展三维数值模拟计算。计算结果表明，该技术所提出方法的衬砌内力明显小于未施加该方法隧道衬砌内力，尤其体现在隧道纵向弯矩方面，验证了上述研究所提出的抗震设计方法的有效性和正确性。

(6)建立穿越活动断裂区段的围岩—结构大比例相似试验模型，将试验结果与原形试验结果对比，表明施加上述抗震设计方法的模型内力值明显小于原形模型内力值，验证了上述研究所提出的抗震设计方法的有效性和正确性。

(7)根据沿线地质环境特点和地震环境特点，针对不同活动断裂宽度分别选取柿子园隧道(断层宽度较小)和茂县隧道(断层宽度较大)作为工程实例，将理论成果予以应用，效果良好。

(8)当前的施工技术水平及施工质量能达到设计要求的目的，设计措施对施工进度等影响较小，也具备较好的经济性。

(9)当前设置的结构长期变形及受力监测系统在微小地震发生后，发生了数据波动显示出与地震的相关性，说明监测系统达到预期作用。

成兰铁路成都至川主寺段共5次以隧道形式穿越活动断裂，各条活动断裂施工揭示地质条件差异极大。如茂汶断裂的严重大变形，北川—映秀的岩溶，高川坪断裂的涌水，岷江断裂的泥石流堆积物处理。各自特点的差异可能对地震的影响也有较大差异。因此，必须对当前各条活动断裂均开展施工和运营监测。

平安隧道
L—28427m
榴桐寨隧道
L—16271m
镇江关
龙塘
太平
云屯堡隧
L—2292
金瓶岩隧道
L—12765m
茂县
跃龙门隧道
L—19981m
什邡西
杨家坪隧道
L—12822m
三星堆
绵竹南
安县
高川

第5章

微三台阶上部核心土法施工技术剖析

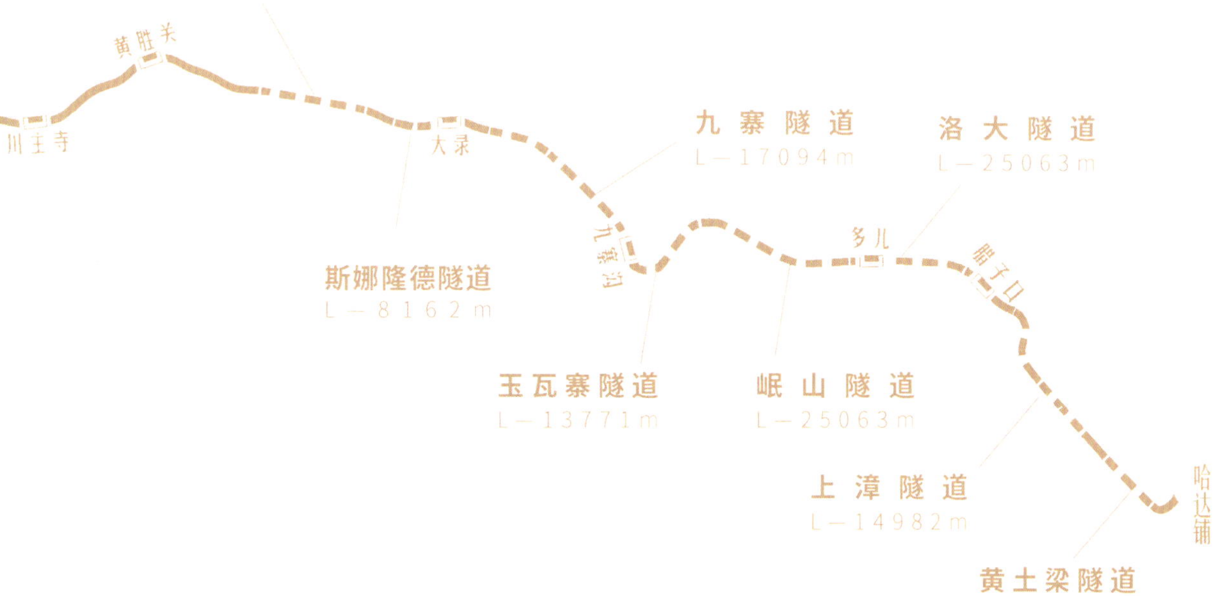

工程及地质概况

5.1.1 工程概况

成兰铁路红桥关隧道位于四川省阿坝州松潘县川主寺镇境内，起讫里程 D2K253 +710 ~ D1K256 +918.44，洞身段有一处断链，短链 10.67m，全长 3197.77m，地面高程 2950 ~ 3510m，最大埋深 410m，为双线铁路隧道。隧址区地理位置如图 5-1 所示，受全新世岷江活动断裂带、川主寺 1 号断裂带的影响，地质条件极为复杂，具有“四极、三高、五复杂”的显著特点。四极：地形切割极为强烈、构造条件极为复杂活跃、岩性条件极为软弱破碎、汶川地震效应极为显著。三高：高地应力、高地震烈度、高地质灾害风险。五复杂：复杂的构造运动历史、复杂的构造形迹、复杂多变的复理岩建造、复杂的地应力环境、复杂的地下水条件。隧址区位于黄龙国家级风景名胜区外围保护范围，岷江上游，生态脆弱，环保要求极高。

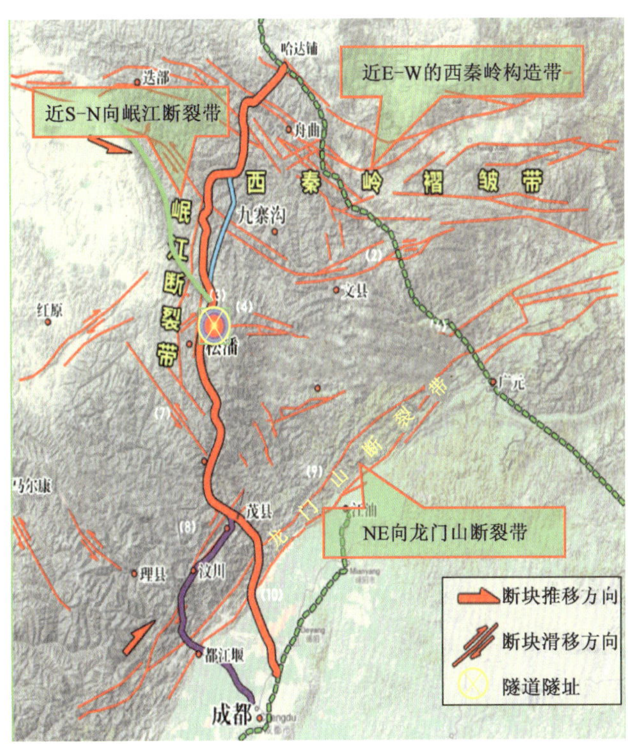

图 5-1 红桥关隧道隧址位置

红桥关隧道进口明挖段225m，出口段接长明洞28.44m，其余2944.33m为暗挖段，进口段洞身于D2K254+550～D2K255+000段(439.33m)穿过全新世岷江活动断裂带(北段)，与线路交角约22°，且该段有两条泥石流沟交汇于此，洞身穿过泥石流堆积扇体后缘底部；出口段洞身于D1K256+092～D1K256+350段(258m)穿过川主寺1号断裂带，断层走向为N41°E，倾向SE，与线路大里程夹角约67°。平面位置关系如图5-2所示。

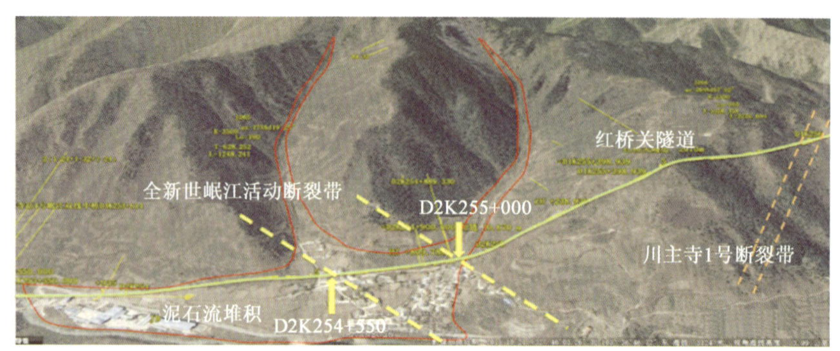

图5-2　活动断裂带、泥石流堆积体、川主寺1号断裂带与红桥关隧道平面位置关系示意图

5.1.2 地质概况

(1)进口段穿越浅埋全新世岷江活动断裂带及堆积体，埋深40～53m。上覆堆积层沿线路走向呈"锯齿状"分布，如图5-3所示；下伏岷江活动断裂断层角砾。部分段落围岩级别调整为Ⅵ级围岩。

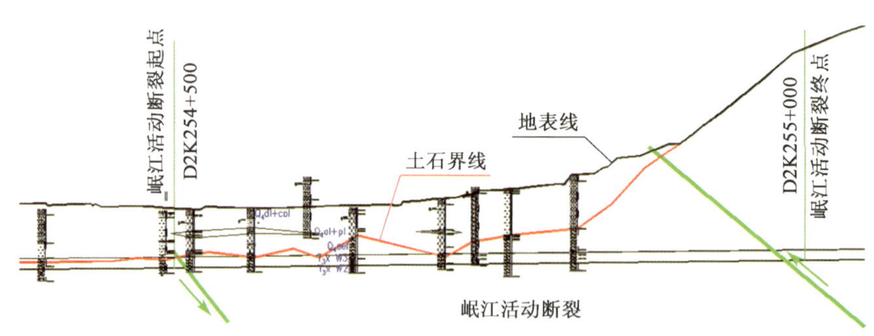

图5-3　地质界线及分布情况

上覆堆积层岩性主要为第四系全新统泥石流堆积层(Q_4^{sef})，地下水丰富、水位较高，物质成分以胶结差、自稳性差透水性好的碎石类土为主。开挖揭示拱部及上方上覆的堆积体主要为黄色碎石土层，其横断面向的分布特征(图5-4)：靠山侧土层较薄，厚度约1.0m，远山侧土层较厚，厚度约3.0m。同时，上覆堆积体和下伏炭质板岩交界"齿谷"处存在滞水"水囊"(图5-5)。

图 5-4　洞身上覆碎石土层

图 5-5　齿谷处滞水水囊(超前探孔揭穿)

下伏岷江活动断裂断层角砾，岩性主要为三叠系上统新都桥组(T_3x)灰黑色、薄层状炭质板岩夹板岩、砂岩，呈薄片状，强分化带较厚，层理产状变化较大，加之岷江活动断裂的严重挤压、错动和地下水等共同作用，揉皱现象极为明显，岩体极为软弱破碎(图5-6)，自稳性差，岩质软强度低，遇水易软化，易风化剥落，抗风化能力差。

a)

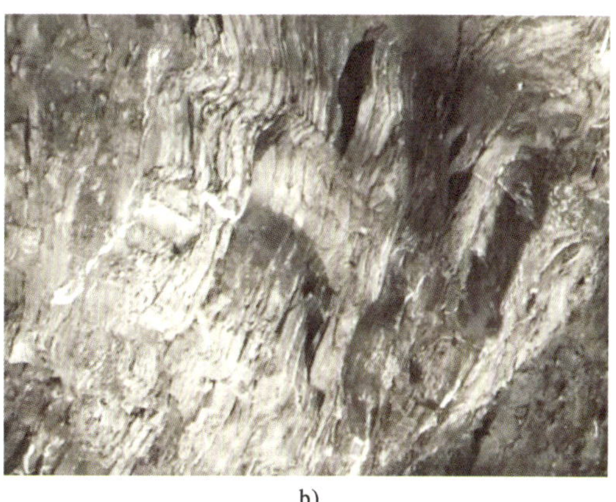

b)

图 5-6　下伏岷江活动断裂断层角砾(薄片状，揉皱现象极为明显)

(2)出口段岩性主要为三叠系侏倭组(T_3zh)砂岩、板岩夹炭质板岩，呈灰色、灰黑色。地质条件受川主寺1号断裂带和全新世岷江活动断裂区域构造的影响极为严重，岩体挤压破碎严重，节理裂隙极为发育，各种结构面相互交织，黏结性差，强度低，易风化，自稳能力极差，具有软弱、松散、破碎、易流变等特点，地下水主要为基岩裂隙水，储存于松散、破碎岩体中，富水性一般，岩体节理裂隙发育，贯通性较好，局部可见股状渗流。属于典型的松散结构构造软岩，如图5-7所示。

a)

b)

图5-7 松散破碎岩体

5.2 采用现行施工技术出现的问题

红桥关隧道设计支护参数及开挖方法如下：

(1)进口段1094.33m，初期支护全环采用HW175型钢钢架，钢架间距80cm；喷射等级为C30的耐腐蚀混凝土，厚度25cm；系统锚杆拱部采用ϕ22mm、长度为4m的组合中空锚杆，边墙采用ϕ22mm、长度为4m的普通砂浆锚杆，间距1.2m×1.0m(环×纵)；采用双侧壁导坑法施工。

(2)出口段1850m，初期支护全环采用I20b钢架，钢架间距80cm；喷射等级为C30的耐腐蚀混凝土，厚度25cm；系统锚杆拱部采用ϕ22mm、长度为4m的组合中空锚杆，边墙采用ϕ22mm、长度为4m的普通砂浆锚杆，间距1.2m×1.0m(环×纵)；进洞浅埋段和穿过川主寺1号断裂带段采用三台阶七步法施工，其余段采用三台阶法施工。

在进口段工程实施过程中，采用设计支护参数和开挖方法，施工过程中出现了两侧先行导坑掌子面向洞内挤出、溜坍，如图5-8所示；拆除侧壁横撑、仰拱施作完成后，变形严重地段边墙出现了挤出变形破坏，如图5-9所示。同时，洞内通风效果极差，施工机具采用小型机具，劳动力强度大、且工效低，辅助工法措施费用投入大。

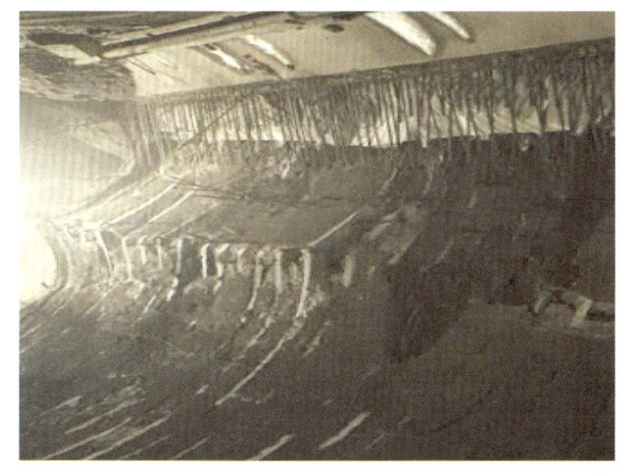

图5-8　掌子面向洞内挤出溜坍

图5-9　边墙初期挤出变形破坏

在出口段工程实施过程中，采用设计支护参数和开挖方法，施工过程中出现了如下的工程问题：

(1)三台阶法开挖地段发生了掌子面向洞内挤出、坍塌，如图5-10所示。

(2)初期支护变形速率大，递增较快且持续时间长，直至仰拱初期支护封闭成环后变形速率递增减缓，呈逐步收敛趋势，累计变形量30~50cm。典型断面支护体系变形曲线如图5-11所示。

图 5-10　掌子面向洞内挤出、坍塌

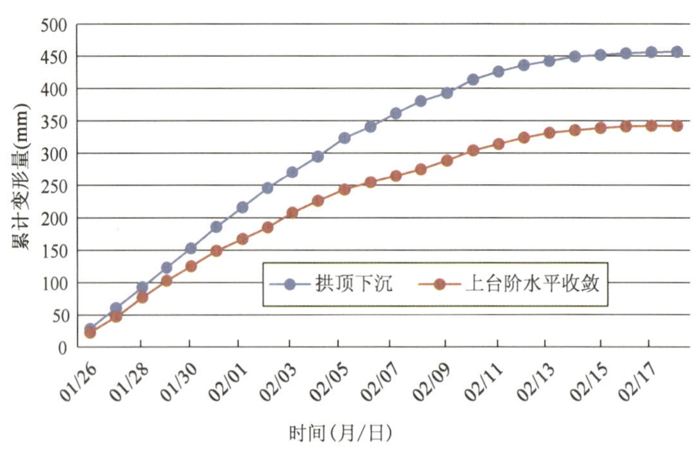

图 5-11　典型断面支护体系变形曲线

(3)仰拱初期支护未封闭成环前,变形严重地段初期支护体系侵入二次衬砌限界较为严重,导致初期支护频繁拆换,如图 5-12 所示。

图 5-12　初期支护局部变形侵限、拆换

(4)仰拱初期支护封闭成环后,仍出现了初期支护的变形开裂,出现环向贯通拉裂裂缝,喷射混凝土剥落、掉块等,如图 5-13 所示;变形破坏极为严重地段出现了钢架扭曲、断裂,如图 5-14所示。

图 5-13　初期支护开裂、环向贯通的拉裂裂缝

图 5-14　初期支护破坏严重地段钢架扭曲、断裂

5.3 目前国内外隧道施工技术

红桥关隧道为双线铁路隧道，开挖断面面积136.29～161.36m^3，最大开挖高度14m左右，最大开挖宽度15m左右，主要为Ⅴ级围岩，部分段落为Ⅵ级围岩。针对红桥关隧道所穿越的复杂地质条件、断面大小及最大开挖宽度、隧道长度、埋置深度和施工机械设备配置等。目前国内外类似的隧道开挖方法，见表5-1。

目前国内外类似的隧道开挖方法　　表5-1

<table>
<tr><th>序号</th><th>开挖方法</th><th>局限性简述</th></tr>
<tr><td>1</td><td>三台阶法</td><td>（1）上台阶不留核心土，不利于掌子面的稳定；
（2）上台阶钢架、钢筋网等安装需配置作业台架</td></tr>
<tr><td>2</td><td>三台阶七步法</td><td>中部留置核心土，不利于组织大型施工机械配套施工，采用人工配合小型机具组织施工，劳动力强度大、工效较低且施工质量较难控制。
（1）超前探孔钻孔作业采用小型潜孔钻孔，一是需搭设操作平台，二是不具备取芯条件；
（2）拱部超前支护采用人工手持式凿岩机钻孔，每班均需搭设操作平台；
（3）钢架需人工搬抬至安装位置，劳动力强度大；
（4）上、中台阶开挖的岩土体需要多次倒转，方具备装运条件；
（5）喷射混凝土作业采用小型湿喷机人工喷射作业，不利于混凝土质量的控制；
（6）锚杆施工采用人工手持式凿岩机，一是最大仰角为75°，则拱部30°范围锚杆施工不到位；二是有效钻孔长度为5m，对需要及时采用超过5m长的长锚杆施工时，不具备大型钻机操作空间</td></tr>
<tr><td>3</td><td>双侧壁导坑法</td><td rowspan="3">（1）每侧分部（导坑）断面小，自上而下分两步或三步分次序组织施工，且每分部（导坑）掌子面不稳定时需留置核心土，不利于组织大型施工机械配套施工，采用人工配合小型机具组织施工，劳动力强度大、工效较低且施工质量较难控制（具体不利因素同上）；
（2）辅助工法措施和拆除费用投入大，同时产生大量建筑垃圾；
（3）通风效果差，尤其是红桥关隧道隧址区位于高原地区，该问题尤为突出，严重制约了正常施工组织</td></tr>
<tr><td>4</td><td>中隔壁开挖法（CD法）</td></tr>
<tr><td>5</td><td>交叉中隔壁开挖法（CRD法）</td></tr>
<tr><td>6</td><td>新意法—岩土控制变形分析法（ADECO-RS法）</td><td>通过对工作面前方（含洞周一定范围内）的不稳定岩土体采用超前注浆（水平旋喷、玻璃纤维锚杆等）进行预支护加固，强调机械化全断面和均率开挖。红桥关隧道地质条件复杂多变，往往纵向和横断面向岩土体呈现多样性和突变性，不同的岩性、岩体结构和强度等。
（1）辅助工法措施投入较大；
（2）是在同一断面存在不同的辅助工法措施，质量控制及检测标准不同；
（3）是在开挖过程中多次、重复加固的情况。相比较，在一定程度上加大了经济投入和施工安全风险</td></tr>
</table>

5.4 支护参数调整和技术改进方案

在红桥关隧道前期施工过程中出现了掌子面挤出、溜坍;仰拱初期支护未封闭成环前支护体系变形速率大、递增较快且持续时间长,变形严重地段出现初期支护体系变形破坏、侵限;仰拱初期支护封闭成环后也出现了初期支护体系的变形破坏,甚至出现钢架扭曲、断裂等突出的工程问题,在后续施工中除调整支护参数外,势必需要通过技术创新手段以突破现行国内外隧道施工技术的局限性。支护参数调整、技术方案改进要考虑以下问题:

(1)加强初期支护的刚度。

(2)要确保掌子面的稳定。

(3)台阶长度的确定要有利于初期支护快速封闭成环。

(4)加强初期支护封闭成环后的变形控制。

(5)有利于洞内通风效果。

(6)大型机械化的配套施工。

(7)减少辅助工法措施,以减少产生建筑垃圾。

FLAC3D 数值模拟理论分析

采用 FLAC3D 3.00 计算软件进行建模计算，隧址区岩体物理力学指标如表5-2 所示，计算模型如图 5-15 所示。模型计算按照全断面开挖台阶长度为 0m；三台阶开挖台阶长度为 3m；三台阶预留核心土台阶长度为 3m；三台阶预留核心土台阶长度为 6m 四种工况进行了系列计算分析。本节分析了台阶长度与掌子面纵向位移的关系，分析了台阶长度与隧道纵向塑形区的关系，分析了台阶长度与隧道横向塑形区的关系。

隧址区岩体物理力学指标　　表 5-2

岩土名称	时代成因	状态	天然密度 ρ (g/cm^3)	天然快剪		基底摩擦系数 f	边坡率		基本承载力 (kPa)	岩石单轴饱和抗压强度(MPa)
				黏聚力 c (kPa)	内摩擦角 φ (°)		临时 m'	永久 m		
粗角砾土	Q_4^{del}	稍密	2.05	—	35	—	防护	防护	220	—
粗角砾土	Q_p	稍密～中密	2	—	40	0.4	1:1	1:1.25	220	—
炭质板岩夹板岩、砂岩	T_3x	W_4	2	20	25	0.3	1:1	1:1.25	200	—
		W_3	2.2	—	40	0.4	1:0.75	1:1	350	—
		W_2	2.4	—	55	0.5	1:0.5	1:0.75	500	5

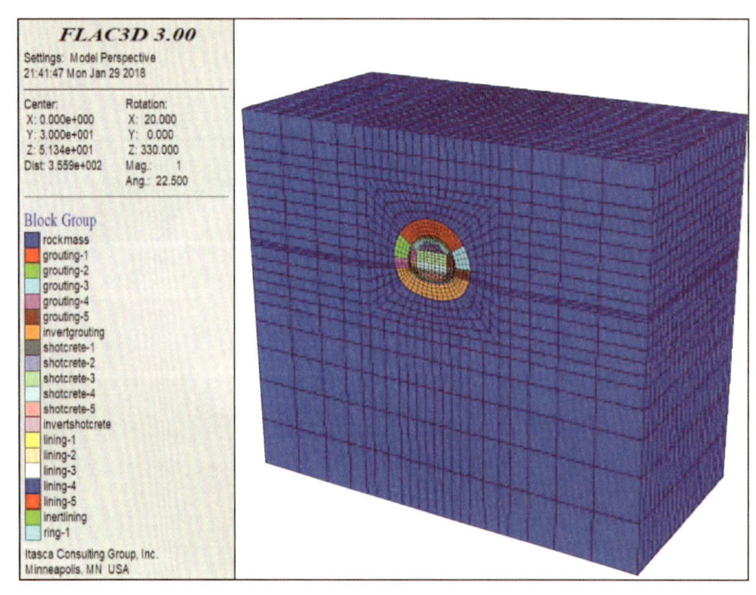

图 5-15　计算模型

5.5.1 台阶长度与掌子面纵向位移的关系

台阶长度与掌子面纵向位移的关系分析如图 5-16 所示。

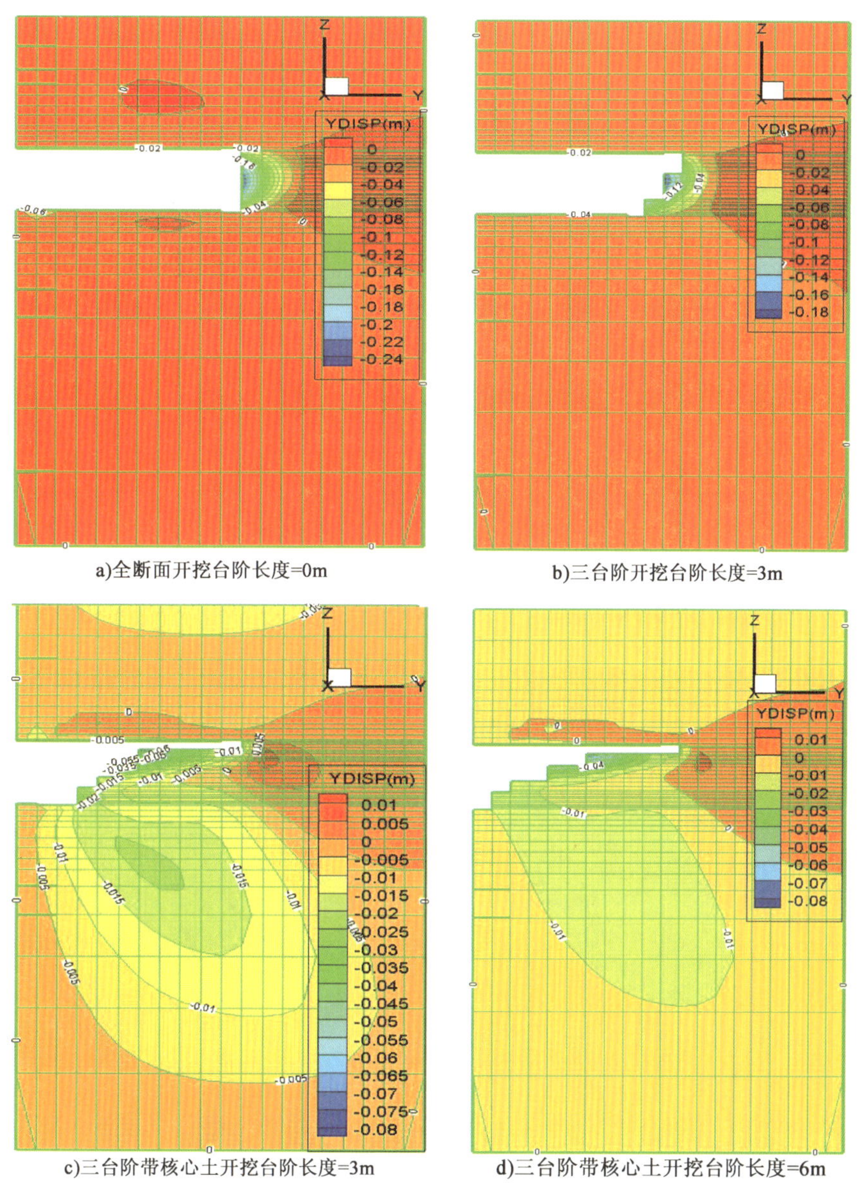

a)全断面开挖台阶长度=0m

b)三台阶开挖台阶长度=3m

c)三台阶带核心土开挖台阶长度=3m

d)三台阶带核心土开挖台阶长度=6m

图 5-16　台阶长度与掌子面纵向位移的关系分析

由图 5-16 可以看出,从全断面开挖向三台阶预留核心土开挖过渡过程中,正是由于台阶长度和核心土的阻力,限制了掌子面水平位移的发展。说明台阶长度和核心土可以有效防止掌子面的失稳。

5.5.2 台阶长度与隧道纵向塑形区的关系

台阶长度与隧道纵向塑形区的关系分析如图 5-17 所示。

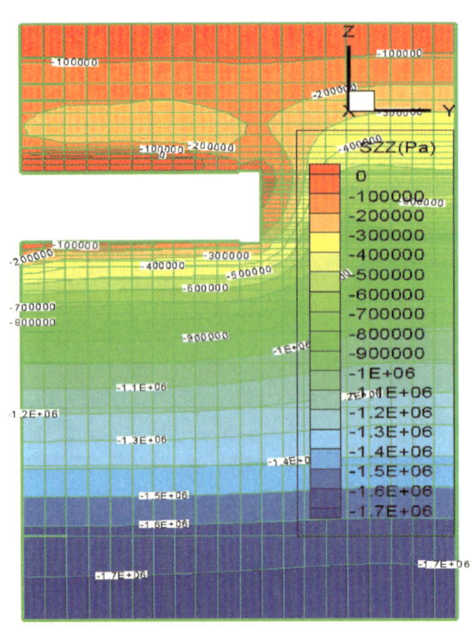

a)全断面开挖台阶长度=0m

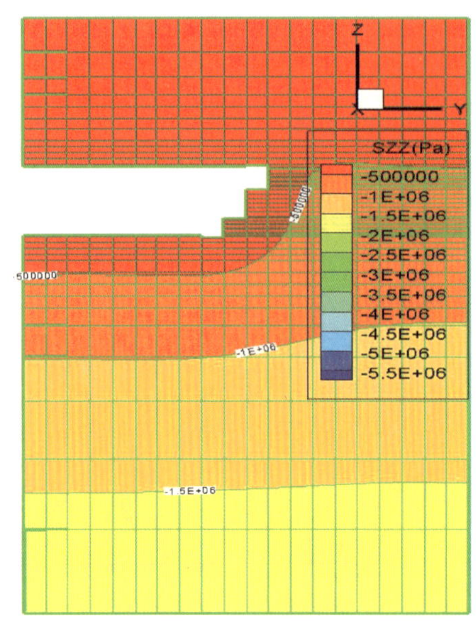

b)三台阶开挖台阶长度=3m

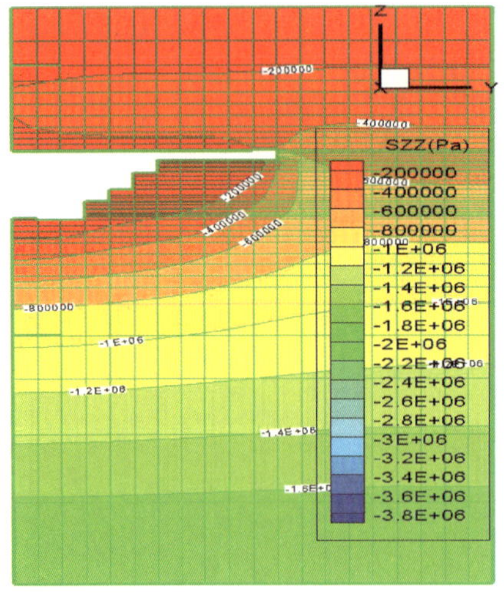

c)三台阶带核心土开挖台阶长度=3m

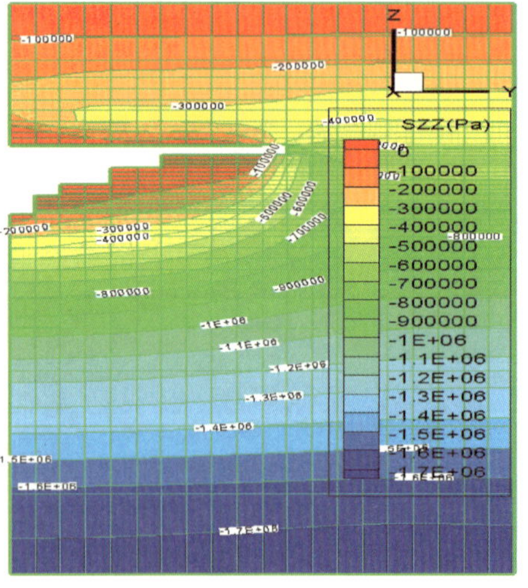

d)三台阶带核心土开挖台阶长度=6m

图 5-17　台阶长度与隧道纵向塑形区的关系分析

图 5-18 为台阶长度不同条件下掌子面附近区域的 SZZ 应力云图，从中可以看出，掌子面附近的剪应力区域，随着台阶长度和核心土作用的不同，从掌子面前方向掌子面后方发展，台阶和核心土有力地阻碍了剪应力区域的发展。

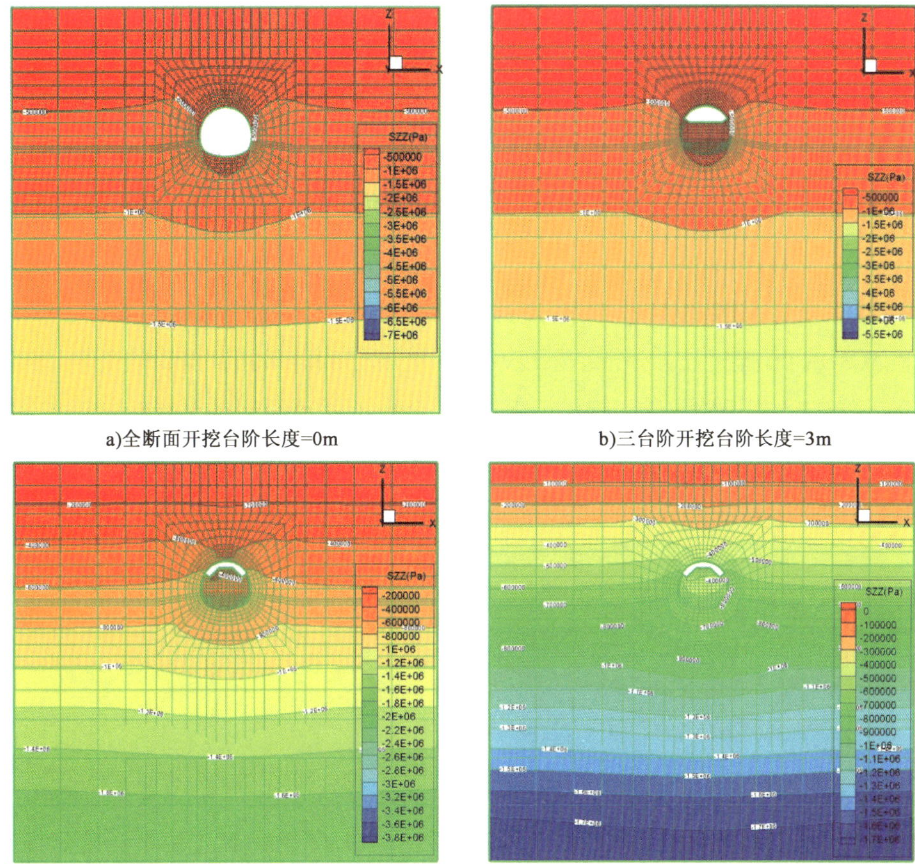

a)全断面开挖台阶长度=0m

b)三台阶开挖台阶长度=3m

c)三台阶带核心土开挖台阶长度=3m

d)三台阶带核心土开挖台阶长度=6m

图 5-18　台阶长度与隧道横向塑形区的关系分析

5.5.3 台阶长度与隧道横向塑形区的关系

台阶长度与隧道横向塑形区的关系分析

图 5-18 为台阶长度不同条件下掌子面在 $Y = 33\text{m}$ 处的 SZZ 应力云图，从中可以看出，掌子面顶部的剪应力区域，随着台阶长度和核心土作用的不同，从掌子面处的剪应力区域由上下连贯发展到只存在于掌子面内部，台阶长度和核心土有效地阻碍了剪应力区域连通，保证了掌子面的稳定。

参照上述 FLAC3D 3.00 建模计算分析结果，结合隧道所处的岩体构造的特点、断面大小、发生的工程破坏特性及发展规律、钢架间距以及现场施工机具配置的实际情况等综合分析，确定台阶长度采用微三台阶，台阶长度按 4.8m 控制，上部留置核心土，中下台阶不留核心土。

5.6 关键技术及创新点

通过红桥关隧道前期施工中发生的突出工程问题、目前国内外现行隧道施工技术对比分析情况、FLAC3D3.00建模计算分析结果以及隧址区所处的地质条件等综合分析、论证，在红桥关隧道后续施工（尤其是洞身穿越浅埋泥石流、全新世活动断裂带及影响带施工中）中、初期支护调整为全环HW175型钢钢架，钢架间距60cm，断面形式调整为圆形断面，同时，创新性地提出了微三台阶上部核心土法施工技术和采用长短锚杆相结合施工技术。

5.6.1 关键技术

5.6.1.1 微三台阶上部核心土法施工技术

“微三台阶上部核心土法施工技术”，一是上台阶和先行侧中台阶留置上部核心土，保证掌子面的稳定；二是中、下台阶不留核心土，仅在后行侧中、下台阶留置中下台阶岩柱，为隧道施工的大型机械化配套施工提供稳定、安全的作业平台；三是微三台阶，类全断面快速掘进，短时间内初期支护封闭成环，形成良好的整体结构受力体系。

施工工序如图5-19所示，图中序号为工步号；正断面示意如图5-20所示；纵断面示意如图5-21所示。

5.6.1.2 长短锚杆相结合施工技术

“长短锚杆相结合施工技术”，一是系统“短”锚杆对洞周浅部已受开挖扰动的松散破碎围岩进行加固，共同组成具有一定承载能力的加固组合拱结构；二是补强“长”锚杆将支护体系一起锚入和悬吊于深部稳定岩体中。因此，在“长、短锚杆”群锚效应协调作用下，初期支护+短锚杆+浅部岩体+长锚杆+深部岩体共同组成一个有机的相互协同作用的共同承载的复合系统支护结构，如图5-22所示。

1）系统“短”锚杆施工技术

在隧道开挖后，对开挖面初喷封闭一层喷射混凝土，充分利用开挖后洞室短暂的稳定时间，快速施作系统“短”锚杆，尽快对洞周浅部已受开挖扰动的松散破碎围岩进行加固，共同组成具有一定承载能力的加固组合拱结构，控制围岩的松弛变形，控制松弛圈的产生和进一步扩大，限制其变形，防止围岩的恶化，尽量维护围岩的本身的结构功能。拱部采用 $\phi22$、长度 4m 的组合中空锚杆，边墙采用 $\phi22$mm、长度 4m 的普通砂浆锚杆，间距为 1.2 m×1.0m（环×纵）。

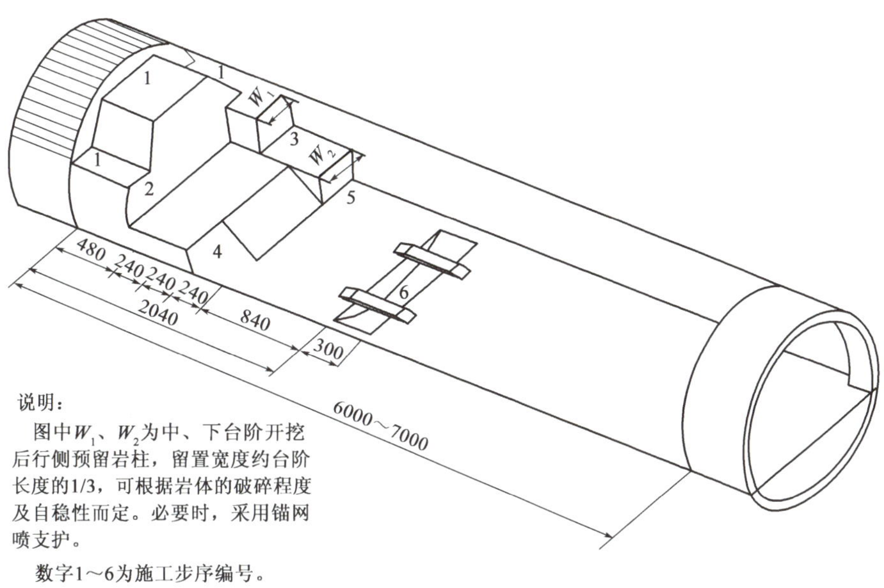

图 5-19　微三台阶上部核心土法施工技术施工工序透视图（尺寸单位：cm）

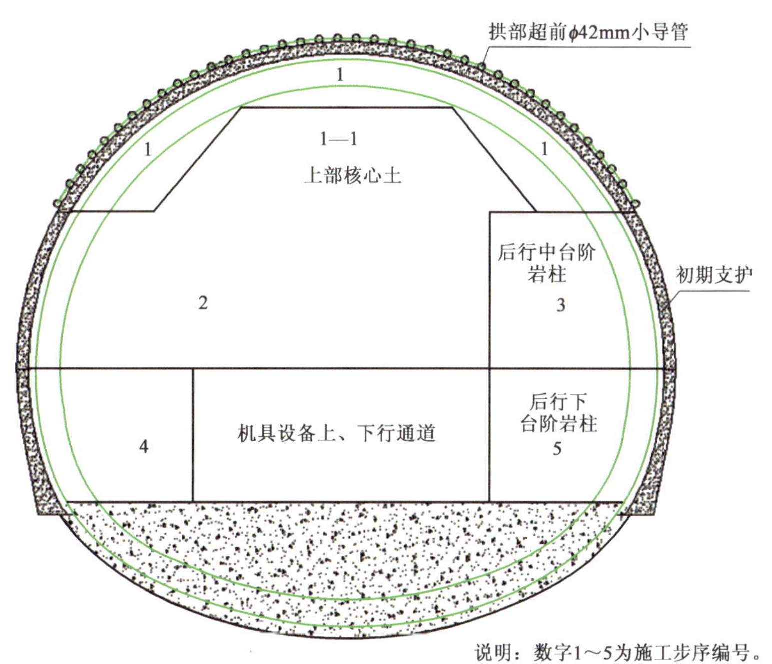

图 5-20　微三台阶上部核心土法施工技术正断面示意图

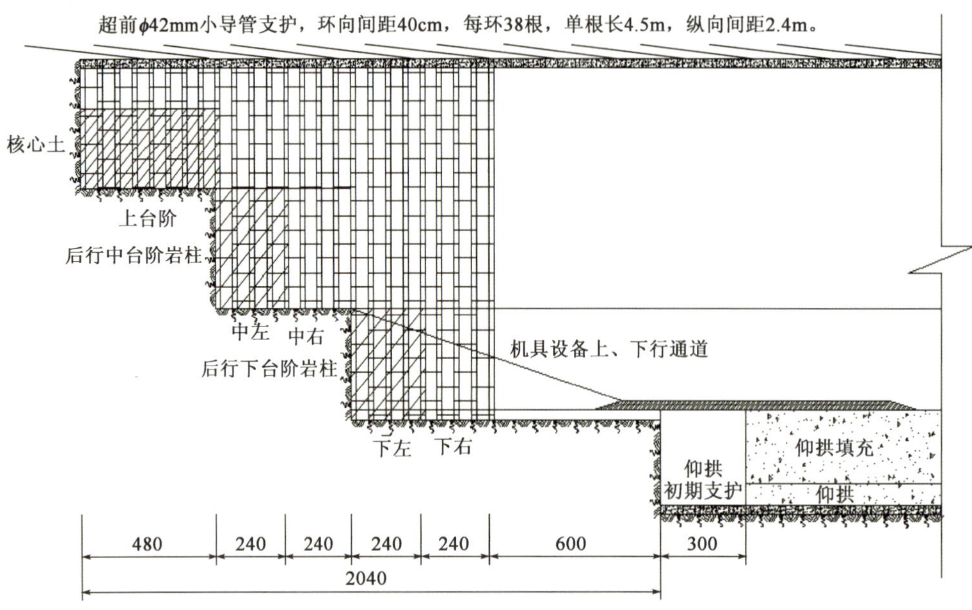

图 5-21　微三台阶上部核心土法施工技术纵断面示意图(尺寸单位:cm)

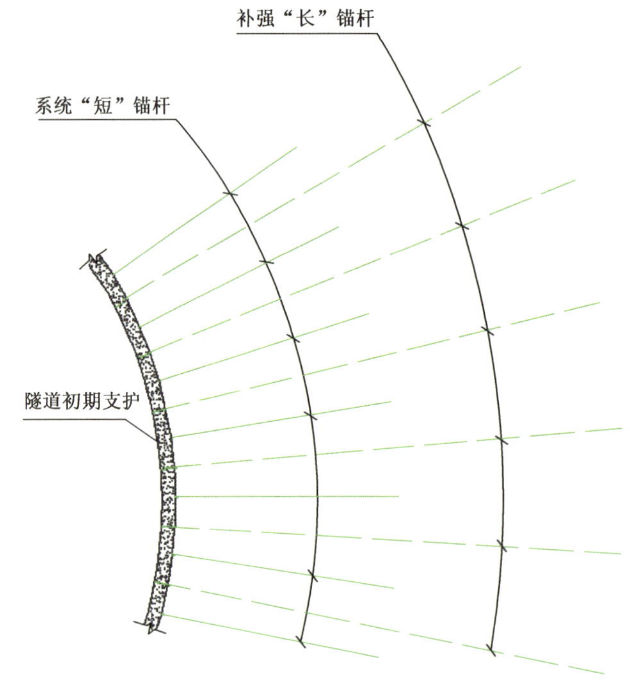

图 5-22　长短锚杆复合群锚支护示意图

2)补强“长”锚杆施工技术

在初期支护闭合成环后,对变形速率持续 2 ~3d 均大于 5mm/d 和累计变形量超过预留变形量的 70% ~80% 的变形仍不收敛的段落,采用后打法(即初期支护面),施作补强“长”锚杆进行补强加固,长锚杆穿过系统“短”锚杆的作用范围,将初期支护和加固组合拱结构形成的支护体系一起锚入和悬吊于深部稳定岩体中,使支护体系和深部稳定岩体共同作用,协调和控制变形。长锚杆采用ϕ25mm、长度8m的中空注浆锚杆;布置间距均为1.2 m×1.2m(环×纵),与系统“短”锚杆交错布置,变形突出部位可适当加密。

5.6.2 技术突破和技术创新点

(1)保证了不良地质体、大断面隧道的施工安全,且在小断面顺次开挖、支护的施工条件下,实现了隧道大型机械化配套施工,提高了施工效率。

①上部核心土的留置统筹考虑上台阶和先行侧中台阶,确保了不良地质体及大断面隧道在掘进时掌子面的稳定。

②中、下台阶不留核心土,仅在后行侧中、下台阶留置中、下台阶岩柱,为不良地质体及大断面隧道施工中大型机械化配套提供了稳定、安全的作业平台,有效地降低了劳动力强度,同时保证了各工序的施工质量。

(2)初期支护快速封闭成环,有效控制初期支护体系的变形,确保了隧道施工安全,同时控制了施工投资(成本)和工期。

台阶长度采用微三台阶,隧道施工速开挖、速支护和速封闭。

①初期支护(含隧底)在极短的时间内封闭成环,形成良好的整体结构受力体系,有效降低上部初期支护承受的不利纵向弯矩和减少下部岩体承受的压力。

②各工序均衡、平行组织施工,类全断面掘进,提高隧道施工效率。

(3)低碳、节能环保,经济适用。

无须采取需要拆除的临时、辅助工法施工措施,减少了“工、料、机”等费用的投入,且不产生固体建筑废弃物,降低了施工投资(成本)的同时绿色环保。

(4)长短锚杆相结合有效控制初期支护体系的变形。

在“长、短锚杆”群锚效应协调作用下,初期支护+短锚杆+浅部岩体+长锚杆+深部岩体共同组成一个有机的相互协同作用的共同承载的复合系统支护结构。

①充分利用和发挥围岩自身的承载作用。

②充分调动了浅部塑性区围岩和深部稳定岩体的协同作用,协调和控制变形,减少作用于初期支护体系上的围岩应力。

施工工艺流程及施工步序说明

5.7.1 施工工艺流程

“微三台阶上部核心土法施工技术”施工工艺流程图,如图 5-23 所示。

5.7.2 施工步序说明

第一步:施作拱部超前支护后开挖上台阶,上台阶高度约 4m,矢跨比宜大于 0.3,环向开挖上部导坑(洞渣扒至中台阶),留置核心土,核心土纵向长度为 4.8m(钢架间距 0.6m,8 榀钢架),留置高度和宽度分别为上台阶开挖高度和宽度的 2/3,核心土随着掌子面掘进逐步取消,如图 5-24 所示。

第二步:先行侧中台阶开挖,开挖前将上台阶钢架采用装载机运至安装位置,先行侧中台阶紧跟上台阶,中台阶不留核心土。先行侧中台阶开挖时,同步开挖约 2/3 宽度的中台阶岩土体,预留约 1/3 宽度的中台阶岩柱随后行侧中台阶的跟进逐步取消,如图 5-25、图 5-26所示。(中台阶不留核心土,仅留置后行侧岩柱作为后行侧上部初期支护的承载基础)。

第三步:后行侧中台阶开挖,先行侧和后行侧中台阶错开 2.4m(钢架间距 0.6m,4 榀钢架),开挖高度为 3 ~ 3.5m,同步组织出渣作业(含上台阶扒至中台阶的洞渣),如图 5-27、图 5-28所示。

第四步:先行侧下台阶开挖,先行侧下台阶紧跟中台阶,先行侧中台阶开挖时,同步开挖约 1/3 宽度的下台阶岩土体,仅中部预留 1/3 宽度的中台阶岩土体修整成斜坡作为机具设备的上、下行通道,剩余 1/3 宽度的下台阶岩柱,随着后行侧下台阶的跟进逐步取消下台阶中部预留上、下行通道和后行侧下台阶预留岩柱。

第五步:后行侧下台阶开挖,先行侧和后行侧下台阶错开 2.4m(钢架间距 0.6m,4 榀钢架),开挖高度为 3 ~3.5m。

第六步:隧底开挖,隧底初期支护封闭成环至掌子面的长度约 20.4m。每循环开挖长度 3m,完成 4 个隧底开挖、支护循环后,一次施作仰拱衬砌 10.4m(同拱墙一次施作长度),前端预留约 1.6m 作为长 24m 仰拱自行式栈桥支撑平台和仰拱端头钢模固定平台,如图 5-29 所示。

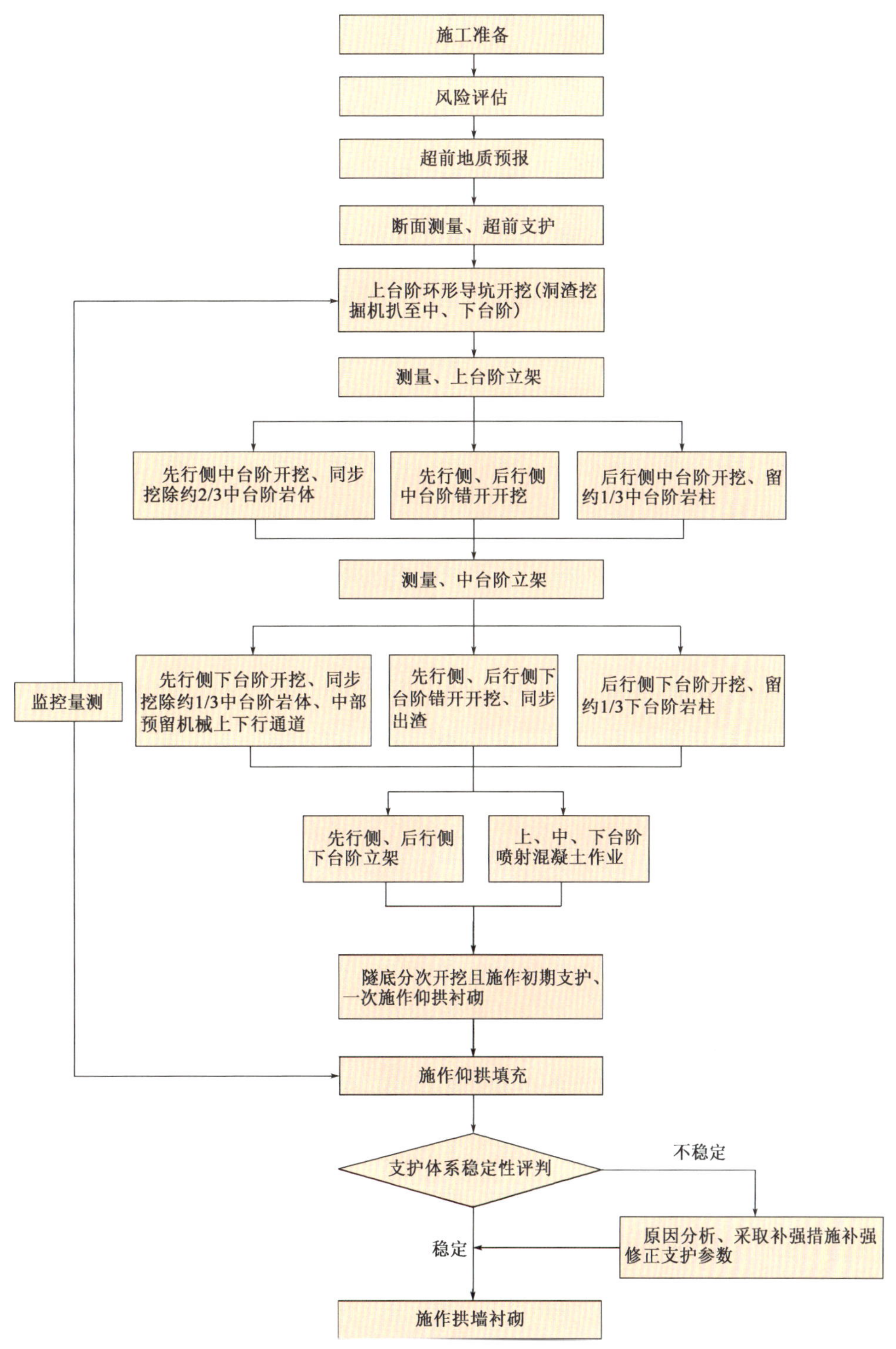

图5-23　微三台阶上部核心土法施工技术施工工艺流程图

图 5-24　上台阶开挖

图 5-25　装载机运钢架至上台阶安装位置

图 5-26　上台阶立架时，开挖中台阶

图 5-27　中台阶开挖时，同步组织出渣作业

图 5-28　出渣作业

图 5-29　仰拱开挖、24m 仰拱自行式栈桥

①采用该工法技术，使用大型湿喷机械手时，作业平台设置于中、下台阶，提高了喷射作业效率，同时，提高了喷射混凝土施工质量，如图 5-30 所示。

②采用该工法技术，用两臂（或三臂）台车于中、下台阶施作拱墙锚杆，确保了锚杆的角度、长度等施工质量，如图 5-31 所示。

图 5-30　湿喷机械手

图 5-31　锚杆台车于下台阶施作拱墙锚杆

取得的成果

通过在红桥关隧道浅埋穿越泥石流、全新世活动断裂带及影响带施工实践表明取得的成果。

1)微三台阶上部核心土施工技术

(1)上部核心土的留置统筹考虑上台阶和先行侧中台阶,核心土面积大,能有效控制掌子面的挤出变形、甚至溜坍,可确保隧道的掘进安全。

(2)中、下台阶不留核心土,仅在后行侧中、下台阶留置中、下台阶岩柱。为隧道施工大型机械化配套施工提供了稳定、安全的作业平台。

①上台阶可采用大型机械开挖,同时上台阶钢拱架可采用机械运至安装位置,有效避免了人工开挖和人工搬运钢拱架。

②中、下台阶拱脚的锁脚锚管施作空间大,可确保锁脚锚管的施工质量。

③喷射混凝土采用大型湿喷机械手作业,提高了喷射作业效率,同时确保了喷射混凝土的施工质量。

④可采用钻臂台车(两臂或三臂)及时施作锚杆,确保了长短锚杆的施工质量,同时及时控制了初期支护体系的变形破坏。

(3)实现了散体结构构造软岩隧道施工中速开挖、速支护和速封闭,隧底初期支护紧跟,初期支护在极短的时间(7~8d)内封闭成环,形成良好的结构受力体系,确保了隧道结构的整体安全。同时,实现了散体结构构造软岩隧道施工中类全断面掘进,提高了隧道掘进效率。

(4)无须采取后期需要拆除的临时、辅助工法施工措施,减少了“工、料、机”等费用的投入,且不产生固体建筑废弃物,降低了施工投资的同时绿色环保。

2)长短锚杆相结合施工技术

在不同的时机施作系统“短”锚杆和补强“长”锚杆,充分发挥系统“短”锚杆和补强“长”锚杆不同的作用机理。

(1)系统“短”锚杆加固了浅部已受开挖扰动的松散破碎围岩,共同组成具有一定承载能力的加固组合拱结构(锚杆+浅部围岩),有效的限制和控制围岩的变形。

(2)补强“长”锚杆将初期支护和加固组合拱结构形成的支护体系一起锚入和悬吊于深部稳定岩体中,有效地调动了支护体系和深部稳定岩体共同作用,以协调和控制变形。

技术的局限性

(1)微三台阶上部核心土法施工技术适用于Ⅳ～Ⅵ级软弱围岩,将大断面划分为小断面顺次开挖、支护,对洞周围岩存在多次扰动。

(2)微三台阶上部核心土法施工技术对于开挖面存在涌水、突泥情况时,也需采用辅助工法措施对核心土和中下台阶岩柱进行加固处理。

(3)补强"长"锚杆的类型和长度等经济性需要针对洞身穿越不同的地质条件通过埋设检测元器件多次试验确定。

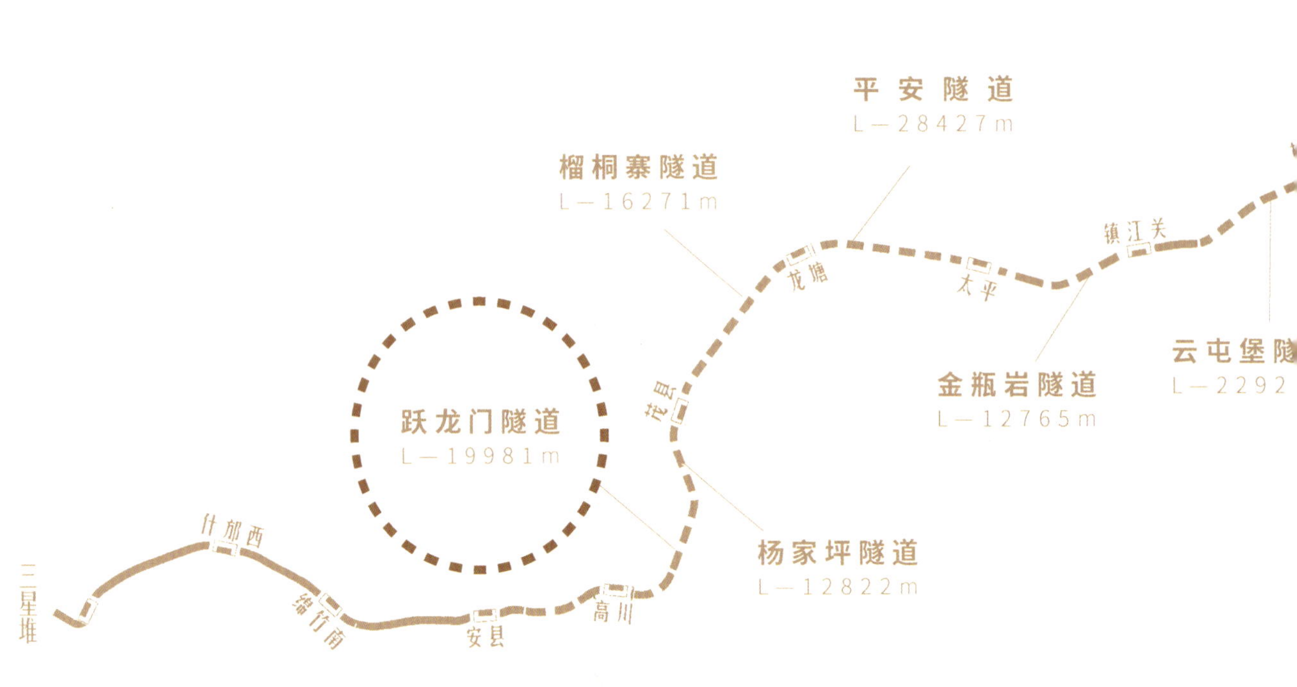

平安隧道
L—28427m
榴桐寨隧道
L—16271m
龙塘
太平
镇江关
云屯堡隧
L—2292
金瓶岩隧道
L—12765m
茂县
跃龙门隧道
L—19981m
杨家坪隧道
L—12822m
什邡西
三星堆
绵竹南
安县
高川
柿子园隧道
L—14069m

第6章 TIP隧道探水技术剖析

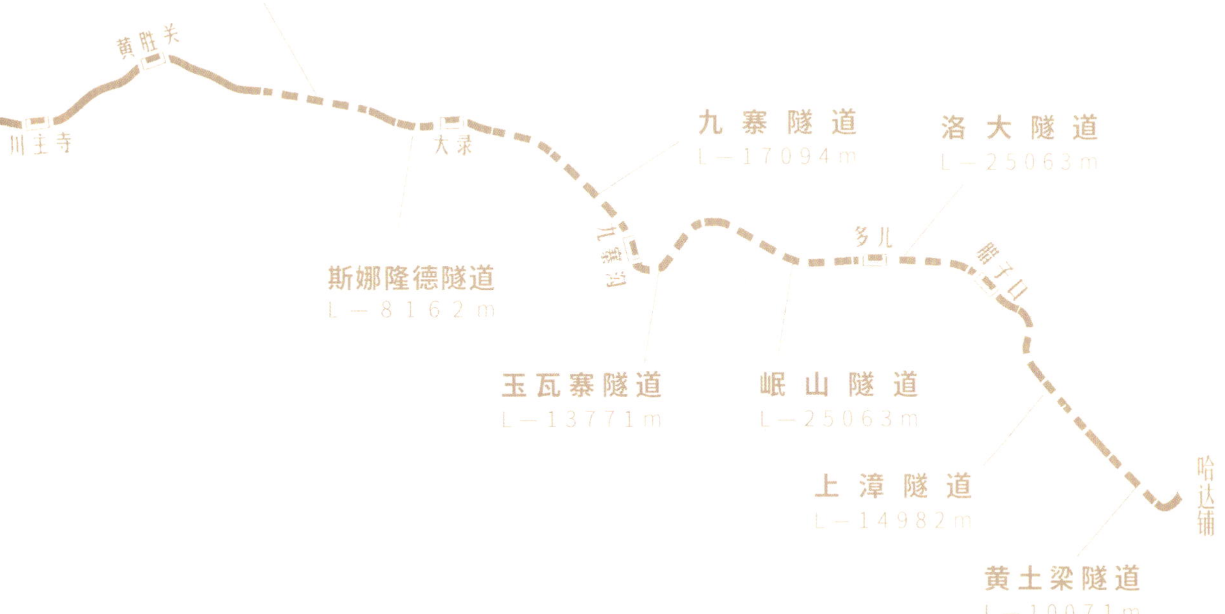

6.1 当前国内外前沿技术

目前我国已经成为世界上隧道洞修建数量最多、规模最大、发展速度最快的国家。在交通工程领域,国家中长期发展规划中将中西部交通基础设施建设摆在重要位置,由于西部崇山峻岭、山高谷深,需要建设大量的长达十几千米至几十千米的深长交通隧道工程。在国外,日本、美国、瑞士、挪威等传统的隧道强国和其他国家也正在规划或修建一些特长高风险隧道工程,如瑞士穿越阿尔卑斯山的 Gotthard 铁路隧道(长约 57km)、瑞士 Zimmerberg 铁路隧道(长 19.7km)、美国芝加哥 TARP(Tunnel and Reservoir Project)工程排水隧道(长约 40km)、南非莱索托高原水利工程引水隧洞(长约 45km)、挪威斯瓦提森引水发电隧洞、意大利阿贝特马科输水隧洞等。

深长隧道的大规模修建,为隧道建设科技的进步带来了宝贵的机遇。但与此同时,复杂的地质条件和频发的地质灾害成为隧道工程施工期所面临的巨大挑战。其中,涌水突、泥灾害给隧道洞施工带来了巨大的经济损失、重大的人员伤亡与恶劣的社会影响,对地表及隧址区水资源和生态环境造成了不可修复的破坏。在渝怀铁路圆梁山隧道、武隆隧道、歌乐山隧道、成昆铁路沙木拉达隧道、京广铁路大瑶山隧道、南岭隧道、宜万铁路马鹿箐隧道、野三关隧道、大秦铁路军都山隧道、秦岭隧道等铁路工程建设中均发生过重大涌水、突泥灾害,见表 6-1。

深长隧道(洞)典型涌水、突泥灾害　　表 6-1

序号	隧道名称	发生时间	灾害损失
1	渝怀铁路 武隆隧道	2001—2003 年	先后发生大型涌水、突泥灾害超过 10 次,造成大量设备报废,最大日涌水量达 718 万 m^3(2003 年 6 月 25 日),经济损失超过 2000 万元
2	渝怀铁路 圆梁山隧道	2001—2004 年	先后发生大规模涌水、突泥 71 次,造成 9 人死亡,最高水压 4.6MPa,最大涌水流量达 72000m^3/h(2002 年 9 月 11 日)
3	宜万铁路 马鹿箐隧道	2004—2008 年	先后发生特大涌水、突泥 19 次,2006 年 1 月 21 日与 2008 年 4 月 11 日的两次特大涌水、突泥灾害共导致 15 人死亡,导致工期延误超过 2 年
4	锦屏二级电站 辅助洞输水隧洞	2005—2010 年	水压超过 10MPa,最大瞬时涌水量达 7m^3/s,施工中多次发生涌水事故,严重影响了施工进度
5	沪蓉西高速公路 龙潭隧道	2006—2007 年	大规模突泥 2 次,突泥量超过 9000m^3,大规模塌方 3 次,导致工期延误超过 1 年
6	宜万铁路 野三关隧道	2007 年 8 月 5 日	1.5h 内涌水量达 15.1 万 m^3,突泥石量达 5.35 万 m^3,造成 10 人死亡,导致工期延误半年

续上表

序号	隧道名称	发生时间	灾害损失
7	南广高铁 白云隧道	2010年1月16日	瞬间突泥量达2600m^3，造成6人死亡
8	牛栏江—滇池补水工程金奎地隧洞	2011年9月下旬	发生涌水、突泥2次，造成洞内泥石流，涌向上游约170m，淹没支洞上游工作面，造成严重的损机伤人事故，工期延误
9	牛栏江—滇池补水工程大五山隧洞	2012年5月—8月	先后发生3次大型涌水、突泥灾害，总方量约13000m^3，单次最大突石涌泥量达8000m^3(2012年8月10日)
10	江西吉莲高速公路钟家山隧道	2012年7—8月	连续发生涌水、突泥事故14次，总突泥量超过27900m^3，总涌水量超过20000m^3

纵观世界隧道(洞)修建史，高压大体量涌水、突泥一直是深长隧道建设中最严重的地质灾害。据相关统计，我国交通和水电领域隧道建设中80%的重大安全事故由突涌水灾害造成，造成的人员伤亡和经济损失在各类地质灾害中居首位。施工前由于地形复杂、隧道埋深大、地表勘察技术有限，在地勘阶段不能全部查清沿线的不良地质情况；施工期超前预报方法未能对含水构造做出有效预报，尤其是水量定量预报，对于施工隧道由于复杂的探测环境导致常规预报方法无法适用。因此，涌水、突泥灾害源(含水地质构造)的超前精细探测技术已经成为隧道等地下工程建设亟待解决的关键难题。

从隧道施工需要和地质角度出发，含水地质构造的主要因素有两个方面：一是含水体的三维空间位置及其赋存形态，二是含水体的水量或涌水量。探明含水构造的空间位置及其水量对于评定突涌水灾害量级、预防灾害发生具有极为重要的意义。国内外诸多科研工作者在隧道超前地质预报方面开展了大量的研究工作，如反射地震超前探测方法隧道地震预报(Tunnel Seismic Prediction，TSP)、隧道反射成像(Tunnel Reflection Tomography，TRT)、隧道地震成像(Tunnel Seismic Tomography，TST)等，电磁类超前预报方法如瞬变电磁法、地质雷达法等、直流电法类超前探测方法如直流电阻率法、激发极化法等，以及综合超前地质预报体系等方面取得了一系列实用的创新性成果。钻爆法施工隧道超前地质预报技术主要包括：地质分析法超前导坑、探洞、超前钻探等，地震反射类隧道负视速度法、隧道地震预报、隧道反射成像、极小偏移距地震波法等，电磁类地质雷达、隧道瞬变电磁等，直流电法类激发极化法、电阻率法等以及其他方法核磁共振法、红外探水法、温度探测法等。由于每类探测方法是以地质介质的某一性质如弹性性质、导电性质、导热性质等差异为物理基础的，每类技术有各自的适用范围、敏感特性和优缺点。

地质分析法是隧道超前地质预报最基本的方法，包括工程地质调查法、超前导洞法和超前水平钻探法，其他预报方法的解释应用都是在地质资料分析判断基础上进行的。工程地质调查法是隧道超前预报中使用最早的方法，主要分为地表地质体投射法和掌子面编录预测法，通过地表和隧道内的工程地质调查与分析，推断前方的地质情况。在隧道埋深较浅、构造不太复杂的情况下具有很高的准确性,但这是一种宏观预报方法,在复杂地质条件下的预报结果的精度难以保证。超前导洞法在隧道施工预报中也经常用到,由于其断面较大,可较全面的揭露正洞前方的地质情况,但耗时较长,费用较高。工程实践中,人们往往将并行的几条隧洞中的某一条作为超前探洞,而不是专门开挖地质探洞,既节约了费用又实现了超前探测,以青岛胶州湾海底隧道为例,将左右主洞中间的服务洞作为超前导洞,实施全程地质素描和编录,较准确地推断出了主要不良地质体如断层、破碎带等在主洞的揭露里程,是较成功的案例。超前水平钻孔法与超前导洞坑法的原理基本相同,是用钻探设备向掌子面前方钻探,直接露隧道掌子面前方的地质情况,还可获得岩石强度等指标,是最直接有效的超前地质预报方法之一。但在超前钻探中往往因为"一孔之见"的问题导致不良地质体的漏报漏探。

地震反射法是隧道超前预报应用最早也是应用最广泛的方法,其观测方式主要包括直线测线方式、空间观测方式和极小偏移距观测方式。20 世纪年代初,瑞士 Amberg 测量技术有限公司开发研制了一套超前预报系统——TSP 隧道地震预报系统,我国铁道系统研发了负视速度法,此类方法预报掌子面前方岩性变化和大断层方面有较好的效果,因其观测方式为直线测线方式,从反射地震探测原理来分析,难以获取掌子面前方的波速分布,从而导致定位不准确、探测结果不可靠,无法预报与隧道轴线小夹角断层,且不能预报隧道前方水体。20 世纪末美国 NSA 工程公司开发出了 TRT 技术,我国科研工作者研发了 TST 技术,该技术较 TSP 有一定的改进,实现了空间观测,但这种探测方式需占用掌子面和两侧边墙,耗时较长,已取得了一些较成功的应用。我国钟世航教授研发的陆地声呐法属于极小偏移距地震波法,在掌子面上布置正交测线震检距很小,激发地震波在传播中转换波很少,能量较为集中,对中小规模的溶洞和与轴线小角度相交的异常体有较好的探测效果。反射地震法对具有弹性差异的异常体有较敏感的响应,其预报对象依然为较大的断层或破碎带,但难以辨识是否含水更无法预报水量,近年来研究者提出利用地震波纵横波在双相介质中的传播特性差异来识别较大规模的水体,然而利用纵横波预报含水体的方法没有引起重视,目前此类研究与应用较少。

电磁类方法从水体与围岩的物理特性差异出发,以电阻率差异或介电常数差异等为物理基础的地球物理探测手段会对水体这一要素具有良好的探测效果,如地质雷达法和瞬变电磁法。地质雷达法对含水体响应较敏感,但其探测距离短(20m 左右),主要用于短距离探查。20 世纪年代初,开始对高分辨率的钻孔地质雷达探测技术(跨孔成像和单孔反射两类)开展研究,其中,跨孔雷达的技术已比较成熟,单孔反射雷达由于电磁波传播的全方向性,可给出目标体的距离、形态等信息但不能对目标体进行定位。美国加利福尼亚大学、荷兰 T&ARADAR 公司、瑞典 MALA 公司等在单孔定向雷达理论和仪器方面开展了研究,但一直未能很好地解决该问题,目前钻孔雷达技术在隧道超前预报中应用较少。隧道瞬变电磁探测方法对含水体响应敏感,国内研究者已经提出了隧道环境中瞬变电磁的解译方法,如等效导电平面解译方法、视纵向微分电导成像技术和矿井三维瞬变电磁探测技术,在定位精度、界面识别效果方面有显著提高,目前可靠的探测距离约为50m,但电磁类方法抗干扰能力较弱,易受到隧道内的金属构件干扰造成误判甚至错判。

红外探水、岩体温度法也被用于探测掌子面前方的含水体等地质异常,这类技术通过测量分析隧道内温度场分布来判别含水体,从应用效果来看,由于缺乏温度场分布与含水体位置相关关系的理论或试验数据,目前这两种方法仅能对掌子面前方一定范围内有无含水体做定性预报,难以进行定位。

综上所述,钻爆法施工隧道常用的地震波探测方法对岩性变化与断层探测效果较好,但对水体响应不敏感,电磁类方法对水体响应敏感,易受到隧道内金属构件影响,抗干扰能力差,且无法预报含水构造水量,目前仍未有对隧道含水构造探测效果较好的超前预报方法,主要表现在以下三个方面:一是缺乏对含水体预报行之有效的预报方法与仪器设备;二是对含水构造异常的识别、对含水构造的三维成像具有巨大困难;三是目前已有的物理探测方法均不能实现对含水体水量的定量或半定量的计算。

6.2 成兰铁路隧道富水围岩特征

新建成都至兰州铁路，线路全长457km，共有隧道32座，隧线比72.5%，长度10km以上隧道13座，20km以上4座，最长平安隧道28.4km。具有“四极、三高”的显著特点：“四极”是指地形切割极为强烈、构造条件极为复杂活跃、岩性条件极为软弱破碎、汶川地震效应极为显著；“三高”是指高地壳应力、高地震烈度、高地质灾害风险。全线岩溶发育的隧道共有13座，可溶岩段落长度达55065m。可溶岩地段主要为跃龙门地区、九寨沟地区及甘肃段，岩性多为灰岩夹层，局部地段为灰岩，岩溶现象明显，如黄龙景区、神仙池景区都是非常著名的钙化池。另外本线断层众多，构造发育，在断层等构造影响范围，岩石节理裂隙发育地段很可能遇到涌水、突泥等灾害，极易造成地下水严重流失从而影响地表环境。

6.3 TIP（隧道激发极化法）探水技术

6.3.1 TIP 探水技术原理

在隧道激发极化探测时，向地下供入稳定电流的情况下测量电极之间的电位差并非瞬间达到饱和值，而是随时间而变化，经过一段时间后趋于稳定的饱和值；而断开供电电流后，电位差也并非瞬间衰减为零，而是在最初的一瞬间很快下降，而后随时间缓慢下降并趋于零。这种发生在地质介质中，因外电流激发而引起介质内部出现电荷分离，由于电化学作用引起附加电场的物理化学现象，称为激发极化效应。隧道激发极化法（Tunnel Induced Polarization，TIP）正是以隧道围岩与含水构造的电性差异为物质基础，根据施加电场作用下围岩传导电流的分布规律，推断探测区域电阻率的分布情况和地质情况。通过在掌子面布置一定数量的电极，按照一定的序列，供入直流电（A、B 电极），测量电极（M、N 电极）间的电势差。通过激发极化一次场测量可获得视电阻率数据，该数据对水体的位置形状较敏感，反演得到前方的电阻率结构，通过识别低电阻率区域来判断疑似水体；对含水构造表现为低阻，对完整围岩表现为高阻。通过测量两次大小电流的半衰时之差，结合低电阻率区体积估计，实现水量的估算，从而达到对探测区域地质情况探测的目的，如图 6-1 所示。

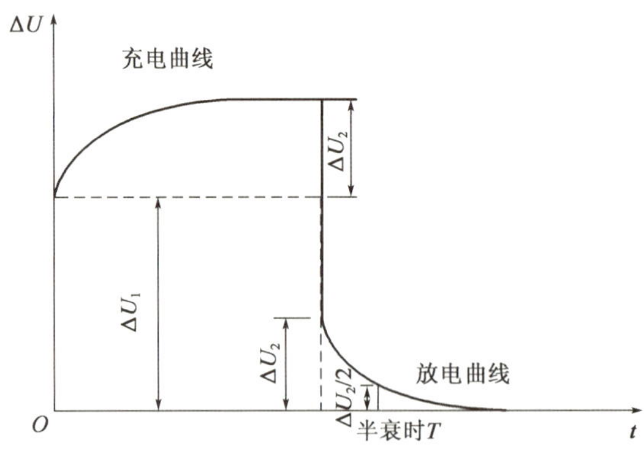

图 6-1　时间域激发极化现象示意图

6.3.2 隧道激发极化探测设备及探测方法的改进

6.3.2.1 隧道激发极化仪的改进

隧道激发极化仪经由在成兰铁路多条岩溶富水隧道的现场试验应用，已可满足现场探测需求探测需求，但还存在以下问题：

(1)前期设备供电采用蓄电池对设备进行供电，会产生电流、电压不稳定的情况，对探测精度存在一定影响。

(2)探测过程中的数据采集方式为单点采集，由于掌子面及边墙布设电极较多，造成采集时间过程较长，占用了较多隧道施工时间。

因此，对隧道激发极化仪进行了如下改进：设备供电由12V蓄电池改为恒流直流源，可直接由洞内交流电供电，保证了电流、电压恒定输出；采集方式由单点采集改为8通道同步采集，大大提高了探测效率，探测时间由原来3～4h缩短为1h以内。改进后经现场施行，取得了较好的探测效果，大大节省了探测时间，如图6-2所示。

a)

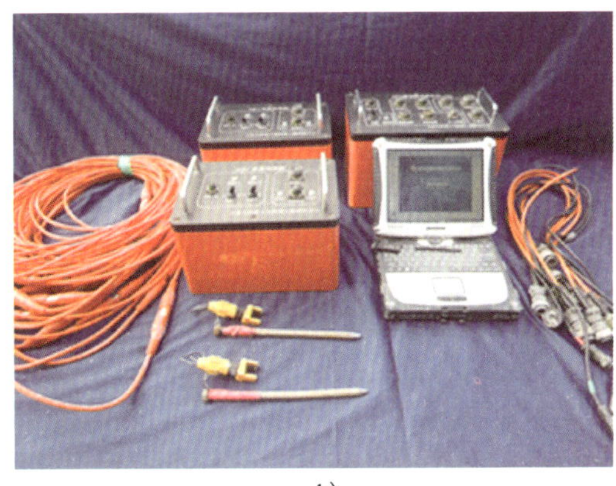

b)

图6-2 改进研发前后的隧道激发极化探测设备

6.3.2.2 探测方式和反演方法的改进

针对观测数据敏感性随距离迅速下降和反演方程不适用的难题，提出了“距离加权”和“先验约束”的三维反演理论，扩大了TIP的探测范围，见图6-3。通过大量物理模型试验及现场试验验证，改进提出了二次场衰减时差与低阻体体积相结合的水量估算方法，提高了探测范围内的静水储量估算准确度，如图6-4所示。

通过优化探测方式和反演方法，探测范围由掌子面前方30m×20m×20m区域增加到掌子面前方30m、直径30m范围。

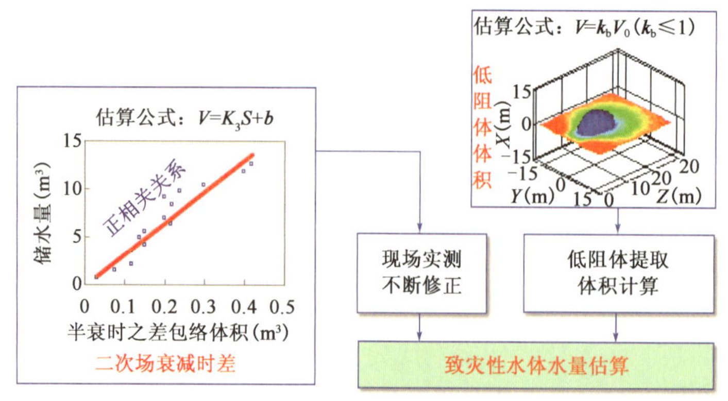

图 6-3　改进后的反演方法

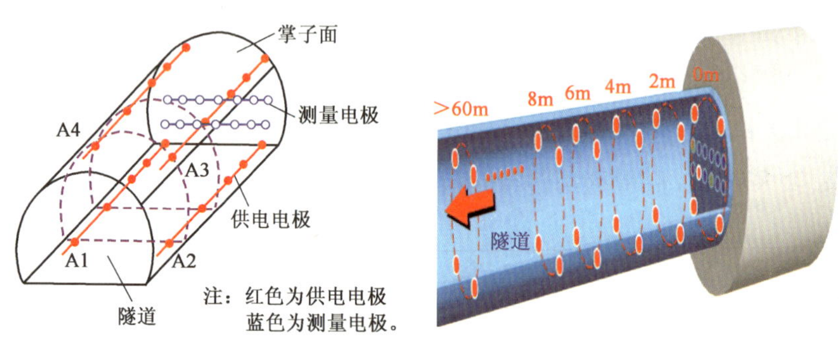

图 6-4　初期探测方式及改进后的探测方式

6.3.3　TIP 现场实施流程

1)准备工作

TIP 现场实施的具体流程如图 6-5 所示。预报开展之前首先要做好足够的准备工作,准备工作在这里主要分为两大部分:一是隧道地质水文资料收集和分析;二是隧道掌子面施工状态。

(1)围岩地质资料:只有详细而准确地了解隧道施工通过段的地质水文资料,才能更加准确的探测及分析掌子面前方以及围岩裂隙水的发育情况,进而针对不同的探测结论来确定后续施工方案。

(2)隧道掌子面施工状态:在预报前有必要了解隧道内的施工状态,应及时将掌子面附近的施工台车、钢架等金属物移开,以免影响探测效果。

2)电极布设

(1)测量电极(M)布设

掌子面布设 2 排测量电极。底排电极距地板 0.5 ~ 1m,上下两排电极间距 1 ~ 1.5m,电极左右间距 1 ~ 1.5m,每排布设 7 ~ 10 个。左侧与右侧电极距边墙最小距离为 0.5m。对于全断面法开挖的隧道,应调整测量电极的间距及个数;对于二台阶法开挖的隧道,掌子面测量电极应布置在上台阶。掌子面测量电极布设标准如图6-6a)所示。

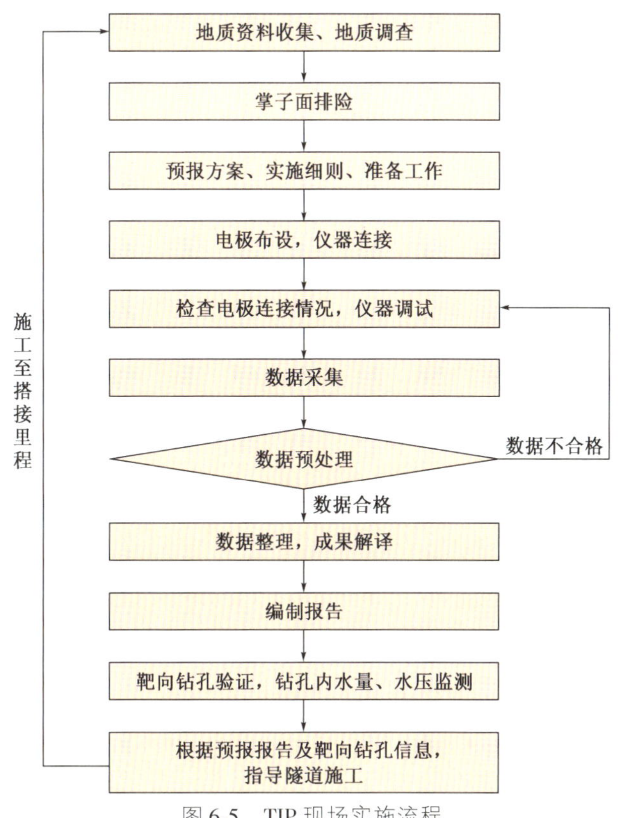

图6-5 TIP现场实施流程

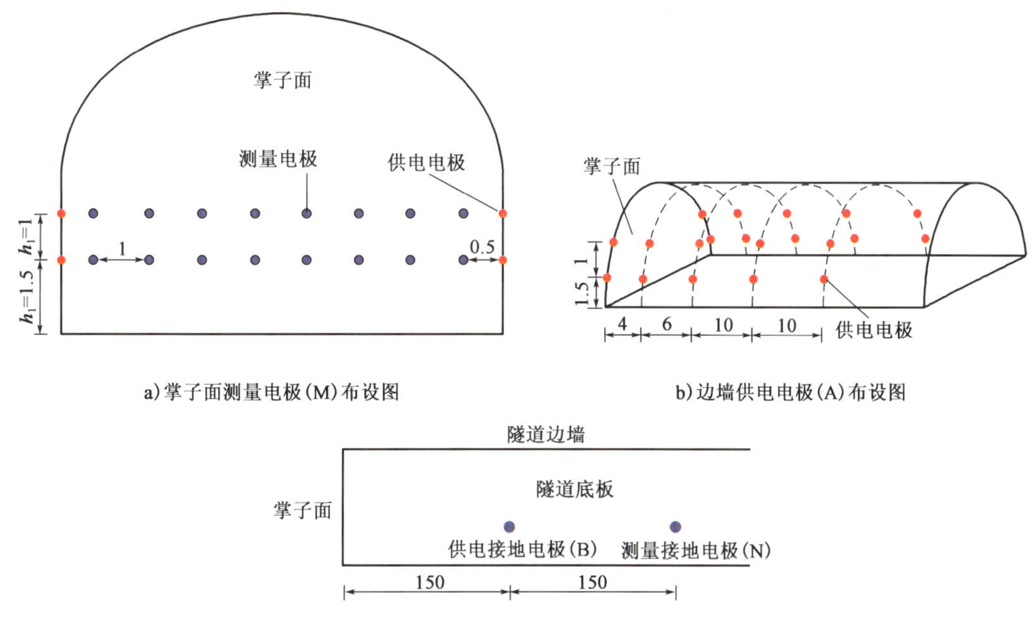

图6-6 激发极化边墙供电电极布置图(尺寸单位:m)

(2)供电电极(A)布设

边墙布设供电电极环,每环电极 4 个,共 5 ~ 10 环,共计 20 ~ 40 个电极,底排电极距隧道底板(全断面)上台阶底板(双台阶)0.5 ~ 1m,上下两排电极间距 1m。前 5 圈电极环分别与掌子面距离为 0m、4m、10m、15m、20m,后 5 圈按照间距 10m 布置。供电电极布设如图 6-6b)所示。

(3)接地电极(B/N)布设

在掌子面后方 150m 隧道底板处布设供电接地电极 B,在掌子面后方 300m 隧道底板处布设测量接地电极 N。接地电极布设标准如图 6-6c)所示。

3)现场数据采集

现场采用电阻率法及时域激发极化法分别进行数据采集。

4)数据处理分析

(1)数据预处理

数据处理前对采集到的坏点数据进行剔除,并采取滤波放大、噪声压制等手段增强有效信号、压制干扰信号,提高信噪比。

(2)数据处理

划分低阻(含水)区域,根据隧道断面、装置形式以及反演精度,建立三维地电模型,并进行三维有限元网格剖分;对采集到的视电阻率数据进行三维反演,得到三维电阻率成像结果,结合模型信息和围岩试样电阻率信息进行低阻区域划分,并计算低阻区域的体积。

(3)估算水量

根据已知地质信息和开挖揭露情况,判断含水构造类别,根据含水构造类别、低阻区域体积和围岩试样孔隙度信息等估算掌子面前方探测区域含水构造水量。

5)资料解译及报告编写

(1)资料解译

结合隧道地质勘察资料、设计资料、施工地质资料、数据处理结果以及围岩试样电阻率等信息综合进行,推断隧道掌子面前方存在的不良地质含水构造,如裂隙水、溶洞或者断层水,并估算其含水率。

(2)报告编写

成果报告书包括工区概况、预报内容、激发极化原理及仪器设备、数据采集过程、数据处理过程以及工程地质解译结果和施工建议等内容。其中概况包括探测工区概况、隧洞洞室及掌子面地质情况等内容;数据采集过程包括探测系统的布置情况、装置形式等;数据处理过程包括采用的数据处理软件及处理流程、参数选择和说明、解释参数、视电阻率反演三维成像图、激发极化异常提取图、电阻率成像切面图等图件、半衰时之差数据曲线等;工程地质解译结果和施工建议包括隧道掌子面前方的工程地质和水文地质条件、隧道施工具有安全隐患的地质条件、施工过程应采取的防范措施及地质预报工作的建议等内容。

6)预报结论验证

提供 TIP 探测成果报告后,现场应采用靶向超前钻孔对探测结论进行验证。钻孔数量应覆盖探测成果报告中的低阻异常区。靶向超前钻孔揭露含水构造或富水区后,应现场采取措施对钻孔涌水信息进行实时监测,获取涌水量、水压等数据,为隧道下一步的施工或治理方案提供数据支撑。

铁路隧道富水区综合探水体系

铁路隧道目前常用的探水方法及特点见表6-2。目前的综合预报体系往往多强调几种方法的综合运用,缺乏将隧道的地质工作、物探技术、中短深度水平钻探的成果结合起来进行掌子面前方含水构造的定性、定位、定量探测研究。综合探水预报应根据实际工程的水文地质情况进行分段分区,有针对性地选择物探方法,才能达到高效、准确地预报地质灾害的目的。

常见含水构造、富水区预报方法及特点总结　表6-2

超前地质预报方法	特　点
TSP法	可以对岩体的参数进行定量的显示,对工作面前方遇到与隧道轴线近垂直的不连续体(节理、裂隙、断层破碎带等)的界面,对含水构造、富水区仅可进行定性辨识及粗略的定位。每次预报距离为100~150m
地质雷达法	地质雷达对于含水溶洞、富水区、有较高的识别能力,可预报涌水,预测溶洞和富水带的二维位置和规模,但是探测的距离较短,大约在20~30m之间,同时雷达记录易受隧道内复杂施工环境的干扰
瞬变电磁法	能够探查掌子面前方的含水构造和富水带的二维位置和大概规模,在隧道中探测易受电磁干扰的影响,每次预报距离约为50m
TIP	可以对含水构造及富水区位置进行定性与三维定位探测,同时还可预估探测范围内的水量。但探测距离较短,每次预报距离为30m
红外探水	红外探水法是一种辅助探水方法,由于该方法不占用掌子面,操作简单,费用较低,可以全程跟踪掌子面开挖进行探测,每次预报距离为25m。缺点是该方法仅能定性预报含水的可能性
超前水平钻探法	超前钻探法可以比较直观的揭示出掌子面前方的含水构造,通过现场记录及量测可获取涌水量及水压信息。但该方法存在以下不足之处: (1)其施作具有比较大的盲目性,无法进行针对性探测,且占用施工时间较长; (2)由于其"一孔之见"的特点,钻孔与钻孔之间的含水构造很容易漏探

通过对大量工程现场实践的总结,形成了对含水构造探测的"长—短结合"(TSP100~150m,瞬变电磁50~100m与隧道激发极化30m探测),"区域—精细化结合"(瞬变电磁富水区域探测与隧道激发极化三维定位定量探测结合),靶向性钻孔验证(结合隧道激发极化三维精细探查结果,针对性选取钻孔,指导隧道开挖与注浆治水)的含水构造综合超前预报体系,如图6-7所示,首先在长距离采用TSP探测方法对掌子面前方100~150m范围内的可能的含水构造及富水区域进行定性及初步定位探测。之后在中距离采用瞬变电磁法对TSP结论中的富水区域及含水构造进行二维精准定位,同时对TSP探测结论进行验证。在临近含水构造

时,采用地质雷达与激发极化法对含水构造进行三维精准定位,并对探测范围内的水量进行预估。最后采用超前钻探法对综合预报结论中的含水构造进行靶向钻探验证,通过监测钻孔内的水量与水压,进一步指导隧道带水作业及后续治理工作。

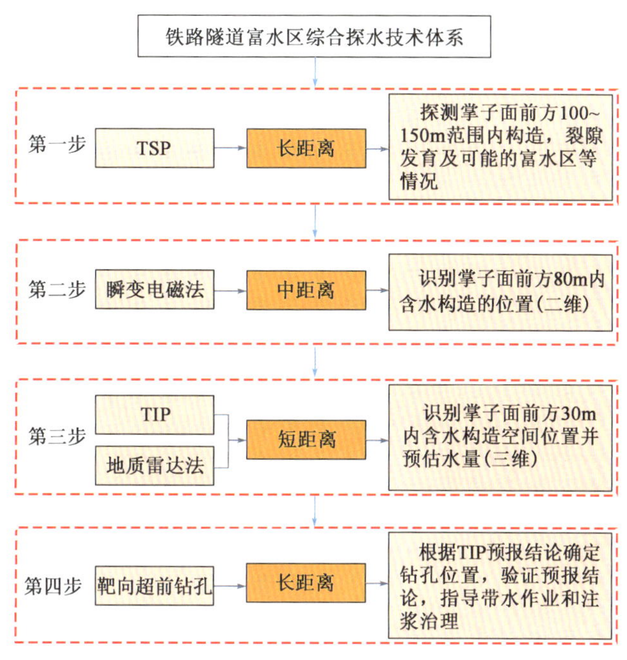

图6-7 铁路隧道富水区综合探水体系

此综合探水体系在岩溶隧道富水区具有广泛应用性,通过对现有超前地质预报方法的组合优化应用,充分突出了对突泥突水预报方法的优点组合,规避了单种预报方法的局限性;并且通过组合验证,施工现场超前地质预报应用效果具有理论研究和实践效果分析价值。该综合探水体系主要有以下优点:

针对富水区段含水率可进行精确定量,针对性强。采用TIP探测可对掌子面前方30m内采用前两种方法定位的充水溶洞,含水构造及富水区域进行精准的三维定位,勾画出不良含水构造的三维展布形态,并预估探测区域的静储量,同时进一步验证前两种探测方法的准确性;超前水平钻具有靶向指导性,目标性高。根据综合预报结论在掌子面上施作靶向钻孔,可直观揭示并验证预报结论中的不良地质构造,既节省了超前钻孔的数量,又有效避免了超前钻孔存在的“一孔之见”的缺点。

TIP 典型应用

跃龙门隧道位于龙门山地区，隧道长 20044m，最大埋深 1445m，是成都—兰州铁路的控制性工程之一。隧址区地质极为复杂，属于地质条件十分复杂的艰险山区。区内不良地质类型多、规模大，特殊岩土分布广泛。龙门山区该段内不良地质主要有地震区、高川坪倒转向斜、高川坪活动断层、滑坡、泥石流、突涌水等。区域地质水文条件如图 6-8 所示。隧址区存在龙门山断裂、千佛山断裂和土主庙断裂等断裂构造，其中千佛山断裂对隧道施工有较大的影响。隧道围岩的主要岩性为灰岩、白云质灰岩和磷灰岩。隧道于 YD2K94 + 621 处下穿高川河，区内

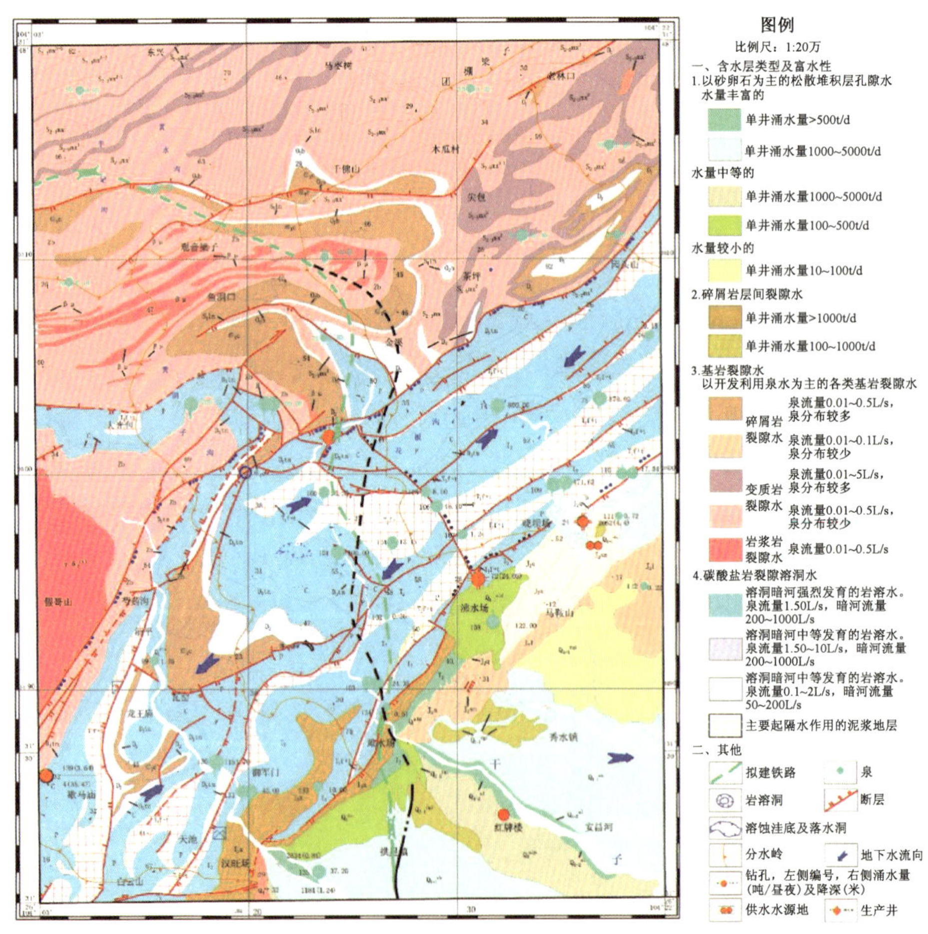

图 6-8　跃龙门隧道地区水文地质平面图

主要地表水为山间沟水及山间盆地之河水(高川河),地表水主要受大气降水补给,部分为基岩裂隙水补给。地表水受降雨控制明显,雨季流量大。

6.5.1 成兰铁路跃龙门隧道三号斜井工区

跃龙门隧道3号斜井位于跃龙门隧道左侧,与隧道正线接口里程为D2K97+700,全长2025m,最大埋深872m。所在区域属构造剥蚀中低山地貌。其中XJ3K0+396~XJ3K0+273段以寒武系清平组灰岩为主,岩质坚硬,围岩较破碎,节理裂隙发育,岩溶中等~强烈发育。跃龙门隧道三号斜井掘进至XJ3K0+396时发生涌水,涌水量约为1000m^3/h,如图6-9所示。

a)

b)

图6-9 跃龙门隧道3号斜井洞内涌水情况

为探明隧道掌子面前方地质情况,采用铁路隧道富水区综合探水体系对隧道掌子面前方含税情况进行预报。首先采用TSP法对掌子面XJ3K0+393前方大型不良地质构造进行定性辨识,预报结论为XJ3K0+393~XJ3K0+273整段围岩破碎,岩质较硬,裂隙发育,其中XJ3K0+393~XJ3K0+379、XJ3K0+374~XJ3K0+354和XJ3K0+344~XJ3K0+330段围岩富水。经由TSP预报结论结合地质分析,针对跃龙门隧道3号斜井岩溶发育、裂隙含水的情况,采用地质雷达法以及对含水体敏感的TIP、瞬变电磁法在掌子面XJ3K0+393处进行超前探测。

综合地质雷达、瞬变电磁与隧道激发极化探测结果,结合隧道的地质情况,可以得出如下结论:总体而言,掌子面前方47m以内的围岩整体较差,裂隙发育且富水,但富水区域分布不均。掌子面前方0~15m大部分区域裂隙发育且富水;16~30m左侧与中间区域裂隙发育富水。31~47m中间与右侧区域裂隙发育日富水,根据隧道激发极化半衰时之差数据,探测范围XJ3K0+393~XJ3K0+363内的预估静水储量为700m^3。由于掌子面前方47m范围内整体富水,应开展超前靶向钻孔作业做进一步的验证和探测。三种探测方法对含水体预报的结论较为吻合,尤其是TIP,确定了掌子面前方含水构造的三维空间位置与展布形态,见图6-10。根据综合探测结论,优化了靶向钻孔的施作位置及数量,最终确定施作4个靶向钻孔进行验证。

靶向钻孔位置如图6-11所示。

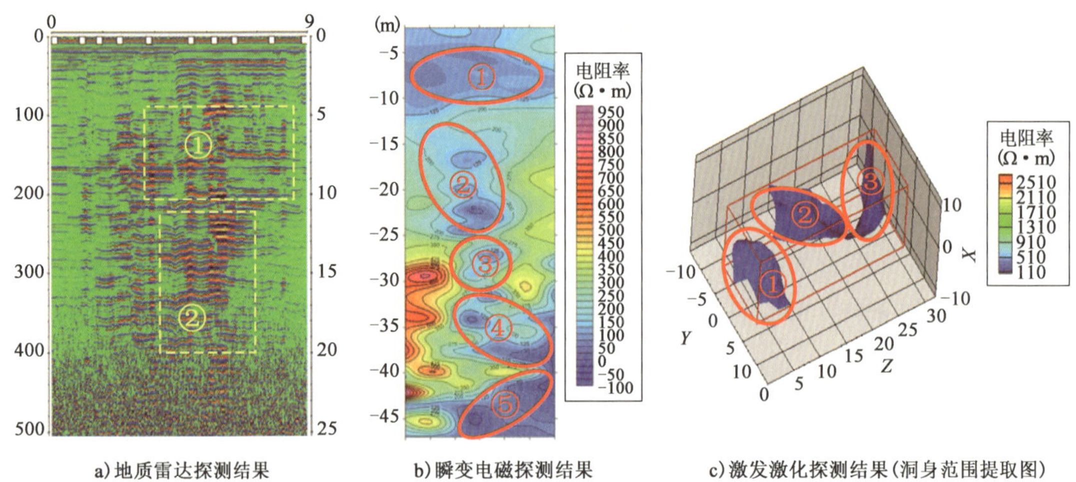

a)地质雷达探测结果　b)瞬变电磁探测结果　c)激发激化探测结果(洞身范围提取图)

图6-10　探测结论分析对比图(坐标单位:m)

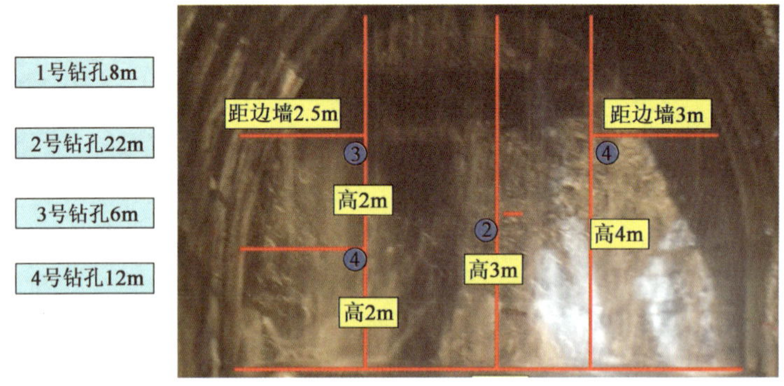

图6-11　超前钻孔位置图

经由现场超前钻孔的验证,钻探结果与预报结果吻合性较好,揭示并验证了预报结论中预测的含水构造。通过优化靶向钻孔的位置与数量,既为施工单位节省了超前钻孔的数量,又有效避免了超前钻孔存在的"一孔之见"的缺点。

在隧道的实际开挖过程中,XJ3K0+393~XJ3K0+378段落,掌子面中下部出现涌水,底板积水严重。XJ3K0+377~XJ3K0+368段落,涌水区域主要分布在掌子面左部与中部,XJ3K0+367~XJ3K0+363段落掌子面大范围涌水,涌水量增大。岩体富水分布情况与超前预报结果较为一致,有效印证了综合预报结论,如图6-12、图6-13所示。

通过地质分析、综合物探和超前靶向钻探综合结果显示,探测范围内无较大溶洞及岩溶管道,整体以基岩裂隙水发育为主。由于掌子面施工前方围岩完整性较差,裂隙发育且富水,根据隧道施工安全、质量、进度、环保等各方面的要求,针对跃龙门隧道3号斜井灰岩富水段将原定的"全断面帷幕注浆"改为"超前周边注浆"治理措施,节约了大量工期,减少了工程造价。

通过实施超前周边注浆措施，成功对跃龙门隧道3号斜井富水段突涌水进行了有效的封堵，达到了良好的治理效果，保证了隧道安全快速施工。

图6-12　施作超前钻孔后隧道内涌水

图6-13　隧道开挖后涌水

6.5.2 成兰铁路跃龙门隧道正洞下穿河段

跃龙门隧道正洞左、右线在高川河附近段落岩性主要为灰岩、白云质灰岩。围岩破碎，节理裂隙、溶蚀裂隙发育，且含软弱夹层，围岩含水且受地表降水影响明显，围岩稳定性差。受隧道浅埋影响，在施工中发生突涌水事故的风险极大。现场开挖结果显示，跃龙门隧道正洞下穿高川河附近及活动断裂前后出现较大涌水。出水情况如图6-14所示，出水量汇总见表6-3，现场情况如图6-15、图6-16所示。

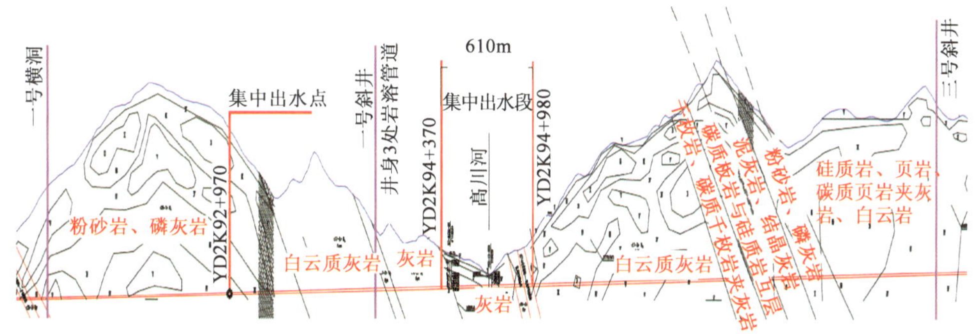

图6-14　隧道下穿河及穿越断层段出水情况

隧道下穿河及穿越断层段出水量汇总表　　表6-3

序号	段　落	段落长度（m）	施工图预测最大涌水量（104m³/d）	2015、2016年旱季观测最大涌水量（104m³/d）
1	1号斜井	776	1.42	2.5
2	D2K91 +700 ~ D2K93 +440	1740	1.83	0.91
3	D2K93 +440 ~ D2K94 +370	930	1.67	0.44

续上表

序号	段　落	段落长度(m)	施工图预测最大涌水量($10^4 m^3/d$)	2015、2016 年旱季观测最大涌水量($10^4 m^3/d$)
4	D2K93 +370 ~ D2K94 +500	1130	0.34	0.41
5	D2K94 +500 ~ D2K94 +720	220	0.58	2.8
6	YD2K94 +690 ~ YD2K94 +980	290	0.75	2.8
合计		5086	6.59	9.86

图 6-15　隧道拱顶涌水

图 6-16　隧道内涌水漫流

TIP 预报工作在跃龙门隧道右线 YD2K94 +671 位置开展,此处位于隧道下穿高川河段的中心地带,隧道拱顶距河床最小距离仅为 50m。掌子面前方岩性以灰岩为主,围岩较破碎,岩质较硬,节理裂隙、溶蚀裂隙较发育,围岩等级Ⅳ级,稳定性差且富水。隧道施工时正值雨季,隧道内涌水受地表降水影响明显,掌子面涌水量约为 7000m^3/d,据此分析,下穿河段落施工中极有可能揭露含水地质构造,发生涌水风险较高。

探测范围内三维成像结果如图 6-17 所示,低阻异常区提取图如图 6-18 所示,隧道激发极化半衰时之差数据如图 6-19 所示,可见在 YD2K94 +671 ~ YD2K94 +686 范围内存在 2 处低阻区,分别位于隧道右侧上部与隧道掌子面左半部,半衰时数据为正值,结合掌子面地质分析,推断这两处存在含导水构造或破碎富水区,富水性较强,围岩较破碎;YD2K94 +686 ~ YD2K94 +701段落掌子面左侧存在低电阻率区域且半衰时之差为正值,推断该段落围岩完整性差,局部破碎,存在含导水构造或破碎富水区,水量较上一段落稍小;根据隧道激发极化二电流半衰时之差,得到探测范围内的预估水量为 700m^3。根据隧道激发极化超前探水预报结论,在掌子面里程至 YD2K94 +673 时采用 C6 钻机施作了两个长为 20m 的靶向超前钻孔进行验证(图 6-20)。钻杆拔出后,两个靶向钻孔均有涌水出现,涌水量约为 100m^3/h。经开挖验证,隧道掌子面右上部揭露一含泥软弱夹层,涌水量约为 130m^3/h,与预报结论吻合(图 6-21、图 6-22)。

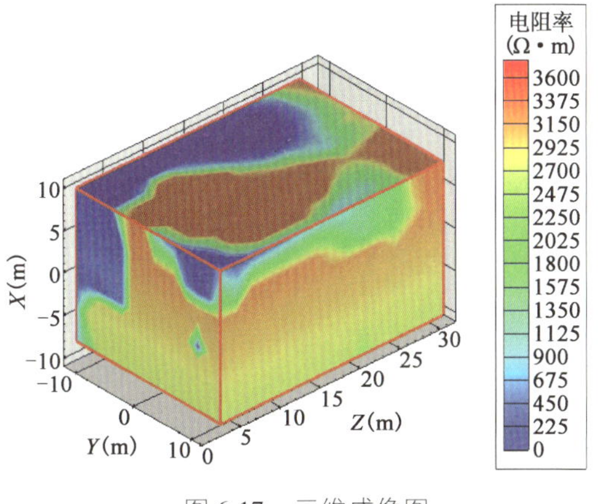

图 6-17　三维成像图

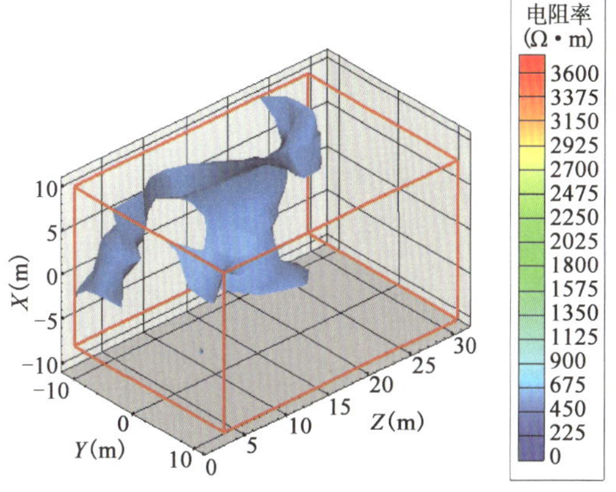

图 6-18　低阻异常区提取图

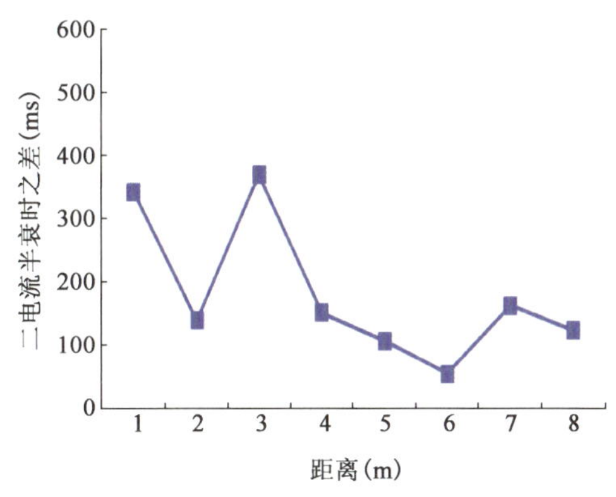

图 6-19　隧道激发极化半衰时之差数据

图 6-20　靶向超前钻孔验证

图 6-21　靶向钻孔钻探结果

图 6-22　开挖揭露含水构造

平安隧道
L—28427m
榴桐寨隧道
L—16271m
跃龙门隧道
L—19981m
杨家坪隧道
L—12822m
金瓶岩隧道
L—12765m
云屯堡隧
L—22923
三星堆
什邡西
绵竹南
安县
高川
茂县
龙塘
太平
镇江关

第7章

杨家坪高地应力薄层陡倾地层小间距隧道大变形整治

技术剖析

7.1 隧道概况

杨家坪隧道位于高川—茂县区间,隧道全长12815m(左线拉通);其中进口段1500m为双洞单线分修隧道,其余11125m为单洞双线合修隧道,出口段190m茂县车站伸入隧道,为三线车站大跨隧道。

线路纵坡为单面上坡,最大埋深约745m。辅助坑道模式原采用“5横洞”模式,2013年7月洪灾后改为“4横洞”方案,如图7-1所示。本隧分1号横洞、2号横洞、3号横洞、4号横洞及出口工区共5个工区组织施工。

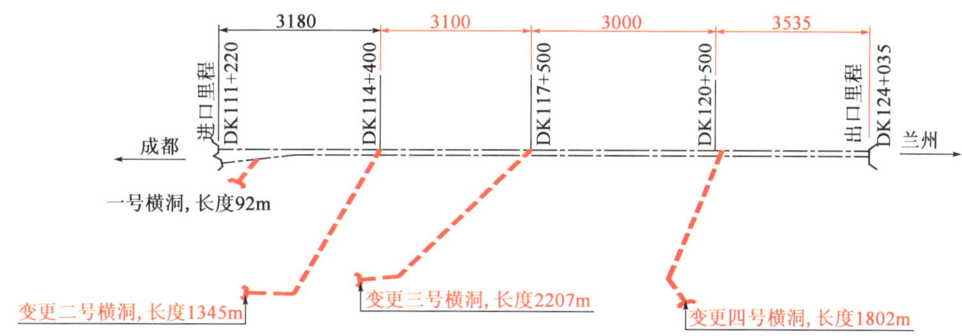

图7-1 辅助坑道布置示意图(尺寸单位:m)

7.2 地质概况

7.2.1 地形地貌

隧址区位于龙门山中段，大屋基背斜北西翼，南高北低，属于剥蚀构造中、高山地貌。地表分水岭主要在隧址区东南部，沿鸡公岭—断头岩一线展布。区内地面高程 1275 ~ 2237m，相对高差约 200 ~ 550m。山脉总体呈 NE 走向，地势呈西北高、东南低，地表沟谷纵横，地形起伏大，山脉与深切冲沟相间，自然坡度 15° ~ 60°，地势普遍陡峻，部分地段为悬崖绝壁。隧道穿越多条横向山沟。本隧总体为傍山隧道。

7.2.2 地质构造特征

测区处于龙门山断裂带之龙门山主中央断裂带与龙门山后山断裂带之间。龙门山主中央断裂（映秀—北川断裂），属逆 ~ 走滑断裂，走向大至为 N40° ~ 60°E，是活动性较强的断裂；龙门山后山断裂带（汶川—茂县断裂），断裂走向 N25° ~ 50°E，由一系列倾向北西的叠瓦状逆冲断层组成，发育于前震旦纪花岗岩、元古界杂岩体、震旦系或志留、泥盆系之间，沿断裂形成强烈变形的断层角砾岩、断层泥或劈理化带，如图 7-2 所示。

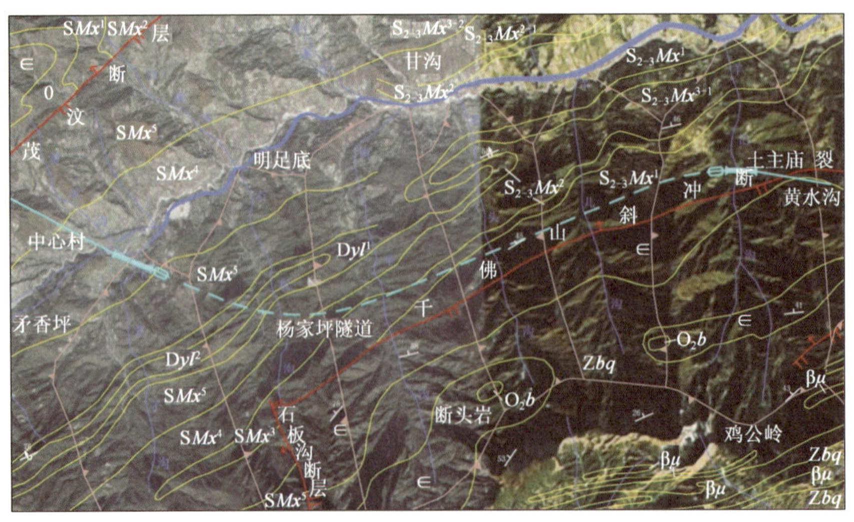

图 7-2　地形地貌及地质构造

受断裂等构造的影响，区内主要发育杨家坪背斜，杨家坪向斜及千佛山斜冲断层。线路沿构造线前进，岩层产状与线路夹角小于10°，岩层倾角陡一般为65°~85°，局部受层间扭曲影响倾角可低至50°。

杨家坪隧道在进口至DK121+250处和构造线基本平行，为典型的顺层构造，加之线位距离佛山1号断层较近，受地应力影响明显，地应力特征尤其是地应力方向和岩体结构、洞室方向组合将严重影响围岩稳定性。

7.2.3 围岩特征

杨家坪隧道1号横洞工区YD2K111+800~YD2K112+720段下伏基岩为志留系中上统茂县群第一亚组（$S_{2\text{-}3}Mx^1$）绿泥石千枚岩夹灰岩、炭质千枚岩等地层，片状结构，千枚状构造，弱风化，岩质较软，岩体较破碎，岩层产状较陡，产状N83°E/75°~85°NW，如图7-3所示。围岩较破碎，局部出现掉块现象，围岩稳定性较差。

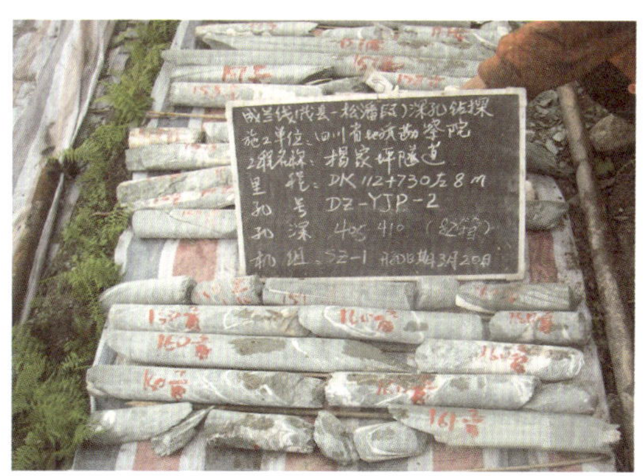

图7-3　DK112+730深孔岩芯

勘测阶段小间距段大变形预测及设计方案

测区位于板块边缘构造带,区域性大断裂、活动断裂发育,地震活动较为频繁。根据附近地应力测试资料显示该地区构造地应力较高,隧道埋深较大,区域应力场较高,埋深较大地段可能发生软岩大变形。

7.3.1 勘测阶段地应力测试成果

(1)DZ-龙门山-08-1 深孔位于龙门山隧道 DK107+520 右 8m,地应力测试成果见表 7-1。

DZ-龙门山-08-1 深孔地应力测试成果表　　表 7-1

序号	测段深度(m)	主应力值(MPa)			第一侧压力系数	第二侧压力系数	破裂方位
		S_H	S_h	S_V			
1	352.50~353.30	11.95	8.014	9.32	1.28	0.86	—
2	380.10~380.90	13.25	9.28	10.05	1.32	0.92	N55°W
3	423.30~424.10	11.62	8.058	11.2	1.04	0.72	
4	493.50~494.30	15.74	10.76	13.05	1.21	0.82	N62°W
5	521.70~522.50	15.27	11.25	13.8	1.11	0.82	
6	549.90~550.70	17.02	11.4	14.55	1.17	0.78	
7	578.10~578.90	16.85	11.7	15.29	1.10	0.77	
8	591.40~592.20	16.14	11.72	15.64	1.03	0.75	N68°W

为定量分析该孔应力值随孔深的变化关系,用线性回归方法对该孔进行回归计算,计算出三向主应力值随深度变化的表达式为:

$$S_H = 0.021H + 4.33 \quad (R = 0.9016) \tag{7-1}$$

$$S_h = 0.016H + 2.38 \quad (R = 0.9309) \tag{7-2}$$

$$S_V = 0.0265H \tag{7-3}$$

式中:S_H、S_h、S_V——分别为最大主应力、最小主应力和垂直应力(MPa);

H——深度(m);

R——相关系数。

(2)DZ-LMS-09深孔位于龙门山隧道DK108+917.45左248.50m地应力测试成果见表7-2。

DZ-LMS-09 深孔地应力测试成果表 表7-2

序号	测段深度(m)	主应力值(MPa)			第一侧压力系数	第二侧压力系数	破裂方位
		S_H	S_h	S_V			
1	411.25~412.45	9.82	7.03	10.8	0.91	0.65	
2	466.30~467.50	14.36	10.07	12.25	1.17	0.82	N68°W
3	509.95~511.15	14.3	11	13.39	1.07	0.82	
4	555.50~556.70	15.23	10.44	14.58	1.04	0.72	N75°W
5	584.04~585.24	16.01	11.72	15.33	1.04	0.76	
6	625.28~626.48	16.43	11.63	16.42	1.00	0.71	
7	656.57~657.77	17.72	13.43	17.24	1.03	0.78	
8	686.39~687.59	19.03	13.73	18.02	1.06	0.76	
9	718.27~719.47	19.33	14.04	18.86	1.02	0.74	N82°W
10	748.81~750.01	20.14	14.84	19.66	1.02	0.75	

为定量分析该孔应力值随孔深的变化关系，用线性回归方法对该孔进行回归计算，计算出三向主应力值随深度变化的表达式为：

$$S_H = 0.028H - 0.75 \quad (R = 0.9672) \tag{7-4}$$

$$S_h = 0.022H - 1.24 \quad (R = 0.9370) \tag{7-5}$$

$$S_V = 0.026H \tag{7-6}$$

式中：S_H、S_h、S_V——分别为最大主应力、最小主应力和垂直应力(MPa)；

H——深度(m)；

R——相关系数。

7.3.2 杨家坪隧道大变形段落预测

1)大变形发生可能性极高段落

杨家坪隧道软质岩大变形预测段落见表7-3。

杨家坪隧道软质岩大变形预测段落一览表 表7-3

序号	工程名称	里程	长度(m)	变形等级
1	杨家坪隧道左线	D2K112+650~D2K112+720	70	严重
2	杨家坪隧道右线	YD2K112+720~YD2K112+789.363	69.363	严重
总计			139.363	

2)大变形发生可能性高的段落

杨家坪隧道可能发生大变形预测段落见表7-4。

杨家坪隧道可能发生大变形预测段落一览表　　　表 7-4

序号	工 程 名 称	里　　程	长度(m)	变 形 等 级
1	杨家坪隧道左线	D2K111 +650 ~ D2K112 +650	1000	可能变形
2	杨家坪隧道右线	YD2K111 +716 ~ YD2K112 +720	1004	可能变形
右线总计			2004	

左线围岩级别划分及大变形预测见图 7-4。

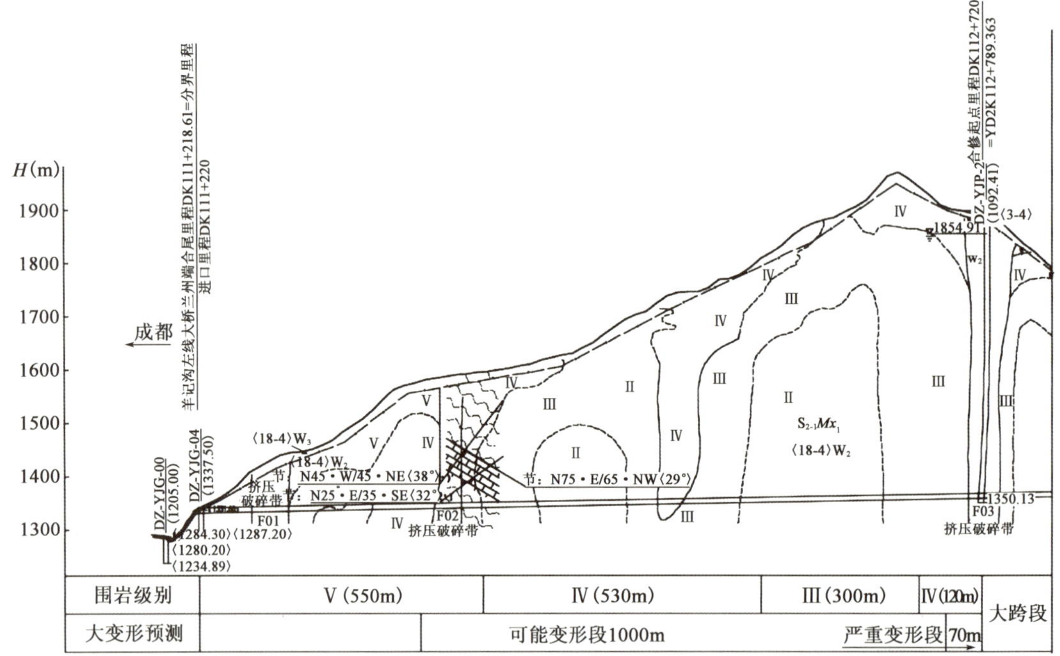

图 7-4　施工图设计左线围岩级别划分及大变形预测

7.3.3 小间距段施工图设计

本隧道小间距段采用了加强设计，具体如下：

1）一般地段

左线隧道进口 DK111 +220 ~ DK112 +000 段及右线隧道进口 YD2K111 +297 ~ YD2K112 +070 段左侧洞身顺层偏压，系统锚杆采用了不对称设置，顺层侧锚杆加密，非顺层侧锚杆适当减少，总的锚杆数量不变。

考虑进口段穿越围岩为千枚岩地层，且线间距较小，进口分修段Ⅳ级围岩全部采用加强衬砌。

2）小间距段

根据以往经验表明，当净岩柱小于 0.5 倍洞径时，两隧影响加剧。为减少两隧道施工的相互影响，本隧道设计中在净岩柱接近 5m（实际设计 5.77m）时，即左线隧道 DK112 +470 ~

DK112+720段及右线隧道YD2K112+500～YD2K112+789.363段(线间距15.033～11.019m),结构相应加强,采用钢筋混凝土二次衬砌,要求两隧道的开挖工作面间距应大于30m,并且后行洞掌子面应超前于先行洞二次衬砌。后行施工隧道应控制爆破规模,确保成洞隧道侧爆破振速不大于10cm/s。

3)大变形段设计

根据大变形地段的设计原则,在施工图设计阶段,小间距左线70m采用了预设计,右线69.363m采用了预设计,见表7-5、表7-6。

左线小间距段采用措施表　表7-5

里程段落	长度(m)	围岩级别	净岩柱厚度(m)	采用衬砌
DK111+770～DK112+300	530	Ⅳ	16.8～8.5	Ⅳ级加强
DK112+300～DK112+460	146	Ⅲ	8.5～5.9	Ⅲ级锚段衬砌(有钢筋)
DK112+446～DK112+600	154	Ⅲ	5.9～3.7	Ⅳ级加强Ⅰ型(设钢筋)
DK112+600～DK112+650	50	Ⅳ	3.7～2.9	Ⅳ级加强Ⅰ型(设钢筋)
DK112+650～DK112+720	70	Ⅳ	2.7～1.6	大变形预设计(Ⅴ级抗震)

注:段落埋深约240～600m。

右线小间距段采用措施表　表7-6

里程段落	长度(m)	围岩级别	净岩柱厚度(m)	采用衬砌
YDK111+850～YDK112+381	531	Ⅳ	16.6～8.3	Ⅳ级加强
YDK112+381～YDK112+500	119	Ⅲ	8.3～6.4	Ⅲ级复合衬砌
YDK112+500～YDK112+646	146	Ⅲ	6.4～4.1	Ⅳ级加强Ⅰ型(设钢筋)
YDK112+646～YDK112+720	50	Ⅳ	4.1～3.2	Ⅳ级加强Ⅰ型(设钢筋)
YDK112+720～YDK112+789.363	69.363	Ⅳ	3.1～1.6	预设计(Ⅴ级抗震)

7.4 施工阶段变更情况

7.4.1 杨家坪隧道全隧施工情况

杨家坪隧道在施工辅助坑道时，围岩稳定性好，施工速度较快，未发现变形迹象。2014 年陆续进入正洞施工后，1 ~ 4 号横洞工区均出现支护开裂、钢架扭曲的变形现象，如图 7-5 ~ 图 7-10所示，掌子面围岩与边墙风化情况如图 7-11 所示。

图 7-5　横洞工区 DK111 + 800 掌子面围岩

图 7-6　横洞工区 DK114 + 530 掌子面围岩

图 7-7　横洞工区 DK117 + 619 掌子面围岩

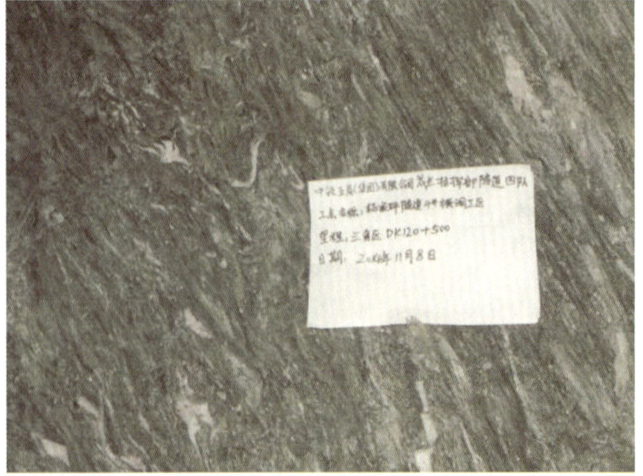

图 7-8　横洞工区 DK120 + 500 掌子面

鉴于勘察设计资料及补充地应力测试资料，和施工开挖经揭示的变更情况，在类似的地质条件下，杨家坪隧道全隧道正洞都有可能出现由Ⅲ级围岩变为Ⅳ级围岩，需现场逐段核实；同时受制于复杂的地质条件、特殊的岩体类型和岩体结构、区域高地应力、施组等条件影响，预计正洞开挖中仍然会出现不同程度的变形。而围岩大变形的类型主要为岩体结构和洞室组合条件控制下，地应力环境作用下，局部地下水参与下的岩体结构失稳变形。对杨家坪隧道大变形重新评估，见表 7-7。

图 7-9　横洞工区 DK114 + 320 附近边墙侵限

图 7-10　横洞工区 DK117 + 590 附近变形侵限

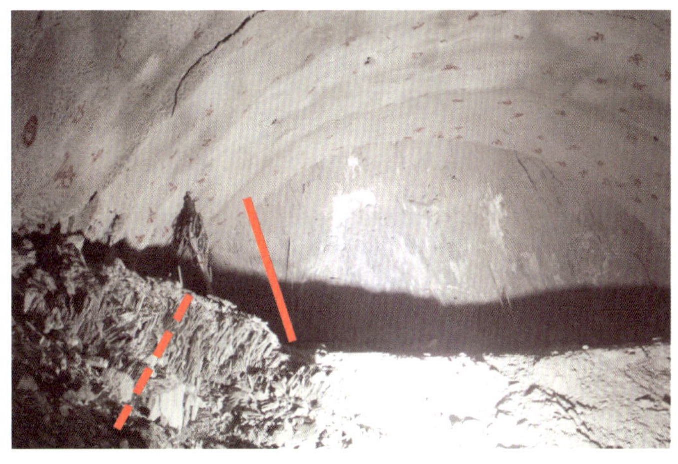

图 7-11　杨家坪隧道典型的掌子面围岩与边墙风化后产状对比

大变形预测段落变化表　　表 7-7

大变形等级		施工图阶段(m)	施工阶段(m)
左线	可能	8900	1000
	轻微	220	4910
	中等	1020	4880
	严重	1100	1100
	合计	2090	11890

续上表

大变形等级		施工图阶段(m)	施工阶段(m)
右线	中等	0	605
	严重	69.363	194.363
	合计	69.363	799.363

本隧道4个横洞工区围岩条件相似,以陡倾绿泥石千枚岩为主,进入正洞施工均出现围岩大变形现象,经地质重新评估后,预测可能发生变形段落达11.89km(左线),因此当前杨家坪隧道全隧采用动态设计。截至2016年11月1日,杨家坪隧道共计施工正洞8512m。其中因变形变更的段落长达3719m,占施工长度的44%。

目前其余4个横洞工区基本正常施工(按大变形措施),而1号横洞工区小间距段发生新的变形加剧现象。

7.4.2 小间距先行洞初期支护开裂

2014年12月6日右线掌子面施工至YD2K112+036处时发现YD2K111+900~YD2K112+000段边墙出现过大变形,确认为大变形段落,见图7-12。此时左线掌子面施工至DK111+770处,揭示岩性为绿泥石千枚岩,浅绿色,受断裂构造影响,围岩破碎,岩层产状N73°E/66°NW,岩层走向基本与线路平行,鳞片变晶结构,片状构造,弱风化,无水,节理裂隙发育,围岩稳定性差。由于围岩岩性,岩层走向,产状与右线变形段落基本相同,存在大变形可能故将该段纳入动态设计管理,对该段支护参数进行调整。

图7-12 YD2K112+000拱部裂缝及喷射混凝土剥落,格栅钢架扭曲

7.4.3 小间距先行洞二次衬砌开裂

杨家坪隧道1横工区于2015年2月25日,发现右线YD2K111+877~YD2K111+892段

左边墙填充面上2m左右有一道沿线路方向发展的水平裂缝，长15m(跨越二次衬砌)，最宽处约3mm。该道裂缝纵向贯通，裂缝表面形成错台，裂缝上缘较下缘高出约2mm，并伴生有2道环向裂缝，呈树枝状分布，如图7-13、图7-14所示。

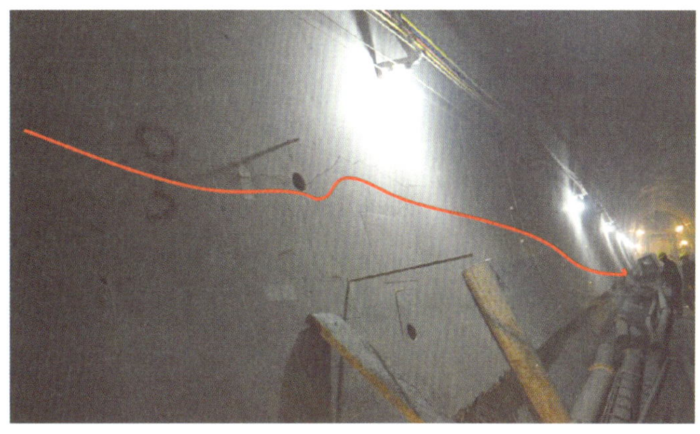

图7-13 YD2K111+877~YD2K111+892段二次衬砌纵向水平裂缝

图7-14 YD2K111+832.7~YD2K111+867.5段仰拱开裂

杨家坪隧道右线边墙开裂段YD2K111+874~YD2K111+958，仰拱开裂段YD2K111+824~YD2K111+980。

7.4.4 小间距段措施调整

7.4.4.1 大变形重新预测评估

根据已开挖揭示的围岩及变形情况，考虑复杂的地质条件、特殊的岩体类型和岩体结构、区域高地应力、施组等条件影响，对大变形进行了重新预测，见表7-8(2015年12月)。

杨家坪隧道软岩大变形预测段落统计表(仅列小间距段) 表7-8

序号	里　　程	长度(m)	围岩结构失稳变形类型
左线隧道			
1	D2K111 +770 ~ D2K112 +020	250	严重
2	D2K112 +020 ~ D2K112 +650	630	中等
3	D2K112 +650 ~ D2K112 +800	150	严重
右线隧道			
1	YD2K111 +990 ~ YD2K112 +115	125	严重
2	YD2K112 +115 ~ YD2K112 +720	605	中等
3	YD2K112 +720 ~ YD2K112 +789.363	69.363	严重

注:本预测是鉴于目前所掌握资料及技术水平,受控于复杂的地质环境尤其是次生构造导致层间结合的不确定性,以上预测应在施工中进行核对,并结合进一步掌握的资料逐渐给予完善。

7.4.4.2 先行洞措施调整情况

在发生先期初期支护变形后,除对变形段进行整治外,还对先行洞右线分为几个段落进行了加强。加强措施分别见表7-9。

先行洞右线措施变更情况 表7-9

段　　落	采 用 措 施	备　　注
YD2K112 +036 ~ YD2K112 +055	优化轮廓(边墙外扩20cm),全环I18型钢,边墙锚杆6m,二次衬砌设钢筋	先期段边墙仍发生开裂掉块等现象
YD2K112 +055 ~ YD2K112 +617	优化轮廓(边墙外扩35cm),全环H175型钢,边墙锚杆6m,二次衬砌设钢筋	正常施工,局部拱腰出现喷射混凝土开裂,YD2K112 +468后加强了二次衬砌钢筋
YD2K112 +617 ~ YD2K112 +630	优化轮廓(边墙外扩35cm),双层H175型钢,边墙锚杆6m,二次衬砌设钢筋	由于原设计仍出现开裂剥落且间距进一步减小因此加强了支护
辅助措施	YD2K112 +580后边墙中岩柱侧先行洞设玻纤锚杆,中岩柱注浆,孔深4.5 ~ 6m,注浆压力0.8 ~ 1MPa	—

7.4.4.3 后行洞措施采用情况

2016年3月,杨家坪隧道1号横洞先行洞右线初期支护受后行洞左线爆破振动影响非常大,围岩变形增大,初期支护变形开裂。经多次优化减少同一段位的装药量,但测试的振动速度还是很大,施工安全受到很大的影响,如图7-15所示。为了保证施工安全,后行洞左线采用徐州工程机械集团有限公司的XTR260悬臂式隧道掘进机进行非爆开挖,如图7-16所示。

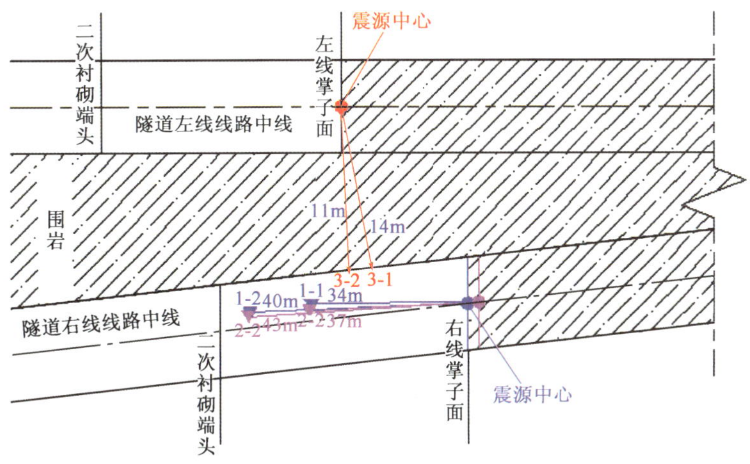

图7-15 爆破振动测试(在对应的右线线左边墙初期支护最大振速达202.2cm/s)

图7-16 后行洞悬臂掘进机开挖

后行洞左线措施变更情况见表7-10。

后行洞左线措施变更情况 表7-10

段落	采用措施	备注
DK111+770~DK111+950	优化轮廓(边墙外扩20cm),全环I18型钢,边墙锚杆6m,二次衬砌设钢筋	正常施工,考虑爆破施工对先行洞的不利影响,DK112+303开始采用机械开挖
DK111+950~DK112+485	优化轮廓(边墙外扩35cm),全环H175型钢,边墙锚杆6m,二次衬砌设钢筋	

当前左右线施工均采用中等大变形衬砌，支护参数见表 7-11，设计断面如图 7-17 所示。

当前施工支护参数表　　表 7-11

项　目	支护参数
衬砌类型	大变形Ⅱ型(中等大变形)
预留变形量	拱部 25cm，边墙 35cm
喷射混凝土	C30 喷射混凝土，厚度 25cm
钢架	全环 H175 型钢钢架，0.8m/榀
锚杆	拱部 3m 组合中空锚杆，边墙 6m 中空锚杆，1.2m×0.8m(环×纵)边墙中岩柱侧替换为玻璃纤维锚杆
钢筋网	ϕ8HPB300 钢筋，20cm×20cm
工法	先行洞(右线)台阶法，后行洞悬臂掘进机开挖

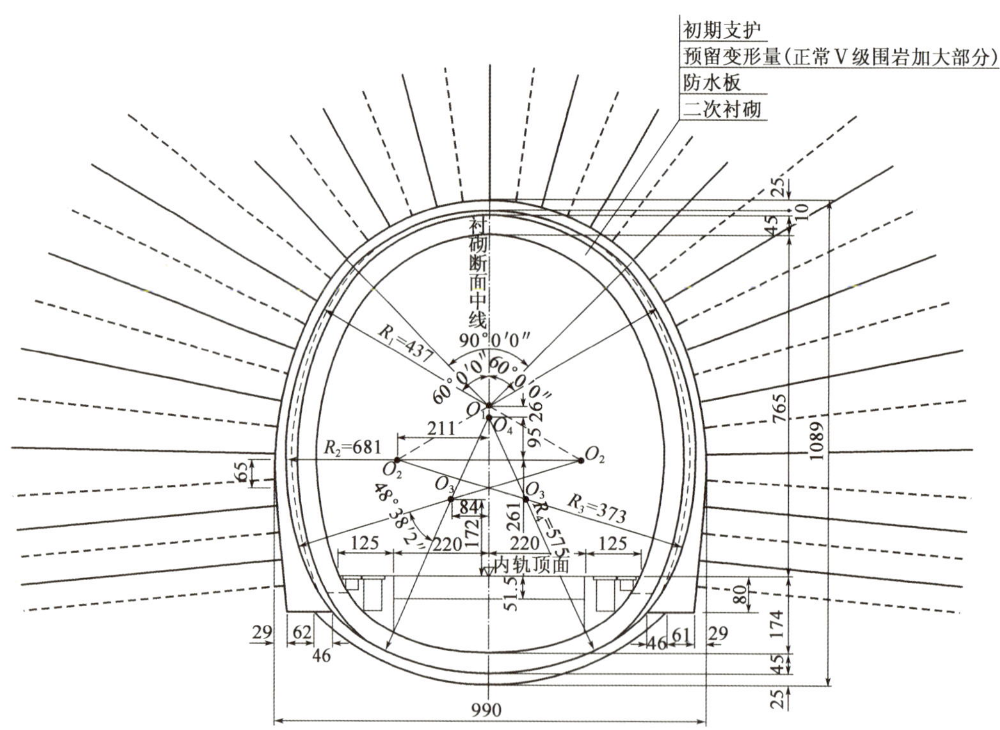

图 7-17　小间距段中等大变形设计断面(尺寸单位：cm)

7.5 当前段变形开裂情况

7.5.1 当前段施工情况

截至2016年11月,杨家坪隧道1横洞工区左线掌子面里程为DK112 +485,仰拱施工至DK112 +434里程,二次衬砌施工至DK112 +400里程;右线掌子面里程为YD2K112 +630,仰拱施工至YD2K112 +575里程,二次衬砌施工至YD2K112 +503里程,如图7-18所示。

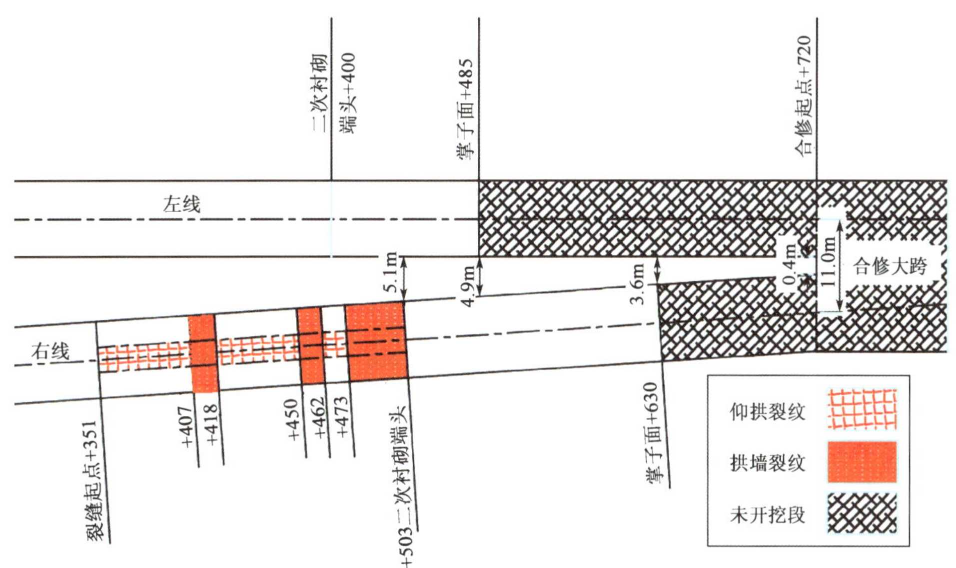

图7-18 现场施工情况及开裂段示意图

左、右线施工各部位里程,如表7-12所示。

现场施工情况表 表7-12

部位	掌子面	下台阶	仰拱初期支护	二次衬砌
右线	YD2K112 +630	YD2K112 +620	YD2K112 +600	YD2K112 +503
左线	DK112 +485	DK112 +439	DK112 +434	DK112 +400

注:左线对应右线里程差约70m。

7.5.2 衬砌开裂发现及发展

7.5.2.1 裂缝的发现

2016 年 10 月 11 日，杨家坪隧道一号工区右线 YD2K112 + 476 ~ YD2K112 + 481.4、YD2K112 + 487 ~ YD2K112 + 490 和 YD2K112 + 497.2 ~ YD2K112 + 502 段二次衬砌左侧边墙 3.8 ~ 5.2m 高出现纵向水平裂缝；裂缝上下错开最大约 17mm，裂缝宽度最大 19mm，裂缝未稳定；环向裂缝有数道，呈树枝状分布。YDK112 + 497 右侧边墙综合洞室拱脚和拱顶各有一道环向裂缝，缝宽 0.2 ~ 0.5mm。仰拱填充顶面 YD2K112 + 495.7 和 YD2K112 + 498.2 处有横向贯通裂缝各 1 道，裂缝宽度 0.5 ~ 2mm。

2016 年 11 月 4 日，右洞 YD2K112 + 470 ~ YD2K112 + 503 段左侧边墙裂缝已全部贯通，往两端扩展 1 ~ 3m；YDK112 + 407 ~ YDK112 + 418 左侧边墙 3.3m 高处有 0.2 ~ 0.6mm 宽微小裂缝；仰拱填充顶面 YD2K112 + 351 ~ YD2K112 + 503 段发现有不连续纵向裂缝，裂缝最长 12m，宽度为 1 ~ 4mm。

2016 年 11 月 17 日，右洞 YD2K112 + 470 ~ YD2K112 + 503 段左侧边墙裂缝有较大发展，裂缝往两端延伸，宽度增大；YD2K112 + 443 ~ YD2K112 + 470 段左侧边墙开始有裂缝，裂缝处喷射混凝土表皮往外鼓起，YD2K112 + 460 边墙上取芯时发现孔内的二次衬砌喷射混凝土从二次衬砌面往里 10cm 和 15cm 处有两道裂缝，缝宽 1 ~ 3mm，但从二次衬砌表面看不到裂缝；YD2K112 + 488 ~ YD2K112 + 492 段拱顶出现纵向裂缝，缝宽 3 ~ 5mm。

2016 年 11 月 26 日早上巡查时发现 YD2K112 + 450 ~ YD2K112 + 462 段边墙及拱部发现新生裂纹，裂缝还在继续发展。

右线开裂段落裂缝发现时间与左线开挖支护时间对照见表 7-13。

右线开裂段落裂缝发现时间与左线开挖支护时间对照表　　表 7-13

里　程	二次衬砌施作时间	裂缝发现时间		左线对应里程开挖支护时间
		拱墙裂缝	仰拱裂缝	
YD2K112 + 338 ~ YD2K112 + 350	2016 年 5 月 7 日	—	—	2016 年 4 月 24 日—5 月 12 日
YD2K112 + 350 ~ YD2K112 + 362	2016 年 5 月 14 日	—	2016 年 11 月 16 日	2016 年 5 月 12 日—5 月 19 日
YD2K112 + 362 ~ YD2K112 + 374	2016 年 5 月 17 日	—	2016 年 11 月 16 日	2016 年 5 月 19 日—5 月 27 日
YD2K112 + 374 ~ YD2K112 + 386	2016 年 6 月 2 日	—	2016 年 11 月 16 日	2016 年 5 月 27 日—6 月 7 日

续上表

里　　程	二次衬砌施作时间	裂缝发现时间		左线对应里程开挖支护时间
		拱墙裂缝	仰拱裂缝	
YD2K112 + 386 ~ YD2K112 + 398	2016 年 6 月 8 日	—	2016 年 11 月 16 日	2016 年 6 月 7 日—6 月 14 日
YD2K112 + 398 ~ YD2K112 + 410	2016 年 6 月 19 日	—	2016 年 11 月 16 日	2016 年 6 月 14 日—7 月 3 日
YD2K112 + 410 ~ YD2K112 + 422	2016 年 6 月 25 日	—	2016 年 11 月 16 日	2016 年 7 月 3 日—7 月 9 日
YD2K112 + 422 ~ YD2K112 + 434	2016 年 6 月 30 日	—	2016 年 11 月 16 日	2016 年 7 月 9 日—7 月 19 日
YD2K112 + 434 ~ YD2K112 + 446	2016 年 7 月 14 日	2016 年 10 月 11 日	2016 年 11 月 16 日	2016 年 7 月 19 日—8 月 4 日
YD2K112 + 446 ~ YD2K112 + 458	2016 年 7 月 21 日	2016 年 10 月 11 日	2016 年 11 月 16 日	2016 年 8 月 4 日—8 月 11 日
YD2K112 + 458 ~ YD2K112 + 470	2016 年 8 月 3 日	2016 年 10 月 11 日	2016 年 10 月 11 日	2016 年 8 月 11 日—8 月 21 日
YD2K112 + 470 ~ YD2K112 + 482	2016 年 8 月 13 日	2016 年 10 月 11 日	2016 年 10 月 11 日	2016 年 8 月 21 日—9 月 12 日
YD2K112 + 482 ~ YD2K112 + 491	2016 年 8 月 30 日	2016 年 10 月 11 日	2016 年 10 月 11 日	2016 年 9 月 12 日—9 月 23 日
YD2K112 + 491 ~ YD2K112 + 503	2016 年 9 月 16 日	2016 年 10 月 11 日	2016 年 10 月 11 日	2016 年 9 月 23 日—10 月 2 日
YD2K112 + 503 ~ YD2K112 + 515	—	—	—	2016 年 10 月 2 日—10 月 17 日

YD2K112 + 351 ~ YD2K112 + 503 段二次衬砌开裂裂缝平面如图 7-19 所示，裂缝统计见表 7-14。

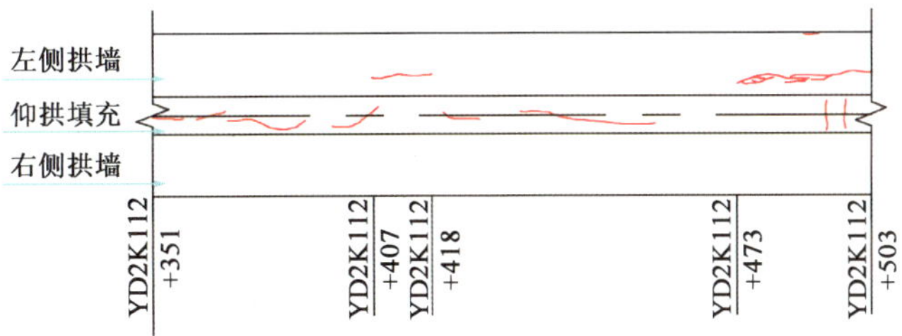

图 7-19　YD2K112 + 351 ~ YD2K112 + 503 段二次衬砌开裂裂缝平面示意图

YD2K112 + 351 ~ YD2K112 + 503 段二次衬砌裂缝统计表　表 7-14

里　程	裂缝位置	裂 缝 形 态	裂缝宽度(mm)	有无错台
YD2K112 + 351 ~ YD2K112 + 503	仰拱	纵向裂缝	1.0 ~ 4	—
YD2K112 + 407 ~ YD2K112 + 418	左边墙	水平裂缝	0.2 ~ 0.6	无
YD2K112 + 473 ~ YD2K112 + 503	左边墙	水平裂缝为主,环向裂缝有数道,呈树枝状分布	1 ~ 19	下部突出 1.5 ~ 17mm
YD2K112 + 488 ~ YD2K112 + 492	拱顶	水平裂缝	3 ~ 5	无
YD2K112 + 495.7	仰拱填充	环向裂缝	0.5 ~ 2	—
YD2K112 + 498.2	仰拱填充	环向裂缝	0.5 ~ 2	—

7.5.2.2　开裂现场情况

YD2K112 + 351 ~ YD2K112 + 503 段开裂现场情况如图 7-20 ~ 图 7-28 所示。

图 7-20　2016 年 10 月 20 日 YD2K112 + 503 ~ YD2K112 + 508 段初期支护变形,型钢扭曲

图 7-21　2016 年 10 月 13 日发现 YD2K112 + 473 ~ YD2K112 + 500 段裂缝情况

图 7-22　2016 年 11 月 04 日 YD2K112 + 473 ~ YD2K112 + 500 段二次衬砌开裂情况

图 7-23　2016 年 11 月 18 日 YD2K112 + 473 ~ YD2K112 + 500 段二次衬砌开裂情况

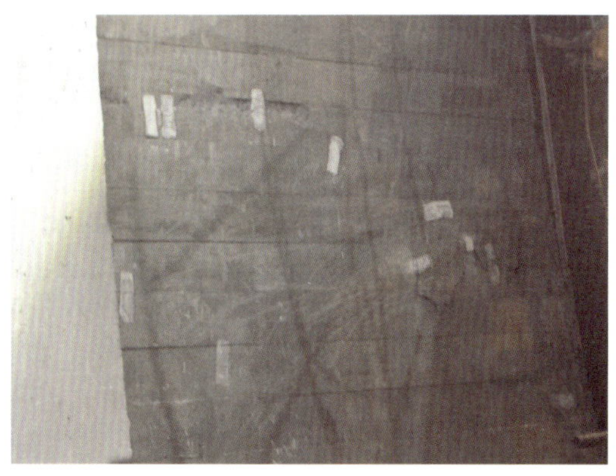

图 7-24 2016 年 10 月 13 日 YD2K112 + 500 ~ YD2K112 + 503 段开裂

图 7-25 2016 年 11 月 04 日 YD2K112 + 500 ~ YD2K112 + 503 段二次衬砌开裂情况

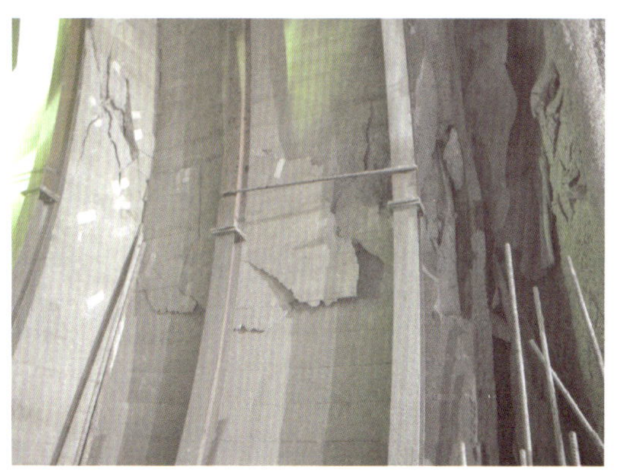

图 7-26 2016 年 11 月 18 日 YD2K112 + 500 ~ YD2K112 + 503 段二次衬砌开裂情况

图 7-27 2016 年 11 月 23 日 YD2K112 + 500 ~ YD2K112 + 503 段二次衬砌开裂情况

图 7-28 2016 年 11 月 18 日 YD2K112 + 500 拱顶压溃

7.5.3 开裂段落变形监控量测情况

7.5.3.1 初期支护监测成果

YD2K112 +351 ~ YD2K112 + 503 段初期支护完成后变形监控量测资料,如图 7-29 ~ 图 7-38所示。

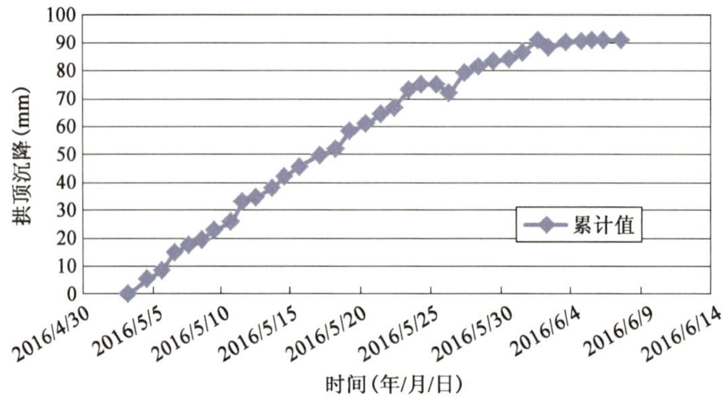

图 7-29　YD2K112 +420 初期支护拱顶累计沉降曲线(A)

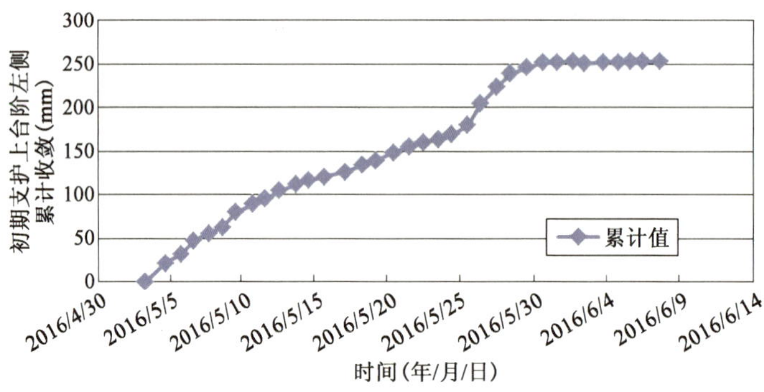

图 7-30　YD2K112 +420 初期支护上台阶左侧累计收敛曲线(S1-1)

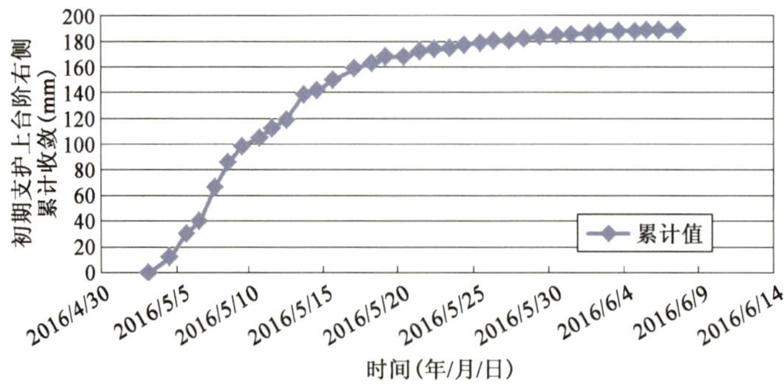

图 7-31　YD2K112 +420 初期支护上台阶右侧累计收敛曲线(S1-2)

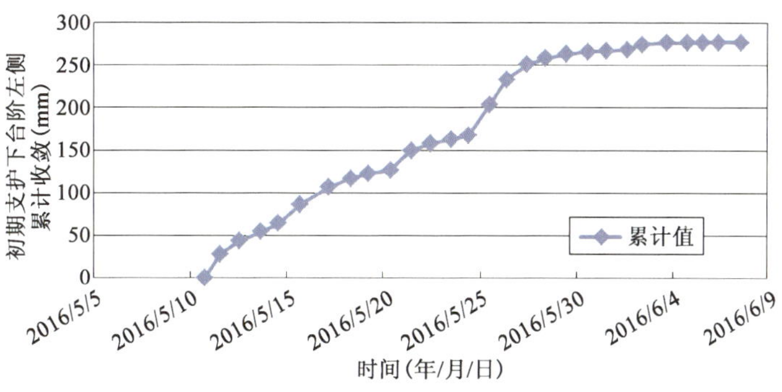

图 7-32　YD2K112 +420 初期支护下台阶左侧累计收敛曲线(S2-1)

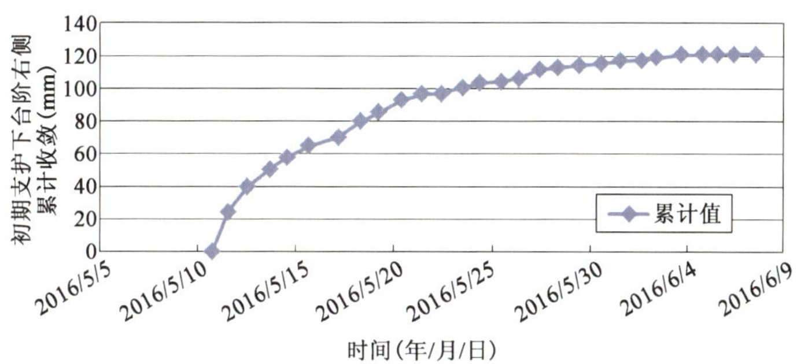

图 7-33　YD2K112 +420 初期支护下台阶右侧累计收敛曲线(S2-2)

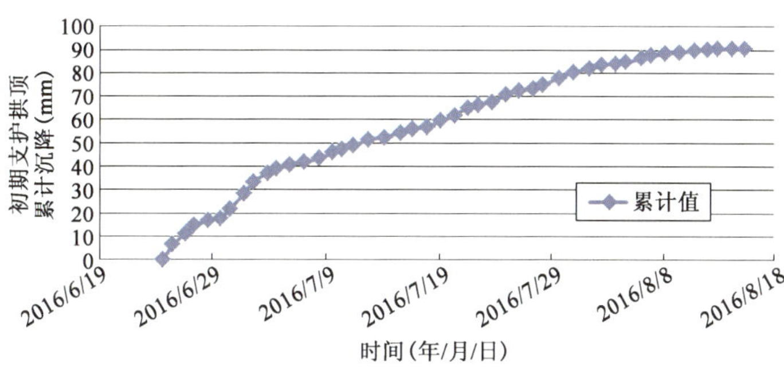

图 7-34　YD2K112 +495 初期支护拱顶累计沉降曲线(A)

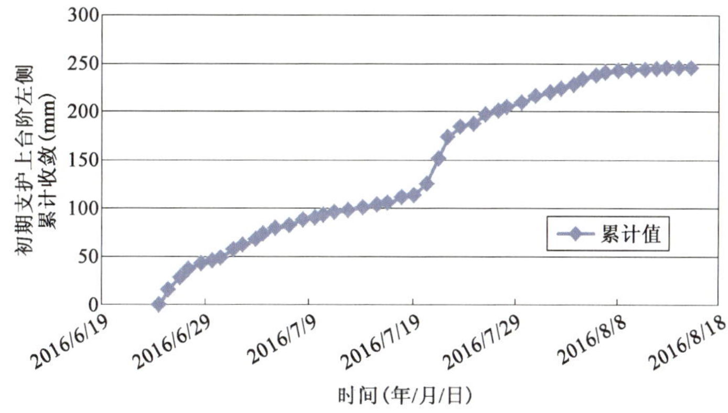

图 7-35　YD2K112 +495 初期支护上台阶左侧累计收敛曲线(S1-1)

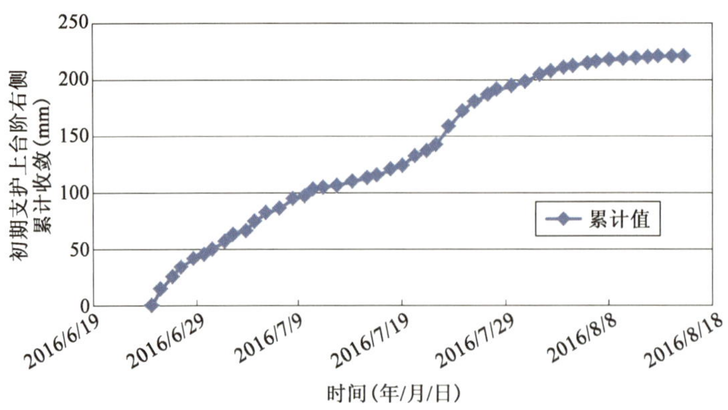

图 7-36 YD2K112 +495 初期支护上台阶右侧累计收敛曲线(S1-2)

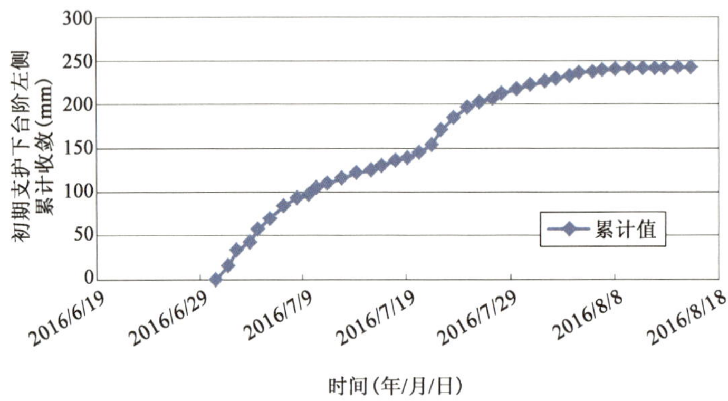

图 7-37 YD2K112 +495 初期支护下台阶左侧累计收敛曲线(S2-1)

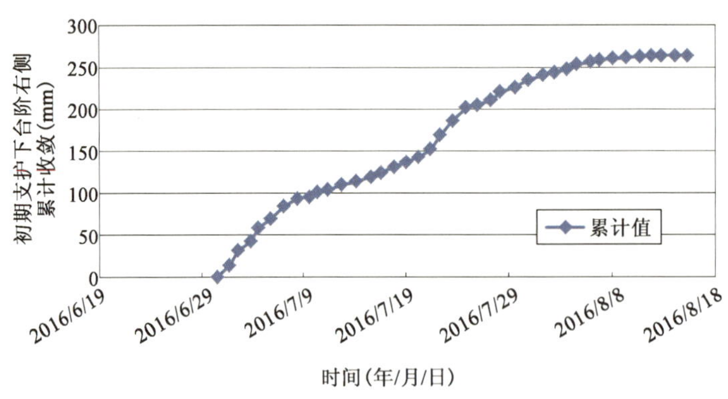

图 7-38 YD2K112 +495 初期支护下台阶右侧累计收敛曲线(S2-2)

YD2K112 +420 二次衬砌施作时间为 6 月 30 日,监测判断二次衬砌已收敛。

根据多个断面监控量测曲线反应,初期支护完成后虽在不同工序的影响下变形有突变现象,但是最终变形速率能够趋于收敛,且预留变形量有一定的富裕。

与 YD2K112 +495 对应的左线里程为 DK112 +435,比对初期支护完成后变形监控量测资料,如图 7-39 ~ 图 7-42 所示。

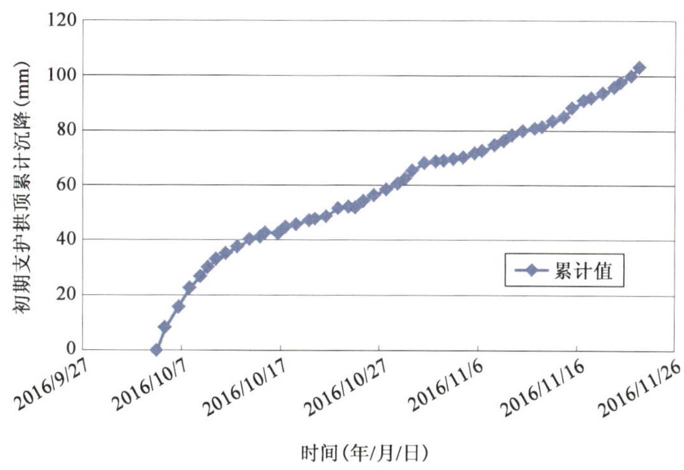

图7-39　DK112+435初期支护拱顶累计沉降曲线(A)

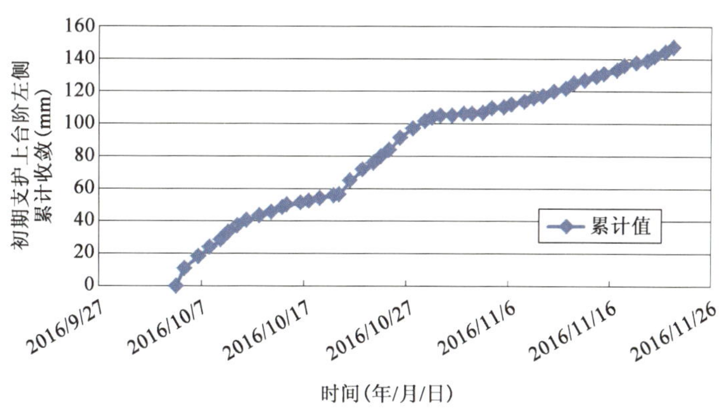

图7-40　DK112+435初期支护上台阶左侧累计收敛曲线(S1-1)

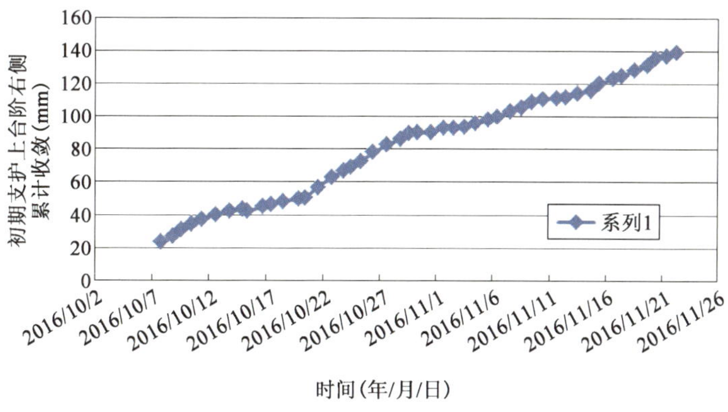

图7-41　DK112+435初期支护上台阶右侧累计收敛曲线(S1-2)

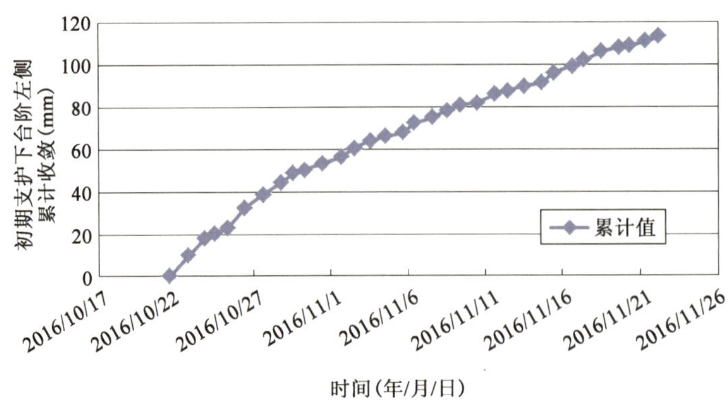

图 7-42　DK112 +435 初期支护下台阶左侧累计收敛曲线(S2-1)

7.5.3.2　二次衬砌监控量测

YD2K112 +351 ~ YD2K112 +503 段二次衬砌开裂后,设置了监测点对二次衬砌进行监控量测,监控量测结果如图 7-43 ~ 图 7-48 所示。

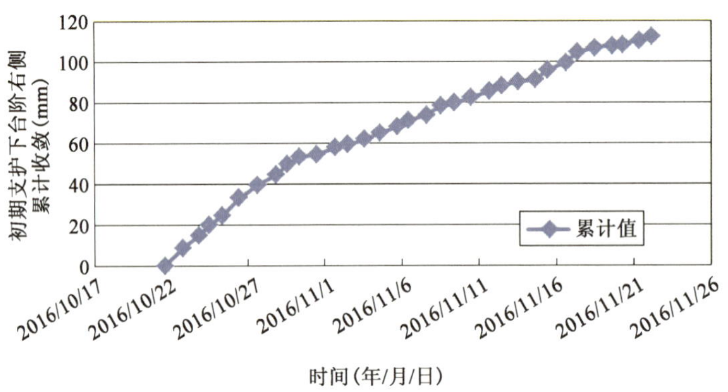

图 7-43　DK112 +435 初期支护下台阶右侧累计收敛曲线(S2-2)

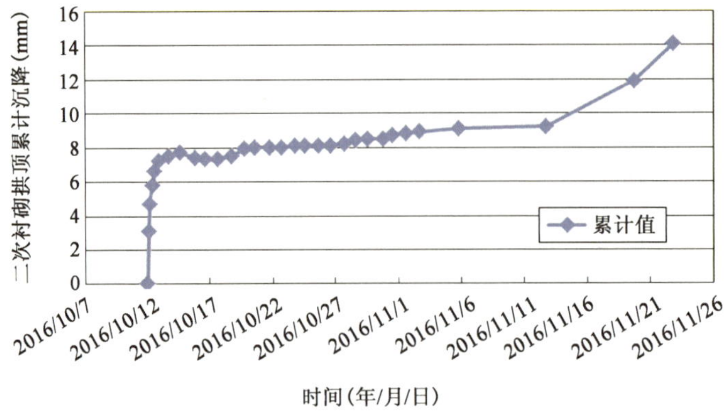

图 7-44　YD2K112 +490 二次衬砌拱顶累计沉降曲线(A)

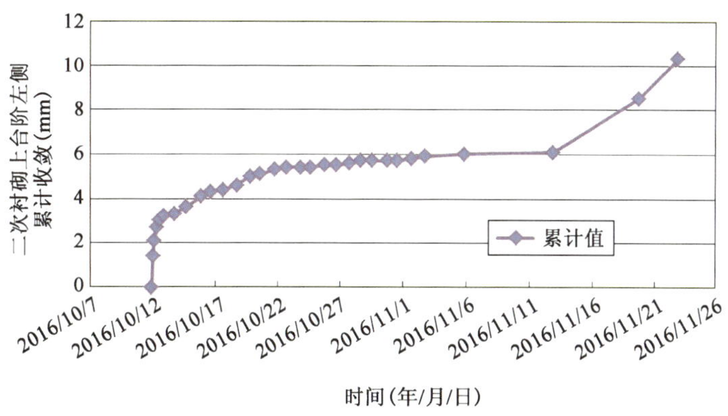

图7-45　YD2K112 + 490 二次衬砌上台阶左侧累计收敛曲线

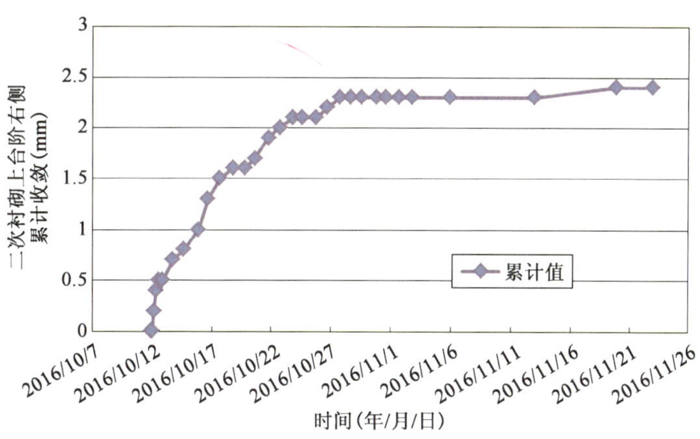

图7-46　YD2K112 + 490 二次衬砌上台阶右侧累计收敛曲线

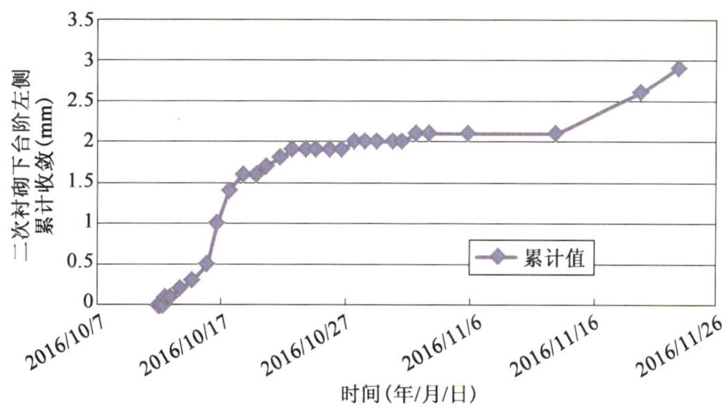

图7-47　YD2K112 + 490 二次衬砌下台阶左侧累计收敛曲线

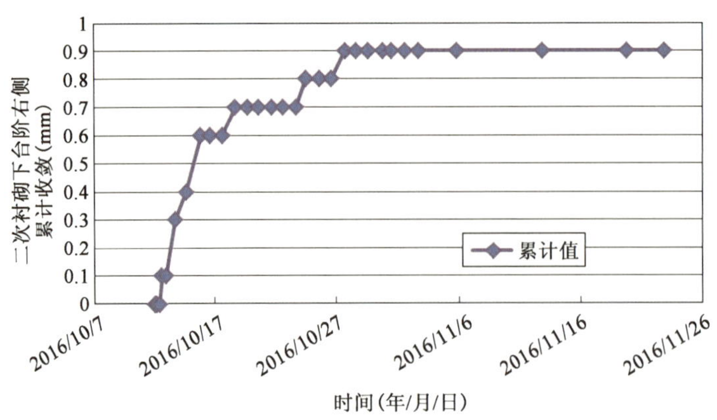

图 7-48　YD2K112 +490 二次衬砌下台阶右侧累计收敛曲线

7.5.3.3　变形特征分析

右线开裂段累计位移统计见表 7-15,沿里程变化曲线如图 7-49 ~ 图 7-51 所示。

右线开裂段累计位移统计表(单位:mm)　　表 7-15

里　　程	拱顶沉降量 A	上台阶左侧测点 S1-1	上台阶右侧测点 S1-2	下台阶左侧测点 S2-1	下台阶右侧测点 S2-2
YD2K112 +395	88.2	257.2	177.4	254.3	123.9
YD2K112 +400	128.3	209.1	247.6	275.9	228.2
YD2K112 +405	114.6	233.8	244.2	253.4	128.1
YD2K112 +410	94.4	232.6	201	260.9	153.2
YD2K112 +415	95.4	260.7	101	302.4	257.9
YD2K112 +420	91.1	252.9	188.7	277.1	121.3
YD2K112 +425	98.9	255.5	83.3	329	309.8
YD2K112 +430	105.6	277.3	182.6	292.6	127.7
YD2K112 +435	76.3	266.4	165.5	262.8	179.7
YD2K112 +440	86.7	300.6	191.2	316.1	218.5
YD2K112 +445	118.6	209.7	208.5	327.4	303.9
YD2K112 +450	93.9	211.3	202.1	322.6	305.3
YD2K112 +455	93.1	209.4	204.4	306.4	298
YD2K112 +460	86.8	219.4	283.3	187.4	212.5
YD2K112 +465	92.4	217.2	225.7	182.3	190.4

续上表

里　程	拱顶沉降量 A	上台阶左侧测点 S1-1	上台阶右侧测点 S1-2	下台阶左侧测点 S2-1	下台阶右侧测点 S2-2
YD2K112 +470	101.4	191.7	222.2	180.6	196.1
YD2K112 +475	84.2	198.4	188.98	216.1	200.2
YD2K112 +480	83.8	226.6	244.8	177.2	190.5
YD2K112 +485	87	270.3	240.5	278	256.1
YD2K112 +490	76.8	文件损坏	252.7	238.3	239.2
YD2K112 +495	90.6	245.7	220.8	241.8	263.8
YD2K112 +500	93.6	275	260.2	231.1	221.8
YD2K112 +505	87.9	283.9	259.7	262.2	230.5
YD2K112 +510	62.9	247.1	237.4	228.6	237.76
YD2K112 +515	108	249.8	230.6	218.9	170.3
YD2K112 +520	107.5	214.5	233	207.1	174.2
YD2K112 +525	106.3	239.8	266.7	229.3	234.5
YD2K112 +530	164.1	237.1	270.7	217.7	236.5
YD2K112 +535	217.5	310.6	277.2	229.5	257.4
YD2K112 +540	189.4	325.4	272.6	308.3	295.6
YD2K112 +545	196.9	319.2	258.4	272.2	251.8
YD2K112 +550	272.8	288.7	347.6	260.3	270.8
YD2K112 +555	197.5	289.5	265.3	261.8	262.1
统计平均值	114.9	250.8	225.9	254.8	222.7

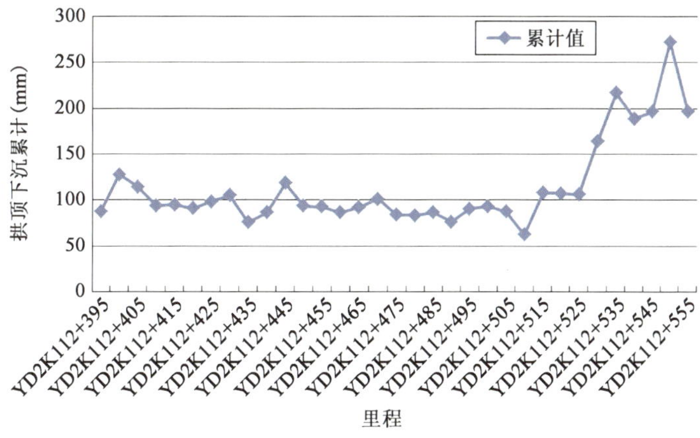

图7-49　拱顶下沉沿里程变化曲线(除 YD2K112 +550 以后断面外其余基本满足收敛标准)

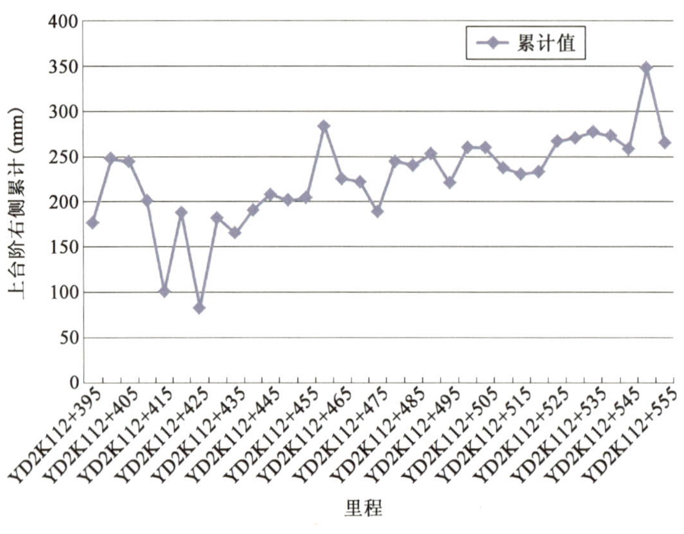

图 7-50　上台阶右侧沿里程变化曲线

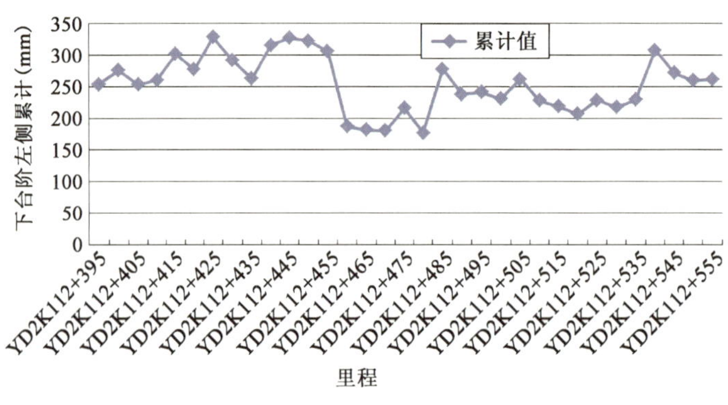

图 7-51　下台阶左侧沿里程变化曲线

从统计表及沿里程的监测数据变化显示，段落内边墙的绝对位移均大于拱顶沉降量。一般内边墙的绝对位移为拱顶下沉量的 2 倍以上，拱顶沉降量一般在 11cm 左右，边墙位移一般在 25cm 左右，即边墙收敛通常达到了 50cm。拱顶沉降量与边墙位移均沿大里程有一定增大趋势，特别是当前掌子面附近，说明围岩有恶化趋势。

二次衬砌监测数据见表 7-16。

二次衬砌监测数据统计表　　表 7-16

测点里程	拱顶沉降量 A(mm)	累计收敛变形量(mm)				备注
		衬砌测点 S1-1	衬砌测点 S1-2	衬砌测点 S2-1	衬砌测点 S2-2	
YD2K112 +400	2.6	0.3	0.3	0.3	0.2	监测中
YD2K112 +410	1.8	0.9	0.2	0.2	0.1	监测中
YD2K112 +420	3	0.5	0.2	0.3	0.1	监测中
YD2K112 +430	3.2	0.3	0.2	0.1	0.2	监测中

续上表

测点里程	拱顶沉降量 A(mm)	累计收敛变形量(mm)				备注
		衬砌测点 S1-1	衬砌测点 S1-2	衬砌测点 S2-1	衬砌测点 S2-2	
YD2K112 +440	3.5	1.8	0.5	0.2	0.5	监测中
YD2K112 +450	4.7	0.9	0.4	0.8	0.3	监测中
YD2K112 +460	5.6	0.5	0.5	0.7	0.2	监测中
YD2K112 +470	5	3.3	0.8	1.1	0.5	监测中
YD2K112 +480	8.7	10.4	1.6	1.3	1	监测中
YD2K112 +490	14.1	10.3	2.4	2.9	0.9	监测中
YD2K112 +500	10	11.6	3	2.1	1.9	监测中

目前二次衬砌在 YD2K112 +480 ~ YD2K112 +500 附近变形量最大,且在继续发展。说明二次衬砌已基本失效。其余段落有新裂纹产生,但检测数据量值较小。

7.6 现场测试

在1号横洞施工过程中，进行了一系列的现场测试工作。主要有原始地应力测试，围岩强度原位测试，孔内围岩结构窥探，支护结构受力测试。

测试方案如图7-52所示。

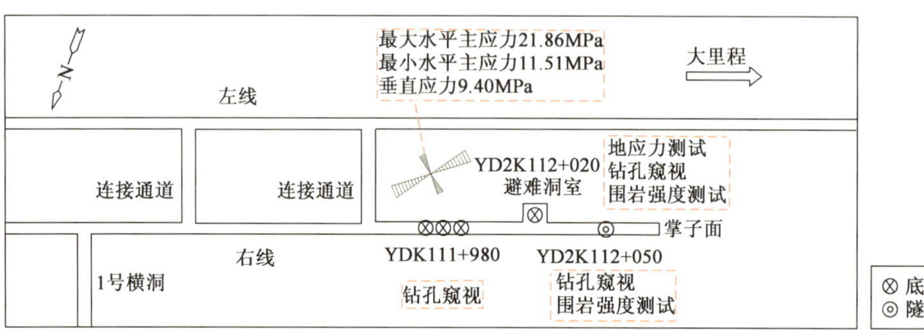

图7-52　杨家坪隧道1号横洞工区地质力学测试方案示意图

7.6.1 地应力测试

地应力测试钻孔布置在YD2K112+020处避车洞底板，钻孔方向铅垂向下；为避免仰拱与初期支护交界面位置塌孔，设计钻孔上部大，下部小，上部10m深处孔径为90mm，下部20m深处孔径为65mm，孔深共计30m。钻孔施工结束后，孔内积水，尽管采取了高压风吹、手摇泵抽等多种排水措施，孔内水深仍达24m左右，无法用全景钻孔窥视仪器确定完整岩段，采用自下而上分段试测的方法。从孔深30m至15m位置共计进行了12处地应力测量，测量过程如图7-53所示。

对测试数据进行整理和筛选，获得3条有效水力压裂曲线，压裂曲线中的$P_{b隧道}$、$P_{r隧道}$、$P_{s隧道}$值均为隧道底板记录值，而地应力测试原理中的压裂参数P_b、P_r、P_s均为测试部位的实际量值，二者之间的关系为：

$$P_b = P_{b隧道} + P_h \tag{7-7}$$

$$P_r = P_{r隧道} + P_h \tag{7-8}$$

$$P_s = P_{s隧道} + P_h \tag{7-9}$$

式中：P_h——测段处的静水压力。

a) 打钻

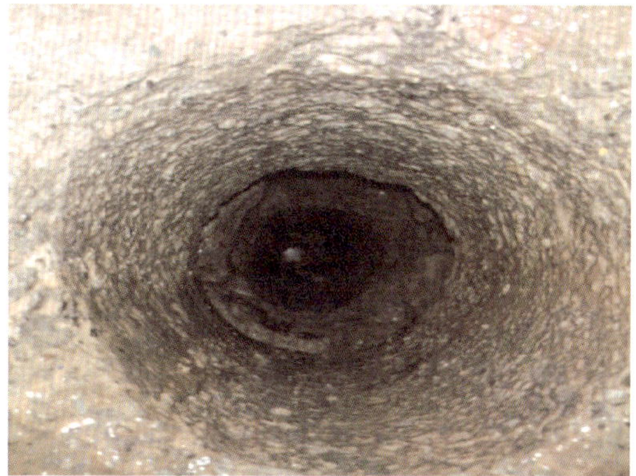
b) 成孔

c) 测试

图 7-53　地应力测试过程

在计算最大水平主应力时，需要岩层的孔隙压力值，由国内外大量的实际测试和研究表明，在绝大多数情况下，孔隙压力基本上等于静水位压力。因此，在水压致裂法应力测试过程中，通常以测试段所处地下水位的静水压力代替岩层的孔隙压力 P_0。

经过软件分析与计算，测试结果汇总见表 7-17。

杨家坪隧道 1 号横洞工区 YD2K112 +020 处地应力测试结果　　表 7-17

测试段深度（m）	破裂压力（MPa）	重张压力（MPa）	关闭压力（MPa）	水头压力（MPa）	最大水平主应力（MPa）	最小水平主应力（MPa）	垂直应力（MPa）	最大水平主应力方向
27.6	13.33	11.95	11.25	0.28	22.35	11.53	9.47	N55°E
26.8	15.99	12.33	11.72	0.27	23.37	11.99	9.44	N61°E
24.4	17.50	12.71	11.18	0.24	21.31	11.42	9.38	N44°E
22.3	14.27	12.66	10.88	0.22	20.42	11.10	9.32	—
20.6	14.34	11.28	9.36	0.21	17.22	9.57	9.28	N32°E
17.6	12.38	9.65	8.34	0.18	15.73	8.52	9.20	—

通过数据对比分析,综合考虑隧道开挖对原岩应力的影响范围,建议采用 27.6m、26.8m、24.4m 的实测数据作为该测点的原岩应力数据。YD2K112 +020 处地应力场最大水平主应力平均值为 22.34MPa,最小水平主应力平均值为 11.65MPa,结合埋深可得测试深度处垂直应力约为 9.43MPa;最大水平主应力优势方向为 NNE 方向,综合分析将最大水平主应力的优势方向确定为 N53.3°E;初步判断应力场类型为 $\sigma_H > \sigma_h > \sigma_V$ 型应力场,测区内水平应力占主导优势,最大水平主应力为最大主应力,垂直应力为最小主应力。通过收集资料可得,隧道洞轴线方向为 N80°E,最大水平主应力方向与隧道洞轴线方向之间的夹角约为 25°,如图 7-54 所示。

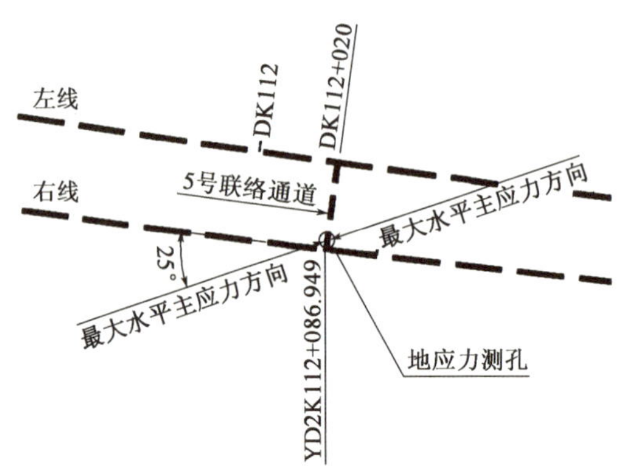

图 7-54　最大水平主应力方向与隧道走向的夹角关系

7.6.2 围岩强度测试

7.6.2.1　YD2K112 +020 处底板围岩强度测试

利用地应力测试钻孔对杨家坪隧道 1 号横洞工区底板围岩进行了强度测试。测试范围为孔深 11 ~20m;测试间距为 400mm;每个断面测试 3 处,通过旋转探头 120°实现。在数据处理时,针对每个断面测得的 3 个临界压力值,保留一致性较好的数据,剔除离差较大的数据。处理后的测试结果见表 7-18。由测试结果可知 11 ~20m 范围岩石原位强度平均值为 27.16MPa。

杨家坪隧道 1 号横洞工区 YD2K112 +020 处底板围岩强度测试结果　　表 7-18

深度(m)	临界压力值(MPa)			临界压力平均值(MPa)	原位强度值(MPa)
	0°	120°	360°		
11.2	11.63	12.43	8.69	10.92	22.6044
11.6	13.95	28.12	19.76	20.61	42.6627
12	12.2	9.24	—	10.72	22.1904
12.4	6.94	8.03	10.78	8.58	17.7606

续上表

深度(m)	临界压力值(MPa)			临界压力平均值(MPa)	原位强度值(MPa)
	0°	120°	360°		
12.8	—	30.8	10.29	20.55	42.5385
13.2	11.16	14.19	13.62	12.99	26.8893
13.6	14.19	11.47	13.35	13	26.91
14	10.44	10.56	16.89	12.63	26.1441
14.4	14.07	10.76	15.18	13.34	27.6138
14.8	15.23	9.16	11.27	11.89	24.6123
15.2	12.91	12.12	9.85	11.63	24.0741
15.6	15.82	9.72	13.47	13	26.91
16	—	30.56	31.6	31.08	64.3356
16.4	13.47	11.93	13.17	12.86	26.6202
16.8	13.86	9.25	11.89	11.67	24.1569
17.2	10.11	—	11.34	10.73	22.2111
17.6	10.6	25.51	—	18.06	37.3842
18	15.25	23.52	18.61	19.13	39.5991
18.4	16.94	13.43	18.14	16.17	33.4719
18.8	11.44	—	16.59	14.02	29.0214
19.2	22.11	14.69	16.03	17.61	36.4527
19.6	14.62	21.05	13.13	16.27	33.6789
20	17.1	18.23	14.33	16.55	34.2585
岩石原位强度平均值					27.16

7.6.2.2 YD2K112 +050 处边墙围岩强度测试

为充分了解隧道周边围岩的承载能力,本次测试对边墙对应的围岩进行围岩强度测试。设计在 YD2K112 +050 处右线边墙右侧施工近水平钻孔,距离底板约 1.5m,钻孔轴向与隧道轴线垂直,仰角 5°左右,钻孔直径为 65mm、孔深 15m。成孔后,插入 10m 长水管冲洗钻孔,直至孔内出水变清。孔口以里 0.7m 为喷层,0.7 ~ 1.4m 孔段围岩破碎,故围岩强度测试范围为孔内 1.4 ~ 14m,测试间距为 400mm,每个断面测试 3 处。测试过程如图 7-55 所示,处理后的测试数据见表7-19。由测试结果可知测试范围内岩石原位强度平均值为28.65MPa。

a)钻孔

b)洗孔

c)测试

图7-55 YD2K112+050处边墙围岩强度测量过程

杨家坪隧道1号横洞工区YD2K112+050处边墙围岩强度测试结果 表7-19

深度(m)	临界压力值(MPa)			临界压力平均值(MPa)	原位强度值(MPa)
	0°	120°	360°		
1.8	3.67	4.96	4.32	4.32	8.9424
2.2	10.24	9.13	—	9.69	20.0583
2.6	16.35	16.41	—	16.38	33.9066
3	10.57	10.23	13.58	11.46	23.7222
3.4	16.21	16	19.46	17.22	35.6454
3.8	12.65	22.62	15.98	17.08	35.3556
4.2	9.5	16.54	13.52	13.19	27.3033
4.6	11.42	12.48	15.62	13.17	27.2619

续上表

深度(m)	临界压力值(MPa)			临界压力平均值(MPa)	原位强度值(MPa)
	0°	120°	360°		
5	14.51	—	16.58	15.55	32.1885
5.5	14.97	21.19	12.71	16.29	33.7203
6	23.13	21.36	20.15	21.55	44.6085
6.5	13.89	16.28	11.68	13.95	28.8765
7	9.78	10.5	14.9	11.73	24.2811
7.5	7.57	15.91	11.61	11.7	24.219
8	9.87	6.21	5.08	7.05	14.5935
8.5	15.85	—	6.23	11.04	22.8528
9	10.43	12.78	19.92	14.38	29.7666
9.5	11.13	20.8	8.86	13.6	28.152
10	7.9	7.94	11.49	9.11	18.8577
10.5	—	15	8.18	11.59	23.9913
11	17.32	16.57	13.87	15.92	32.9544
11.5	24.83	10.43	21.88	19.05	39.4335
12	17.22	10.3	9.34	12.29	25.4403
12.5	11.47	25.46	12.58	16.5	34.155
13	10.08	9.97	13.8	11.28	23.3496
13.5	19.2	26.99	—	23.1	47.817
14	—	15.88	15.04	15.46	32.0022
岩石原位强度平均值					28.65

7.6.3 围岩结构观测

7.6.3.1 YD2K112 +020 处底板围岩结构观测

YD2K112 +020 处底板围岩结构观测利用地应力测试钻孔,由于孔内积水深度约为 24m,可以窥视的深度为 6m。窥视范围内钻孔孔径为 90mm,超过适宜的窥视孔径(56 ~65mm),对窥视效果有一定的影响。钻孔平面展开图和虚拟岩心见图 7-56。由图 7-56 可以看出,0 ~6m 围岩相对较为完整,但整体胶结疏松,强度较低;5.4 ~5.8m 范围内存在层状方解石岩脉,岩脉和弱面的存在对岩层的整体强度存在较大的负面影响。

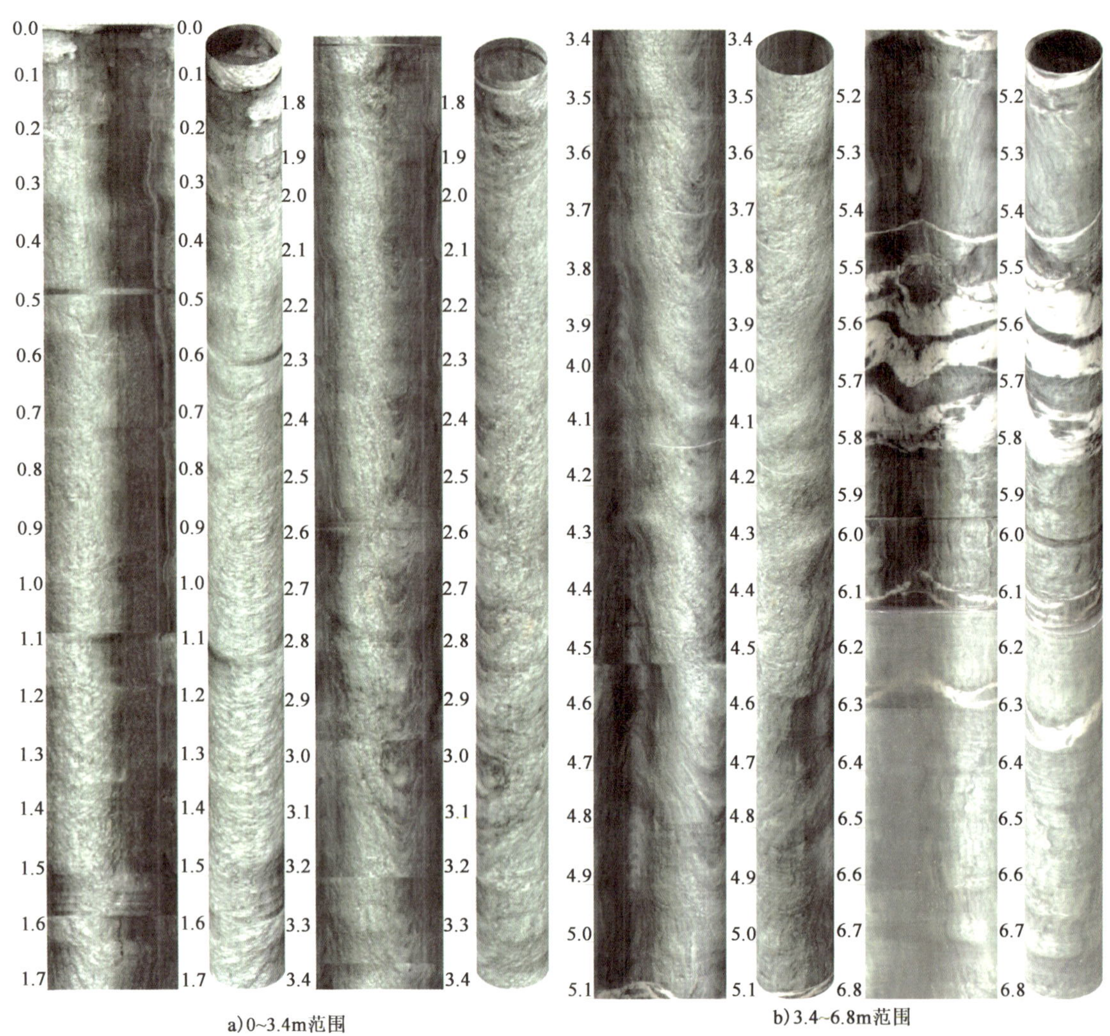

图 7-56　YD2K112 +020 处隧道底板围岩结构观测结果(0 ~ 6.8m)(单位:m)

7.6.3.2　YD2K112 +050 处边墙围岩结构观测

YD2K112 +050 处边墙围岩结构观测利用右线边墙围岩强度测试钻孔,窥视深度为 15m,钻孔平面展开图和虚拟岩心图见图 7-57。由图 7-57 可以看出,测试钻孔处,0.4 ~ 1.6m 范围围岩空洞遍布,完整性非常差;1.6 ~ 10.0m 范围岩石软弱夹层较多及方解石岩脉遍布;10.0m 以深围岩完整性较好。边墙喷层与围岩之间存在大范围的空区,为无约束岩体的扩容变形提供很大的变形空间,岩体扩容变形自围岩浅部逐步向深部演化,有可能导致支护体系长期不稳定,在分析隧道支护体受力和变形的过程中应给予考虑。

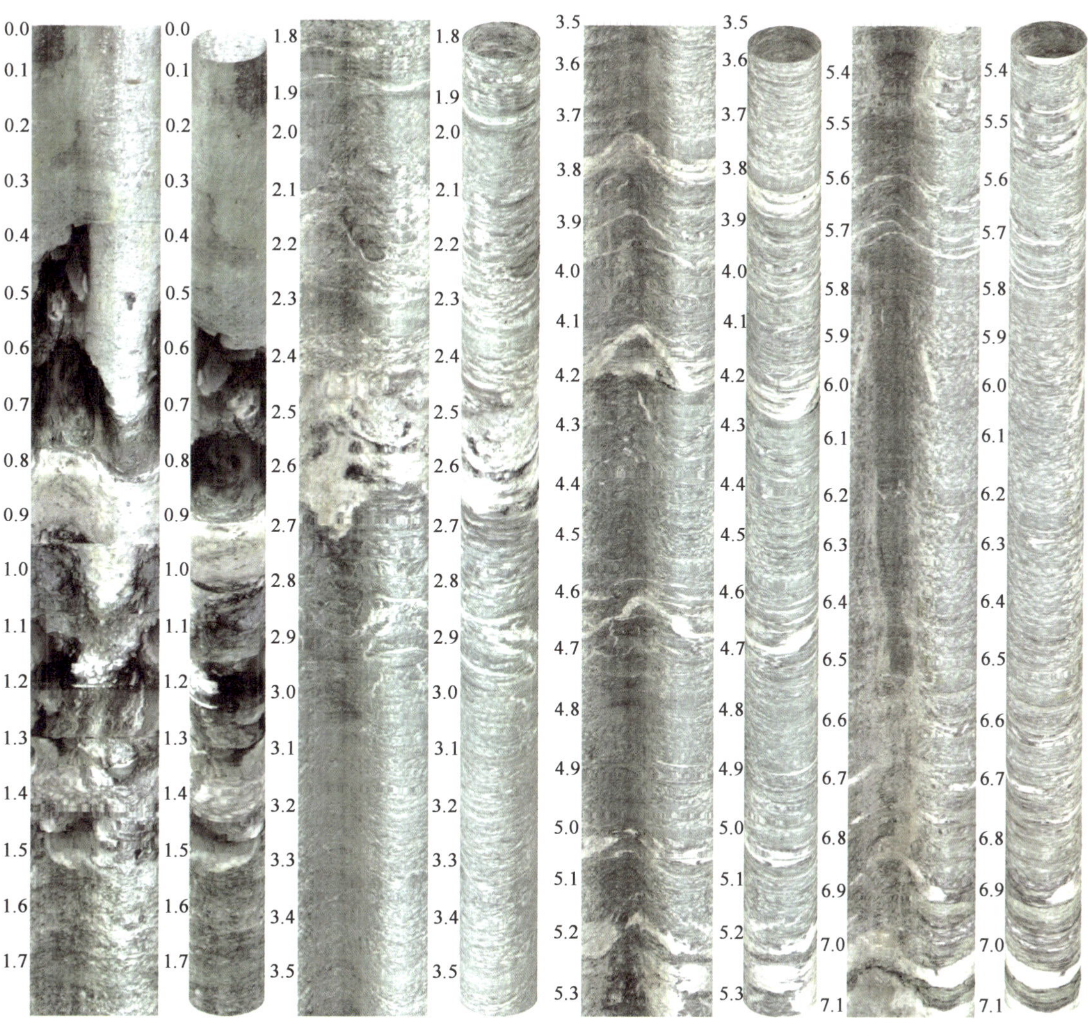

a) 0~3.5m范围　　b) 3.5~7.1m范围

图 7-57

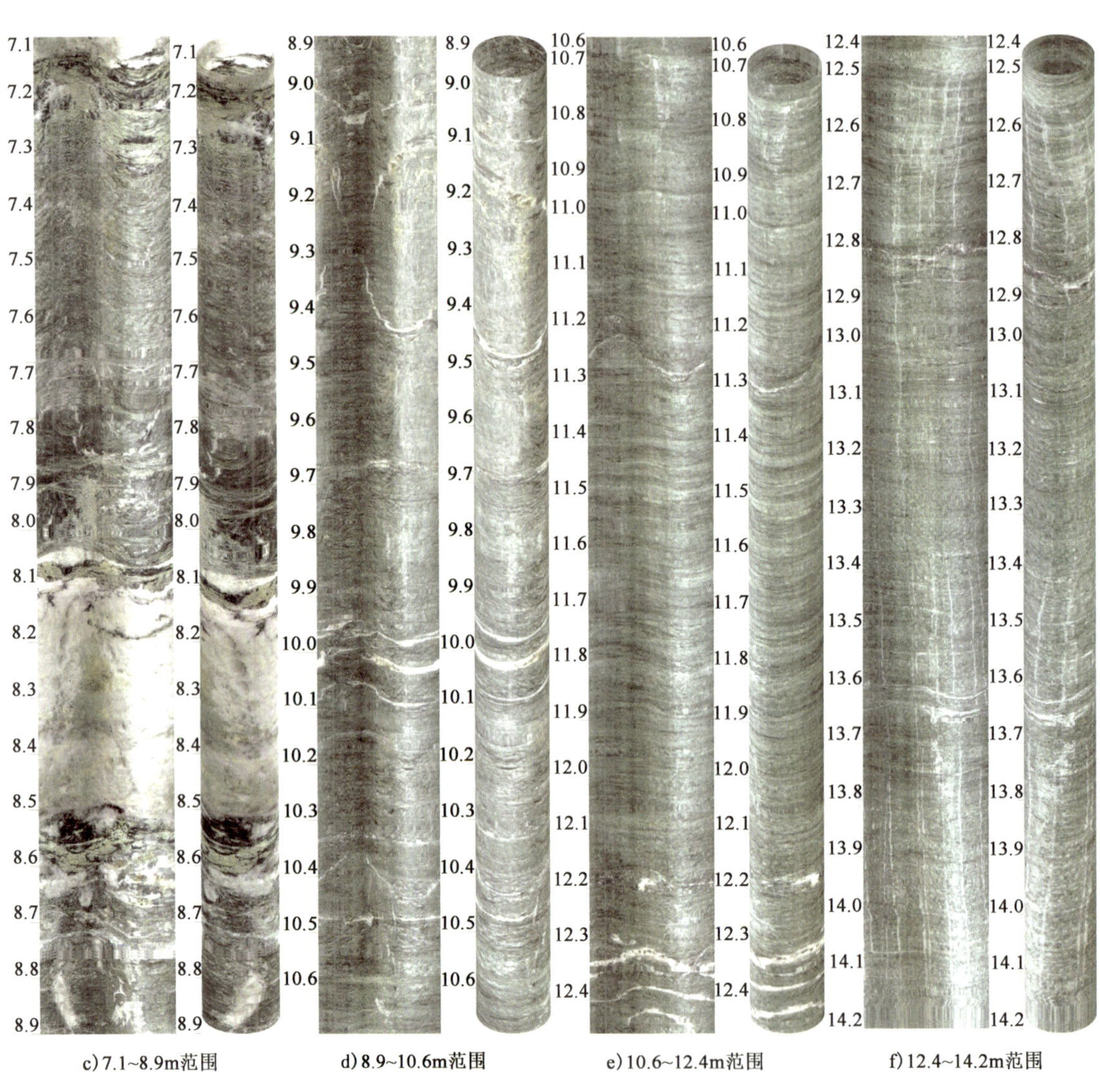

图 7-57 右线边墙 YD2K112 + 050 处右侧围岩结构观测结果(0 ~ 14.2m)(单位:m)

7.6.4 支护结构受力监测分析

在先行洞即右洞 YD2K112 + 290 断面进行初期支护结构受力测试,左右线净距为 8.5m,监测断面测点布置如图 7-58 所示,图中数字为测点号。监测结果如图 7-59 ~ 图 7-62 所示。

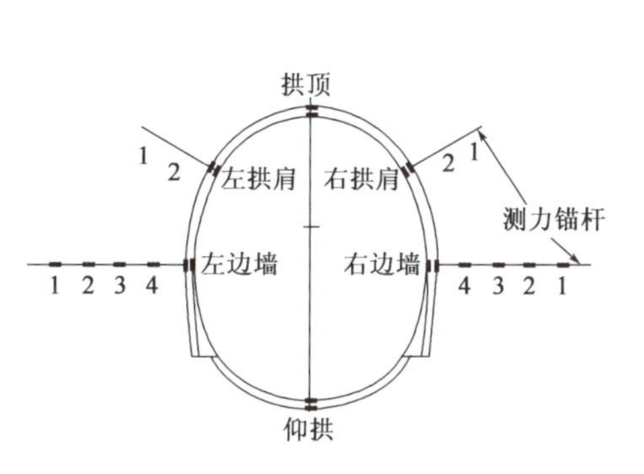

图 7-58 测点布置示意图

图 7-59 初期支护与围岩接触压力时程图

由图 7-59 可知,初期支护与围岩接触压力在施工后迅速增大,左右拱肩压力最大,其中右拱肩压力值达到 1.05MPa,拱顶与右边墙压力值相差不多,仰拱接触压力值最小。同时由施工节点可以看出,在左线隧道施工后,隧道初期支护与围岩接触压力有明显的下降现象,而后缓慢增大。

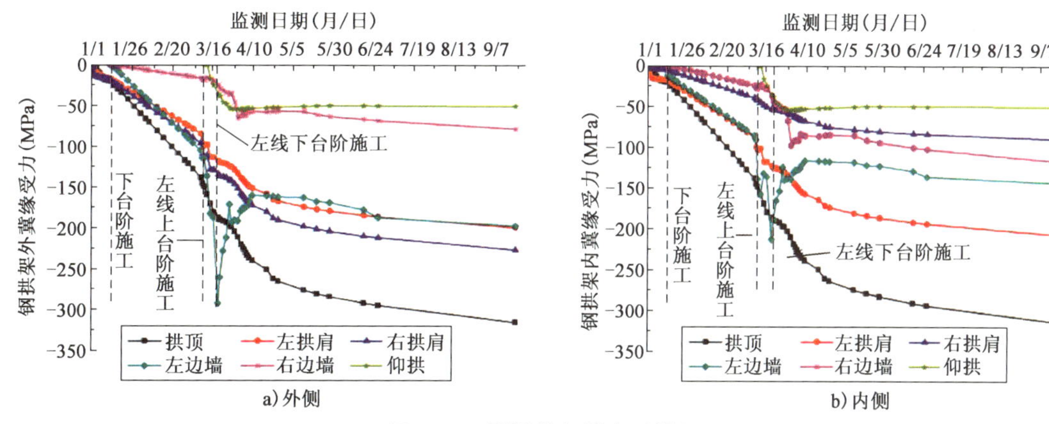

图 7-60 型钢拱架受力时程图

由图 7-60 可知,初期支护型钢各点均为压应力,其中拱顶处应力最大,其次为左右拱肩,其次为左右边墙,仰拱受力最小。型钢拱顶处应力达到 325MPa,已经超过型钢抗压强度。同时由施工节点可以看出,在左洞施工后,型钢受力出现突然增大现象,尤其是左边墙位置,出现迅速增大又减小现象,这主要是左洞施工后,左侧支护抗力减小造成的。

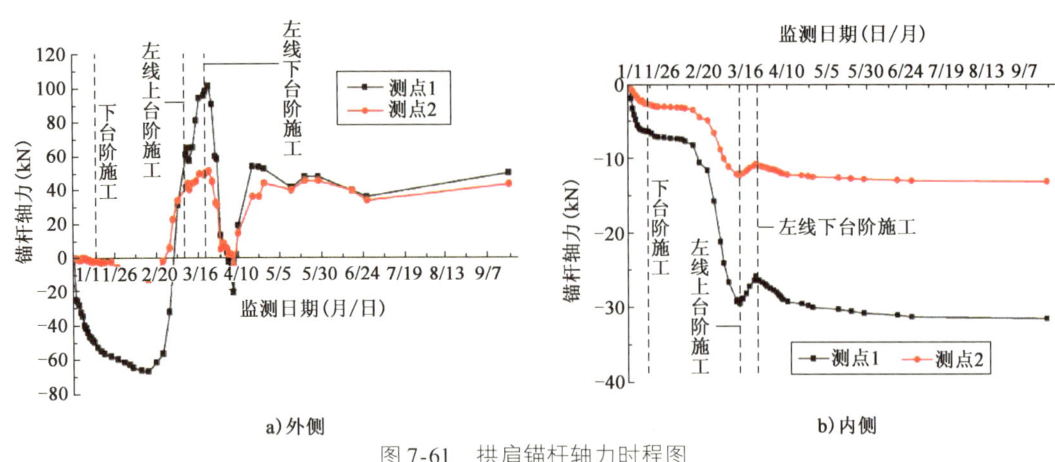

图 7-61　拱肩锚杆轴力时程图

由图 7-61 可知,左右侧拱肩处锚杆受力明显不同,在隧道施工初期,拱部隧道主要受压力,随着左洞施工逐渐接近监测断面,左侧拱肩锚杆轴力逐渐变为拉力,右侧拱肩锚杆轴力增长速率增大。左洞施工后,左侧拱肩锚杆轴力又逐渐减小,这主要是后行洞施工对中岩柱形成扰动,破坏了锚杆与围岩的黏结力。

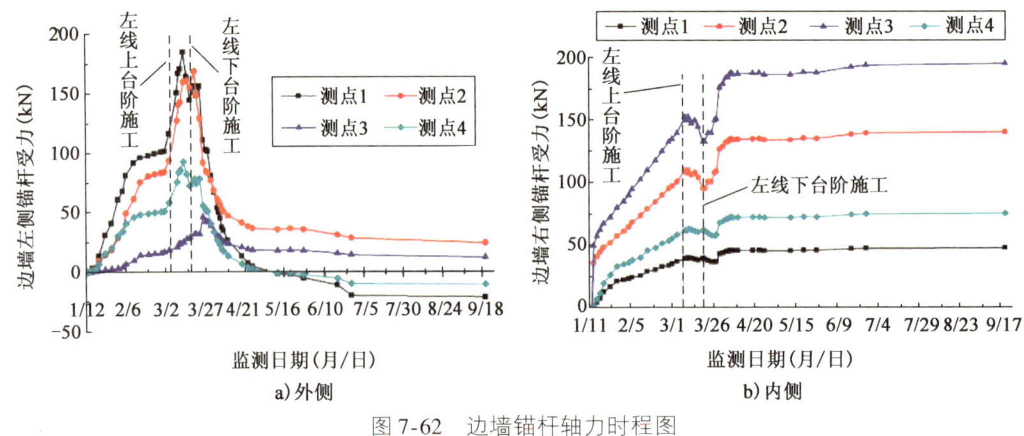

图 7-62　边墙锚杆轴力时程图

由图 7-62 可知,左右侧边墙处锚杆受力明显不同,右洞施工完成后,锚杆轴力快速增大,但右侧边墙锚杆轴力明显大于左侧边墙锚杆轴力。随着左洞施工接近监测断面,左侧边墙锚杆轴力又开始快速增大,在左洞上下台阶施工期间达到最大值。左洞施工过后,锚杆轴力迅速减小,最终部分测点变为压力,这与中岩柱受后行洞施工扰动,锚杆与围岩黏结力大小有关。右侧锚杆在左洞施工时,出现轴力减小现象,在左洞施工完成后,又迅速恢复,最终达到稳定受力状态。

由以上分析可知,在后行洞隧道施工后,先行洞初期支护与围岩接触压力减小,型钢尤其是左边墙处压应力突然增大。近中岩柱侧锚杆轴力受后行洞施工影响明显,远中岩柱侧锚杆轴力受影响较小。后行洞施工后左侧拱肩锚杆轴力由压力变为拉力,边墙位置锚杆几乎失去作用。

7.7 小间距段数值模拟分析

地层结构模型主要用于定性分析,主要两个目的:

(1)探讨高地应力条件下,两洞开挖随线间距的影响程度。

(2)衬砌开裂的主要力学模式。

拟通过分析得到线间距及构造应力对小间距段施工的影响。为了使对比更直观有效,避免因支护参数、支护时机、施工步序等计算因素的干扰,因此在计算中仅考虑开挖工况的模拟,而不对支护力学行为等进行模拟分析。虽然杨家坪隧道围岩存在明显的各向异性的特点,但由于岩层产状的多变、软件限制及个人水平等因素,模拟较为困难,故本阶段计算仍按各向同性模型进行。

7.7.1 计算工况及模型条件

1)线间距工况

隧道于 D8K126 + 540 开始分修,线间距逐渐从 11.104m 过渡至 30m,两隧间净岩柱从 1.84m过渡至约 21m。因此,计算中考虑了不同线间距及净岩柱的变化。计算考虑了 1 ~ 20m 净岩柱变化,共考虑 14 种间距的情况。

2)地应力工况

(1)垂直地应力:计算中垂直应力按自重应力考虑,由埋深与围岩重度决定。计算考虑了按Ⅵ级围岩重度生成的地应力,以及从 25 ~ 1825m 埋深的按 100m 的梯度变化,共 18 种工况。

(2)水平地应力:根据邻近的几个地应力测孔显示,隧区原始地应力以水平构造应力为主。因此,设计中,在进行荷载结构模型计算时,考虑了不同的侧压力系数,拟从 0.1 变化至 2.5。按 0.1 一个级别进行变化,共 25 种工况。

3)计算参数

计算参数按规范Ⅳ级围岩推荐的中值进行取值。

4)建立的计算模型

建立的模型在线间距为 1m 时,为 200m × 200m 的平面模型(相当于洞周距边界 8 倍洞径以上)。按平面应变模型考虑,暂不考虑纵向开挖引起的空间效应的发展过程。模型如图 7-63所示。

图 7-63 计算模型

考虑各间距及水平地应力的不同组合，共计算了 99 种工况。主要工况组合如图 7-64 所示。

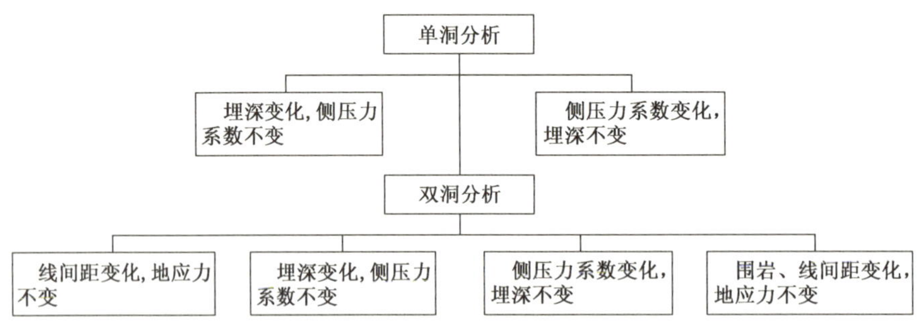

图 7-64 主要工况组合示意图

7.7.2 单洞开挖分析

1)随埋深变化(垂直应力增加)

计算对单洞条件下的开挖进行了分析，主要条件如下所述。

模拟工法：全断面。

地应力：按埋深进行变化，垂直地应力 $=\gamma h$，水平侧压力按 1.0 考虑，即水平地应力等于垂直地应力(考虑软岩按静水压力)。

计算按 2.15kN/m^3 的岩石重度，按 100m 的梯度从 125m 变化到 1825m。引起的地应力变化 2.69MPa 变化至 39.24MPa。计算结果如下：

(1)位移计算结果

位移计算结果见表 7-20，拱部最大竖向位移及左右侧位移随地应力变化曲线如图 7-65、图 7-66 所示。

位移计算结果　表7-20

序号	埋深(m)	等效地应力(MPa)	左线单洞(mm)			
			最大拱部竖向位移	最大底部隆起	左侧最大水平位移	右侧最大水平位移
1	125	2.69	8.44	9.63	12.05	11.89
2	225	4.84	23.74	23.32	25.48	25.94
3	325	6.99	42.93	41.36	45.45	46.42
4	425	9.14	66.56	63.98	72.60	74.44
5	525	11.29	96.31	89.00	101.82	109.26
6	625	13.44	132.49	116.54	141.38	148.45
7	725	15.59	170.75	149.50	183.27	188.44
8	825	17.74	209.95	181.34	231.94	238.16
9	925	19.89	255.78	219.20	275.06	299.83
10	1025	22.04	296.41	254.82	333.61	359.52
11	1125	24.19	353.64	299.88	408.36	408.78
12	1225	26.34	402.22	343.63	448.24	481.62
13	1325	28.49	461.73	390.31	531.92	548.25
14	1425	30.64	522.54	441.83	600.20	630.48
15	1525	32.79	575.34	479.58	673.89	701.12
16	1625	34.94	634.50	541.56	743.52	763.42
17	1725	37.09	711.50	581.80	818.54	839.70
18	1825	39.24	752.25	637.09	893.91	912.16

注:左右侧位移理论上应相等,但计算结果不等,主要是由于单元网格造成。

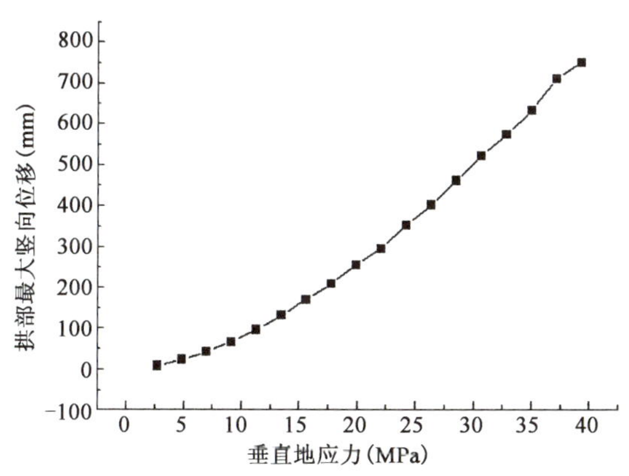

图7-65　拱部最大竖向位移随地应力变化曲线

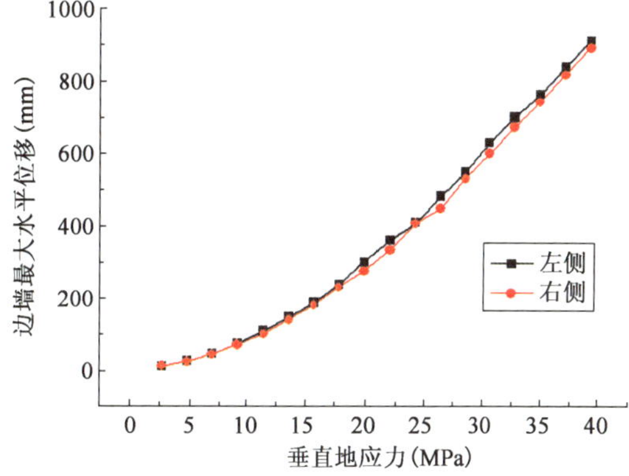

图7-66　边墙左右侧位移随地应力变化曲线

当水平地应力系数在1.0时，隧道开挖的竖向位移和水平位移基本处于同一量级，水平收敛的位移大于拱部沉降。两个部位的位移随埋深（地应力）变化趋势基本呈指数型，即随着地应力增加，位移量增加速度加快。经公式回归得到：

拱部竖向位移

$$y = 1.6475x^{1.6804} \quad (y\text{ 为位移},x\text{ 为地应力}) \tag{7-10}$$

边墙水平位移

$$y = 1.9341x^{1.6741} \quad (y\text{ 为位移},x\text{ 为地应力}) \tag{7-11}$$

（2）塑性区变化

非单位长度计算所得数值意义不大，其仅反映变化趋势。

图7-67为埋深125～1825m，不同埋深塑性区变化云图，表7-21为计算模型中各工况塑性区体积，塑性区体积随地应力变化趋势如图7-68所示。

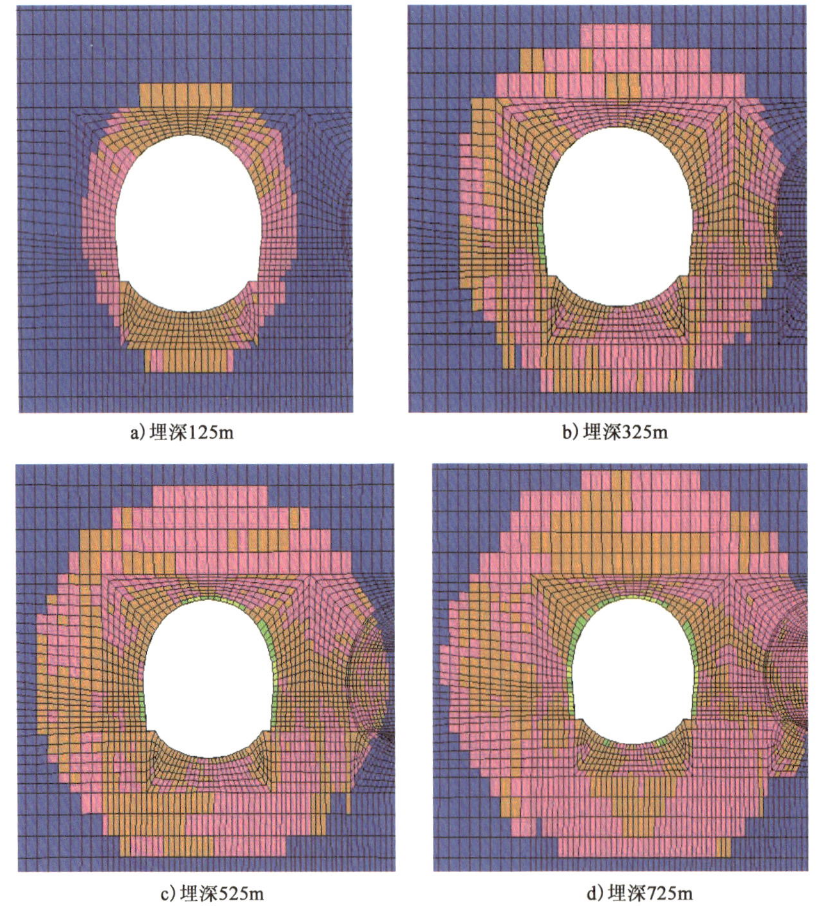

a）埋深125m　b）埋深325m　c）埋深525m　d）埋深725m

图　7-67

e) 埋深925m

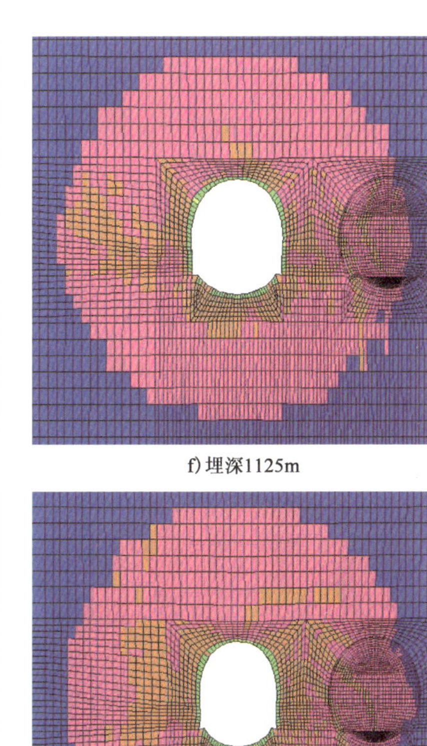

f) 埋深1125m

g) 埋深1325m

h) 埋深1525m

图7-67　不同埋深塑性区变化云图

计算模型中各工况塑性区体积　　表7-21

序号	埋深(m)	等效地应力(MPa)	塑性区体积(m^3)	塑性区深度(将洞室及塑性视作圆形面积折算半径)(m)
1	125	2.69	69.96	3.88
2	225	4.84	135.08	6.38
3	325	6.99	203.12	8.52
4	425	9.14	229.82	9.27
5	525	11.29	255.66	9.96
6	625	13.44	263.36	10.16
7	725	15.59	317.43	11.50
8	825	17.74	327.41	11.74
9	925	19.89	385.91	13.06
10	1025	22.04	411.46	13.60
11	1125	24.19	385.28	13.04
12	1225	26.34	427.75	13.95

续上表

序号	埋深(m)	等效地应力(MPa)	塑性区体积(m^3)	塑性区深度(将洞室及塑性视作圆形面积折算半径)(m)
13	1325	28.49	433.13	14.06
14	1425	30.64	454.08	14.48
15	1525	32.79	465.47	14.71
16	1625	34.94	524.83	15.86
17	1725	37.09	568.81	16.68
18	1825	39.24	550.96	16.35

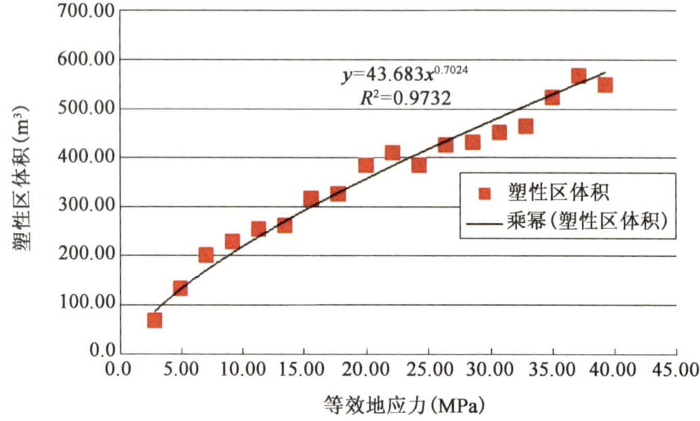

图7-68　塑性区体积随地应力变化趋势图(非单位长度及非均匀网格计算)

(3)小结

①位移的增加随地应力增加,将呈加快趋势,根据现场也基本符合随着埋深增加,位移量可能呈现突变。经拟合两者可以表述成指数关系,幂指数接近1.7。

②在较低地应力水平时,拱部和底部塑性区范围大,边墙相对较小,随着地应力增大,开挖后塑性区形态越来越呈圆形分布,可能由于计算水平地应力系数为1.0的因素。

③塑性区体积的增长随着地应力增加,逐渐趋缓。考虑洞周半径的增加,因此塑性区深度的增加速率小于地应力增加速率。计算中各地应力工况,塑性区范围一般在2倍洞径以内。(此部分受单元网格精度影响,具体量化的指标还有待进一步确定)

2)随侧压力变化

计算对单洞条件下的开挖进行了分析,主要条件如下。

工法:全断面,无支护。

地应力:按侧压力系数不同进行变化,垂直地应力 $=\gamma h$,本工况按325m埋深考虑,等效地应力6.99MPa;水平侧压力按变化考虑,从0.1的侧压力系数过渡至2.5。

(1)位移计算结果

位移计算结果见表7-22,位移随地应力变化曲线如图7-69、图7-70所示。

位移计算结果 表7-22

序号	侧压力系数	最大拱部竖向位移(mm)	最大底部隆起(mm)	左侧最大水平位移(mm)	右侧最大水平位移(mm)
1	0.1	35.41	30.35	30.51	35.20
2	0.2	44.81	34.92	30.85	36.54
3	0.3	44.91	36.63	32.36	36.94
4	0.4	29.80	28.69	31.04	34.31
5	0.5	27.01	26.33	32.31	33.08
6	0.6	26.48	26.25	34.05	34.67
7	0.7	29.49	27.78	36.61	36.90
8	0.8	33.41	31.10	39.43	40.43
9	0.9	37.25	35.67	42.01	43.52
10	1.0	42.93	41.36	45.45	46.42
11	1.1	49.35	48.29	49.75	50.82
12	1.2	57.52	57.10	51.25	54.40
13	1.3	68.33	66.24	57.99	59.45
14	1.4	78.85	75.32	62.51	65.49
15	1.5	91.63	85.68	69.94	72.76
16	1.6	99.35	95.00	76.09	79.10
17	1.7	113.50	108.04	85.15	88.05
18	1.8	127.76	120.12	94.28	97.01
19	1.9	145.14	136.16	104.21	106.56
20	2.0	157.20	148.98	113.43	117.31
21	2.1	171.59	164.10	123.60	127.62
22	2.2	185.66	182.38	136.56	139.25
23	2.3	203.49	201.09	148.73	154.96
24	2.4	220.04	222.65	160.77	166.16
25	2.5	249.10	241.06	174.15	182.82

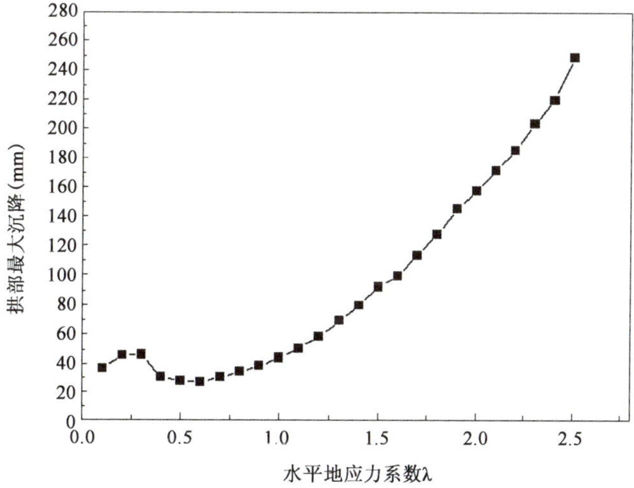

图7-69 拱部最大竖向位移随侧压力变化曲线

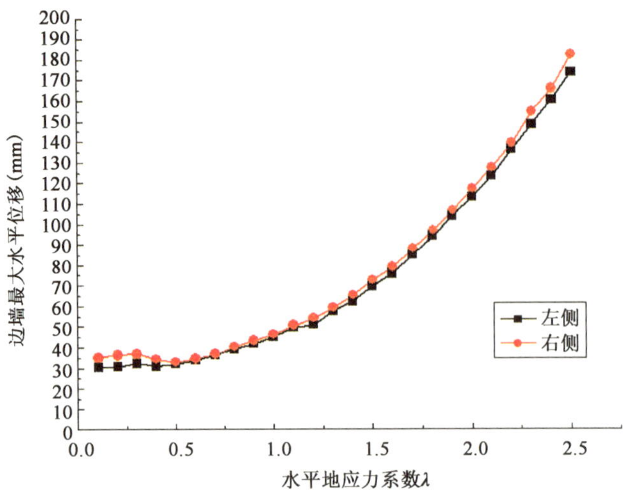

图 7-70　边墙左右侧位移随地应力变化曲线

完全由自重产生的地应力场,侧压力系数一般为:

$$\lambda = \frac{\mu}{1-\mu}$$

本计算中如$\mu=0.325$,因此$\lambda=0.48$。计算中可以发现,当小于自重状态下的侧压力系数时,位移规律与其他段不一致,计算中自重平衡所需时间更长。初步分析认为,由于侧压力系数过低,位移侧向约束太小,难以平衡,同理过大的侧压力系数同样存在此类问题。因此实际上地层的侧压力应处于某个范围之内,故仅对 λ 大于 0.5 的工况进行分析。

(2)塑性区变化

非单位长度计算,数值的意义不大仅反映变化趋势。

图 7-71 为不同侧压力系数塑性区变化云图,计算模型中各工况塑性区体积见表 7-23,塑性区体积随水平地应力系数变化趋势如图 7-72 所示。

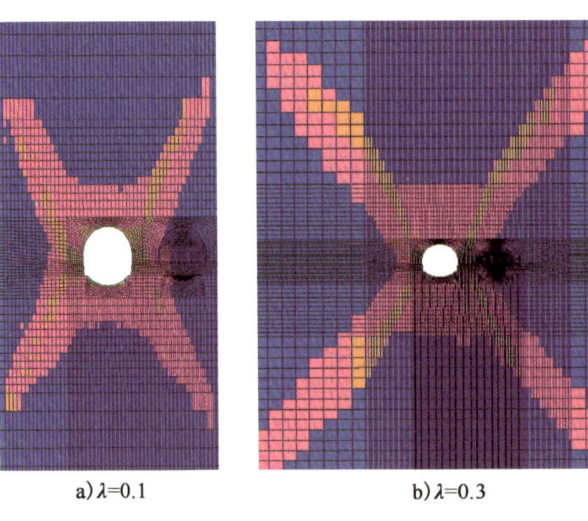

a) λ=0.1　　b) λ=0.3

图　7-71

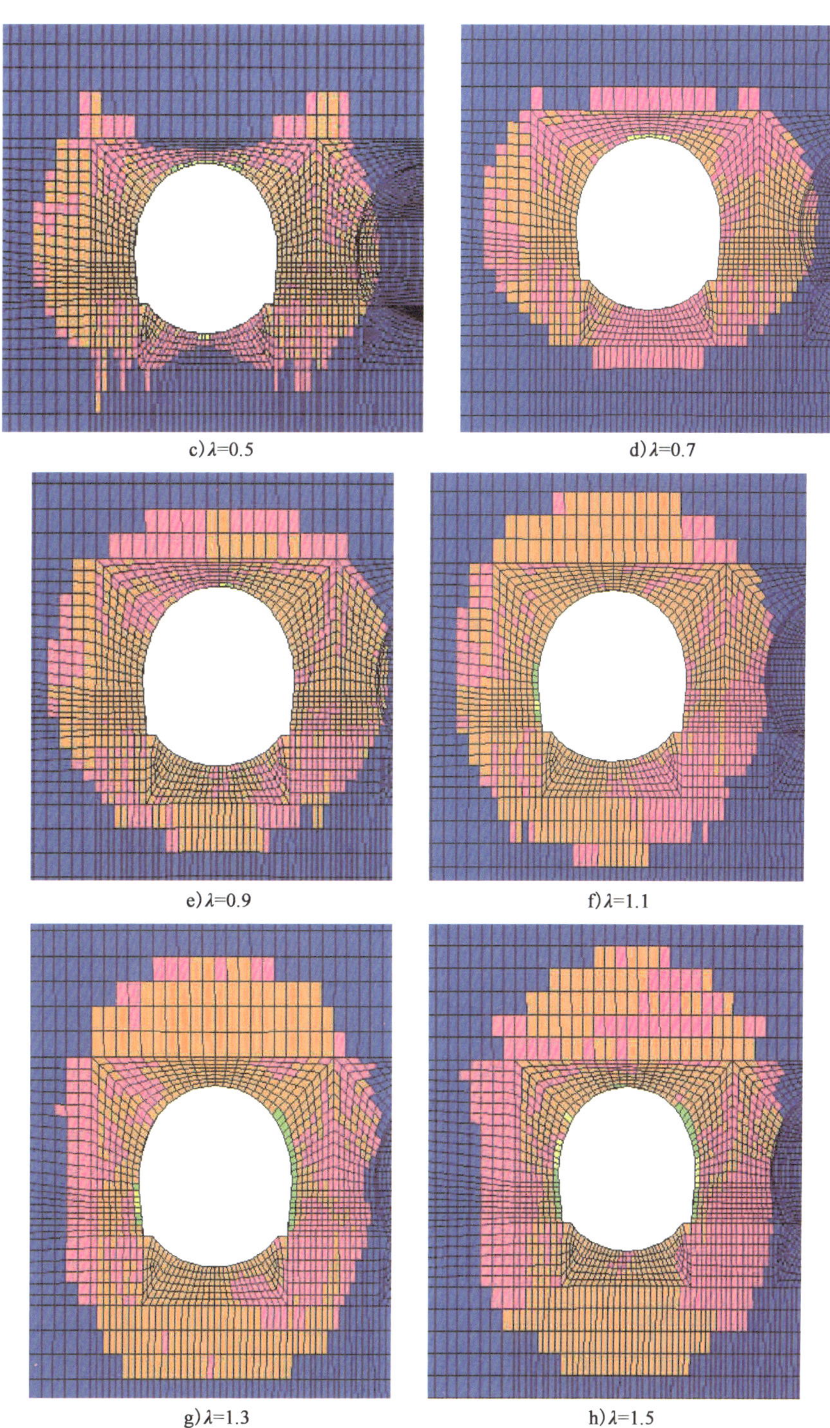

c) λ=0.5　d) λ=0.7

e) λ=0.9　f) λ=1.1

g) λ=1.3　h) λ=1.5

图 7-71

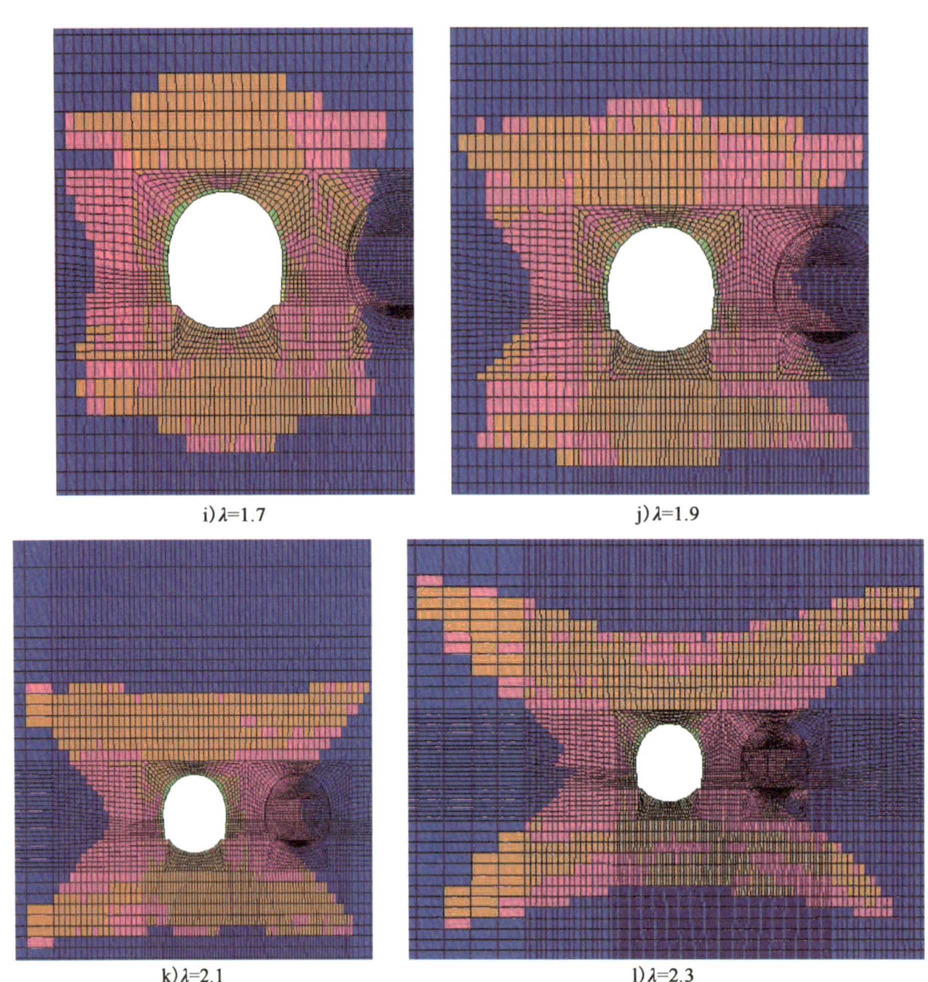

图 7-71　不同侧压力系数 λ 塑性区变化云图

计算模型中各工况塑性区体积　　表 7-23

序号	水平地应力系数	等效垂直地应力(MPa)	等效水平地应力(MPa)	塑性区体积(m^3)
1	0.1	6.99	0.70	489.50
2	0.2	6.99	1.40	2364.50
3	0.3	6.99	2.10	3252.21
4	0.4	6.99	2.80	274.59
5	0.5	6.99	3.49	217.15
6	0.6	6.99	4.19	169.32
7	0.7	6.99	4.89	163.10
8	0.8	6.99	5.59	168.30
9	0.9	6.99	6.29	257.83
10	1.0	6.99	6.99	203.12

续上表

序号	水平地应力系数	等效垂直地应力(MPa)	等效水平地应力(MPa)	塑性区体积(m^3)
11	1.1	6.99	7.69	259.07
12	1.2	6.99	8.39	203.35
13	1.3	6.99	9.08	216.90
14	1.4	6.99	9.78	236.46
15	1.5	6.99	10.48	254.12
16	1.6	6.99	11.18	309.76
17	1.7	6.99	11.88	349.61
18	1.8	6.99	12.58	417.68
19	1.9	6.99	13.28	471.01
20	2.0	6.99	13.98	593.11
21	2.1	6.99	14.67	743.31
22	2.2	6.99	15.37	876.44
23	2.3	6.99	16.07	1074.03
24	2.4	6.99	16.77	1272.10
25	2.5	6.99	17.47	1729.38

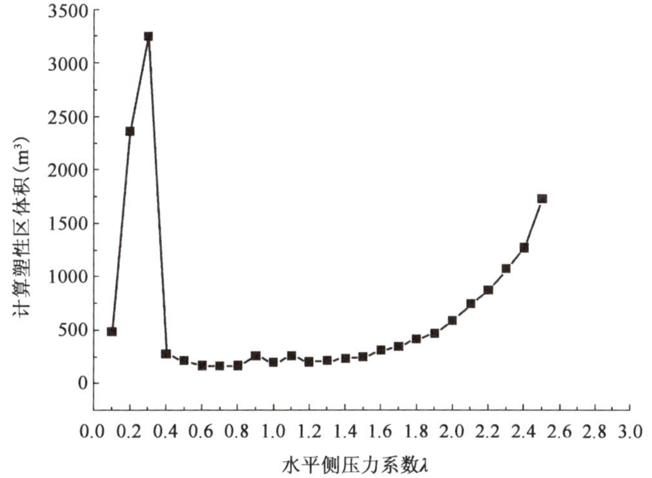

图 7-72　塑性区体积随水平地应力系数变化趋势

(3)小结

①水平地应力系数 λ 小于 0.4 时,模型难以收敛,位移、塑性区规律性差。可以认为在较大埋深条件下,过小的水平地应力系数的工况可能性低,可以不进行分析。

②水平地应力系数 λ 超过 0.4 后,位移随着水平侧压力的增加而增加,且呈加快趋势。经拟合二者可表述为指数关系,幂指数接近 1.5。

③在较低水平侧压力时，拱部和底部塑性区范围小，边墙相对较大，随着侧压力增大，开挖后塑性区形态越来越呈"X"形分布(与过小地应力一致)。

④塑性区体积在水平地应力系数 λ 为 0.4～1.5 的范围增长都较为缓慢，但超过 1.5 之后，随着地应力增加，逐渐塑性发展开始加快，深度均超过 1 倍洞径(此部分受单元网格精度影响，具体量化的指标还有待进一步确定)。

7.7.3 小间距双洞开挖分析

由于工况较多，数据量巨大，当前仅对各计算工况获得的左右线开挖后的最大位移量进行了分析。由于双洞塑性区扩展范围大，受单位网格影响较大，因此仅作位移的分析。

1)最大位移随线间距变化规律

以 325m 埋深为基础进行，计算了不同水平地应力系数下位移和塑性区的结果。

(1)相同侧压力系数随线间距变化规律

①水平地应力系数 λ =0.5 时的工况计算位移见表 7-24；位移随净岩柱的变化及后行洞开挖对先行洞的沉降影响见图 7-73～图 7-76。

水平地应力系数 λ =0.5 时的工况计算位移　　表 7-24

序号	线间距(m)	净岩柱(m)	左线单洞(mm)				双洞左线(mm)				双洞右线(mm)			
			最大拱部竖向位移	最大底部隆起	左侧最大水平位移	右侧最大水平位移	最大拱部竖向位移	最大底部隆起	左侧最大水平位移	右侧最大水平位移	最大拱部竖向位移	最大底部隆起	左侧最大水平位移	右侧最大水平位移
1	10.5	1	27.33	27.00	30.59	35.08	57.11	49.09	45.09	47.55	56.08	44.29	-0.96	44.68
2	11.5	2	27.17	26.64	30.42	36.25	58.46	49.23	48.05	62.24	57.78	44.82	7.62	46.13
3	12.5	3	26.94	26.33	30.42	33.84	59.43	49.25	48.65	69.10	58.02	45.79	21.94	46.01
4	13.5	4	26.77	26.22	30.30	32.23	58.89	49.16	46.94	73.48	57.94	46.33	32.47	46.37
5	14.5	5	27.01	26.33	32.31	33.08	59.99	49.06	50.43	78.77	58.83	47.10	42.68	51.19
6	15.5	6	26.83	26.36	32.29	32.59	59.88	48.91	50.37	82.07	58.82	46.76	53.23	51.48
7	16.5	7	26.79	26.21	32.47	31.16	59.57	47.79	50.43	83.05	58.39	45.59	62.37	50.97
8	17.5	8	26.75	26.17	32.15	30.88	58.54	46.81	49.29	84.18	57.42	44.76	69.47	51.85
9	18.5	9	27.07	26.14	32.10	30.73	57.22	45.27	48.10	84.09	56.13	43.46	73.71	51.29
10	19.5	10	27.19	26.35	33.55	31.14	56.44	44.20	51.18	84.65	55.39	42.57	77.69	52.74
11	22	12.5	27.45	26.21	33.19	30.97	51.36	41.27	48.00	77.92	50.47	40.12	75.32	48.12
12	24.5	15	27.63	26.33	33.67	30.39	45.04	36.60	43.13	64.58	44.56	36.27	63.68	42.72
13	27	17.5	27.48	26.37	34.00	30.32	38.37	30.58	41.38	46.13	37.95	30.36	45.84	38.32
14	29.5	20	27.41	26.38	34.53	30.21	35.60	28.21	39.42	39.27	35.28	28.31	39.08	39.56

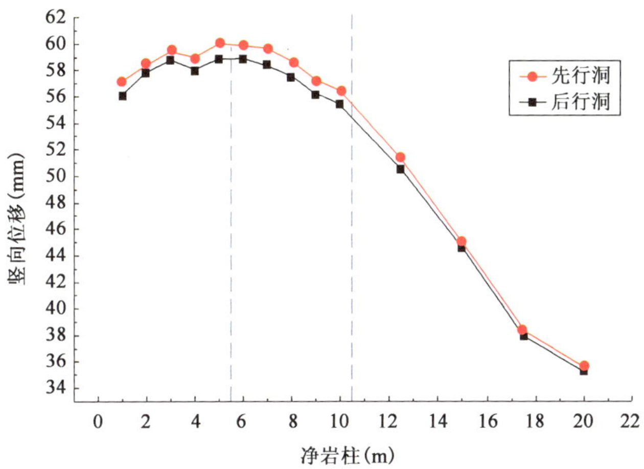

图 7-73　$\lambda=0.5$ 时竖向位移随净岩柱变化

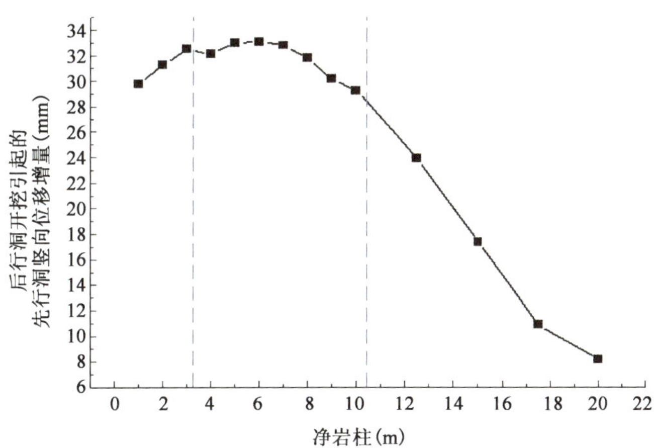

图 7-74　$\lambda=0.5$ 时后行洞开挖对先行洞竖向位移影响

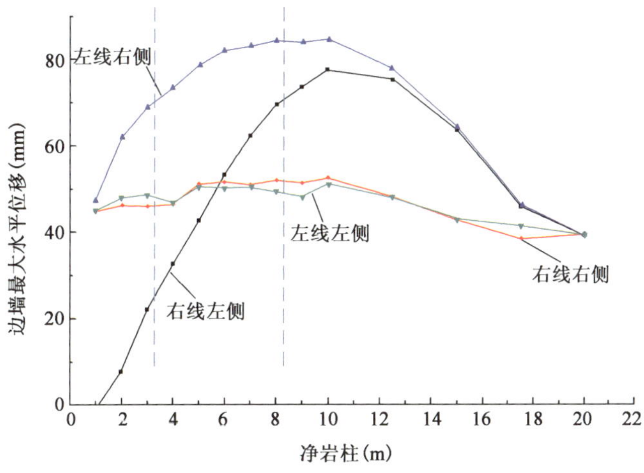

图 7-75　$\lambda=0.5$ 时边墙位移随净岩柱变化

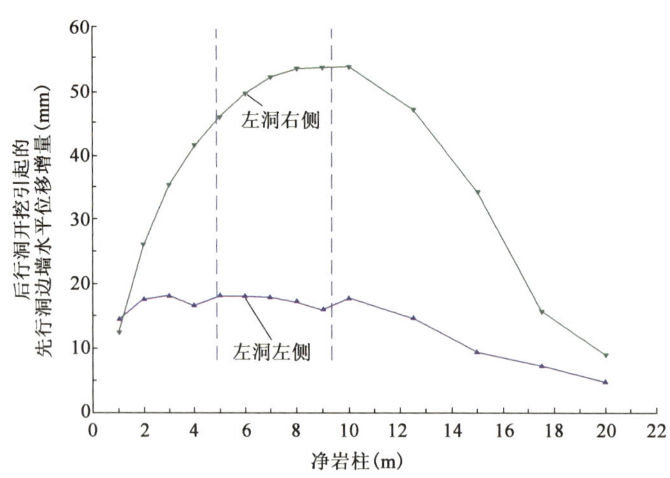

图 7-76　$\lambda=0.5$ 时后行洞开挖对先行洞边墙位移的影响

②水平地应力系数 $\lambda=1.0$ 时的工况计算位移见表 7-25；位移随净岩柱的变化及后行洞开挖对先行洞的沉降影响，如图 7-77 ~ 图 7-80 所示。

水平地应力系数 $\lambda=1.0$ 时的工况计算位移　　表 7-25

序号	线间距(m)	净岩柱(m)	左线单洞(mm)				双洞左线(mm)				双洞右线(mm)			
			最大拱部竖向位移	最大底部隆起	左侧最大水平位移	右侧最大水平位移	最大拱部竖向位移	最大底部隆起	左侧最大水平位移	右侧最大水平位移	最大拱部竖向位移	最大底部隆起	左侧最大水平位移	右侧最大水平位移
1	10.5	1	41.20	41.40	44.28	47.48	80.46	67.40	62.16	66.76	77.89	64.24	-9.26	61.42
2	11.5	2	41.47	41.56	44.11	48.89	76.54	64.79	62.79	86.25	75.73	62.71	1.98	63.33
3	12.5	3	40.87	41.22	44.01	47.19	73.30	62.93	62.90	91.20	73.01	61.26	15.93	62.71
4	13.5	4	40.84	41.37	43.76	47.13	71.04	61.48	62.35	90.41	69.53	58.41	23.68	61.30
5	14.5	5	42.93	41.36	45.45	46.42	72.05	60.65	66.45	89.71	68.03	56.15	30.83	63.60
6	15.5	6	42.33	41.32	45.85	45.68	70.04	59.70	64.35	87.50	65.22	53.27	37.81	63.11
7	16.5	7	43.05	41.54	46.18	44.18	69.70	59.47	65.29	85.34	63.13	51.00	45.80	64.09
8	17.5	8	43.54	41.64	45.59	43.51	69.71	58.75	63.73	84.00	61.53	49.43	52.83	63.27
9	18.5	9	43.68	41.49	45.18	42.98	68.56	57.31	62.18	83.55	58.97	48.12	59.21	62.31
10	19.5	10	44.91	41.45	46.84	43.29	68.53	56.13	64.07	84.32	59.55	47.94	64.27	64.90
11	22	12.5	43.73	41.60	47.68	42.49	63.61	52.82	62.58	77.67	55.80	45.75	64.58	61.60
12	24.5	15	43.99	41.51	47.48	42.19	59.03	49.29	58.77	64.58	51.54	43.13	57.27	59.41
13	27	17.5	43.33	41.65	47.36	42.35	52.82	46.67	57.30	49.36	47.74	40.77	44.57	55.41
14	29.5	20	43.64	41.66	48.52	42.49	51.29	45.46	56.15	45.33	45.44	40.18	40.45	54.83

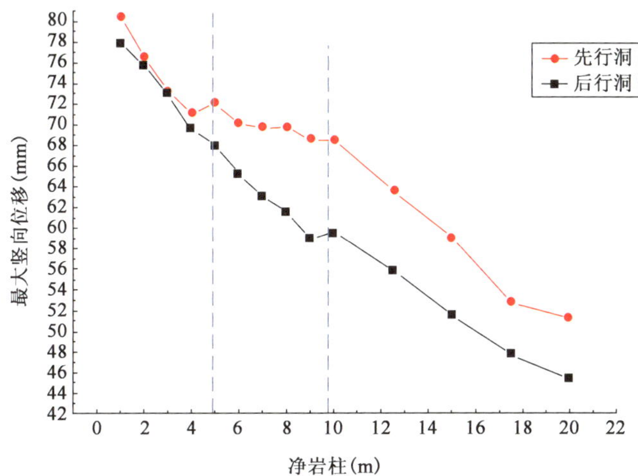

图 7-77 $\lambda=1.0$ 时竖向位移随净岩柱变化

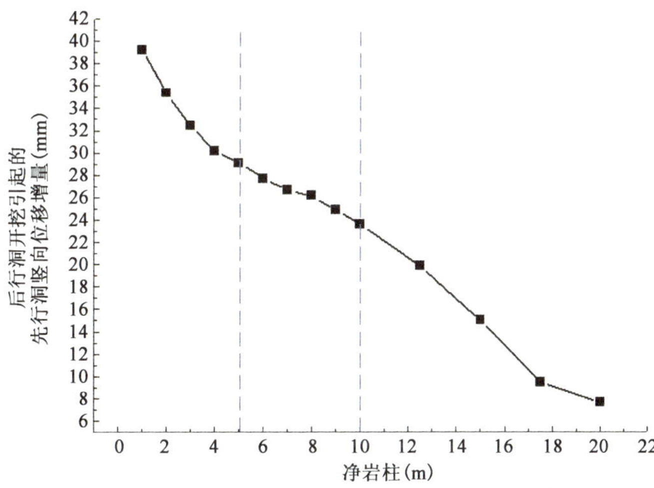

图 7-78 $\lambda=1.0$ 时后行洞开挖对先行洞拱部沉降影响

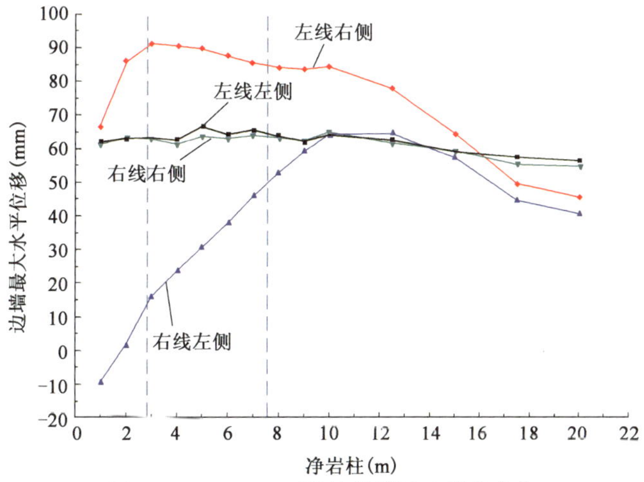

图 7-79 $\lambda=1.0$ 时边墙位移随净岩柱变化

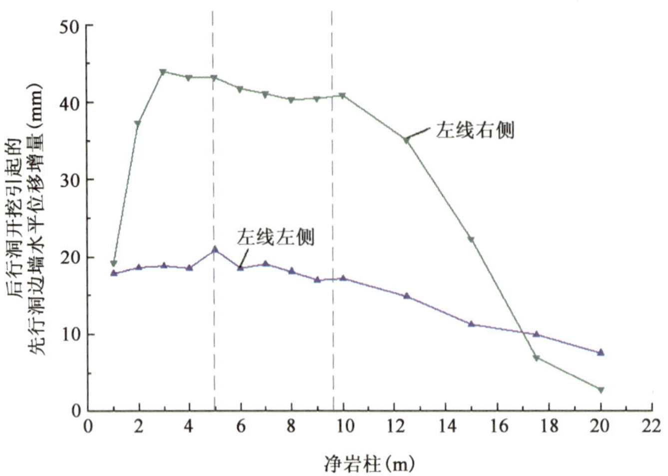

图 7-80　$\lambda=1.0$ 时后行洞开挖对先行洞边墙位移的影响

③侧压力系数 $\lambda=1.5$ 时的工况计算位移见表 7-26；位移随净岩柱的变化及后行洞开挖对先行洞的沉降影响如图 7-81 ~ 图 7-84 所示。

水平地应力系数 $\lambda=1.5$ 时的工况计算位移(单位：mm)　　表 7-26

序号	线间距(m)	净岩柱(m)	左线单洞				双洞左线				双洞右线			
			最大拱部竖向位移	最大底部隆起	左侧最大水平位移	右侧最大水平位移	最大拱部竖向位移	最大底部隆起	左侧最大水平位移	右侧最大水平位移	最大拱部竖向位移	最大底部隆起	左侧最大水平位移	右侧最大水平位移
1	10.5	1	85.02	86.73	68.61	79.24	161.20	137.19	98.60	107.44	140.61	114.79	-31.42	93.81
2	11.5	2	85.02	86.35	69.09	74.07	149.57	130.15	97.21	142.69	136.61	116.04	1.67	94.08
3	12.5	3	84.63	85.23	68.99	71.03	140.82	123.76	96.00	156.79	132.31	116.20	22.31	92.53
4	13.5	4	86.24	85.47	68.64	72.05	134.49	119.43	94.36	157.42	125.98	109.75	31.94	90.79
5	14.5	5	91.63	85.68	69.94	72.76	134.89	116.62	95.79	155.27	122.97	106.97	43.41	92.75
6	15.5	6	91.06	85.07	69.62	70.58	129.33	112.41	95.01	143.43	115.65	100.92	48.13	91.56
7	16.5	7	90.43	84.24	70.04	69.25	124.19	108.17	93.78	131.47	108.34	96.41	54.91	90.08
8	17.5	8	90.26	85.37	69.09	69.23	119.37	106.49	92.41	120.54	101.99	92.14	59.94	88.92
9	18.5	9	91.25	84.64	69.29	69.20	116.09	102.45	90.57	111.59	99.43	88.03	61.85	89.91
10	19.5	10	91.88	85.19	72.51	68.80	114.21	101.02	93.47	104.63	96.25	85.26	64.08	90.80
11	22	12.5	92.08	84.99	71.42	69.16	110.07	98.25	89.21	85.66	84.73	76.07	53.91	86.91
12	24.5	15	89.31	84.57	72.16	69.08	103.57	95.23	87.03	71.99	78.54	71.82	46.53	82.19
13	27	17.5	88.83	85.27	72.36	69.26	101.56	95.14	88.33	64.71	78.15	71.73	43.85	81.82
14	29.5	20	88.61	85.63	73.14	69.86	100.17	94.54	87.84	62.07	78.84	72.08	42.15	81.86

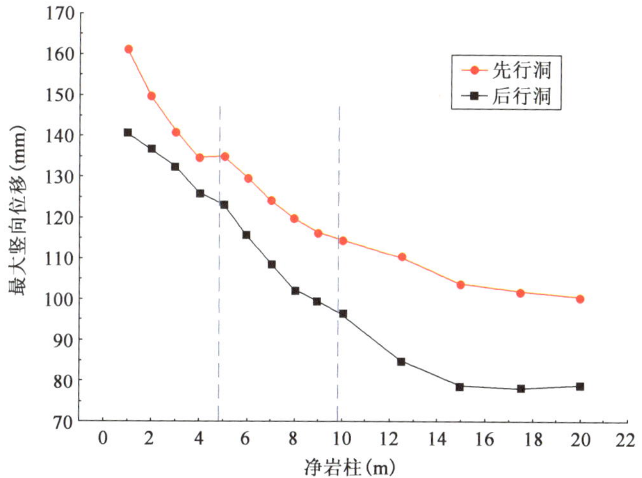

图7-81 $\lambda=1.5$ 时竖向位移随净岩柱变化

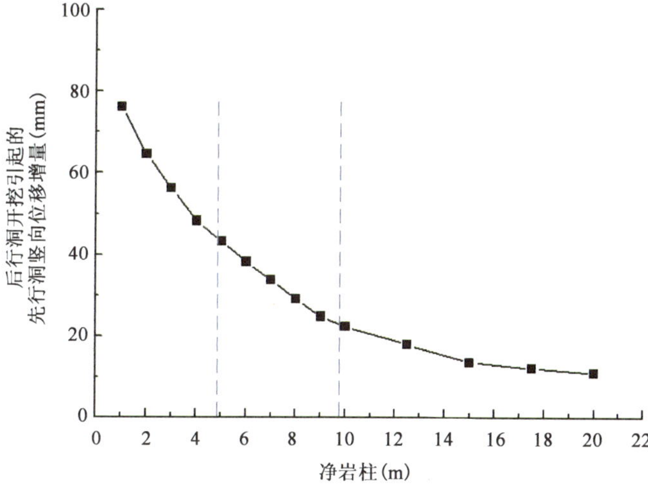

图7-82 $\lambda=1.5$ 时后行洞开挖对先行洞拱部沉降影响

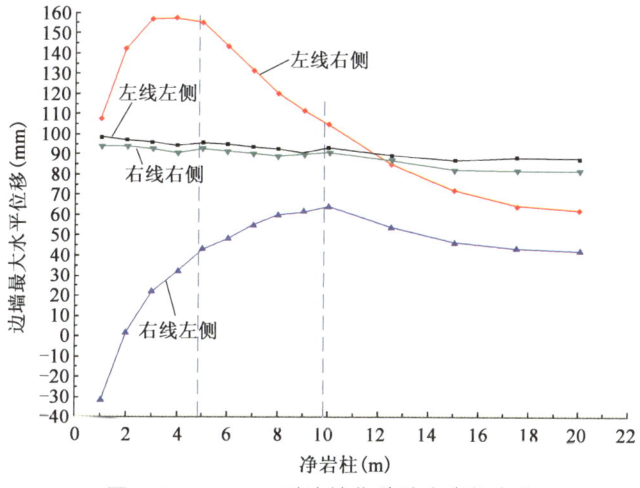

图7-83 $\lambda=1.5$ 时边墙位移随净岩柱变化

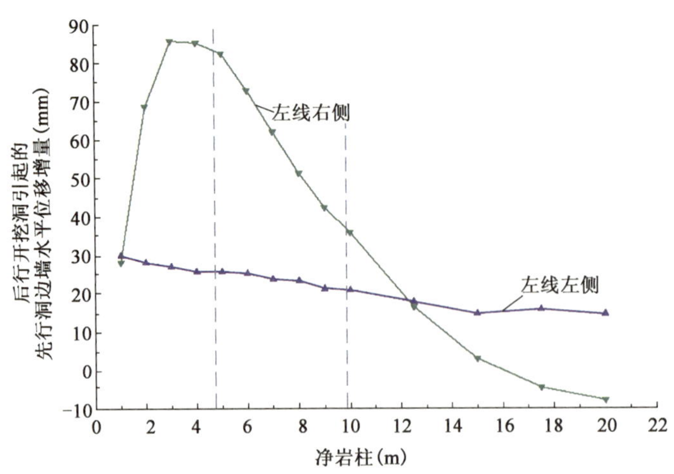

图 7-84　$\lambda=1.5$ 时后行洞开挖对先行洞边墙位移的影响

④水平地应力系数 $\lambda=2.0$ 时工况计算位移见表 7-27；位移随净岩柱的变化及后行洞开挖对先行洞的沉降影响如图 7-85 ~ 图 7-88 所示。

水平地应力系数 $\lambda=2.0$ 时的工况计算位移　　表 7-27

序号	线间距(m)	净岩柱(m)	左线单洞(mm)				双洞左线(mm)				双洞右线(mm)			
			最大拱部竖向位移	最大底部隆起	左侧最大水平位移	右侧最大水平位移	最大拱部竖向位移	最大底部隆起	左侧最大水平位移	右侧最大水平位移	最大拱部竖向位移	最大底部隆起	左侧最大水平位移	右侧最大水平位移
1	10.5	1	296.54	256.26	168.39	194.68	225.45	184.02	−71.52	160.13	296.54	256.26	168.39	194.68
2	11.5	2	279.80	241.43	167.36	239.12	226.38	193.77	10.39	158.11	279.80	241.43	167.36	239.12
3	12.5	3	264.91	228.16	165.49	274.34	221.24	190.49	43.65	153.77	264.91	228.16	165.49	274.34
4	13.5	4	247.28	212.56	163.15	276.87	212.88	186.32	61.91	148.75	247.28	212.56	163.15	276.87
5	14.5	5	245.97	206.24	162.75	273.67	210.25	180.34	76.43	149.09	245.97	206.24	162.75	273.67
6	15.5	6	228.41	196.95	160.21	253.92	197.38	171.41	85.68	144.66	228.41	196.95	160.21	253.92
7	16.5	7	216.35	191.13	155.62	237.77	180.87	165.87	87.16	143.47	216.35	191.13	155.62	237.77
8	17.5	8	204.53	184.62	150.10	217.24	169.52	156.04	92.76	138.56	204.53	184.62	150.10	217.24
9	18.5	9	193.94	180.84	146.36	196.69	159.89	144.25	89.27	132.64	193.94	180.84	146.36	196.69
10	19.5	10	195.77	176.02	147.57	179.39	149.88	137.96	85.51	129.85	195.77	176.02	147.57	179.39
11	22	12.5	175.62	163.11	139.64	144.15	132.72	125.15	67.73	125.09	175.62	163.11	139.64	144.15
12	24.5	15	165.87	158.84	136.58	114.48	117.84	114.33	48.88	124.30	165.87	158.84	136.58	114.48
13	27	17.5	167.52	160.31	140.17	106.35	116.33	110.60	43.99	123.78	167.52	160.31	140.17	106.35
14	29.5	20	166.13	159.84	143.46	103.28	116.75	110.66	43.01	125.91	166.13	159.84	143.46	103.28

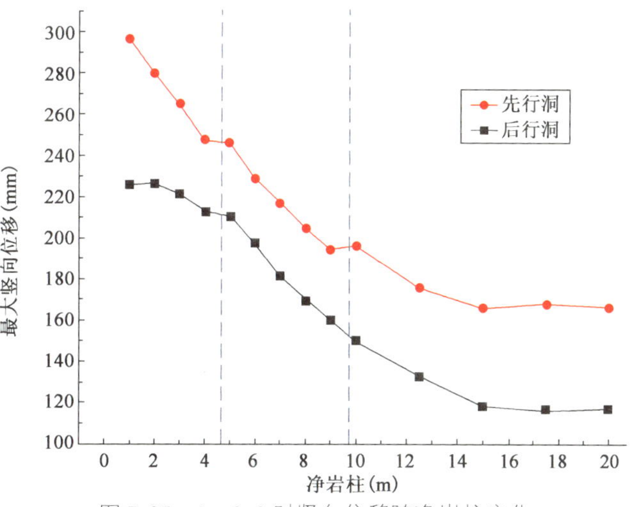

图 7-85　$\lambda=2.0$ 时竖向位移随净岩柱变化

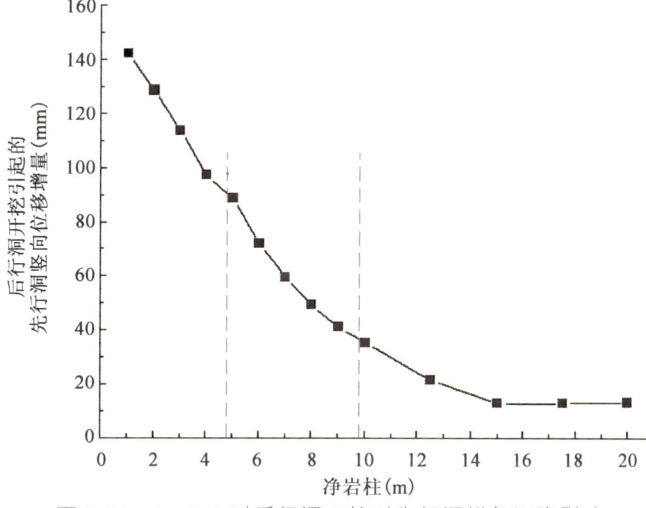

图 7-86　$\lambda=2.0$ 时后行洞开挖对先行洞拱部沉降影响

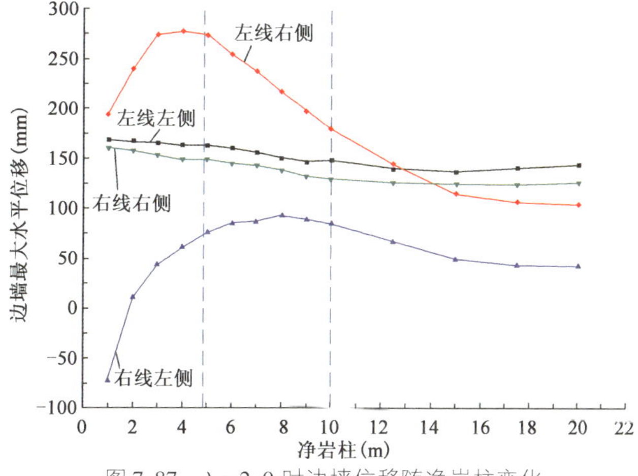

图 7-87　$\lambda=2.0$ 时边墙位移随净岩柱变化

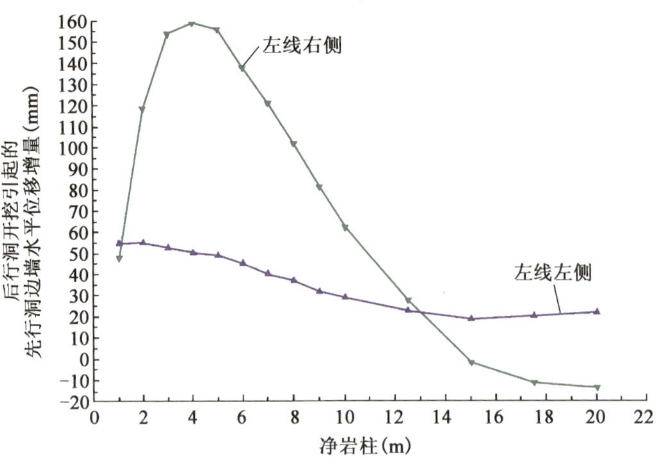

图 7-88 $\lambda=2.0$ 时后行洞开挖对先行洞边墙位移的影响

(2)不同侧压力系数条件下影响规律对比

不同侧压力系数条件下对位移影响规律对比如图 7-89 ~ 图 7-91 所示。

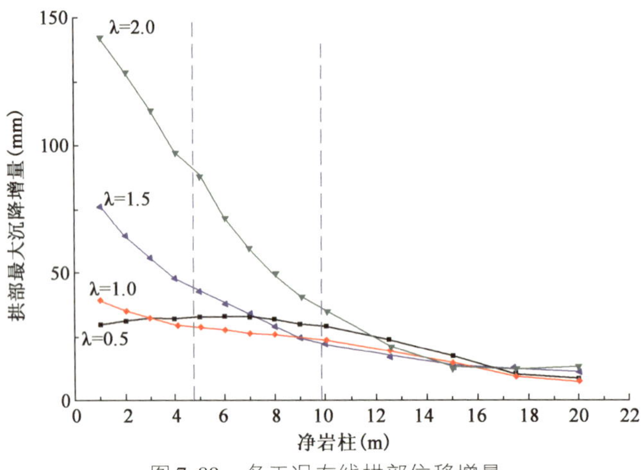

图 7-89 各工况左线拱部位移增量

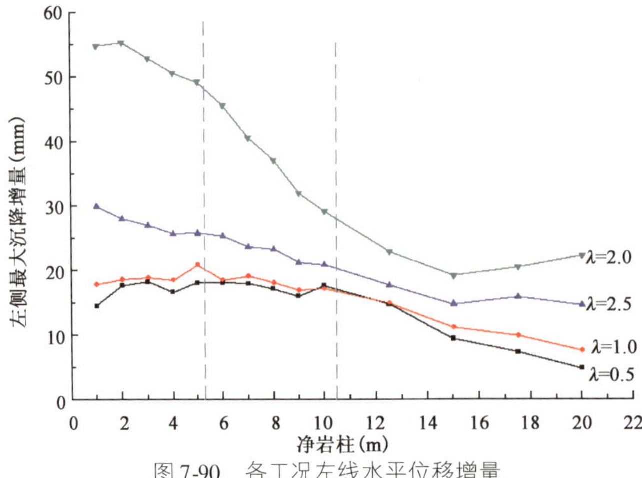

图 7-90 各工况左线水平位移增量

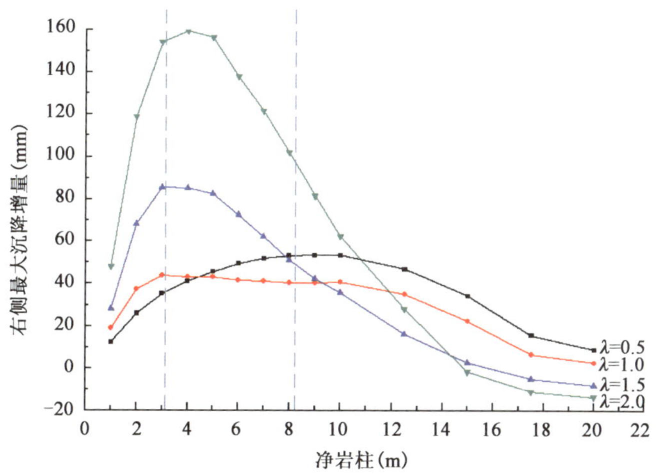

图 7-91　后行洞开挖对先行洞左侧边墙位移的影响

(3)小结

①各工况中,位移量基本上是随着净岩柱增加而减少,在净岩柱大于 15m 后,基本上各工况差异位移差异较小(难以分辨是误差还是真实计算结果)。但是在 0.5 的侧压力系数 $\lambda=0.5$的条件下,净岩柱 5m 以下却呈反向发展。

②随着侧压力增加,在间距越小发展越快,特别是拱部位移,各工况位移差加大。

③拱部位移规律一致性更好,边墙位移受中岩柱影响,位移差异较大。一般情况,左线左侧与右线右侧位移差异较小,处于同一量级。而中岩柱侧水平位移由于考虑了先行洞造成的先期位移,因此在净岩柱小的工况下呈现负值。

④线间距、水平地应力系数的变化均对计算结果有很大影响,但通过对不同工况的位移变化曲线分析,随着线间距变化,各地应力条件下的曲线在 5m、10m 附近均存在拐点(图中已用虚线示意)。

净岩柱小于 5m 时,左右线的最大位移基本加速发展,呈指数型。但两洞间的位移差反而减少,即最大位移反而接近。特别是间距小于 3m 时,这种现象更加明显。

净岩柱等于 5 ~ 10m 时,各工况后行洞开挖造成先行洞的位移增量急剧减少。

净岩柱大于 10m 时,各工况后行洞开挖造成先行洞的位移增量较小。

2)最大位移随地应力变化规律

位移计算结果见表 7-28;位移随地应力的变化如图 7-92、图 7-93 所示,后行洞开挖对先行洞位移的影响如图 7-94 所示。

3)最大位移随水平地应力系数变化规律

位移计算结果见表 7-29,位移随侧压力的变化如图 7-95、图 7-96 所示,后行洞开挖对先行洞位移的影响如图 7-97 所示。

位移计算结果　　表 7-28

序号	埋深(m)	等效地应力(MPa)	双洞左线(mm)				双洞右线(mm)			
			最大拱部竖向位移	最大底部隆起	左侧最大水平位移	右侧最大水平位移	最大拱部竖向位移	最大底部隆起	左侧最大水平位移	右侧最大水平位移
1	125	2.69	14.92	15.23	14.34	17.48	12.59	13.07	8.89	14.14
2	225	4.84	39.84	35.54	34.24	47.84	36.51	31.31	19.03	34.82
3	325	6.99	72.05	60.65	66.45	89.71	68.03	56.15	30.83	63.60
4	425	9.14	112.02	91.75	104.39	143.96	106.65	85.59	44.12	104.42
5	525	11.29	161.40	127.17	152.20	209.55	151.30	118.26	57.07	152.80
6	625	13.44	218.21	166.81	202.18	280.72	197.53	152.25	67.61	208.97
7	725	15.59	284.13	216.18	265.90	361.24	250.31	190.49	82.36	266.36
8	825	17.74	359.15	267.66	348.61	455.59	308.92	231.08	101.41	344.28
9	925	19.89	433.19	325.40	411.39	551.89	358.84	270.13	111.97	419.73
10	1025	22.04	507.44	385.48	497.84	657.86	415.71	308.54	127.09	500.94
11	1125	24.19	595.04	455.04	590.31	756.00	478.70	353.68	150.77	598.03
12	1225	26.34	681.34	523.84	669.05	882.74	552.80	411.91	173.27	708.52
13	1325	28.49	779.21	590.03	784.72	991.38	607.31	452.03	179.92	794.21
14	1425	30.64	875.15	658.64	872.17	1125.80	663.70	504.43	188.26	871.57
15	1525	32.79	967.08	724.87	981.33	1253.90	743.40	550.44	206.71	1010.70
16	1625	34.94	1067.60	816.49	1093.00	1375.20	808.09	595.38	236.13	1100.60
17	1725	37.09	1170.50	888.87	1191.90	1510.00	892.58	655.45	250.78	1220.90
18	1825	39.24	1268.50	959.54	1310.80	1638.80	958.45	703.51	279.00	1331.10

注：计算净岩柱 5m，水平地应力系数 1.0。

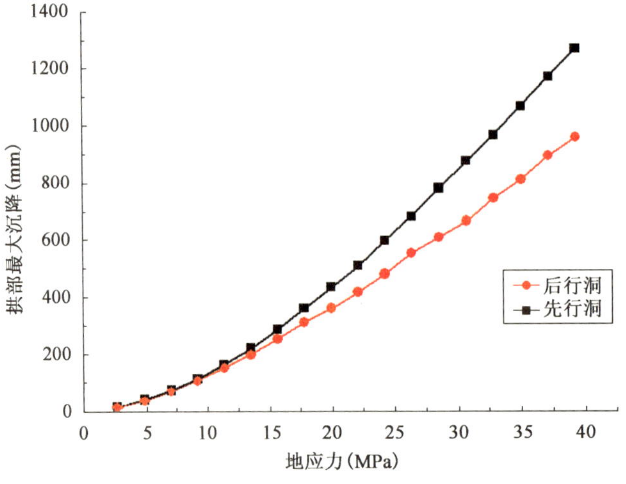

图 7-92　最大拱部位移随地应力变化

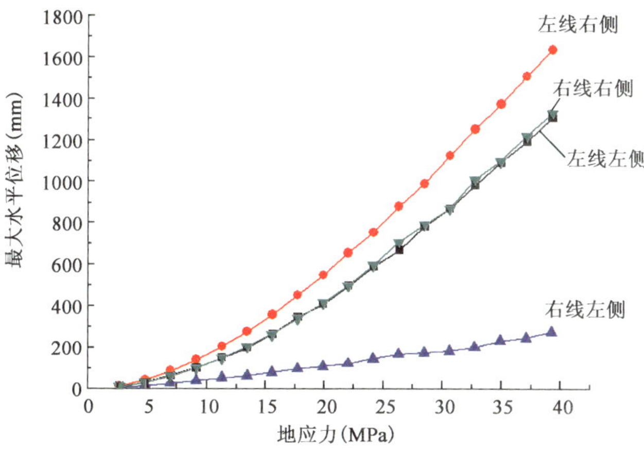

图 7-93 最大水平位移随地应力变化

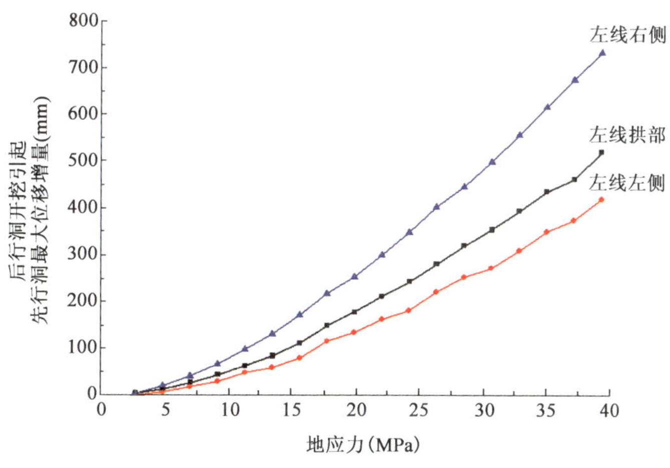

图 7-94 后行洞开挖对先行洞位移的影响(5m 净岩柱)

位移计算结果 表 7-29

序号	水平侧压力系数	等效垂直地应力(MPa)	双洞左线(mm)				双洞右线(mm)			
			最大拱部竖向位移	最大底部隆起	左侧最大水平位移	右侧最大水平位移	最大拱部竖向位移	最大底部隆起	左侧最大水平位移	右侧最大水平位移
1	0.1	6.99	80.24	56.50	52.08	92.47	71.80	45.56	53.80	52.44
2	0.2	6.99	95.56	59.74	47.17	98.93	76.87	42.79	58.56	48.12
3	0.3	6.99	97.44	61.93	50.87	100.29	77.98	43.41	61.15	49.00
4	0.4	6.99	69.41	53.83	49.82	87.31	66.02	48.58	49.11	49.93
5	0.5	6.99	59.99	49.06	50.43	78.77	58.83	47.10	42.68	51.19
6	0.6	6.99	56.43	47.63	50.49	75.54	55.00	45.36	37.98	49.71

续上表

序号	水平侧压力系数	等效垂直地应力(MPa)	双洞左线(mm)				双洞右线(mm)			
			最大拱部竖向位移	最大底部隆起	左侧最大水平位移	右侧最大水平位移	最大拱部竖向位移	最大底部隆起	左侧最大水平位移	右侧最大水平位移
7	0.7	6.99	56.94	48.21	53.16	75.89	54.20	44.85	34.23	53.43
8	0.8	6.99	60.92	49.53	57.07	78.93	57.05	45.41	31.75	56.24
9	0.9	6.99	65.20	54.15	60.60	82.93	61.68	49.26	30.54	60.22
10	1.0	6.99	72.05	60.65	66.45	89.71	68.03	56.15	30.83	63.60
11	1.1	6.99	80.15	69.27	70.99	99.07	76.46	64.21	32.46	69.41
12	1.2	6.99	91.00	80.23	75.53	109.43	85.80	73.30	34.82	75.25
13	1.3	6.99	103.83	91.38	80.96	122.13	96.47	83.73	36.08	79.64
14	1.4	6.99	117.73	103.46	88.55	138.14	110.17	94.57	38.82	86.04
15	1.5	6.99	134.89	116.62	95.79	155.27	122.97	106.97	43.41	92.75
16	1.6	6.99	147.92	129.45	105.88	173.44	137.03	121.09	47.16	103.43
17	1.7	6.99	169.59	147.31	117.33	196.38	153.46	135.07	52.00	115.61
18	1.8	6.99	191.89	164.49	131.64	219.52	172.32	149.92	60.58	123.18
19	1.9	6.99	220.95	186.61	146.13	245.03	190.09	163.75	68.30	134.75
20	2.0	6.99	245.97	206.24	162.75	273.67	210.25	180.34	76.43	149.09
21	2.1	6.99	268.74	229.24	178.43	299.23	223.32	198.64	83.45	163.03
22	2.2	6.99	298.59	256.09	197.85	327.90	244.59	209.81	89.95	179.71
23	2.3	6.99	324.95	285.36	219.77	359.46	259.80	230.89	96.03	200.08
24	2.4	6.99	344.20	319.65	238.12	383.05	269.66	247.22	96.40	218.75
25	2.5	6.99	383.31	343.47	256.40	410.78	280.46	262.02	94.47	231.53

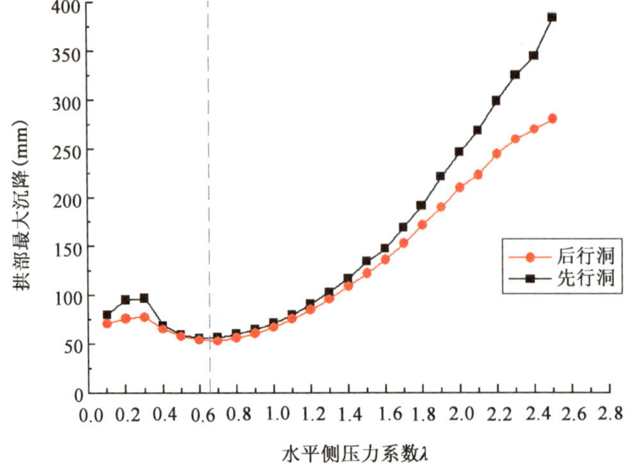

图 7-95　最大拱部竖向位移随侧压力的变化

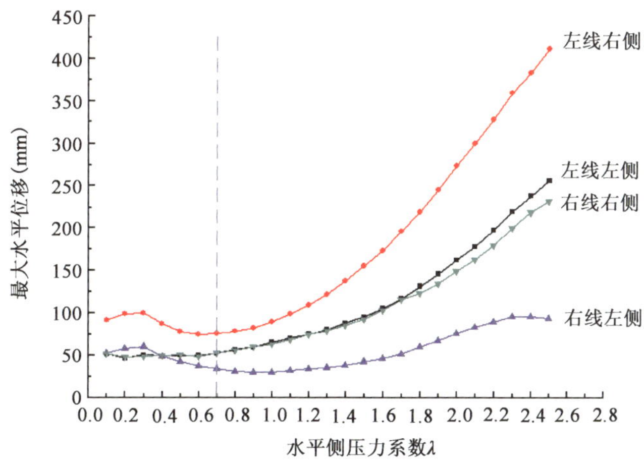

图 7-96　最大水平位移随侧压力的变化

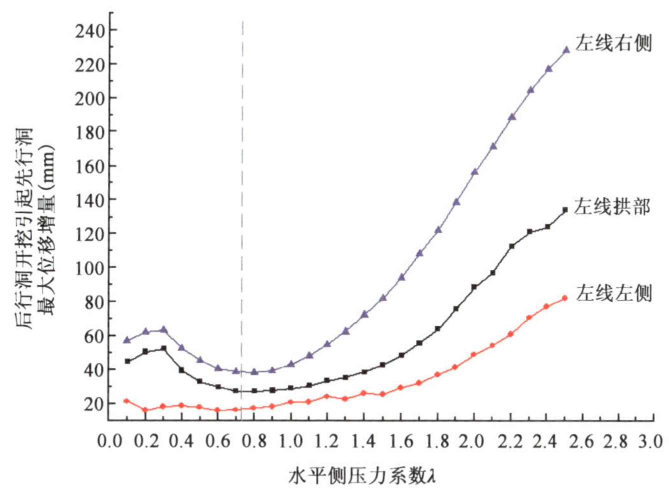

图 7-97　后行洞开挖对先行洞位移的影响(5m 净岩柱)

(1)由图 7-95 可看出拱部位移与单洞类似,小间距条件下,侧压力系数 λ 小于 0.3 时,规律不明显;λ 大于 0.3 时,位移先小后大,成反向的抛物线形态;在 λ =0.7 时位移达到最小值,而后开始增加;当 λ 超过 1.0 后侧压力急剧增加。

(2)边墙位移靠中岩柱侧与非中岩柱侧差异巨大,位移规律也差异较大,但左右线非中岩柱侧的水平位移接近。不同部位达到最低值侧压力系数不同。

(3)后行洞对先行洞位移的影响:在较小侧压力条件下,随着侧压力系数增加而减少;在侧压力系数大于 1.0 后,均呈增大趋势,且随着侧压力的增加而加剧。

4)小结

根据前述的分析,可以初步得到如下结论:

(1)随着线间距不同,两洞间影响呈现不同的阶段。

中岩柱小于5m时(约0.5倍洞径),两洞间影响急剧加大,且随水平地应力的增大,这种趋势更加明显。说明小于5m时,中间岩柱承载力急剧降低,直至基本失去承载力。

中岩柱5~10m,两洞位移差急剧减少,所以认为这一段落处于两洞间影响急剧减少的段落。

中岩柱大于10m时(约1倍洞径),两洞间影响减少减缓,大于15m后,在较小地应力水平下两洞间位移差异较小。说明大于10m时两洞间扰动区域逐渐分离。各工况均表明20m左右的净岩柱,两洞间位移差异基本在计算误差范围。

(2)地应力对隧道变形影响巨大,基本呈指数型增长,即变形增加的速率大于地应力增加速率。这可以描述现场埋深增加较少而位移量却增加较多的现象。

(3)与单洞条件相同,水平侧压力在小间距段对洞周位移等同样有着巨大影响,且小间距的存在对其这部分影响有着放大作用。

(4)侧压力与位移的关系在某一范围内呈规律性发展(目前计算显示在$\lambda=0.3\sim2.5$附近),过大或过小的侧压力系数,会造成最大最小主应力差过大,位移原始状态不容易稳定,故在自然界中存在的可能性也较低。因此对于隧道可以重点分析一定范围内的侧压力即可。

(5)计算中还存在如下待细化分析的问题:

①净岩柱变化仅考虑了325m的单一埋深工况,对于更大或更小地应力条件下的规律还不具说服力。对于侧压力,地应力等变化仅考虑了5m线间距的情况。

②计算中未考虑支护措施、工法等的影响,对于变形等的估计都趋于保守。

③但一般情况下,数值模型对变形的估计量值上与现场存在较大差异,现场的变形往往大于数值分析结果(且还是在未取得支护前位移条件下)。因此本次分析仅作规律性探讨,具体还应结合现场变形量测结果,进行综合比对,确定相关规律及优化回归公式的参数。

7.7.4 不同围岩级别的规律探讨

此部分为先期计算的部分结果。模型断面类似,地应力按自重应力考虑。

1)Ⅳ级围岩位移变化规律

Ⅳ级围岩洞周最大位移随线间距变化见表7-30,洞位移随净岩柱厚度的变化规律如图7-98、图7-99所示。

Ⅳ级围岩洞周最大位移随线间距变化表　　表7-30

序号	线间距(m)	净岩柱厚度(m)	左线单洞(mm)		双洞左线(mm)		双洞右线(mm)	
			最大拱部竖向位移	最大水平位移	最大拱部竖向位移	最大水平位移	最大拱部竖向位移	最大水平位移
1	14.7	5.2	3.5	1.81	6.02	5.24	6.02	5.27
2	17	7.5	3.5	1.81	4.51	2.41	4.5	2.4
3	19.5	10	3.51	1.81	4.2	2.09	4.19	2.09

续上表

序号	线间距(m)	净岩柱厚度(m)	左线单洞(mm)		双洞左线(mm)		双洞右线(mm)	
			最大拱部竖向位移	最大水平位移	最大拱部竖向位移	最大水平位移	最大拱部竖向位移	最大水平位移
4	22	12.5	3.5	1.81	4.05	1.98	4.04	1.97
5	24.5	15	3.51	1.82	3.96	1.92	3.95	1.92
6	27	17.5	3.51	1.82	3.9	1.89	3.89	1.89
7	29.5	20	3.51	1.82	3.86	1.88	3.85	1.86
8	34.5	25	3.5	1.82	3.78	1.84	3.77	1.83
9	39.5	30	3.49	1.82	3.74	1.83	3.73	1.82
10	44.5	35	3.49	1.82	3.72	1.82	3.7	1.81
11	49.5	40	3.48	1.82	3.7	1.82	3.69	1.8
12	109.5	100	3.47	1.82	3.58	1.83	3.6	1.8

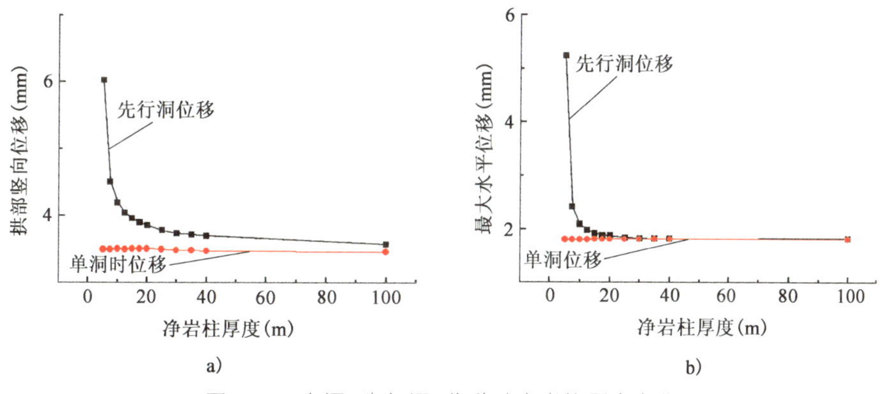

图 7-98　左洞(先行洞)位移随净岩柱厚度变化

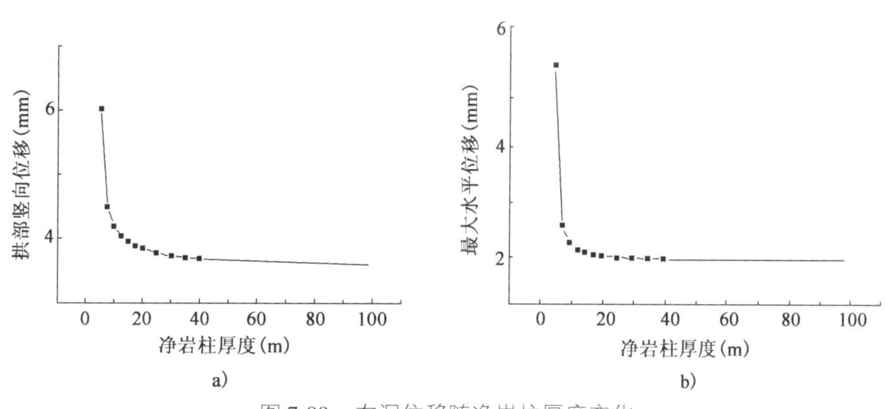

图 7-99　右洞位移随净岩柱厚度变化

2) V级围岩位移变化规律

V级围岩洞周最大位移随线间距的变化见表 7-31,洞位移随净岩柱厚度变化曲线如图 7-100、图 7-101 所示。

V 级围岩洞周最大位移随线间距变化表　　表 7-31

序号	线间距(m)	净岩柱厚度(m)	左线先行单洞(mm)		双洞左线(mm)		双洞右线(mm)	
			最大拱部竖向位移	最大水平位移	最大拱部竖向位移	最大水平位移	最大拱部竖向位移	最大水平位移
1	14.7	5.2	18.21	25.66	40.05	51.05	38.19	40.67
2	17	7.5	18.21	25.51	38.93	53.72	38.64	41.74
3	19.5	10	18.19	25.57	39.16	57.13	38.95	42.41
4	22	12.5	18.17	25.53	39.12	59.47	38.46	49.6
5	24.5	15	18.19	25.78	38.56	60.1	37.14	54.12
6	27	17.5	18.19	25.57	37.29	58.54	35.66	55.11
7	29.5	20	18.19	25.58	35.33	55.08	34.31	53.25
8	34.5	25	18.11	25.36	29.84	42.74	29.51	42.27
9	39.5	30	18.05	25.45	23.28	31.11	23.06	30.92
10	44.5	35	18.01	25.36	22.01	29	21.79	28.84
11	49.5	40	18.01	25.42	21.28	28.02	21.09	27.89
12	109.5	100	17.92	25.35	19.16	25.69	18.73	25.44

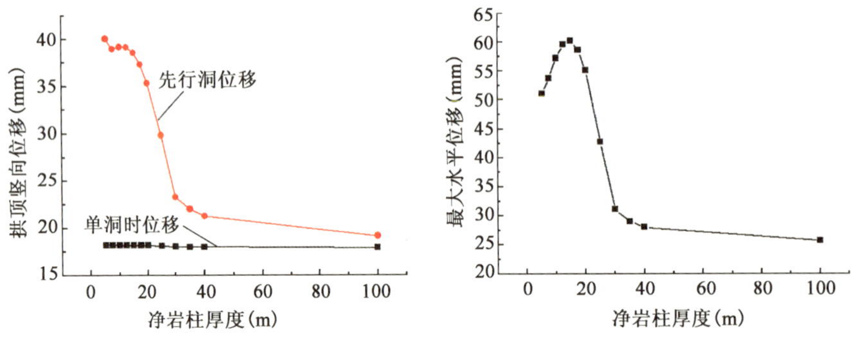

图 7-100　左洞(先行洞)位移随净岩柱厚度变化

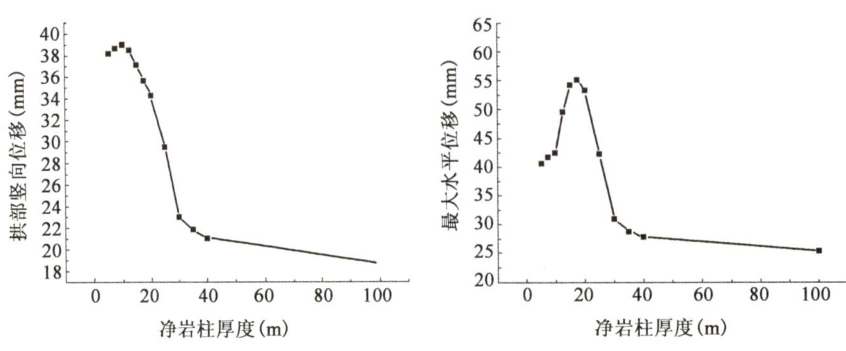

图 7-101　右洞位移随净岩柱厚度变化

3) Ⅵ级围岩

计算中毛洞无法收敛，如图 7-102 所示。

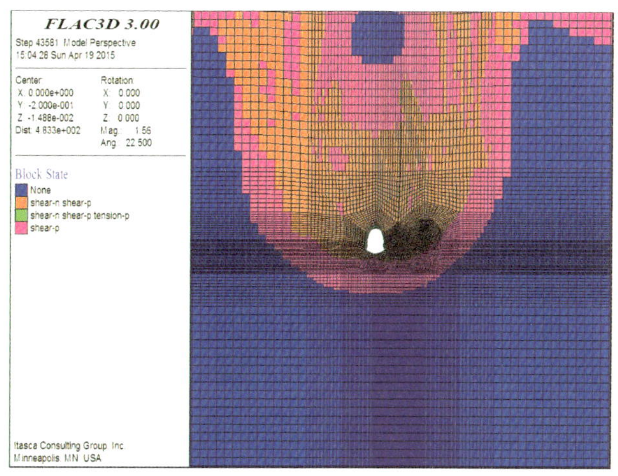

图 7-102　Ⅵ围岩毛洞全面破坏无法收敛

4) 小结

(1) Ⅴ级围岩

①单洞Ⅴ级围岩毛洞塑性区在 1 倍洞径以上。

②Ⅴ级围岩 30m(3 倍洞径)净岩柱厚度以内，左右洞施工即存在较大的影响。毛洞条件下 2 倍洞径以内净岩柱即开始逐渐失去承载能力。

③对Ⅴ级围岩反常位移规律的解释：

岩柱失去承载能力后，位移发展可能按两洞影响的最大跨度的塌落拱进行发展。在线间距减小时，两洞影响最大跨度减小，塌落拱高度减小。因此较小线间距位移反而降低。

(2) Ⅳ级围岩

①单洞Ⅳ级围岩毛洞塑性区在 1/3 洞径左右。

②Ⅳ级围岩 10m(1 倍洞径)净岩柱厚度以内，左右洞施工即存在较大的影响。

(3) 结论

通过计算，可以认为，后行洞施工，在净岩柱小于上述洞径条件下，需重视左右线影响的问题。

7.7.5 Ⅴ级参数敏感性分析

该工况只是对内摩擦角进行调整，由 23.5°调整为 45°。分析调整对结果的影响，分析过程如图 7-103 ~ 图 7-106 所示。

拱部竖向位移与净岩柱厚度的关系如图 7-107 所示。

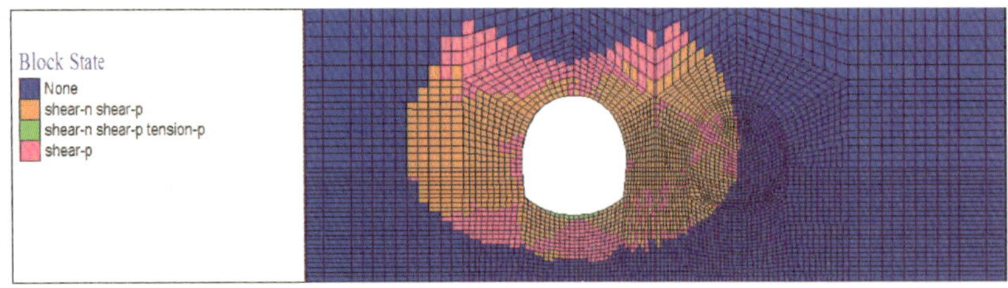

图 7-103　单洞塑性区(内摩擦角 23.5°)

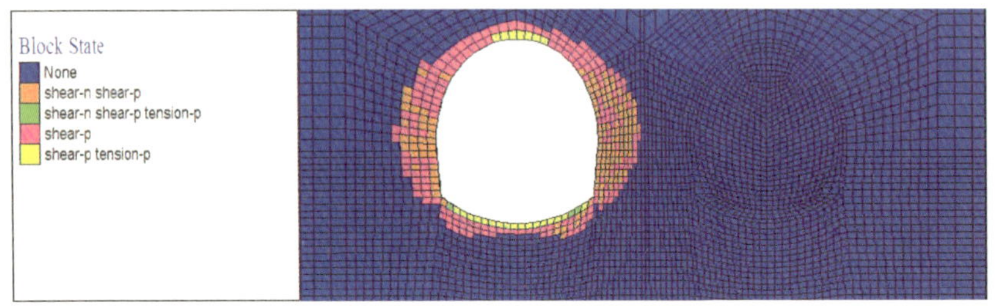

图 7-104　单洞塑性区(内摩擦角 45°)

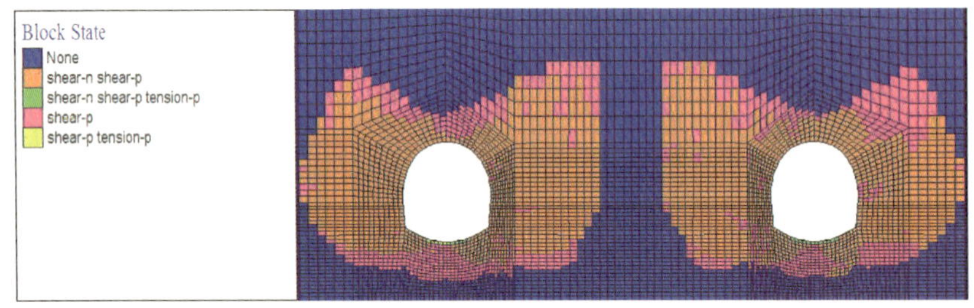

图 7-105　净岩柱厚度 30m 出现塑性区分离(内摩擦角 23.5°)

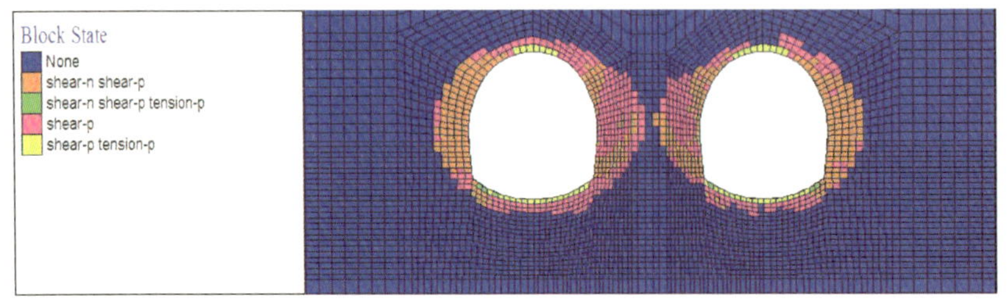

图 7-106　净岩柱厚度 7.5m 出现塑性区分离(内摩擦角 45°)

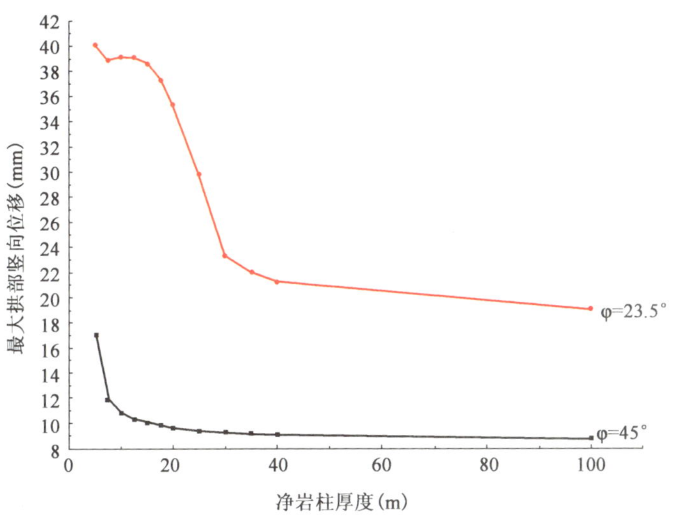

图 7-107　拱部竖向位移与净岩柱厚度关系

计算中内摩擦角对塑性区分布存在很大的影响,提高内摩擦角后,Ⅴ级围岩塑性区大大减少,几乎与Ⅳ级围岩相当,黏聚力等参数影响较为显著。

7.7.6 衬砌开裂计算分析

根据当前开裂段衬砌进行了分析。按Ⅴ级围岩推荐参数进行,构造应力场根据 YD2K112 + 500 处埋深 532m 进行模拟自重应力,侧压力系数按 1.5 选取。初期支护混凝土按弹性模型考虑,二次衬砌混凝土按莫尔—库仑模型考虑。计算围岩破坏及衬砌破坏、发展如图 7-108 ~ 图 7-112所示。

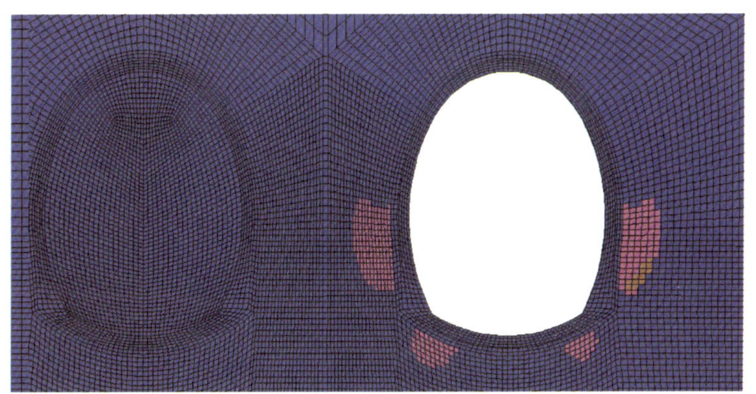

图 7-108　先行洞塑性区(先施作二次衬砌)

后行洞开挖二次衬砌破坏几乎与后行洞塑性区同步出现,且先破坏部位与现场较为吻合,如图 7-110 ~ 图 7-112 所示。

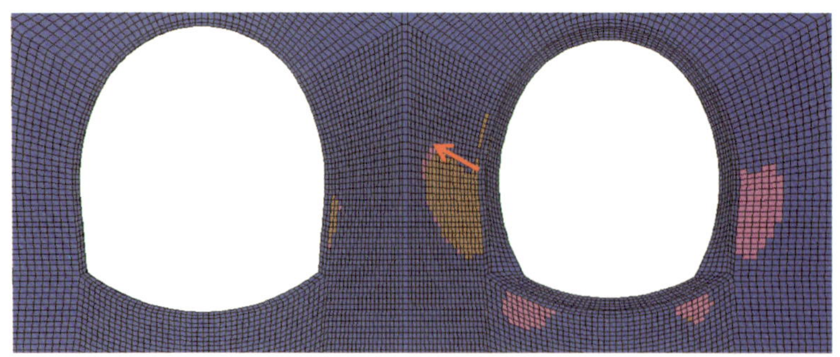

图 7-109　先行洞破坏

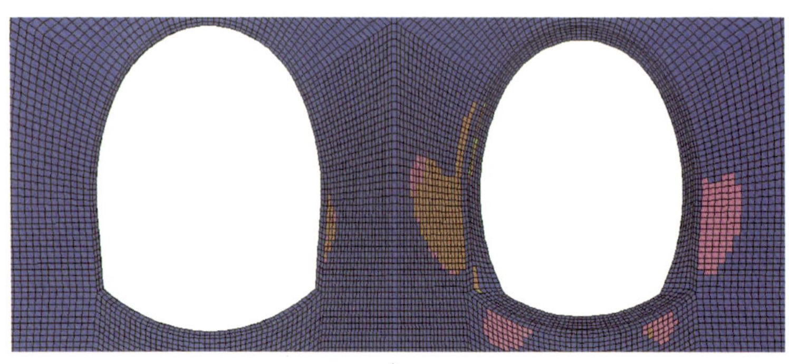

a)

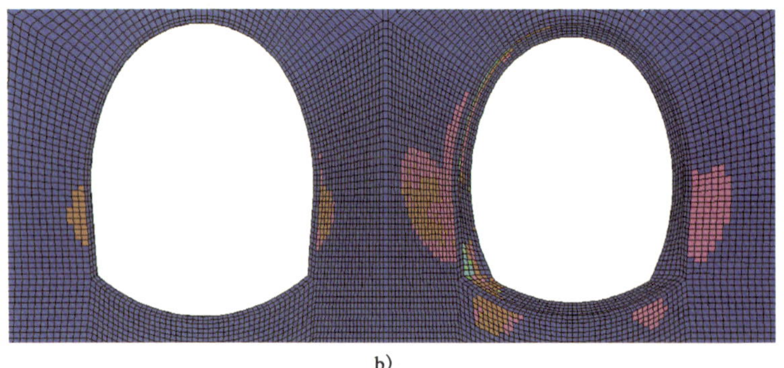

b)

图 7-110　先行洞破坏演化

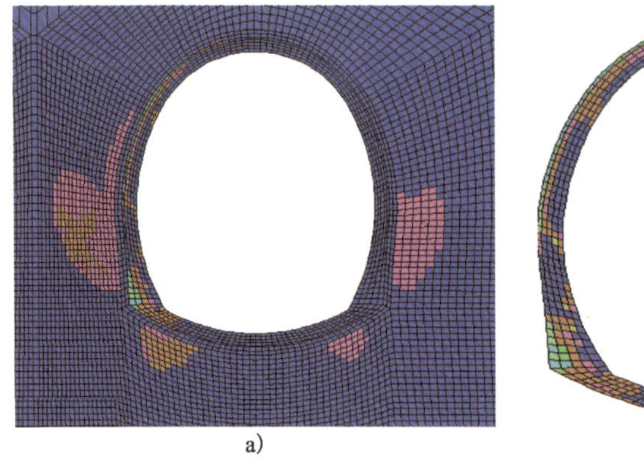

a)

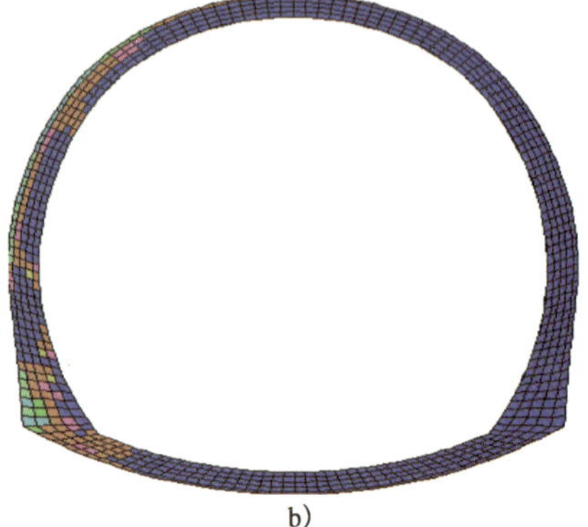

b)

图 7-111　衬砌及围岩的破坏及发展

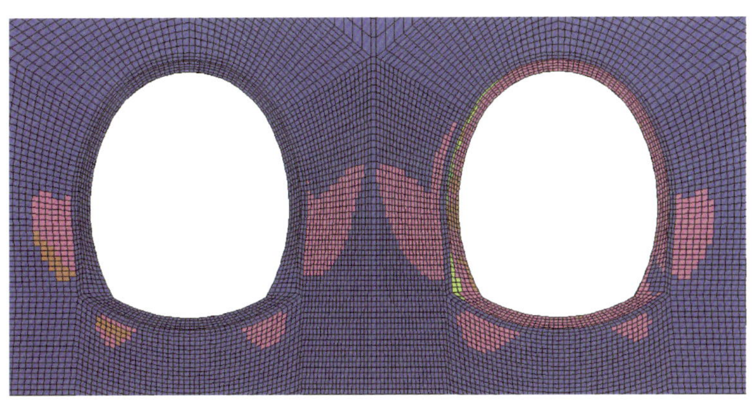

图 7-112　发展的最终状态先行洞二次衬砌几乎全部破坏

通过上述初步分析，当前二次衬砌开裂与后行洞开挖直接相关，且在拟定的侧压力系数条件下，先破坏部位几乎与现场实际一致。且破坏随着后行洞开挖立即出现，并逐步发展至整个先行洞衬砌。查看最终塑性区形态可知，两洞间塑性破坏区几乎完全贯通，中岩柱承载力大大降低。

变形段开裂原因分析

7.8.1 破坏模式分析

1)类似工点破坏特点

兰渝铁路新城子隧道小间距段同样发生了二次衬砌开裂的问题,如图 7-113、图 7-114 所示。

a)

b)

图 7-113 类似工点新城子隧道小间距段二次衬砌开裂

a)

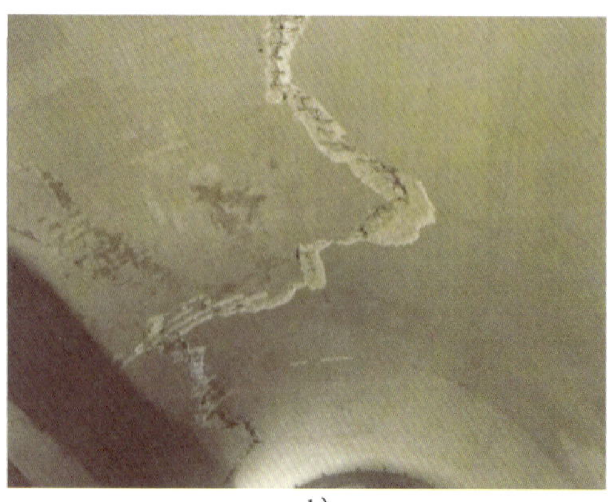

b)

图 7-114 类似工点新城子隧道小间距二次衬砌开裂

从图中可以看出,新城子隧道裂缝从边墙延伸至拱顶,表面混凝土剥离,钢筋弯曲外露。以衬砌内侧混凝土压溃后钢筋受压挤出的破坏模式为主。

2）杨家坪隧道破坏模式分析

杨家坪隧道破坏情况如图7-115、图7-116所示。

图7-115 杨家坪隧道+500处二次衬砌开裂

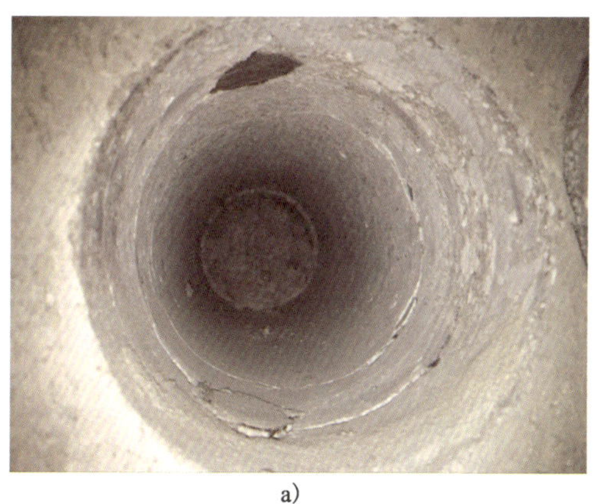

a)

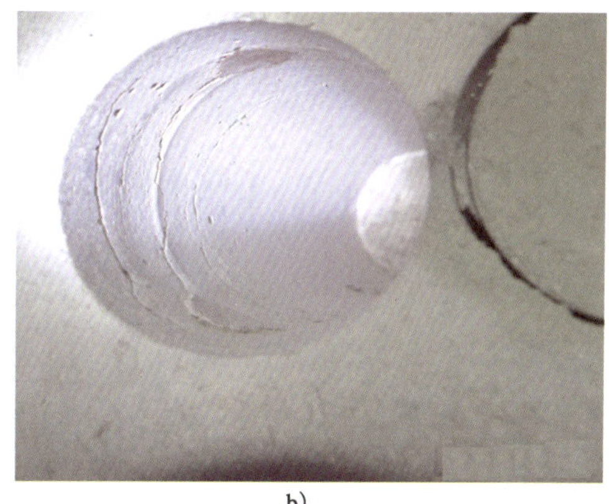

b)

图7-116 YD2K112+468处二次衬砌取芯图（表面完好，由2道裂纹发展为3道裂纹）

从图中可以看出，新城子隧道的小间距破坏与杨家坪隧道的破坏有所不同，从YD2K112+500处二次衬砌上方向下及左线侧位移（裂缝下方监测的二次衬砌位移仅1.1cm，而错台裂缝宽度4.4cm，内错5cm左右），二次衬砌呈现剪切破坏形态如图7-117、图7-118所示。

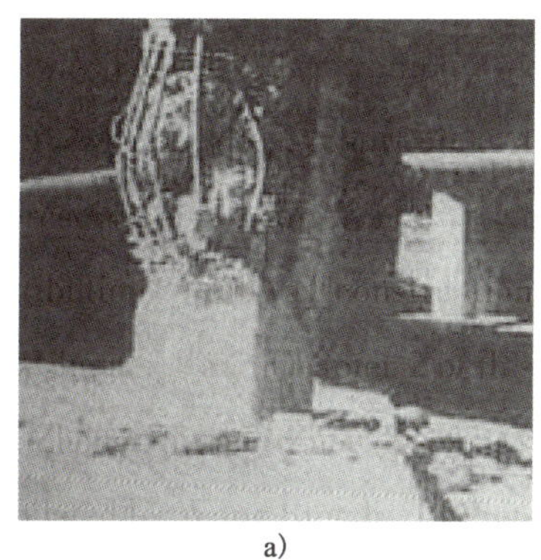

a)

b)

图7-117 两种破坏的对比

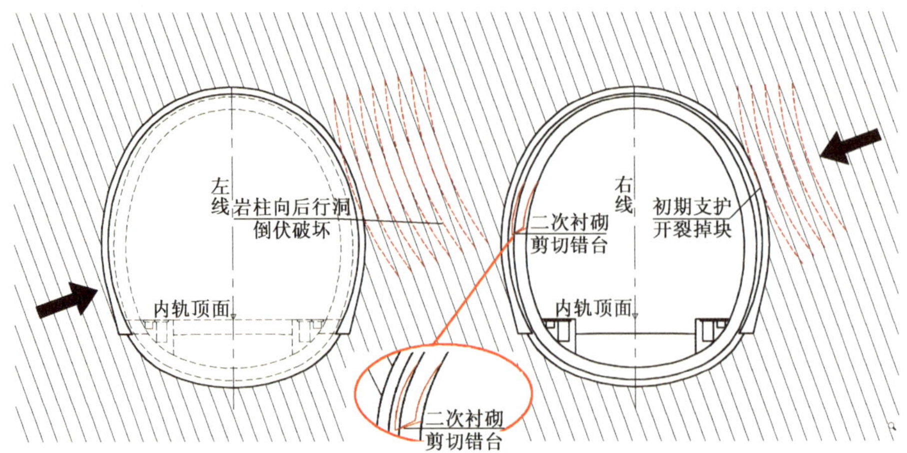

图 7-118　杨家坪隧道先行洞初期支护及二次衬砌破坏模式分析

由于陡倾状围岩，层间结合极差，且倾向朝向后行洞，开挖后围岩出现倒伏，造成中岩柱承载力进一步减弱，先行洞衬砌上断面失去围岩约束，而水平地应力形成的推力与围岩下沉荷载的共同作用，导致了偏压状态下的受压剪切错台破坏。

7.8.2 原因分析

(1)高地应力场的存在。

①杨家坪隧道 1 号横洞工区处于龙门山断裂带之龙门山主中央断裂带与龙门山后山断裂带之间，大地构造条件极其复杂；新老构造叠加，褶曲及断层发育，形成复杂的地应力构造，区域构造地应力高。应力条件可根据如下式计算：最大水平应力 $S_H = 2.40\gamma H$；最小水平应力 $S_h = 1.25\gamma H$；竖向应力 $S_V = 1.0\lambda H$。

②杨家坪隧道 1 号横洞工区大变形断裂地层岩性为志留系中上统茂县群第一亚组($S_{2-3}Mx_1$)绿泥石千枚岩夹灰岩、炭质千枚岩等地层；根据附近深孔取样分析，其岩体抗压强度 $R_b = 2.66$MPa。

③根据水压致裂法地应力测试资料及《水电水利工程地下建筑物工程地质勘察技术规程》(DL/T 5415—2009)❶，综合确定横洞大变形段落最大水平地应力 $S_H = 14.90 \sim 20.74$MPa，方向 N44°~61°W，与洞轴线(N70°E)夹角 9°~26°。

④根据岩体强度应力比 $R_b/S_H = 0.13 \sim 0.18$，大变形等级类别为中等~严重大变形。(可能由于地应力水平相对较低，在破碎软弱的千枚岩地层，埋深条件接近的茂县隧道小间距段目前已基本顺利完成施工)。因此高地应力的存在是造成本段落支护变形，衬砌开裂的主要

❶ 现已被《水电工程地下建筑物工程地质勘察规程》(NB/T 10241—2019)代替。

因素。

(2)杨家坪隧道开挖段为,岩层陡倾且其走向与隧道洞轴线近似平行的不利结构面条件。由于陡倾状围岩,层间结合极差,且倾向朝向后行洞,开挖后围岩出现倒伏,造成中岩柱承载力进一步减弱,从而导致先行洞开裂。

(3)开裂最严重的YD2K112+500附近断面,在最先开裂时,恰好是后行洞掌子面所在位置。因此后行洞引起的应力重分布及中岩柱的位移是造成衬砌开裂的因素之一。

(4)随着埋深增加(目前施工段落是小间距埋深最大段落,埋深达600m以上),导致原始地应力水平进一步加大先行洞在施工的过程中,已经出现变形加剧,初期支护拱腰处破坏现象,在现场虽然及时调整了措施(先行掌子面附近已经调整为双层支护),但由于两洞影响,先行洞变形难以控制。

(5)YD2K112+500~YD2K112+503段为下锚段,衬砌根据接触网的要求进行了加宽了90cm,二次衬砌混凝土纵向结构不连续,整体性差,进一步加剧了该段的变形破坏,并且进而影响了相近段落。

整治方案

7.9.1 二次衬砌开裂段整治

按裂缝的宽度等划分衬砌劣化等级，然后根据不同的劣化等级（表7-32）采用相应的整治方案。

衬砌裂损劣化等级评定表　　表7-32

评价等级		变形或移动	开裂、错动	压溃
A	AA（极严重）	滑坡滑动使衬砌移动加促；衬砌变形、移动、下沉发展迅速，威胁行车安全	开裂或错台长度 $L>10$m，宽度 $\delta>5$mm，且变形继续发展；拱部开裂呈块度的状，有可能掉落	拱顶压溃范围 $>3\text{m}^2$；或衬砌剥落最大厚度大于衬砌厚度的1/4，发生时会危及行车安全
	A1（严重）	变形或移动速度 $v>10$mm/a	开裂、错台长度 $10\text{m}\geqslant L\geqslant 5\text{m}$，但开裂或错台值 $\delta>5$mm；开裂或错台使衬砌呈块状，在外力作用下有可能崩坍和剥落	压溃范围 $3\text{m}^2\geqslant S\geqslant 1\text{m}^2$；或有可能掉块
B（较重）		变形或移动速度在 $10\text{mm/a}\geqslant v\geqslant 3\text{mm/a}$ 而且有新的变形出现	开裂或错台长度 $L<5$m 且宽度 $5\text{mm}\geqslant\delta\geqslant 3\text{mm}$；裂缝有发展，但速度不快	剥落规模较小，但可能对列车造成威胁；拱顶压溃范围 $S<1\text{m}^2$，剥落块体厚度大于3cm
C（中等）		有变形，但速度 $v<3$mm/a	开裂或错台长度 $L<5$m 且宽度 $\delta<3$mm	压溃范围很小
D（轻微）		有变形但不发展，而且对使用无影响	一般龟裂或无发展状态	个别地方被压溃

注：依据现行行业标准《铁路桥隧建筑物劣化评定标准》（TB/T 2820）。

对上表中评价为A、B及C类的衬砌段落予以拆除重做。对评定为D类的采用补强方案。

1）开裂段加固补强方案

（1）边墙水平裂缝处理

①先沿裂缝两侧各打设两排 ϕ42mm 钢花管注浆加固衬砌外围岩，小导管长6m，间距1.0m×1.0m（环×纵）；

②再沿裂缝打设 ϕ22mm 骑缝砂浆锚杆，间距1.0m，长6.0m。

③最后沿裂缝凿孔压浆进行封堵处理，压浆材料采用环氧树脂水泥浆。

(2)仰拱裂缝处理

①凿除填充表面混凝土,凿除厚度应根据已施作仰拱填充厚度进行测定,保证后期加固和处理的空间。

②采用 ϕ76mm 钢花管注浆对仰拱底围岩进行加固,加固范围为仰拱下 4m,间距 1m × 1m(环 × 纵)。

③施作 30cm 厚钢筋混凝土板至设计填充面并与已施作的仰拱填充连为整体。

(3)环向裂缝

对环向裂缝采用灌浆处理,灌浆材料采用环氧树脂水泥浆。

(4)裂缝处理

裂缝处理过程中应加强对裂缝处理段裂缝稳定情况和衬砌变形收敛情况的观察和监测。

2)开裂段拆除重设支护

对开裂段二次衬砌进行拆除,重新施作初期支护及二次衬砌,由于仰拱破坏程度较低而拆除困难,因此针对仰拱采用补强为主。

(1)先在二次衬砌全环设置注浆孔,采用水泥砂浆,必要时采用超细水泥砂浆进行注浆,对衬砌周边围岩进行加固。

(2)对仰拱填充进行凿除,后现浇钢架混凝土填充,并与先期二次衬砌植筋连接。

(3)逐段拆除开裂段拱墙二次衬砌及初期支护,每次拆除段落不超过 3m。拆除后,立即同时施工双层 H175 初期支护,并设置临时横撑。

(4)拆除施工采用液压冲击锤,不得采用爆破施工,尽量减少施工扰动,保护围岩。

3)替换中岩柱后拆换方案

拆换开裂段二次衬砌及初期支护,并扩挖重支护,无可避免进一步破坏中岩柱,影响中岩柱稳定。从而对后行洞(左线)已支护或二次衬砌段造成非常大的影响,而当前注浆加固中岩柱不能保证实施效果可能造成左线衬砌的破坏,进而导致工况进一步恶化,因此可采用先置换中岩柱,后拆除的方式。

首先,对拟拆除段左右线支护采用大刚度钢管作为竖撑及横撑重型加固。

其次,在二次衬砌处设导洞,进入中岩柱对开挖,开挖后回填完成中岩柱置换。

完成中岩柱置换后,对置换完成段的开裂二次衬砌及初期支护进行拆除重做。

7.9.2 先行洞已开挖段整治

(1)为防止左线(后行洞)施工推进而导致先行洞初期支护变形加剧乃至失效,因此对现先行洞已施作初期支护段增设套拱(已实施)。

(2)为加固中岩柱,对中岩柱采取注浆加固措施(已实施)。

(3)后期处理。

方案一:由于增设套拱,占用二次衬砌施作空间,需拆除套拱。但由于拆除套拱后,初期支护可能无足够承载力保证围岩稳定,因此需将原施作初期支护全部拆换后并扩挖,施作双层H175型钢钢架及二次衬砌。

方案二:考虑段落内地下水不发育,因此拟取消防水板及纵向排水盲管,采用喷涂防水层,并加密环向盲管后,直接施作二次衬砌,与套拱型钢形成型钢混凝土。

方案三:考虑需拆除套拱,需进一步扩挖,此处无可避免将进一步破坏中岩柱,因此采用扩大断面施工,先行洞直接带中岩柱施工。

7.9.3 未开挖段方案

1)改变先行洞顺序

考虑当前掌子面围岩左倾,产状对于右线更为不利,因此改变当前先后行洞顺序,即转换为左线先行,改变产状不利的状态。后按双层支护进行施工。

2)先行洞设置双层支护

类似兰渝线新城子隧道小间距段采用长锚配锚索、双层初期支护、双层二次衬砌、精轧螺纹钢对拉锁固等措施进行。本线当前已经实施了,双层H175型钢,长锚杆,以及对拉锚杆等支护方式,暂未考虑双层二次衬砌方案。

工序要求:开挖后先施作第一层支护,在后行洞掌子面推进至附近时,施加第二层支护。左右线初期支护全部收敛后施工二次衬砌。

3)中岩柱替换方案

原设计合分修分界处DK112+720线间距为11.019m,中岩柱厚度约为1.6m,当前采用中等大变形衬砌设置双侧支护,并且对轮廓进行优化,边墙进一步外延,最终DK112+720处净岩柱将小于0.4m,根据当前围岩状态中岩柱必定完全失去承载能力,且无适合的加固措施,因此需考虑中岩柱替换导洞方案如图7-119所示。

方案一:考虑当前中岩柱厚度较大,待线间距进一步减小时实施,比如小于1m时,替换长度约40m。

方案二:当前右线掌子面处采用双层支护后,中岩柱厚度约为3m,考虑其承载力不足,即从当前掌子面前方替换,总长度约160m。

采用设置160m中导洞一次施工至合分修段后,逐段回填混凝土替换中岩柱承载,在施作混凝土回填时预埋左右线初期支护型钢钢架,开挖左右线正洞,两洞掌子面距离不应超过30m,支护时与预留钢架对接。

方案三:先行洞扩大断面,带中岩柱施工,施工完成后中岩柱部分采用混凝土回填,后施工先行洞成环初期支护及二次衬砌,见图7-120。

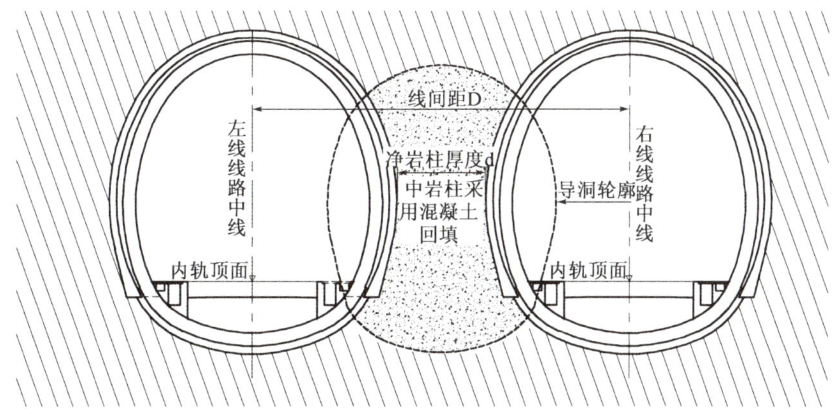

图7-119　中岩柱替换导洞方案示意

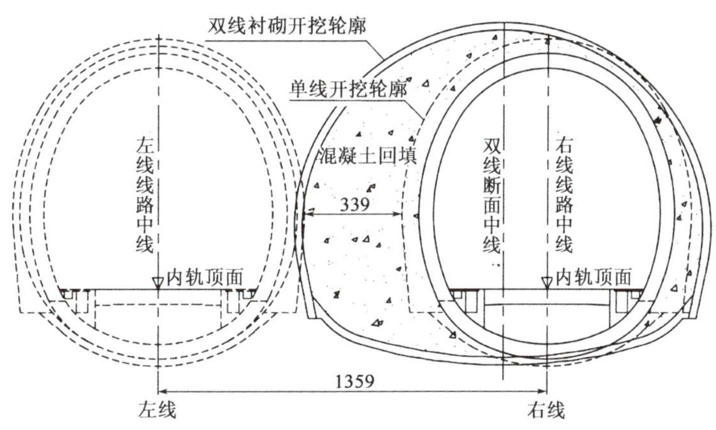

图7-120　中岩柱替换——扩大断面方案(尺寸单位:cm)

7.9.4 各方案优缺点分析

各方案优缺点对比分析见表7-33。

各方案优缺点分析　表7-33

方案		优点	缺点
二次衬砌开裂段整治	补强方案	易实施,对左线干扰少,施工风险低,投资少	千枚岩地层存在蠕变的可能,后期因地下水等因素可能导致裂缝发展
	拆除重建方案	施作成功后,结构质量更好,抵抗后期变形能力更强	对左线干扰大存在左线衬砌一并拆换的风险,施工风险大,投资大
	替换中岩柱重建方案	施作成功后,结构质量更好,抵抗后期变形能力更强	对左线干扰大存在左线衬砌一并拆换的风险,施工风险大,投资大

续上表

方案		优点	缺点
先行洞初期支护段处理	直接施作二次衬砌方案	避免拆换,投资少,施工风险低	排水能力受限,型钢混凝土与钢筋段结合较差
	拆除初期支护重建方案	施作成功后,结构质量更好,抵抗后期变形能力更强	重做仍存在大变形的可能,对左线已开挖段干扰大,施工风险较大,投资大
	扩挖替换中岩柱方案	结构空间富余量大,风险相对较低	后行洞支护措施确定较难
未开挖段落方案	后替换方案	投资小	支护难度相对较小,但需加强中岩柱加固措施
	先导洞替换中岩柱	风险相对较低	投资大,支护难度大
	先导大断面方案	结构空间富余量大,风险相对较低	后行洞支护措施确定较难

参考文献

[1] 李国良.兰渝铁路特殊复杂地质隧道建设难点及对策[J].现代隧道技术,2015,52(5):10-15.

[2] 郭富利,张顶立,苏洁,等.含软弱夹层层状隧道围岩变形机理研究[J].岩土力学,2008,29(S1):247-252.

[3] 周泽林,陈寿根,段运启.唐家山隧道围岩变形规律探讨[J].施工技术,2011,40(20):50-52.

[4] 刘高,张帆宇,李新召,等.木寨岭隧道大变形特征及机理分析[J].岩石力学与工程学报,2005(S2):5521-5526.

[5] 胡元芳,刘志强,王建宇.高地应力软岩条件下挤压变形预测及应用[J].现代隧道技术,2011,48(3):28-34.

[6] 吕显福,赵占群,魏星星.高地应力软岩隧道大变形机理及控制措施探讨——以木寨岭隧道为例[J].现代隧道技术,2016,53(6):227-231.

[7] 刘志春,李文江,朱永全,等.软岩大变形隧道二次衬砌施作时机探讨[J].岩石力学与工程学报,2008(3):580-588.

[8] 孟庆彬,韩立军,乔卫国,等.极弱胶结地层煤巷锚网索耦合支护效应研究及应用[J].采矿与安全工程学报,2016,33(5):770-778.

[9] 王树栋.复杂地应力区隧道软弱围岩大变形控制技术研究[D].北京:北京交通大学,2010.

[10] 左清军,吴立,罗涛,等.沪昆客专姚家隧道板岩宏观崩解特性及微观机理研究[J].水文地质工程地质,2015,42(1):65-69.

[11] 张结红.高应力软岩隧道施工过程力学效应规律及围岩控制研究[D].西安:长安大学,2012.

[12] 张朝强,田乐,刘博.深埋软岩隧道开挖地应力场与围岩破坏机制分析[J].公路,2016,61(1):228-234.

[13] 陈志敏.高地应力软岩隧道围岩压力研究和围岩与支护结构相互作用机制分析[J].岩石力学与工程学报,2014,33(3):647.

[14] 赵旭峰,王春苗,孔祥利.深部软岩隧道施工性态时空效应分析[J].岩石力学与工程学报,2007(2):404-409.

[15] 杨延毅.加锚层状岩体的变形破坏过程与加固效果分析模型[J].岩石力学与工程学报,1994(4):309-317.

[16] 杨松林,朱焕春,刘祖德.加锚层状岩体的本构模型[J].岩土工程学报,2001(4):427-430.

[17] 朱永泽.软弱围岩大断面隧道施工方法研究[D].北京:北京交通大学,2016.

[18] 崔光耀,王明年,于丽,等.断裂黏滑隧道减震缝减震技术模型试验研究[J].岩石力学与工程学报,2013,32(08):1603-1609.

[19] 高峰,石玉成,严松宏,等.隧道的两种减震措施研究[J].岩石力学与工程学报,2005(2):222-229.

[20] 吴晓峰,周健,董鹏.软土地层中双圆盾构法隧道的抗震分析[J].工程抗震,2004(4):27-31.

[21] 周德培.强震区隧道洞口段的动力特性研究[J].地震工程与工程振动,1998(1):124-130.

[22] 石少帅.深长隧道充填型致灾构造渗透失稳突涌水机理与风险控制及工程应用[D].济南:山东大学,2014.

[23] 赵勇,肖明清,肖广智.中国高速铁路隧道[M].北京:中国铁道出版社,2016.

[24] 赵勇.隧道设计理论与方法[M].北京:人民交通出版社股份有限公司,2019.

[25] 聂利超.隧道施工含水构造激发极化定量超前地质预报理论及其应用[D].济南:山东大学,2014.

[26] 荆志东.特长隧道地质超前预报方法研究[J].铁道勘察,2005,31(3):46-48.

[27] 赵永贵.中国工程地球物理研究的进展与未来[J].地球物理学进展,2002,17(2):305-309.

[28] 薛翊国,李术才,苏茂鑫,等.青岛胶州湾海底隧道含水断层综合超前预报实践[J].岩石力学与工程学报,2009(10):142-148.

[29] 王华,吴光,冯涛,等.渝怀线圆梁山隧道超前地质钻探预报技术应用研究[J].铁道建筑,2007(2):36-38.

[30] 刘志刚,刘秀峰.TSP(隧道地震勘探)在隧道隧洞超前预报中的应用与发展[J].岩石力学与工程学报,2003(8):1399-1402.

[31] ALIMORADI A, MORADZADEH A, NADERI R, et al. Prediction of geological hazardous zones in front of a tunnel face using TSP-203 and artificial neural networks[J]. Tunnelling and Underground Space Technology,2008,23(6):711-717.

[32] 曾昭璜.隧道地震反射法超前预报[J].地球物理学报,1994,37(2):268-271.

[33] OTTO R, BUTTON E, BRETTEREBNER H, et al. The application of TRT-true reflection tomography-at the Unterwald Tunnel[J]. Felsbau,2002,20(2):51-56.

[34] ZHAO Y, JIANG H, ZHAO X. Tunnel seismic tomography method for geological prediction and its application[J]. Applied Geophysics,2006,3(2):69-74.

[35] 赵永贵. 国内外隧道超前预报技术评析与推介[J]. 地球物理学进展,2007,22(4):1344-1352.

[36] 钟世航,孙宏志,王荣. 陆地声呐法在隧道施工时预报断层、溶洞的效果[J]. 隧道建设,2007(S2):21-25.

[37] 钟世航,孙宏志,李术才,等. 隧道及地下工程施工中岩溶裂隙水及断层、溶洞等隐患的探查、预报[J]. 岩石力学与工程学报,2012,31(A01):3298-3327.

[38] LEE I M,TRUONG Q H,Kim D H,et al. Discontinuity detection ahead of a tunnel face utilizing ultrasonic reflection:Laboratory scale application[J]. Tunnelling and Underground Space Technology,2009,24(2):155-163.

[39] SATTEL G,FREY P,AMBERG R. Prediction ahead of the tunnel face by seismic methods-pilot project in Centovalli Tunnel,Locarno,Switzerland[J]. First Break,1992,10(1):19-25.

[40] 张霄,李术才,张庆松,等. 大型地下含水体对地震波特殊反射规律的现场正演试验研究[J]. 地球物理学报,2011,54(5):1367-1374.

[41] 刘斌,李术才,李树忱,等. 复信号分析技术在地质雷达预报岩溶裂隙水中的应用研究[J]. 岩土力学,2009,30(7):2191-2196.

[42] 吴俊,毛海和,应松,等. 地质雷达在公路隧道短期地质超前预报中的应用[J]. 岩土力学,2003(S1):154-157.

[43] 凌同华,张胜,李升冉. 地质雷达隧道超前地质预报检测信号的 HHT 分析法[J]. 岩石力学与工程学报,2012,31(7):1422-1428.

[44] 曾昭发. 探地雷达方法原理及应用[M]. 北京:科技出版社,2006.

[45] DORN C,LINDE N,DOETSCH J,et al. Fracture imaging within a granitic rock aquifer using multiple-offset single-hole and cross-hole GPR reflection data[J]. Journal of Applied Geophysics,2012,78:123-132.

[46] SLOB E,SATO M,OLHOEFT G. Surface and borehole ground-penetrating-radar developments[J]. Geophysics,2010,75(5):75A103-75A120.

[47] LI X,XUE G,SONG J,et al. Application of the adaptive shrinkage genetic algorithm in the feasible region to TEM conductive thin layer inversion[J]. Applied Geophysics,2005,2(4):204-210.

[48] 李貅,薛国强,刘银爱,等. 瞬变电磁合成孔径成像方法研究[J]. 地球物理学报,55(1):333-340.

[49] 苏茂鑫,李术才,薛翊国,等. 隧道掌子面前方低阻夹层的瞬变电磁探测研究[J]. 岩石力学与工程学报,2010,29(S1):2645-2650.

[50] 王鹰,陈强,魏有仪,等. 红外探测技术在圆梁山隧道突水预报中的应用[J]. 岩石力学与

工程学报,2003(5):855-857.

[51] 黄忆龙. 红外线探水法在隧道超前探水预报中的应用[J]. 煤炭技术,2007(4):126-127.

[52] 何发亮,郭如军,李术才,等. 岩体温度法隧道施工掌子面前方涌水预测预报探讨[J]. 现代隧道技术,2007,44(2):1-4.

[53] 刘高,张帆宇,李新召,等. 木寨岭隧道大变形特征及机理分析[J]. 岩石力学与工程学报,2005,24(S2):5521-5526.

[54] 陈寿根,杨家松,陈亮. 软岩隧道变形特性和施工对策[M]. 北京:人民交通出版社,2014.

[55] 刘国庆. 木寨岭隧道软岩大变形段支护措施研究[J]. 现代隧道技术,2011(04):135-141.

[56] 卿三惠,黄润秋. 乌鞘岭隧道软岩大变形防治技术问题探讨[J]. 路基工程,2005(4):93-96.

[57] 方贻立,李睿哲,陈建平,等. 软岩隧道大变形机理分析[J]. 华东公路,2013(06):56-59.

[58] 王立英,王庆林,崔小鹏,等. 软岩大变形隧道施工技术探讨[J]. 兰州:兰州交通大学学报,2014(01):93-98.

[59] 朱汉华,王迎超,祝江鸿,等. 隧道预支护原理与施工技术[M]. 北京:人民交通出版社,2008.

[60] 邵学富,朱菊辉,童立元. 大跨浅埋公路隧道 CRD 法施工围岩松动圈量测与分析[J]. 交通标准化,2008(1):173.

[61] 周明. 大变形破碎岩体中锚杆的支护作用及应用技术研究[D]. 成都:西南交通大学,2007.

[62] 陈菲,何川,邓建辉. 高地应力定义及其定型定量判据[J]. 岩土力学,2015(4):971-980.

[63] 陶波,伍法权,郭啟良,等. 高地应力环境下乌鞘岭深埋长隧道软弱围岩流变规律实测及数值分析研究[J]. 岩石力学与工程学报,2006(9):1828-1834.

[64] 孙伟亮. 堡镇隧道高地应力顺层偏压软岩大变形段的快速施工技术[J]. 隧道建设,2009(2):76-81.

[65] 黄鸿健. 堡镇隧道高地应力软弱围岩段施工大变形数值模拟预测研究[J]. 铁道标准设计,2009(3):93-95.

[66] 姚明会. 高地应力下大断面隧洞进口段施工技术研究[J]. 铁道建筑,2009(2):31-33.

[67] 田洪铭,陈卫忠,谭贤君,等. 高地应力软岩隧道合理支护方案研究[J]. 岩石力学与工程学报,2011(11):2286-2292.

韶华赋

—成兰行〈续〉

蜀山匙人

（成兰铁路，“5·12”汶川大地震后的生命之路，川西北第一条铁路，民族团结之路。“不忘初心，牢记使命”，我们身怀一颗丹心，胸装满满激情，从大江南北集聚这被地震肆虐的龙门山麓，逆江而溯，跃上松潘高原，畅吟岷山千里雪，汗筑心浇天路行。）

韶华，人生最美好的时光
青年到壮年
壮年至中年
中年而顺知天命
战友们
成兰十年！
断裂不断，友谊长青
是使命召唤
是命运之缘
是职业生涯
我们相识相知，团结拼搏！
力攀九顶气贯天，四极三高不畏艰

—不会忘记
可研异声的雄辩之论
环评变更的漫长等待
—不会忘记
“7·09”抗洪自救的绵绵之夜
“6·24”巨型滑坡的先锋大旗

—不会忘记
全断面掘进之集成创新
长短锚杆结合主动控制
—不会忘记
微三台阶上部核心土力克散体
三不同机械化配套月进三百尺
—不会忘记
一百四十二米的孔桩记录
九百三十尺高的危岩整治
—不会忘记
冰天月夜车轮滚滚
雪地之隧炮声轰鸣
—不会忘记
择工法群雄舌战
抗变形专家齐聚
……

时光穿越
青山依旧
我们从相识相知，到相恩回味
其实，
暂别，是人生轨迹，眼泪，不是好礼物
请留下一片深情
送一份正能量的支撑
感谢有你！
成兰十年！
山水绵远，情义无言

濛水河畔整装
古龙门前宣誓

跃过龙门九顶
岷江策马奔腾
风雨中手挽手
冰雪里心连心

流年匆匆
情谊深深
其实，
每个掌子面都有奇迹
每个工区都有故事
每座隧道就是一本书

—感谢有你！
初心不变，勇挑重担
友谊化为动力
情义升华永恒

—感谢有你！
人生有友不寂寞
万水千山如填阙
职业生涯似画卷
酸甜艮坤皆是缘

—有一天，有人问我
成兰如何
我会自豪地说
我们，不负韶华！

（2020.07 成都）